ओटन लगे कपास

प्रभाष जोशी

सम्पादन
मनोज कुमार मिश्र

राजकमल पेपरबैक्स

राजकमल पेपरबैक्स में
पहला संस्करण : 2024

राजकमल पेपरबैक्स : उत्कृष्ट साहित्य के जनसुलभ संस्करण

राजकमल प्रकाशन प्रा. लि.
1-बी, नेताजी सुभाष मार्ग, दरियागंज
नई दिल्ली-110 002
द्वारा प्रकाशित

शाखाएँ : अशोक राजपथ, साइंस कॉलेज के सामने, पटना-800 006
पहली मंजिल, दरबारी बिल्डिंग, महात्मा गांधी मार्ग, प्रयागराज-211 001
1, अनमोल सोराबजी सन्तुक लेन, धोबी तलाव, मरीन लाइंस, मुम्बई-400 002
वेबसाइट : www.rajkamalprakashan.com
ई-मेल : info@rajkamalprakashan.com

बी.के. ऑफसेट
नवीन शाहदरा, दिल्ली-110 032
द्वारा मुद्रित

मूल्य : ₹450

OTAN LAGE KAPAS
by Prabhash Joshi
Edited by Manoj Kumar Mishra

ISBN : 978-93-6086-244-2

अपनी बात

विनोबा दर्शन : विनोबा के साथ उनतालीस दिन पुस्तक के बाद स्वर्गीय प्रभाष जोशी की रचनाओं पर आधारित इस दूसरी पुस्तक *ओटन लगे कपास* तैयार करने का मुझे सुअवसर मिला। यह काम मुझे श्रेष्ठ पत्रकार, प्रभाष परम्परा न्यास के प्रबन्ध न्यासी और इन्दिरा गांधी राष्ट्रीय कला केन्द्र के अध्यक्ष रामबहादुर राय ने दिया। उन्होंने अपने आवास पर संग्रह की गई प्रभाष जोशी जी की रचनाओं की अनेक फाइलें दीं और उनमें से अप्रकाशित लेख आदि का संग्रह तैयार करने की जिम्मेदारी दी। उनमें से एक फाइल 1960 में आचार्य विनोबा भावे के इन्दौर प्रवास के दौरान *नई दुनिया* के *विनोबा दर्शन* नि:शुल्क परिशिष्ट की थी, जिसे उनके 39 (उनतालीस) दिन के इन्दौर प्रवास के दौरान जोशी जी ने तैयार किया था। संयोग से उन परिशिष्टों या अखबारों की प्रतियों के बजाय उनकी फोटो कॉपी आदरणीय राय साहब को मिली थी। वह मुझे ज्यादा चुनौती वाला काम लगा और वह रोमांचकारी भी था। सभी के सहयोग से 2023 में उस पुस्तक को प्रकाशित कर दिया गया।

जोशी जी की रचनाओं से अनेक पुस्तकें बन चुकी हैं। इसलिए यह भी एक कठिन काम था कि उनके हजारों लेखों आदि में से अप्रकाशित लेखों को एकत्र करके उनसे पुस्तक बनाई जाए। करीब साल-भर के प्रयास के बाद आदरणीय राय साहब के संग्रह से ही इतने अप्रकाशित लेख मिल गए जिनसे दो पुस्तकें तैयार हुईं। प्रभाष जी ने पत्रकारिता की शुरुआत बहुत पहले कर दी थी। *विनोबा दर्शन* तो तब की है जब वे मात्र 23 साल के थे। बीच में भी उन्होंने अपना लेखन जारी रखा। लेख, रिपोर्ट के अलावा उन्होंने अच्छी तादाद में कविता और कहानियाँ भी लिखीं। उन सभी को जुटाकर उनसे पुस्तक बनाने की चुनौती हम सभी के सामने अब भी बनी हुई है। *चम्बल की बन्दूकें : गांधी के चरणों में* पुस्तक उन्होंने अनुपम मिश्र और श्रवण कुमार गर्ग के साथ मिलकर लिखी थी। उसका प्रकाशन भी बहुत पहले हो गया था। उनकी खबरों के आधार पर पहली पुस्तक *विनोबा दर्शन : विनोबा के साथ उनतालीस दिन* उनके 2009 में जाने के 14 साल बाद प्रकाशित हो पाई।

उन्होंने नवम्बर, 1983 में *जनसत्ता* अखबार निकाला और तब से उन्होंने जीवन के आखिरी समय तक असंख्य लेख, रिपोर्ट, सम्पादकीय आदि लिखे। मुझे राय

साहब से जो सामग्री मिली उनमें से करीब एक सौ चालीस लेख किसी पुस्तक में नहीं आ पाए हैं। उनमें से जुलाई 1996 यानी उनके *जनसत्ता* के सम्पादक का पद छोड़ने तक के लेखों को एक पुस्तक में और उसके बाद से 5 नवम्बर, 2009 तक, उनके स्वर्गवासी होने के पहले के लेखों से दूसरी पुस्तक तैयार करना तय किया। आदरणीय राय साहब ने न केवल मुझे पुस्तक पूरा करने के लिए लगातार उत्साहित किया बल्कि हर तरह मेरा मार्गदर्शन करते रहे। *विनोबा दर्शन* के समय में न पढ़े जा सकने वाले कुछ अंकों को इन्दौर की *नई दुनिया* लायब्रेरी में काम करने वाले कमलेश सेन से मँगवाने का काम प्रभाष जी के ज्येष्ठ पुत्र सन्दीप जोशी ने किया था। इस बार भी कई लेख उन्होंने *इंडियन एक्सप्रेस* के कार्यकारी निदेशक अनन्त गोयनका जी से अनुरोध करके *इंडियन एक्सप्रेस* के आर्काइव से नि:शुल्क मँगवाया। गोयनका परिवार का प्रभाष जी के प्रति ऐसे अनुराग के लिए प्रभाष परम्परा न्यास की ओर से मैं आभार जताता हूँ। मेवाड़ विश्वविद्यालय के कुलाधिपति डॉ. अशोक कुमार गदिया ने अपने संस्थान के कर्मचारी उमेश सिंह को टाइप करने की जिम्मेदारी दी, जिसे उन्होंने पूरी ईमानदारी और लगन से पूरा किया।

इस पुस्तक को पढ़ने के बाद प्रभाष जी की दिग्गज पत्रकार की छवि और निखर गई है। मैं उनके अखबार में काम करने वाला एक साधारण पत्रकार रहा हूँ इसलिए उनके लिखे पर कोई टिप्पणी करने की क्षमता नहीं रखता। वास्तव में प्रभाष जी अतुलनीय थे। जो लोग शुरू से उन्हें जानते और पढ़ते रहे हैं उन्हें पता है कि वे मूल रूप से गांधीवादी थे। गांधी, विनोबा और जयप्रकाश नारायण जैसे नेता उनके आदर्श थे, लेकिन वे लोकतंत्र के भारी समर्थक और ठेठ पत्रकार थे। सभी को पता है कि उन्होंने इन्हीं नेताओं के बताए रास्ते पर चलने के लिए विश्वविद्यालय की पढ़ाई छोड़ी और गाँव में जाकर काम किया। लम्बे समय तक भूदान आन्दोलन से लेकर डाकुओं के आत्मसमर्पण के काम में लगे रहे। *विनोबा दर्शन* पढ़ते हुए उनका विनोबा के प्रति प्रेम और आसक्ति दिखती है। वहीं 11 और 12 सितम्बर, 1995 को 'अहिंसक क्रान्ति का विनोबा प्रयोग' और 'अहिंसा की तलाश में सत्याग्रह खो गया' लिखकर वे विनोबा जी का इमरजेंसी का विरोध न करने के लिए आलोचना करते हैं।

अब तो अयोध्या में श्रीराम जन्मभूमि पर मन्दिर बन गया है लेकिन प्रभाष जी ने विश्व हिन्दू परिषद, राष्ट्रीय स्वयंसेवक संघ (आरएसएस), भाजपा आदि के अयोध्या आन्दोलन पर इस कदर आलोचनात्मक लेख लिखे थे कि पढ़े-लिखे लोगों का एक वर्ग उन्हें अघोषित वामपन्थी समझने लगा। पत्रकारिता के इस शलाका पुरुष प्रभाष जोशी की ओर से सफाई देने की मेरी हैसियत नहीं है। मैं तो केवल जोशी जी के *जनसत्ता* शुरू करने से लेकर निधन तक के उनके लेख आदि पढ़ने का सभी से अनुरोध करता हूँ। उन्होंने अपने लेखन से यह बताया है कि पत्रकार

क्या होता है और पत्रकारिता कैसे की जाती है। उन्होंने आजीवन एक सार्थक आलोचक की भूमिका अदा की।

उनका अपनी भाषा पर पूरी तरह नियंत्रण था। वे जब किसी की प्रशंसा में लिखते तो उसकी 'जय-जय' हो जाती थी और जब खिलाफ लिखते तो वह व्यक्ति अपनी नजर में भी गलत साबित होने लगता। उन्होंने शंकरदयाल शर्मा के राष्ट्रपति चुने जाने के समय 1992 में उनकी सराहना की और देश के पहले राष्ट्रपति चुनाव का हवाला दिया। उन्होंने लिखा कि प्रधानमंत्री पं. जवाहरलाल नेहरू चक्रवर्ती राजगोपालाचारी को राष्ट्रपति बनाना चाहते थे लेकिन सरदार पटेल और कांग्रेस के ज्यादातर लोगों के दबाव में उन्होंने डॉ. राजेन्द्र प्रसाद का समर्थन किया जिन्होंने 12 साल राष्ट्रपति रहने के बाद दिल्ली के बजाय पटना के कांग्रेस दफ्तर में बाकी जीवन बिताया। बताते हैं, तब गुसलखाना भी कांग्रेस दफ्तर में नहीं होता था। उसी दौरान उन्होंने महात्मा गांधी के 30 जनवरी, 1948 को लिखे आखिरी दस्तावेज का जिक्र किया जिसमें उन्होंने कांग्रेस संगठन को विसर्जित करके लोक सेवक संघ के रूप में काम करने का सुझाव दिया था। उस दस्तावेज के लिखे जाने के महज 12 घंटे बाद गांधी जी की हत्या हुई थी।

राजीव गांधी के कामकाज का विरोध करते हुए जोशी जी ने 'एक देवदूत का दलदल से बिदकना' लिखा तो सोनिया गांधी को जबरन राजनीति में सक्रिय करने के कांग्रेस-जनों के प्रयास को उन्होंने 'एक सफेद आँचल में दुबकना' लिखा। राजीव गांधी की हत्या पर कांग्रेस-जनों के उनको एसपीजी सुरक्षा घेरा न होने पर विरोध करने को उन्होंने 'इस राजनीतिक विधवा रोदन से परे' लिखा। उन्होंने लिखा कि केवल प्रधानमंत्री को एसपीजी सुरक्षा घेरा मिलने का फैसला तो खुद राजीव गांधी का था। अर्थव्यवस्था के खुलेपन का विरोध करते हुए उन्होंने 27 जुलाई, 1991 को लिखा कि 'ईमानदारी से कहो कि हम गलत थे'। उन्होंने समय-समय पर सत्ता के शीर्ष पर बैठे नेताओं और शासन-तंत्र की भरपूर आलोचना की और जब सराहना करने का अवसर आया खुलेमन से सराहना की।

इस पुस्तक को दो खंड में बाँटने का प्रयास किया है। पहले खंड में केवल 13 लेख शामिल हैं। 17 नवम्बर, 1983 को *जनसत्ता* उनके नेतृत्व में शुरू हुआ। उसके पहले लेख से शुरुआत की गई है। दिल्ली के बाद चंडीगढ़ में 1987, मुम्बई में 1988, कोलकाता में 1991 और रायपुर में 2002 में *जनसत्ता* के संस्करण प्रकाशित होने शुरू हुए। चंडीगढ़ के अलावा चारों संस्करणों के पहले दिन के लेख इस पुस्तक में हैं। *इंडियन एक्सप्रेस* की लम्बी हड़ताल और दिवराला सती कांड से जुड़े लेख भी इस खंड में हैं। सबसे अनोखा लेख 11 मार्च, 1990 का 'मूरख जनम गमायो' है, जिसे उन्होंने अपनी अलिखित आत्मकथा की भूमिका माना है। उसमें उन्होंने पत्रकार और पत्रकारिता के माहौल पर लिखा है। इस मुद्दे

का एक तरह से समापन उन्होंने 1996 में सम्पादकीय छोड़ने से पहले नवम्बर 1995 में दो लेख 'संन्यस्तं मया, संन्यस्तं मया, संन्यस्तं मया' और अपना 'भाषायी समाज बचाएगा' में किया है। दूसरे खंड में उनके सम्पादकीय छोड़ने तक की उन रचनाओं को शामिल किया गया है, जो पहले किसी पुस्तक में नहीं आ पाए हैं।

पुस्तक की सभी रचनाएँ पत्रकारिता के शिखर पुरुष प्रभाष जोशी की हैं। इसमें दिल्ली और हरियाणा चुनाव की उनकी रिपोर्ट भी है। पहले पेज या सम्पादकीय पेज के उपलब्ध लेख शामिल किये गए हैं। अब भी उनकी बहुत सी रचनाएँ किसी पुस्तक में आने से रह गई हैं। भविष्य में उनसे भी पुस्तक बनाने का प्रयास होगा। *विनोबा दर्शन* के बाद उनकी रचनाओं से दो पुस्तकें बनाने का सुअवसर देकर आदरणीय रामबहादुर राय ने मुझे उपकृत किया है। उनका, डॉ. गदिया, सन्दीप जी का आभार। मेरी पत्नी सुधा, बच्चे नीलमणि, विभूतिभूषण और बहू पूजा के सहयोग के लिए धन्यवाद। प्रभाष जी की रचनाओं पर बनी अनेक पुस्तकों की तरह इस पुस्तक को भी प्रकाशित करने के लिए राजकमल प्रकाशन के प्रबन्ध निदेशक अशोक महेश्वरी का आभार। मुझे भरोसा है कि प्रभाष जोशी जी की अन्य पुस्तकों की तरह यह पुस्तक भी उनके प्रशंसकों और पाठकों को पसन्द आएगी। आप सभी के मार्गदर्शन और सुझाव की प्रतीक्षा रहेगी।

—मनोज कुमार मिश्र
ईमेल : manojjansatta@hotmail.com

क्रम

खंड 1

खंड 2

खंड 1

जनसत्ता का पहला अंक : चौपाल

यह कॉलम आपका है। आज मैं इसे हथिया रहा हूँ तो इसके कुछ कारण हैं।

जो अखबार पहली बार पाठकों के पास जा रहा है उसमें पाठकों के पत्र नहीं हो सकते। अगर हों भी तो सच्चे नहीं होंगे। सच्चे पत्र भी हमारे पास हैं जो दोस्तों और शुभ चिन्तकों ने बड़ी आशा से हमारे प्रकाशन पर लिखे हैं। लेकिन एक अखबार को किसने और किस तरह बधाई दी इसमें आम पाठक की कितनी रुचि होती है? चलन है कि अखबार अपने बारे में पहले पेज पर या पहला सम्पादकीय लिखें। लेकिन यह जगह खबरों और टिप्पणी के लिए है। बचता है आपका कॉलम और उसी में बताना ठीक है कि *जनसत्ता* क्यों?

देश में सबसे ज्यादा अखबार हिन्दी में निकलते हैं। एक दैनिक और बढ़ाने की जरूरत क्या थी? पर हिन्दी में पढ़ने वाले भी सबसे ज्यादा हैं, लगभग दस करोड़ और पत्र-पत्रिकाएँ बिकती हैं सिर्फ एक करोड़ चालीस लाख। यानी अंग्रेजी से सिर्फ तीस लाख ज्यादा जबकि अंग्रेजी बोलने-समझने वाले दो प्रतिशत हैं और हिन्दी को आधा हिन्दुस्तान बोलता-समझता है। इसका कारण यह नहीं है कि हिन्दी इलाका गरीब है और उसमें पढ़ने की इच्छा और उत्सुकता नहीं है। हिन्दी इलाके की अपनी कुछ समस्याएँ हैं और उसके पाठकों को वह सब नहीं मिलता जो उसे चाहिए।

हिन्दी एक से ज्यादा राज्यों की भाषा है इसलिए उसका केन्द्र किसी एक राज्य में नहीं जैसा कि बंगला, मराठी, गुजराती, मलयालम आदि का है। हिन्दी राज्यों की अपने आपमें और पूरे इलाके की देश में ऐसी कोई अलग-थलग पहचान नहीं है जैसी कि दूसरी भाषायी राज्यों की है। फिर हिन्दी भी सब राज्यों में एक जैसी नहीं है। बोलने और लिखने की भाषा का फर्क तो खैर है ही। इस हालत में हिन्दी राज्यों से निकलने वाले दैनिक पूरे इलाके को कवर नहीं कर पाते और दिल्ली से निकलने वाले अखबार किसी एक जमीन में जड़ें नहीं उतार पाते।

यातायात और संचार की नई तकनीक से कुछ खाइयाँ पाटी जा सकती हैं। लेकिन बोलचाल की ऐसी भाषा जो नव-साक्षर या कम पढ़े-लिखे आदमी से लेकर प्रखर विद्वान तक के उपयोग और अनुभव से अमीर हो, बनते-बनते बनती है और वही लाखों-करोड़ों लोगों को जोड़ती है। ऐसी हिन्दी पनप भी रही है। जरूरत है

उसे बोलने से लिखने और छपने तक लाने की। *जनसत्ता* ऐसी हिन्दी को पनपाने और प्रतिष्ठित करने के लिए निकल रहा है।

लेकिन कोई भी अखबार सिर्फ भाषा की सेवा के लिए नहीं निकलता। वह दरअसल अपने पाठकों और दुनिया के बीच एक पुल होता है, संवाद का जरिया होता है, मंच होता है। वह पाठक की निजी आस्थाओं और उसकी सार्वजनिक निष्ठाओं को साधता है। वह अपने पाठकों की आशा आकांक्षाओं और जीवन मूल्यों का आईना होता है। वह पाठकों से बनता है और पाठकों को बनाता है। लेकिन यह अर्थवान प्रक्रिया बिना विश्वसनीयता के नहीं चल सकती। *जनसत्ता* यह विश्वसनीयता कमाने के लिए निकल रहा है।

दिल्ली में बैठे लोग शिकायत करते हैं कि हिन्दी इलाका आर्थिक-सामाजिक प्रगति में दूसरे भाषायी इलाकों से पिछड़ा है क्योंकि उसकी अपनी ऐसी कोई पहचान नहीं जिसे स्थापित करने के लिए वह जूझे। यह अंग्रेजों की तरह हिन्दुस्तान को देखना और गलत समझना है। अंग्रेजों ने कब माना था कि हम एक राष्ट्र हैं? हिन्दी इलाका शुरू से ही अपने को देश समझाता रहा है और पूरे भारत के सन्दर्भ में ही अपने को पहचानता रहा है। उसमें उपराष्ट्रीयताओं का आग्रह नहीं है। उसकी चिन्ताएँ और आकांक्षाएँ अखिल भारतीय हैं। जरूरी है कि उसे उपराष्ट्रीयताओं में न बँटने दिया जाए और उसकी राष्ट्रीयता को शक्ति दी जाए। *जनसत्ता* हिन्दी इलाके की पारम्परिक अखिल भारतीयता को रेखांकित करने के लिए निकल रहा है।

जनसत्ता के निकलने के ये दावे मैं नहीं करता अगर यह देश के सबसे बड़े समाचार-पत्र परिवार का सबसे नया सदस्य नहीं होता। बहुत कम लोग जानते हैं कि *इंडियन एक्सप्रेस* आज से कोई पचास साल पहले मद्रास से इसलिए निकला था कि देश के लगभग सभी बड़े अंग्रेजी अखबार तब ब्रिटिश राज के साथ थे और महात्मा गांधी चाहते थे कि राष्ट्रीय आन्दोलन की आवाज उठाने वाला अखबार होना चाहिए। आधी सदी के बाद *इंडियन एक्सप्रेस* ही ऐसा अखबार है जो चंडीगढ़ से मदुराई तक दस संस्करणों में निकलता है और सच्चे माने में किसी एक इलाके का नहीं, पूरे देश का है।

लेकिन *एक्सप्रेस* भारतीय भाषाओं का भी सबसे बड़ा परिवार है। तमिल, तेलुगु, कन्नड़, गुजराती और मराठी में उसके आठ दैनिक निकलते हैं। *जनसत्ता* भी पहले निकलता था। आज से फिर *जनसत्ता* के जरिये ठेठ दक्षिण से छोर से उत्तर तक देश की भाषाओं में दैनिक की एक नई श्रृंखला बन रही है।

ये बातें एक्सप्रेस समूह का विस्तार बताने के लिए नहीं कही हैं। इनका *जनसत्ता* के निकलने और निकलते रहने के औचित्य से गहरा सम्बन्ध है। हिन्दी का कोई भी दैनिक राष्ट्रीय हुए बिना नहीं रह सकता क्योंकि उसके पाठक किसी एक राज्य में नहीं कई राज्यों में हैं। गैर हिन्दी राज्यों में भी हिन्दी के पाठक काफी हैं। इसलिए

हिन्दी का दैनिक पूरे देश की खबर रखे बिना सही मानों में चल नहीं सकता। *जनसत्ता* पूरे देश की खबर रख सकता है क्योंकि उसे *एक्सप्रेस* के दस संस्करणों का खबर देने का नेटवर्क मिला हुआ है। खबरें खबरें होती हैं अंग्रेजी या हिन्दी नहीं होतीं। प्रेम की तरह खबरों की भी कोई एक भाषा नहीं होती।

पर मान लिया कि अंग्रेजी गाँवों के घरों और बरगदों की जड़ों तक नहीं उतर सकती तो *जनसत्ता* को तमिल से मराठी तक की भाषाओं के आठ दैनिकों से जमीन से जुड़ा खबर खोजी नेटवर्क मिला हुआ है। हम अक्सर कहते हैं कि पहले हिन्दी को देश की सम्पर्क भाषा बनाया जाए। लेकिन दूसरी भाषाओं से मेल-जोल और लेन-देन बढ़ाए बिना यह हो नहीं सकता। *जनसत्ता* इसमें एक विनम्र प्रयास करना चाहता है। वह देश के दूसरे हिस्सों से अंग्रेजी के समानांतर *एक्सप्रेस* के भाषायी दैनिकों के जरिये जुड़ेगा।

जनसत्ता को धरोहर मिल रही है निर्भीक, जुझारू, स्वतंत्र और अन्वेषणी पत्रकारिता की परम्परा। *एक्सप्रेस* आजादी के आन्दोलन के हरकारे के नाते निकला था। तब से वह आजादी के लिए लगातार लड़ ही रहा है—फिर आजादी देश की हो, व्यक्ति की हो या प्रेस की। भारत छोड़ो आन्दोलन के दौरान जब अंग्रेजों ने सेंसरशिप लगाई तो *एक्सप्रेस* ने उसे मंजूर करने के बजाय प्रकाशन बन्द कर दिया। इमरजेंसी में *एक्सप्रेस* के रोल को आप जानते ही हैं। *जनसत्ता* इस परम्परा को आगे बढ़ाने के लिए निकल रहा है। लेकिन यह *इंडियन एक्सप्रेस* का हिन्दी संस्करण नहीं है। आप देख ही लेंगे कि किस तरह यह अपने आप में है और हिन्दी की प्रतिभा और अस्मिता से उसका कितना तादात्म्य है। सभी हिन्दी प्रदेशों में उसका अपना नेटवर्क है और हिन्दी के सभी जाने-अनजाने लेखकों-पत्रकारों से सहयोग उसे मिल रहा है।

लेकिन अखबार का सच्चा रखवाला उसका पाठक है और इसीलिए पाठकों की इस चौपाल से आपका सहयोग और साझेदारी माँग रहा हूँ। कल से *जनसत्ता* की तरह यह कालम आपका है।

—आपका सम्पादक

[17 नवम्बर, 1983]

हमने जो कहा है

सती प्रथा पर पाबन्दी लगाने वाले कानून ने उसे बर्बर मानते हुए राज्य को यह अधिकार दे रखा है कि वह किसी के सती होने के इरादे का पता लगते ही हस्तक्षेप करे। उसके अनजाने ऐसी कोई घटना हो गई हो तो उन सब लोगों के खिलाफ संगीन कार्रवाई करे जिनका सती होने की घटना में किसी तरह का भी कोई हाथ रहा हो। यह कानून बरसों से देश में लागू है लेकिन उसका न तो सती होने की घटनाओं पर कोई असर पड़ रहा है और न आम लोगों का इसके प्रति रवैया बदल रहा है। दिखाई यह दे रहा है कि देश के शहरों में सती माता के मन्दिर बढ़ रहे हैं। देश की राजधानी में ही केन्द्र सरकार की नाक के नीचे रानी सती के दो मन्दिर हैं और सती प्रथा को कानूनी तौर पर निषिद्धि मानने वाली सरकार और लोग न तो इन मन्दिरों का बनाना रुकवा पाए हैं और न उनमें जाने वालों की बढ़ती संख्या को। अगर किसी कानून या उसके उद्देश्य को समाज में कोई मान्यता मिलती दिखाई न दे तो फिर उस कानून का समर्थन या उस उद्देश्य के सिर्फ दोहराते जाने का कोई फायदा नहीं है। जयपुर के कुछ महिला संगठनों ने राजस्थान हाईकोर्ट के मुख्य न्यायाधीश से चूँदड़ी समारोह पर रोक लगाने की माँग की थी। उनके पत्र को याचिका मानकर हाईकोर्ट ने राज्य सरकार को निर्देश दिया कि दिवराला में, जहाँ रूपकँवर सती हुई, वहाँ कोई सार्वजनिक समारोह या रस्म न होने देने के लिए कार्रवाई करे। मुख्यमंत्री पहले ही सती प्रथा की निन्दा कर चुके थे। फिर भी दिवराला में चूँदड़ी समारोह हुआ और कोई दो लाख लोग आए। आने वालों ने जो नारे लगाए और आसपास जो पर्चे बाँटे गए उनमें और सती प्रथा के खिलाफ कानून को लागू करवाने वालों में पूरब-पश्चिम का फर्क है। सीकर जिले से लगे झुंझनूँ में राणी सती का मन्दिर है और वहाँ जब मेला लगता है तो पूरे जिले में सरकारी छुट्टी होती है। इस फर्क के कारण ही सती प्रथा को रोकने के कानून पर अमल नहीं होता। बाल विवाह के खिलाफ कानून होने के बावजूद राजस्थान में आखा तीज पर अनगिनत बच्चे-बच्चियों की शादी हो जाती है। दहेज के खिलाफ कानून है, लेकिन रोज बहुएँ जला दी जाती हैं। बंधुआ मजदूरी पर कानूनन पाबन्दी है लेकिन रोज मजदूर बँधुआ हो जाते हैं।

अगर हमारे समाज की प्रथाओं और परिस्थितियों और कानून और उसे वास्तविकता में लागू करने में इतना अन्तर हो तो क्या कुल परिस्थिति पर फिर से विचार नहीं करना चाहिए? अदालत में जाने और उससे निर्देश होने पर भी प्रशासकीय मशीनरी जब अमल नहीं कर पाए तो क्या सिर्फ निन्दा और प्रदर्शन ही काफी होगा? सती प्रथा को मानवता के खिलाफ जघन्य अपराध मानने वाले हमारे समाज के जिम्मेदार लोग और संगठन सारी जिम्मेदारी पुलिस और प्रशासन पर छोड़ने के बजाय दिवराला क्यों नहीं गए? वहाँ समाज की चेतना की तरफ से हस्तक्षेप करके वे चूँदड़ी समारोह को रुकवा सकते थे। लेकिन दिवराला को किसी ने नोआखाली नहीं बनाया। इसलिए कि हम सबकुछ कानून और प्रशासन पर छोड़कर बुरे की निन्दा करके गुस्सा निकाल कर सन्तुष्ट हो लेते हैं। हम जानते हैं कि कानून कितना और किस तरह लागू होता है। फिर भी प्रथाओं को रोकने के लिए कोई सीधी सामाजिक कार्रवाई नहीं करते। करें तो वास्तविकताओं के घर्षण से प्रथाएँ बदल सकती हैं। जिसको कुल समाज मानता है और लागू करता है वही कानून सचमुच अमल में आता है।

चूँदड़ी समारोह में यह सब हो जाने के बाद अठारह सितम्बर को दिवराला की सती रूपकँवर पर हमने दूसरा सम्पादकीय लिखा। वह कोई सती प्रथा के समर्थन में नहीं है, न हम उसके समर्थक हैं लेकिन हम नहीं मानते कि रूपकँवर के सती होने की निन्दा या स्तुति करके इतनी गम्भीर समस्या का कोई हल निकल सकता है। सती प्रथा को हम इतनी गम्भीर समस्या मानते हैं कि उसकी तह तक जाने के लिए हमें न केवल सती प्रथा के तमाम पहलुओं पर गौर करना चाहिए बल्कि स्त्री-पुरुष सम्बन्धों के बारे में और भारतीय समाज में स्त्रियों की जो स्थिति, अधिकार, महत्त्व और मर्यादा रही है उनके बारे में गम्भीरता से विचार होना चाहिए। हमें लगता है कि सती प्रथा को हतोत्साहित करने का हमने कोई अच्छा और प्रभावी उपाय कर लिया होता अगर इस तरह की बहस चलाई गई होती। लेकिन देर आयद भी दुरुस्त आयद ही होता है और हम चाहते हैं कि बहस चले।

इस समस्या की पेचीदगी और गम्भीरता बताने के लिए ही हमने उसे धार्मिक और सामाजिक विश्वासों का मामला बताया था। अगर ऐसा न होता तो रूपकँवर के चूँदड़ी समारोह के लिए लाखों लोग उमड़ नहीं पड़ते और राजस्थान की समूची पुलिस और प्रशासन अपने आपको इतना असहाय महसूस न कर रहे होते। इस प्रथा पर धार्मिक और सामाजिक बहस चलाने के लिए कुछ बातें हमने सम्पादकीय में उठाई थीं। हमने कहा था कि हमारे किसी धर्मशास्त्र में पति की चिता पर पत्नी के जल मरने का निर्देश नहीं दिया गया है। हमारे यहाँ सती का मतलब रहा है सत पर दृढ़ रहने वाली स्त्री और सत आचरण से तय होता है, चिता पर आत्मदाह से नहीं। हमारे यहाँ सावित्री और अनुसूइया

को ही सबसे बड़ी सती बताया गया है और दोनों में कोई अपने पति की चिता पर नहीं जली थीं।

हमने यह इशारा भी किया कि परिवार को हमारे यहाँ आदर्श संस्था बताया गया और एक पतिव्रत व एक पत्नीव्रत की खूब महिमा गाई गई। लेकिन हमारी परम्परा में स्त्री को उसके पति का गुलाम कभी नहीं समझा गया। स्मृतियों में अगर महिलाओं के बारे में गलत लगने वाली बातें हैं तो उनमें यह भी कहा गया है कि अगर एक निश्चित अवधि तक बाहर गया हुआ पति लौटकर अपनी पत्नी के पास न आ जाए तो वह दूसरा पति चुनने के लिए पूरी तरह स्वतंत्र है। इसी आधार पर सुग्रीव ने तारा को अपनी पत्नी बनाने का बचाव किया था। इसी परम्परा में और गहरे उतरने की जरूरत है लेकिन यहाँ हम सिर्फ उन्हीं बातों को दोहरा रहे हैं जो सम्पादकीय में कही गई हैं। इन सब बातों को कहते हुए हमने यह सवाल उठाया है कि ऐसी उदार मान्यताओं वाले समाज में एक सीमित इलाके में सती प्रथा कैसे पनप गई, इसकी छानबीन करनी चाहिए। वे कौन सी नैतिक और सामाजिक जरूरतें थीं जिन्होंने सती होने को श्रेष्ठ ठहराया था? उसके बाद हमने कहा कि समय के साथ प्रथाओं को बदला या सुधारा जाता रहा है। और अब नये सिरे से सती प्रथा पर विचार होना चाहिए। यह विचार वही लोग कर सकते हैं जो भारत के आम लोगों की आस्था और मान्यताओं को जानते और समझते हैं। क्योंकि उन्हीं का समाज की धार्मिक और नैतिक अवधारणाओं पर कोई असर हो सकता है।

रूपकँवर के सती होने पर उन लोगों को भी दुख हुआ होगा जो सती को देवी मानते हैं। रूपकँवर के पिता और ससुर को तो छोड़ दीजिए उसके दूर दराज के कुटुम्बियों को भी उसका यह निर्णय सुनने के बाद हल्की मूर्च्छा-सी आई होगी। रूपकँवर भारत के जिस परम्परागत समाज में पली-बढ़ी है उसमें अपनी बेटी और बहुओं, बहनों और भाभियों, माँओं और चाची-ताइयों से कितने गहरे भावात्मक सम्बन्ध होते हैं यह बताने की जरूरत नहीं है। अगर हम रूपकँवर के मायने और ससुराल के लोगों को राक्षस नहीं मानते हों तो हमें यह भी समझने की कोशिश करनी चाहिए कि उन्हें रूपकँवर के सती होने के निर्णय पर गहरा धक्का लगा होगा और उन्होंने उसको रोकने की कोशिश की होगी। रूपकँवर का परिवार शहरी इलाकों में दहेज के लिए स्त्रियों को जला देने वाले समाज से कटे हुए परिवारों की तरह नहीं है कि कोई अन्याय करते भी इज्जत से अपना सिर ऊँचा किये रह सके। वहाँ अगर रूपकँवर के साथ कोई जोर जबर्दस्ती या अन्याय होता तो परिवार, कुटुम्बियों, समाज के पास पड़ोसी ही रूपकँवर के ससुराल वालों का जीना मुहाल कर देते।

जो लोग रूपकँवर के सती होने पर उत्तेजित हैं और उसे स्त्री पर बर्बरता बता रहे हैं उनसे इस प्रथा के बारे में हमारी चिन्ताएँ कम नहीं हैं। भारतीय समाज के

आन्तरिक स्वास्थ्य को लौटाने की हमारी चिन्ताएँ हमारे सम्पादकीयों और लेखों में लगातार सामने आती रही हैं। उन पर अपने सोच में हमने कभी कोई दुराव-छिपाव नहीं रखा। हमारी कोशिश रही है कि देश और समाज की समस्याओं को गहराई में जाकर मथते रहें और थोथी झंडाबरदारी से बचें। सतीप्रथा और समाज में स्त्रियों के अधिकार महत्त्व और गरिमा के बारे में भी हम वही कर रहे हैं और करते रहेंगे।

[20 सितम्बर, 1987]

फिर आपकी सेवा में

नमस्कार!

माफ कीजिए कि पिछले पखवाड़े भर *जनसत्ता* आपकी सेवा में नहीं निकल सका। कारण! हमने चौदह अक्टूबर के अंक में बताया था कि बाहरी दबावों के जरिये दिल्ली के *एक्सप्रेस* के अखबारों का निकालना मुश्किल किया जा रहा है और शायद हम कल आपकी सेवा में न हों। हमारा शक सही निकला और काम पर आए लोगों को रोक कर हड़ताल करवा दी गई।

गए साल नवम्बर में भी हड़ताल हुई थी और उसके खुलने के बाद इसी चौपाल में मैंने गैरहाजिरी की माफी माँगी थी। तब बहुत से पाठकों ने लिखा था कि हड़ताल का कारण बताना चाहिए था। इस बार हड़ताल का होना और टूटना दोनों ही असामान्य परिस्थितियों में हुआ इसलिए सारा ब्यौरा दे ही दिया जाए।

बीस प्रतिशत बोनस की माँग पर यूनियन की ओर से हड़ताल की धमकी दी जा रही थी। जब एक सितम्बर को *एक्सप्रेस* के दफ्तरों पर मारे गए छापों के खिलाफ देश का जनमत हमारी आवाज मजबूत कर रहा था तो हमारे यहाँ हड़ताल करवाने की कोशिश हो रही थी। संसद के मानसून अधिवेशन के दौरान कई जिम्मेदार सांसदों ने कहा था कि *एक्सप्रेस* को उसी में काम करने वालों की मदद से ठप्प करवा दिया जाएगा। हम नहीं चाहते कि यह साजिश कामयाब हो इसलिए सम्पादकीय की तरफ से प्रबन्धन को सलाह दी गई कि माँगें सद्भावना और उदारता से निपटा ली जाएँ। प्रबन्धन को मालूम था कि एक सितम्बर को देश भर के दफ्तरों पर मारे गए छापों का आधार एक ऐसे उद्योग घराने की तरफ से तैयार किये गए आरोपी दस्तावेज हैं जिसके कारनामों का भंडाफोड़ *जनसत्ता* और *एक्सप्रेस* के दूसरे सभी अखबार करते रहे हैं। राजनीतिक और औद्योगिक हित स्वार्थ कर्मचारी असन्तोष का नाजायज फायदा न उठा पाएँ इसलिए दिल्ली में पहली बार कुल मिलाकर पन्द्रह प्रतिशत बोनस देना मंजूर किया गया। यूनियन की दूसरी माँगों का भी निश्चित अवधि में निपटारा तय किया गया।

जब तेरह अक्टूबर को सभी माँगों पर कार्यकारिणी के सदस्यों से जनरल मैनेजर की बातचीत पूरी हो गई और समझौते के मसविदे पर दस्तखत करने का मौका आया तो दो सदस्य अचानक बैठक से उठकर चले गए। वे बाहर गए और लौटकर

आए तब तक दफ्तर में काम कर रहे साथियों को बताया गया कि समझौता क्या हो रहा है। आमतौर पर समझौता सभी साथियों को मंजूर था। लेकिन इस बहाने से कि दस्तखत होने के पहले समझौता सबको क्यों सुनाया गया—कार्यकारिणी के लौटकर आए। सदस्यों ने उस पर दस्तखत करने से इनकार कर दिया उसी रात साफ हो गया था कि बाहरी तत्त्व समझौता नहीं चाहते। उनका मकसद *जनसत्ता, इंडियन एक्सप्रेस* और *फाइनेंशियल एक्सप्रेस* निकालने वाले साथियों के हित साधना नहीं था। वे किसी तरह हड़ताल करवाना चाहते थे। इसी को ध्यान में रखकर आपको सूचित किया था कि कल शायद हम आपकी सेवा में न निकलें।

लेकिन चौदह अक्टूबर को सबेरे कोई साढ़े चार बजे कार्यकारिणी के सदस्यों ने फिर बातचीत की पहल की। बातचीत हुई थी। तय हुआ कि रात को बनाए गए समझौते पर दस्तखत होंगे और हड़ताल वापस ले ली जाएगी। कोई नौ बजे जनरल मैनेजर और सलाहकार दफ्तर में पहुँच भी गए। कार्यकारिणी के सदस्यों ने कहा था कि समझौते को यूनियन की आम सभा में सबसे मंजूरी के लिए रखा जाएगा। यह सभा दस बजे होनी थी। लेकिन नहीं हुई और यूनियन के कुछ लोगों ने बाहरी लोगों की मदद से अन्दर किसी को भी काम करने नहीं जाने दिया। सम्पादकीय और दूसरे विभागों के जो साथी हड़ताल के पक्ष में नहीं थे उन्हें काम पर जाने से रोक कर अघोषित हड़ताल करवा दी गई। यूनियन की जिस आम सभा में समझौते को सबकी मंजूरी के लिए रखा जाना था—वह न तो सभा हुई, न समझौता किया गया, न सब लोगों से राय लेकर हड़ताल की गई। यह ऐसी हड़ताल थी जिसमें *जनसत्ता, एक्सप्रेस* और *फाइनेंशियल एक्सप्रेस* के ज्यादातर साथी शामिल नहीं थे। फिर भी हड़ताल हो गई क्योंकि ज्यादातर भले लोग एक होकर हिंसा का सामना नहीं करते और बाहर से लोग इस भलमनसाहत का फायदा उठाते हैं।

अब इस बाहरी तत्त्वों वाली बात को सरकार के विदेशी हाथ की तरह भी बताया जा सकता है। जनसत्ता ने सरकार के विदेशी हाथ वाले प्रचार को अपनी कमजोरी छुपाने का बहाना कहा है। इसलिए हम इस बहानेबाजी में तो पड़ेंगे नहीं। लेकिन बाहरी लोगों ने किस तरह यह हड़ताल हम पर थोपी है इसका एक सबूत हमारे पास है। *जनसत्ता* के सम्पादकीय विभाग में पैंतालीस साथी काम करते हैं। इनमें से चार को छोड़कर बाकी सभी साथियों ने दिल्ली-पुलिस और प्रशासन के नाम एक पत्र पर दस्तखत किये कि हम हड़ताल पर नहीं हैं, काम करना चाहते हैं और हमें दफ्तर में जाने के लिए सुरक्षा दी जाए। जिन पन्द्रह दिनों *जनसत्ता* नहीं निकला उनमें लगभग हर दिन इन साथियों से मेरी अलग-अलग और सामूहिक बातचीत होती रही। इनमें से कुछ लोगों को यूनियन के पदाधिकारियों ने हाथ-पाँव ठीक कर देने की धौंस भी दी। पैंतालीस में से इकतालीस साथी काम करना चाहते थे फिर भी *जनसत्ता* नहीं निकल सका। दिवाली सूनी चली गई।

मैं जानता हूँ कि अखबार सिर्फ सम्पादकीय विभाग के साथी नहीं निकालते। प्रेस, प्रसार और विज्ञापन के साथी हड़ताल पर हों तो सम्पादकीय क्या कर लेगा? लेकिन मैं प्रेस, प्रसार, विज्ञापन विभागों की वास्तविकता भी बताए देता हूँ। हड़ताल के दौरान प्रेस के ज्यादातर साथियों ने हमारे मुद्रक-प्रकाशक सुदर्शन कोहली और वर्क्स मैनेजर तापस घोष से सम्पर्क बनाए रखा। इसीलिए जब कल हम सब एक साथ काम करने आए तो प्रेस के साथियों की कमी नहीं थी। विज्ञापन विभाग के लोग तो हड़ताल के दौरान भी लगातार काम करते ही रहे क्योंकि उन्हें *एक्सप्रेस, जनसत्ता* और *फाइनेंशियल एक्सप्रेस* के दूसरे संस्करणों को विज्ञापन पहुँचाने होते हैं। अगर इन सभी विभागों के साथी हड़ताल पर होते तो वे काम नहीं करते और कोई भी उन्हें उनकी मर्जी के खिलाफ काम पर नहीं ला सकता था। इसलिए इसे मानने में आपको कोई हिचक नहीं होनी चाहिए कि *जनसत्ता, एक्सप्रेस* और *फाइनेंशियल एक्सप्रेस* के ज्यादातर साथियों पर यह हड़ताल बाहर से थोपी गई।

सभी मुद्दों को बातचीत के जरिये निपटाना चाहिए—यह बात *जनसत्ता* लगातार कहता रहा है। *जनसत्ता* की हड़ताल भी बातचीत के जरिये खत्म होनी चाहिए थी। फिर भी काफी सोच-विचार के बाद शान्तिपूर्वक अपने काम पर लौटना पड़ा क्योंकि यह हड़ताल एक्सप्रेस में काम करने वालों पर थोपी गई थी और राजनीतिक कारणों से हमारा मुँह बन्द करने की कोशिश थी। *जनसत्ता* और *इंडियन एक्सप्रेस* दूसरे सभी अखबारों की तरह आखिर अखबार है और उनमें भी वे सभी झंझटें होती हैं जो दूसरे किसी व्यापारिक-औद्योगिक प्रतिष्ठान में होती हैं। लेकिन जैसा कि आप जानते हैं *जनसत्ता-एक्सप्रेस* सिर्फ व्यावसायिक अखबार भी नहीं है। उनकी पाठकों के प्रति एक जिम्मेदारी है और लोगों को सूचना देने और उनकी अभिव्यक्ति की आजादी की रक्षा करना हमारा कर्तव्य है। इसे निभाने में हम किसी भी तरह के दबाव और धौंसपट्टी में नहीं आएँगे। हमें आपके समर्थन की ताकत चाहिए जो इस पखवाड़े के व्यवधान के बाद पहले की तरह ही लगातार मिलती रहेगी। हमें विश्वास है।

[29 अक्टूबर, 1987]

हमारा तपना, उनका तापना

अड़तालीस दिन बाद *जनसत्ता* की फिर आपके दरवाजे पर यह दस्तक। नमस्कार। और सबेरे-सबेरे एक सवाल-आखिर कब तक? आखिर कब तक अपने को माई-बाप समझने वाली कोई सरकार हथकंडों से किसी आलोचक और भंडाफोड़ू अखबार को बन्द रख सकती है? सिर्फ अड़तालीस दिन!

सरकार से टकराने और अपनी आजादी की कीमत चुकाने के लिए अड़तालीस दिन की क्या बिसात? देश के लोगों की तरफ से सरकार से पंजे लड़ाने और उसे उसकी गलतियों से रूबरू करवाने से लोग नाहक हिचकते हैं। अगर आप तय कर लें कि अपने सत पर डटे रहेंगे और आपके साथी आपके चारों तरफ खड़े हैं तो कोई आपको अपनी जमीन से बेदखल नहीं कर सकता। एक दिन, एक हफ्ता, एक महीना और ज्यादा से ज्यादा अड़तालीस दिन।

हमने चौदह अक्टूबर को ही तय किया था कि अखबार हमारा खुल के रहेगा। और वह भले ही दो दिसम्बर को खुला हो लेकिन बन्द करवाने वालों से किसी समझौते के बिना खुला है। सरकार और कांग्रेस में बैठे जो लोग अब पछतावे में कह रहे हैं कि *एक्सप्रेस* को सबक सिखा दिया गया है वे बबुआ लोग जानते नहीं हैं कि उसके अखबार कागज पर नहीं तलवार की धार पर छपते आए हैं। वैसे भी बबुआ लोगों के दूध के दाँत अभी टूटे नहीं हैं और अक्कल दाढ़ निकलने में काफी समय लगेगा।

सरकार में ही नहीं खुद हमारी बिरादरी में ऐसे बाबू लोग हैं जो *जनसत्ता, इंडियन एक्सप्रेस* और *फाइनेंशियल एक्सप्रेस* के अड़तालीस दिन न निकलने का कारण एक 'हड़ताल' को मानते हैं। हड़ताल यानी मालिक और मजदूरों के बीच का झगड़ा। जब तक हड़ताल एक्सप्रेस में है वे तथ्यों की ओर देखे बिना इसे मजदूर विवाद मान कर गऊ माता या मरियम कहेंगे। इसे तोड़ने की किसी भी कोशिश को पाप बताएँगे। इसमें सरकार के हाथ और दिलचस्पी को हमारी घबराहट और मजदूर विवाद को प्रेस की आजादी से जोड़ने पर हमें उसके राजनीतिकरण का दोषी बताएँगे। हड़ताल हो तो क्या करना चाहिए इसके उपदेश देंगे। लेकिन अपनी खिड़की से झाँक कर देखेंगे नहीं कि क्या सचमुच हड़ताल है। उन्हें तथ्यों और सबूतों की न जरूरत है

न चिन्ता। वे सरकार की तरह मान चुके हैं कि *एक्सप्रेस* पत्रकारिता नहीं करता। वे सिद्धान्त से टोडी बच्चे हैं और हम उनसे जल्द ही यथायोग्य करेंगे।

लेकिन अभी अपने उन पाठकों और एजेंटों को बता दें जिनकी चिट्ठियाँ बावजूद अखबारबन्दी के पहुँचीं और जिन्होंने बताया कि उन्हें *जनसत्ता* की कमी कितनी खल रही है और किस तरह उनकी सुबहें सुनसान रही हैं। उन्हें कितना विश्वास है कि हमें सरकार ने बन्द कर रखा है और हम आखिर किस तरह निकल पाएँगे। इन चिट्ठियों पर हमें भरोसा है क्योंकि *जनसत्ता* का पाठक उसे अखबारी कागज से रद्दी या विज्ञापनों के लिए नहीं खरीदता। वह पढ़ने के लिए जनसत्ता लेता है और अपने अखबार से उसका गहरा लगाव है। इन सब पाठकों और एजेंटों ने *एक्सप्रेस* की 'हड़ताल' और उसे तोड़ने के 'पाप' और 'अपराध' की झूठी-सच्ची खबरें और कहानियाँ भी पढ़ी होंगी। इन पाठकों की कमी हमें भी इन अड़तालीस दिनों में कितनी खटकी है और उनके बिना हमारे दिन-रात भी सूने रहे हैं। अखबार निकालने के संघर्ष में हमें इन्हीं पाठकों के विश्वास की ताकत मिली है। इसलिए एक बार बता दिया जाए कि यह 'हड़ताल' थी क्या!

आप शायद जानते हैं कि दिल्ली में *एक्सप्रेस* दफ्तर में कोई छह सौ सत्तर लोग काम करते हैं। 'हड़ताल' करवाने वाली यूनियन के सदस्य इनमें दो सौ सत्तर भी नहीं थे। कर्मचारियों के सदस्य बनाए बिना या जिसे मन में आया उसकी सदस्यता खत्म करके या अपनी चाल चलने वालों को सदस्य बनाकर एक धंधेबाज यूनियन नेता ने इस यूनियन को हथिया लिया था। गए साल इस तरह चुनाव करवाए गए कि जो उसके खिलाफ वोट दे सकते थे उन्हें बाहर कर दिया गया। जिन्हें बदतमीजी, हिंसा और निकम्मेपन के कारण निलम्बित किया गया था उन सबके मामले अदालत में लड़ते हुए इस धंधेबाज ने यूनियन की कार्यकारिणी में लिया। इनमें से कुछ ने चार साल पहले जार्ज वर्गीज जैसे संत सम्पादक से दफ्तर की सीढ़ियों पर झूमा झटकी करके उन्हें बाहर धकेल दिया था। विज्ञापन मैनेजर राजेन्द्रनाथ पर हमला किया था और इस साल मार्च में बाहर के गुंडे लाकर दफ्तर के बाहर मुझ पर भी हमला करवाया था। इन्हीं धंधेबाज यूनियन नेता ने डीआरआई की और *एक्सप्रेस* के खिलाफ मुखबिरी की थी। यही अभियान चलाते रहे हैं कि *एक्सप्रेस* का सरकारीकरण हो जाए। कुलदीप नैयर आपको बताएँगे कि किस तरह संसद के पिछले सत्र में ही कुछ कांग्रेसी सांसदों ने उनसे कहा था कि मजदूर विवाद यानी हड़ताल के जरिये *एक्सप्रेस* को बता दिया जाएगा। हम सब जानते थे कि यही धंधेबाज यूनियन नेता सरकार के एजेंट हैं और हड़ताल करवाएँगे।

पेज पाँच पर *एक्सप्रेस* यूनियन नेता चन्द्रमोहन पपनै और रमेश डोगरा के लेख पढ़ लीजिए साफ हो जाएगा कि बीस फीसदी बोनस का मुद्दा किस तरह 'हड़ताल' करवाने का बहाना था और किस तरह कार्यकारिणी और आम सभा की

सहमति के बिना समझौते को ठुकरा कर हड़ताल थोप दी गई। एक्सप्रेस के तीन चौथाई से भी ज्यादा लोग हड़ताल के खिलाफ थे। लेकिन हड़ताल हो गई। इसलिए कि ज्यादातर लोग हिंसा से डरते हैं और आतंक का सामना नहीं कर सकते और काफी लोग हड़ताल का विरोध इसलिए नहीं करते कि उन्हें मजदूर विरोधी, गद्दार और इससे भी ज्यादा मालिकों के चमचे कहकर बदनाम किया जाएगा। पत्रकार न जिम्मेदारी से यूनियन चलाने में दिलचस्पी लेते हैं न गैर जिम्मेदार कार्रवाई का विरोध करते हुए गद्दार और मालिकों के चमचे कहे जाना सहन कर सकते हैं। बेचारे गिरिलाल जैन जैसे प्रतिष्ठानवादी नौकर सम्पादक भी हड़ताल के मामले में कोई यों ही मैनेजमेंट से दूरी नहीं दिखाना चाहते। यूनियन और हड़ताल के मामले पर उनके मन में वही झिझक है जो अपने काम के किसी भी वास्तविक प्रश्न पर दो टूक रवैया अपनाने में ज्यादातर पत्रकारों को होती है।

एक्सप्रेस में हिंसा, आतंक और इस झिझक के चलते 'हड़ताल' हुई। ज्यादातर लोग हड़ताल के खिलाफ थे फिर भी हुई। मुट्ठीभर आतंकवादियों ने पूरी सिख कौम को आतंकित कर रखा है। मौन बहुमत को वाचाल और हिंसक अल्पमत न सिर्फ बोलने नहीं देता बल्कि अपने पीछे चलने पर मजबूर भी कर सकता है। इस तरह के आतंकवाद के उदाहरण देश भर में और सार्वजनिक जीवन के हर क्षेत्र में आपको बिना ढूँढ़े मिल सकते हैं। इसे भले और सीधे सच्चे लोगों की मजबूरी कहिए या कमजोरी कि वे हिंसा और आतंक का सामना करने से कतराते हैं हालाँकि यही लोग जब संगठित और प्रेरित हों तो निहत्थे ही किसी भी ताकत से टकराकर उसे चूर-चूर कर सकते हैं। गांधी ने आखिर इन्हीं लोगों में से सत्याग्रही पैदा किये थे और वे नीम की चटनी पर नहीं झगड़ते थे।

जनसत्ता के साथियों ने 14 अक्टूबर को ही तय किया था कि वे अपना अखबार खोल के रहेंगे। यह नहीं कि हमारे साथियों में यूनियन या उसकी माँगों को लेकर कोई सहानुभूति नहीं थी। यह भी नहीं कि वे मजदूर विरोधी और मालिक परस्त लोग हैं। उनमें से काफी लोग यूनियनों में सक्रिय रहे हैं। लेकिन वे शुरू से मानते थे कि यह हड़ताल थोपी गई है और इसे चलने देना अपने अखबार और अपनी खुद की और पाठकों की अभिव्यक्ति की आजादी के खिलाफ है। फिर भी पैंतालीस में से हमारे चार साथी हड़तालियों के साथ थे। उनके अपने जो भी कारण रहे हों पर वे *जनसत्ता* के ही साथी थे। यह मैं इसलिए भी बता देना चाहता हूँ कि आगे जब *जनसत्ता* के साथियों का गुणदर्शन करूँ तो भाई लोग यह न समझें कि हम अपने को प्रेस की आजादी और समर्पित पत्रकारिता के देवदूत बताने की गलतफहमी में हैं।

लेकिन फिर भी *जनसत्ता* के साथियों में अपने अखबार से एक ऐसा लगाव है जो नौकरी और व्यावसायिक पत्रकारिता से थोड़ा ऊपर है। इसका कारण यह है कि वे जब काम करने आए थे तो *जनसत्ता* नहीं था। वे चार महीने तक अपने

सपने का अखबार निकालने की तैयारी में लगे रहे। उन्हें अपने विचार और तरीके आजमाने की छूट थी। उनके सामने एक सामूहिक सपना था जिसे वे साकार कर सकते थे। उनके सामने एक चुनौती थी जिसका ठीक से जवाब न देने पर उनकी रोजी-रोटी खतरे में पड़ सकती थी और जिसे कैरियर कहते हैं वह टूट सकता था। ऐसे भी उन्हें डराने वाले लोगों की कमी नहीं थी जो कहते थे कि अव्वल तो *जनसत्ता* जमेगा नहीं और जम गया तो रामनाथ गोयनका उसे बन्द कर देंगे क्योंकि उनके हिन्दी अखबार पैंतीस साल से अकाल मृत्यु को प्राप्त होते रहे हैं। उन्हें एक अखबार बनाना था और इसकी भी गारंटी करनी थी कि कोई चाहे भी तो उसे बन्द न कर सके। इसलिए वे *जनसत्ता* को बनाने में लगे और उन्हें साल भर में जो सफलता मिली वह हिन्दी के किसी अखबार को नहीं मिली थी। उनके कुछ कर पाने का यह बोध उन्हें नौकरी और व्यावसायिक पत्रकारिता से कुछ ज्यादा देता है। इस 'कुछ' को नौकर, सम्पादक, चलती गाड़ी पर चढ़ने वाले मुसाफिर और पत्रकारिता को सिर्फ जिंस मंडी मानने वाले नहीं समझ पाएँगे। जो साथी अपने निजी कारणों से *जनसत्ता* छोड़ गए वे भी इससे अब भी ऐसा ही लगाव महसूस करते हैं और हमें इसका गर्व है।

जनसत्ता के साथियों ने इस हड़ताल को न चलने देने के लिए गद्दार, मालिकों के चमचे और प्रतिक्रान्ति के हरावल दस्ते तक ले जाने की तोहमत मोल ली। इसीलिए हड़ताल करवाने वाले मजदूरों के हित रक्षकों ने मंगलेश डबराल को बुरी तरह पीटा। दफ्तर के आसपास घूमते हुए मुख्य उपसम्पादक श्रीशचन्द्र मिश्र, शम्भूनाथ शुक्ल, सतीश पेडनेकर, सुरेश शर्मा, अमरेंद्र कुमार राय को यूनियन के साथियों ने या तो पहचान कर गुंडों के हवाले किया या उन्हें बातचीत में लगाकर पिटने के लिए छोड़ दिया। उप समाचार सम्पादक सत्यप्रकाश त्रिपाठी, अमित प्रकाश सिंह और संजय कुमार सिंह धौंस डपट और छीना-झपटी में बच गए। पुलिस ने लाठी चार्ज किया तो कुछ लाठी संवाददाता महादेव चौहान को पड़ीं। हड़तालियों ने लाठी के एक-दो वार राकेश कोहरवाल पर भी किये। इसके बावजूद लगभग रोज *जनसत्ता* के साथी मिलते रहे, काम करते रहे और चंडीगढ़ जाकर वहाँ से संस्करण में भी मदद की। छावनी में पड़ी फौज की तरह कवायद करते हुए वे हड़ताल तोड़ने वालों में आगे रहे। एक थोपी गई आत्मघाती और सरकार के हित साधती हड़ताल को तोड़ने में उन्हें हिचक और शर्म नहीं थी और अपने अखबार को खुलवाने की कीमत चुकाने को वे तैयार थे। एक्सप्रेस के सभी लोगों ने माना कि *जनसत्ता* के साथियों का दृढ़ निश्चय ही सबके काम आया। इसे अपने राजनीति, व्यावसायिक प्रतिद्वंद्विता और वैचारिक दुराग्रह के कारण भाई लोग मजदूर विरोध कहें या पत्रकारीय अपकर्म हड़ताल के नाम पर एक्सप्रेस पर थोपी गई इस अखबारबन्दी को तोड़कर हमने सिर्फ अपना कर्तव्य किया है। यह हड़ताल मजदूरों के हित नहीं साध रही

थी। बोनस के मामले पर हड़ताल कभी लाभदायी नहीं होती इसे सब यूनियन नेता जानते हैं। *एक्सप्रेस* में हड़ताल मजदूरों के लिए नहीं, कांग्रेसी नेताओं और राजीव गांधी के लिए करवाई गई थी।

हमें अपने अखबार में हुई हड़ताल को सरकार की करवाई गई बताकर कोई राजनीतिक लाभ नहीं लेना था। राजीव सरकार के जितने बखिए हमने उधेड़े हैं उतने पूरे विपक्ष ने भी नहीं। *एक्सप्रेस* अखबारों की इस कारगुजारी को अखबार पढ़ने वाले सभी लोग जानते हैं। इमरजेंसी ही नहीं आजादी की लड़ाई में भागीदारी करते हुए *एक्सप्रेस* ने अपनी साख कमाई है। एक दिल्ली के प्रतिष्ठान में हड़ताल को राजनीतिक दमन और अत्याचार बताकर हमें सहानुभूति की भीख नहीं माँगनी है। हम जानते हैं कि लोगों को मालूम है कि *एक्सप्रेस* के खिलाफ सरकार क्यों है और बदले की कार्रवाई क्या होती है। लोग स्वनामधन्य और अपनी गुरुता से दबे धृतराष्ट्र सम्पादकों की तरह गांधारियों की पट्टी चढ़ी आँखों से नहीं देखते। लोगों को समझाने के लिए राजीव गांधियों और उनके सलाहकारों की भी जरूरत नहीं होती। इस देश के लोग सत्ता से जूझते-लड़ते आदमी और अखबार को पहचानते हैं। लोगों से मिले इस विश्वास के कारण हमें छाती-माथा कूटकर चिल्लाने की जरूरत नहीं थी कि सरकार हड़ताल के जरिये हम पर वार कर रही है। राजीव गांधी बदला लेने में अपनी मातुश्री से भी ज्यादा घामड़ और बाजारू हो सकते हैं इसका अहसास हमें 14 मार्च से है।

यह हड़ताल अगर मजदूर विवाद होती तो इसे आसानी से ले देकर निपटाया जा सकता था। आखिर गए साल भी नवम्बर में ही बोनस के सवाल पर हड़ताल हुई थी और सात दिन में निपट गई। इस बार भी मामला अगर बोनस का होता तो हड़ताल होती ही नहीं। इस बार सवाल माँगों का नहीं, दिल्ली से *जनसत्ता, इंडियन एक्सप्रेस* और *फाइनेंशियल एक्सप्रेस* को निकलने से रोकना था ताकि संसद का सत्र पिछली बार की तरह हंगामी न हो और भंडाफोड़ करने वालों को सबक सिखाया जा सके कि उनके घर पर भी पत्थर मारे जा सकते हैं। यह चूँकि बोनस का मामला नहीं था और इसके जरिये मुट्ठी भर लोग *एक्सप्रेस* को अगुआ करना चाहते थे इसलिए हमने तय किया कि पहले अपने घर में आन बैठे भेदियों से ही निपट लिया जाए। *एक्सप्रेस* के लोग सरकार का खेल खेलने वाले इन एजेंटों के साथ नहीं थे इसे साबित करने में अड़तालीस दिन लगे।

इन दिनों में अपने अखबार और पाठकों से कटे रहने की उदासी के बावजूद कुछ सबक हमने भी सीखे। पड़ोसी के घर लगी आग से तापने वाले लोगों की कमी नहीं है। ऐसे पड़ोसियों के साथ क्या-क्या सावधानी बरतनी चाहिए इसकी सूची हमने बना ली है। हमने यह भी देख लिया है कि आग लगे तो अपने दोस्त भी घड़ा लेकर कुएँ की तरफ नहीं दौड़ते। कुछ खड़े-खड़े सोचते भी रहते हैं कि

पानी डालेंगे तो लोग क्या कहेंगे और धूल डालेंगे तो कैसा रहेगा? इसलिए अपना फायर ब्रिगेड अपने पास होना चाहिए और घर में इतना कचरा जमा नहीं होने देना चाहिए कि बाहर वाला आग लगा दे। हमने यह भी समझा है कि आग में से गुजरना अपने कचरे को जलाना भी है और तपने के बाद सान पर चढ़ना आसान होता है क्योंकि तब धार अच्छी और पैनी बनती है। अड़तालीस दिन की यह बन्दी हमें चुस्त, चौकन्ना और अपने माई बाप पाठकों की सेवा में और बेहतर समर्पित कर सके तो इसमें से गुजरना सार्थक होगा। एक अखबार अपने पाठकों के भरोसे और लगाव से ही धन्य होता है।

[2 दिसम्बर, 1987]

यह खाला का घर नहीं है

पचास-पचपन दिनों में दिल्ली की प्रदूषित जमुना का बहुत-सा गन्दा पानी बह गया है। चौदह अक्टूबर को जब *जनसत्ता* का निकलना बन्द करवाया गया तब जो विवाद देश को जितनी सघनता से मथ रहे थे उनमें से कई इस पानी के साथ बह गए हैं। जो बचे हैं उनमें भी वैसी सघनता नहीं रह गई है। एक दैनिक अखबार अगर अड़तालीस दिन निकलने नहीं दिया गया तो उन्चासवें दिन वह वहीं से शुरू नहीं कर सकता जहाँ उसे रोका गया था। समय की आदि अनन्त नदी में अपनी कागज की नाव आप वहीं डालेंगे जहाँ आज बहाव है। महाकाल के सामने आखिर एक अखबार कागज की नाव से ज्यादा कुछ अपने को मान भी नहीं सकता।

लेकिन कुछ दिनों एक अखबार का न निकलना उसकी स्मृति को पोंछ भी नहीं सकता। एक देश, एक समाज और एक व्यक्ति की तरह एक अखबार की भी स्मृति होती है, अतीत होता है जिसे अपने से काटकर पीछे छोड़ते हुए वह आगे बढ़ नहीं सकता। कुछ सवाल होते हैं जिनके जवाब देने ही होते हैं। कुछ हिसाब होते हैं जो साफ करने ही पड़ते हैं। *जनसत्ता* का निकलना जब रोका गया तब कुछ अखबार और पत्रिकाएँ और उनके भरोसे चलने वाले संगठन और लेखक-पत्रकार उस पर 'सती समर्थक' होने का पोस्टर चिपकाकर बदनाम करने की कोशिश में लगे थे। उसके एक दिन पहले ही दो-दिन तक जयपुर में इन लोगों से आमने-सामने करके और इनकी असलियत समझकर मैं दिल्ली लौटा था। अगले दिन अपनी नाव को कागज के इन शेरों के गले से बाँधने वाला था। लेकिन *जनसत्ता* अखबारबन्दी में आ गया और कुछ और असलियतों को समझने के लिए समय मिला।

तब जो कहना चाहता था उनमें से बहुत सी बातें अप्रासंगिक हो चुकी हैं। *जनसत्ता* को सुनाने वालों के चेहरे धुँधले पड़ गए हैं और आवाजें बिला गई हैं। इसलिए उस प्रायोजित अभियान को लेकर मैं उत्तेजित नहीं हूँ। और जैसा कि जयपुर की एक सभा में मैंने कहा था—हमें राजीव गांधी की तरह दुहराते रहने की जरूरत नहीं है कि बोफोर्स के सौदे के कमीशन से मेरा और मेरे परिवार के किसी सदस्य का कोई लेना-देना नहीं है। 'दिवराला की सती' वाले सम्पादकीय पर हमें कोई

सफाई नहीं देनी है। लेकिन उस प्रायोजित अभियान के बखिए पाठकों को जरूर दिखाने हैं। दो उदाहरणों से शुरू करें।

'दिवराला की सती' सम्पादकीय को लेकर कुछ लेखकों-पत्रकारों द्वारा बनाए गए *जनसत्ता* के बॉयकाट के बयान पर दस्तखत करने से इनकार करने वाले लेखक विष्णु प्रभाकर ने हमें लिखा-आपने सती प्रथा का विरोध करते हुए भी कुछ ऐसी बातें कही हैं जो भ्रम पैदा करती हैं। आशा है आप अपनी स्थिति स्पष्ट करेंगे।

सती प्रथा का एक समाज विज्ञानी की तरह अध्ययन करने वाले विष्णु प्रभाकर का पूरा पत्र दो अक्टूबर की चौपाल में सबसे पहले और पूरा छपा है।

बॉयकाट के बयान पर जिनके हस्ताक्षर सबसे पहले नम्बर पर बताए जाते हैं उन बाबा नागार्जुन से बात करते हुए *जनसत्ता* के दो संवाददाताओं को लगा था कि कहीं कोई गड़बड़ है। इसलिए उन्होंने पूछा कि क्या आपके नाम का गलत इस्तेमाल हुआ है? बाबा ने कहा—मुझे ऐसा लगता है। इस विवाद में दो सम्पादक अपनी राजनीति को सामाजिक रूप देना चाह रहे हैं। व्यावसायिक लाभ को मद्देनजर रखकर वे ऐसा कर रहे हैं। मेरी भूल यह रही है कि मैंने खुद प्रस्ताव नहीं पढ़ा। प्रकाशन के पहले भी किसी सम्पादक ने मुझसे सलाह-मशविरा नहीं किया।...

बाबा नागार्जुन पहले खुद ही बयान लिखने वाले थे। लेकिन तबीयत खराब होने के कारण इंटरव्यू दिया। पूरी मुलाकात *जनसत्ता* के सात अक्टूबर के अंक में छपी है।

बाबा ने जिन सम्पादकों की ओर इशारा किया है उसके नाम मैं जानता हूँ। दरअसल मेरे पास उन तमाम लेखकों-पत्रकारों के 'विष्णु सहस्रनामों' की सूची है जो अलग-अलग अवसरों पर अपनी असलियत में प्रकट होकर अपने 'गुण' दिखा चुके हैं। पर यहाँ मैं उनका नाम सुमिरन नहीं करूँगा। वैचारिक मतभेद हों भी तो मुझे उनसे कोई निजी खुन्दक नहीं है। *जनसत्ता* सम्पादक की भी निजी खुन्नस निकालने का माध्यम नहीं है। लेकिन यह सचमुच मजे की बात है कि जो वीर पुरुष 19 सितम्बर को काठ की तलवार भाँजते निकले उन्होंने दस दिन पहले छपे सम्पादकीय 'एक सती, दूसरी पत्नी' को भुला दिया। चित्तौड़गढ़ की कांग्रेसी सांसद निर्मला शक्तावत के अपने पति द्वारा दूसरी शादी किये जाने के आरोप और रूपकँवर के सती होने की घटना को एक साथ देखकर लिखे गए इस सम्पादकीय की आखिरी लाइन है—'निर्मला शक्तावत को भी वैसी ही सहानुभूति मिलनी चाहिए जैसी रूपकँवर को।'

बहरहाल 18 सितम्बर को हमारा सम्पादकीय छपने के कोई चार-पाँच घंटे बाद हमारे एक पड़ोसी अखबार (जिसका एक संस्करण जयपुर से भी निकलता है) के कुछ भाई लोग आ-आकर मालूम करते रहे कि यह किसने लिखा है और अगर फलां ने लिखा है तो सम्पादक ने अपने विवेक का इस्तेमाल करके उसे रोका क्यों नहीं। उनकी वे जानें, लेकिन *जनसत्ता* में तो जो सम्पादकीय छपता है वह किसी

सम्पादकीय लेखक का नहीं होता। अखबार का होता है। और उसके लिए सम्पादक कानूनी रूप से ही नहीं, वैचारिक और नैतिक रूप से भी जिम्मेदार होता है। सुनते हैं कि हमारा सम्पादकीय उनके दफ्तर में काटकर नोटिस पर लगाया गया और फिर उन्होंने जो अगले दिन के लिए लिखा था उसे भी चिपकाया गया। जैसे यह मामला दो अखबारों के बीच का हो और हमारा सम्पादकीय उनकी खपत के लिए लिखा गया हो और उसका उन्होंने जवाब दिया हो। विचार का यह स्तर सचमुच धन्य है।

इसी अखबार के कई वीर पुरुषों ने *जनसत्ता* के बॉयकाट के अभियान में अगुआई की और उस पर अल्पसंख्यकों के खिलाफ होने का भी आरोप लगाया। इस अखबार के एक संवाददाता ने नवम्बर 1984 में दिल्ली में सिखों के खिलाफ हुए दंगों की एक खबर लिखी थी। खबर सिखों पर हुए अत्याचार का वर्णन करती थी। वहाँ की प्रेस ने इस खबर को सिखों का पक्ष लेने वाली मानकर रोक लिया और सम्पादकीय विभाग में आकर गुस्सा भी जाहिर कर दिया। प्रसार विभाग ने भी माना कि उस खबर के छपने पर पाठकों में तीखी प्रतिक्रिया हो सकती है। वह खबर आखिर नहीं छपी। जो वीर पुरुष काठ की तलवारें लिये घूमे थे वे जरा मालूम कर लें कि खबर के छपने न छपने पर फैसला किसे करना चाहिए और सिख अल्पसंख्यक हैं या नहीं और उन पर हुए अत्याचार की खबर कौन रोकता है। वे जरा यह भी देख लें कि जिस जमीन पर खड़े होकर परिवर्तन के लिए हवा में तलवार भाँज रहे हैं—वह सिर्फ यथास्थितिवाद की पोषक ही नहीं है वहाँ से बार-बार सत्ता प्रतिष्ठान की अंधभक्ति और रक्षा की जाती है। और कल अगर राजीव गांधी फासिस्ट सरकार की स्थापना कर दें तो वह संस्थान इसे भी देश की एकता और अखंडता की रक्षा के लिए अनिवार्य मानकर समर्थन करने लगेगा।

जनसत्ता का बॉयकाट करने के बयान पर दस्तखत करने वालों में ऐसे कई छद्‌म वामपंथी लेखकों-पत्रकारों के नाम हैं जो संत भिंडरांवाले और उनके मरजीवड़ों के आतंकवाद का विरोध करने पर हमें 'हिन्दू अखबार' कहते थे। लेकिन इन्दिरा गांधी की हत्या के बाद दिल्ली में सिखों पर जो अत्याचार हुए उसकी खबरें, खोजबीन की रपटें और लेखक जब हमने छापे तो यही कथाकथित वामपंथी हमें 'सिखों की रक्षक अकाली पत्रिका' कहने लगे। उस वक्त हमारे खिलाफ इनका क्रोध-दिवराला की घटना से कम नहीं था।' लेकिन तब वे खुले आम अपनी 'हिन्दू प्रतिक्रिया' को इन्दिरा गांधी की हत्या का सही और ठीक बदला बताकर वामपंथी धूल की अपनी परत को बचा नहीं सकते थे। चमड़ी नहीं, इस धूल पर ही उँगली फेरिए तो इन छद्‌म वामपंथियों की साम्प्रदायिकता दिखने लगेगी। किसी का मन और सिद्धान्तों पर खड़े रहने की शक्ति संकट के समय ही पता चलती है। इन्दिरा गांधी की हत्या एक ऐसा ही संकट था और उसमें कई प्रगतिशील वामपंथी घोर प्रतिक्रियावादी और साम्प्रदायिक सन्तोष लिये घूम रहे थे।

उन्हीं दिनों हमने दिल्ली के एक गाँव सागरपुर में एक सिख परिवार की इक्कीस सुहागिनों के विधवा बना दिये जाने की खबर तस्वीर के साथ छापी थी। *जनसत्ता* के अंध विरोध में लगे एक समद्रष्टा लेखक की लेखिका पत्नी ने तब मुझे फोन करके इस तस्वीर के छापने पर—सिखों का हिमायती कहा था। यह भी बताया था कि हम यह खबर और तस्वीर छापकर बदले की आग भड़काना चाहते हैं। इन्हीं लेखक ने हमारे सम्पादकीय पर एक सन्निपाती पत्र लिखा था कि वे अपने घर कोई बलि का आयोजन कर रहे हैं और मैं सपत्नीक उसका पौरोहित्य करने आऊँ। वे बेचारे भूल गए कि एक सिख परिवार की इक्कीस महिलाओं के पति इन्दिरा गांधी की वेदी पर बलि कर दिये गए थे और उनके विधवा किये जाने की खबर और फोटू छपने से उनकी पत्नी को इतना गुस्सा आ रहा था। दिवराला में सती प्रथा पर एक बलि हुई थी, यहाँ इक्कीस पति बली किये गए थे। क्या उन लेखक महोदय ने उन इक्कीस विधवाओं की सुध ली है? उनके पुनर्वास के बारे में ही अगर वे कुछ मालूम कर लें तो मैं मानूँगा कि रूपकँवर के बारे में उनके सन्निपात में कोई ईमानदारी है।

इन्हीं लेखक महोदय ने *जनसत्ता* निकलने के कुछ ही महीने बाद एक लेख भेजा और साथ में लिखी चिट्ठी में शर्त लगा दी कि उसे सम्पादित न किया जाए। वह लेख लाने वाले के साथ ही मैंने लौटा दिया था। सम्पादित न करने की शर्त पर जो लेख छापे वह सम्पादक नहीं होता डाकिया होता है। लेकिन यह उनकी समझ में नहीं आया और एक कॉलम लिखने की इच्छा लेकर वे काफी तड़पते रहे। उन्हें समझ आना मुश्किल है कि जैसे कहानी, उपन्यास और नाटक का अपना अनुशासन होता है वैसा ही पत्रकारिता का भी है और कोई भी कॉलम बिना उस अनुशासन के नहीं चल सकता। बाद में वे हिन्दी लेखकों के साथ अंग्रेजी लेखकों की तरह 'सम्मानजनक' बरताव न करने का पुराना रोना रोते रहे। उन्होंने मुझे कई चिट्ठियाँ लिखीं जिनको सती वाली चिट्ठी की तरह ही मैंने न छापा, न उनका जवाब दिया।

बहनों की बात चली तो जनवादी महिला समिति के उस घेराव की भी बात कर ली जाए जो 19 सितम्बर को मेरे कमरे में मेरा होना था। सम्पादकीय छपने के कोई तीस घंटे बाद समिति का यह 'प्रतिनिधिमंडल' मेरे कमरे में चुपचाप घुसा था। समिति की अध्यक्ष से मैंने कहा था कि आपमें से चार-पाँच महिलाएँ बात कर लें। नारेबाजी में बातचीत तो नहीं हो सकती। लेकिन उन्होंने कहा कि हम नारे कैसे बन्द कर दें, हमारा खून खौल रहा है। उनका खून तीस घंटे बाद खौल रहा था और घेराव के फोटू खींचने और उसकी खबर लिखने के लिए फोटोग्राफर और रिपोर्टर वे साथ में लेकर आई थीं। यह प्रायोजित घेराव नहीं हो सका क्योंकि हमारे काफी साथी उन बहनों से बहस कर रहे थे कि सम्पादकीय में पति के साथ विधवा के जलने का समर्थन नहीं है। आने वाली बहनों में एक अपने को इतिहास की अध्यापिका बता रही थीं। उनके विद्यार्थियों से मुझे सहानुभूति है। वे अंग्रेजी में

कह रही थीं कि यह *एक्सप्रेस* की नीति है कि अंग्रेजी अखबार चूँकि अंग्रेजी वाले खरीदते हैं इसलिए *इंडियन एक्सप्रेस* में रूपकँवर के सती होने का विरोध किया जाए और *जनसत्ता* चूँकि हिन्दी वाले पढ़ते हैं इसलिए *जनसत्ता* उसका समर्थन करे। अखबार की नीति और सम्पादकीय लिखने की प्रक्रिया का उनका अज्ञान समझा जा सकता है लेकिन हिन्दी और अंग्रेजी पढ़ने-लिखने वालों के बारे में उनके उच्च विचार भी इससे प्रकट होते हैं।

इसकी उम्मीद तो खैर इन महिलाओं से की नहीं जा सकती कि जिस समाज में रूपकँवर पत्नी—पनपी और बड़ी हुई उसमें सती, विधवा की हत्या नहीं—माता है और घर-घर में उसकी इसी तरह पूजा होती है। हर मांगलिक अनुष्ठान पर सती की पूजा जरूरी है। शेखावटी के एक सौ पाँच गाँवों में सती के मेले लगते हैं और मन्दिर और चबूतरे तो अनगिनत हैं। राजस्थान में आजादी के बाद से कुल अट्ठाईस औरतें सती हुई हैं और रूपकँवर जैसी पब्लिसिटी तो क्या कई के बारे में तो खबर तक नहीं छपी। और रूपकँवर को लेकर अगर महिला संगठन अदालत जाने के बजाय दिवराला जाते तो चूँदड़ी समारोह जैसी प्रतिक्रिया भी नहीं होती। शेखावटी में लाखों विधवाएँ होंगी जो सती नहीं हुईं और जीवित सतियाँ भी हैं जिनकी प्रतिष्ठा और पूजा संतों की तरह होती है। सब सतियाँ पति के शव के साथ नहीं हुई हैं। परिवार के दूसरे सदस्यों के साथ भी कुछ महिलाओं ने आत्मदाह किया है। ऐसे समाज की महिला देह दहन जैसी विकृति को दूर करने के लिए उसे समझने और उसमें बदलाव लाने के लिए समाज कार्य की जरूरत है। शेखावटी की महिलाओं ने दिल्ली से जाने वाली समाज सेविकाओं से कहा था कि वे बूचड़खाने से आ रही हैं और हम पर भाषण छाड़ना चाहती हैं। दिल्ली में औसतन प्रति दिन दो दहेज हत्याओं से शेखावटी की महिलाएँ नावाकिफ नहीं हैं। फर्क यही है कि दिल्ली के जिस महानगरीय समाज में बहुओं को दहेज के लिए जला दिया जाता है उसकी विकृति को सुधार न पाने से निराश हुई समाज सेविकाओं को शेखावटी की महिलाओं का भी रवैया और मूल्य बदलने के लिए काम करने की जरूरत महसूस नहीं होती। वे शहरों में जुलूस और सरकारी मदद से धुआँधार करना चाहती हैं। ओडीशा में हुई सती-विरोधी रैली की असलियत अखबार बता भी चुके हैं। लेकिन अपने समाज से इन महिलाओं का सीधा और जैविक सम्बन्ध होता तो वे अदालत के बजाय सीधे दिवराला जातीं। आपके किसी दोस्त को कोई मार दे या बस कुचल दे तो आप पुलिस थाने जाने के पहले उस दोस्त को अस्पताल ले जाएँगे। शेखावटी समाज को ये संगठन सुधारना नहीं कोड़े मारना चाहते हैं। समाज ऐसे तो नहीं बदलता। इन महिला संगठनों से हमारा सिर्फ यही मतभेद है।

अब भी अगर भाई लोगों को प्रभाष जोशी का अर्थ समझ में न आया हो तो, उनके समझने लायक कुछ बातें बता दूँ। सम्भव है हरिदेव जोशी मेरे रिश्तेदार हों

और उन्हें बचाने के लिए मैंने *जनसत्ता* का इस्तेमाल किया। हो सकता है कि मेरी पत्नी शेखावटी की हो और उसकी सती भक्ति का मुझ पर असर हो। हो सकता है राणी सती के मन्दिर में मेरे परिवार वाले पुजारी हों और दिवराला के सती मन्दिर में चढ़ावे पर मेरी नजर हो। हो सकता है रामनाथ गोयनका शेखावटी के हों और झुंझनूँ के राणी सती अग्रवालों की इष्ट देवी हैं इसलिए मुझे सेठ ने कहा हो कि सती की रक्षा करूँ और चूँकि मैं खुद तो कुछ लिख सकता नहीं इसलिए अपने प्रतिक्रियावादी साथियों की मदद ले रहा हूँ। कापुरुषों का क्या भरोसा? उनके पास पूँछ हिलाने के कई कारण हो सकते हैं। भाई लोग इस सारी जानकारी का इस्तेमाल करें लेकिन उन बाबा नागार्जुन पर नाराज न हों जिनके दस्तखत सबसे पहले जरूरी माने गए लेकिन जिन्होंने अपना इस्तेमाल किये जाने की बात कही तो अचानक उनके अन्तर्विरोध नजर आने लगे। इन तमाम भाइयों को मैं विश्वास दिलाता हूँ कि *जनसत्ता* की पत्रकारिता कोई लाजवन्ती का पौधा नहीं है जो चौराहे पर खड़े कुछ लोगों की फब्तियों से कुम्हला जाएगा। यह खाला का घर नहीं है।

[10 दिसम्बर, 1987]

तथ्यों से उलटे निष्कर्ष

सरकारी मंशा और मदद से करवाई गई और हिंसा और आतंक से जारी रखी गई *एक्सप्रेस* की अखबारबन्दी को तोड़ने की कोशिश पर *टाइम्स ऑफ इंडिया* और *नवभारत टाइम्स* के सम्पादकों ने *इंडियन एक्सप्रेस* के सम्पादक अरुण शौरी को कटघरे में खड़ा करके काफी उपदेश पिलाए हैं। जितना और जैसा मैं अरुण शौरी को जानता हूँ वे इन उपदेशों से निपटने के उत्सुक और योग्य हैं। इसलिए यह जिम्मेदारी उन्हीं पर छोड़ दी जाए।

लेकिन पत्रकारों के रोल और पत्रकारिता के शील और उसकी मर्यादाओं के बारे में इन दोनों ने जो उच्च विचार प्रकट किये हैं उन्हें तथ्यों की कसौटी पर चढ़ाकर देख लेना चाहिए। ये मानकर चले हैं कि *एक्सप्रेस* में अखबारबन्दी नहीं हड़ताल थी। पहले ये मानने को तैयार नहीं थे कि *एक्सप्रेस* के ज्यादातर लोग इस तथाकथित हड़ताल के खिलाफ थे। बाद में माना भी तो कहा कि बहुमत अल्पमत के खिलाफ कानून अपने हाथ में नहीं ले सकता। जब तक मैनेजमेंट 'हड़ताल' करवाने वालों से समझौता करके अखबार निकालने को नहीं कहता पत्रकारों को कोई पहल और कार्रवाई करने की जरूरत नहीं है। 'हड़ताल' आखिर एक औद्योगिक विवाद है और कोई अखबार औद्योगिक विवाद कानून से ऊपर नहीं है। 'हड़ताल' चाहे कैसी भी हो मैनेजमेंट और सम्पादक उसे न तोड़ सकते हैं, न उन्हें तोड़ना चाहिए। बातचीत से हड़ताल खत्म नहीं होती तो मैनेजमेंट को तालाबन्दी कर देनी चाहिए। जब तक अखबार फिर से नहीं निकलते पत्रकारों और सम्पादकों को चुप रहकर अपनी विश्वसनीयता बनाए रखनी चाहिए। एक या तीन अखबार चाहे जिस तरह बन्द किये गए हों, उनके न निकलने से प्रेस की आजादी को खतरे का कोई सवाल नहीं उठता।

इंडियन एक्सप्रेस कर्मचारी यूनियन के महासचिव और कार्यवाहक अध्यक्ष के जो ब्यौरे हमने *जनसत्ता* खुलने के दिन छापे हैं उनसे शक के लिए कोई गुंजाइश नहीं रहती कि ज्यादातर कर्मचारी ही नहीं यूनियन के पदाधिकारी भी हड़ताल के खिलाफ थे। फिर भी तीन व्यक्तियों ने तैयार समझौते को ठुकरा कर और बाहर के गुंडों-पहलवानों से लोगों को काम पर आने से रुकवा कर अखबार नहीं निकलने

दिये और 'हड़ताल' मुकम्मल कर दी। गुप्त मतदान की बात तो छोड़िए, कर्मचारियों और मजदूरों की आम सभा से भी इस 'हड़ताल' की मंजूरी नहीं ली गई। साफ-साफ और खुली दादागिरी से अखबारबन्दी करवाई गई। फिर भी इसे टाइम्स घराने के सम्पादक 'हड़ताल' मानते हैं। इसमें उन्हें बाहरी यानी सरकारी हाथ के कोई सबूत नहीं मिले। जिन द्रष्टाओं ने 'हड़ताल' के सबूत नहीं देखे वे क्या सरकारी हाथ के सबूत ढूँढ़ते?

बहरहाल इसके पक्के सबूत हैं कि *एक्सप्रेस* के तीनों अखबारों के ज्यादातर पत्रकार 'हड़ताल' में शामिल नहीं थे और जानते थे कि किस तरह उनके अखबार बन्द करवाए गए हैं। वे काम पर आना और अपने अखबार फिर शुरू करना चाहते थे। जो पत्रकार 'हड़ताल' पर बताए जाते थे उनमें से काफी लोग अपने घरों में चुप बैठे थे क्योंकि मजदूर विरोधी दिखना नहीं चाहते थे। हड़ताल में सक्रिय पत्रकार दर्जन भर से ज्यादा नहीं थे। लेकिन इस 'हड़ताल' के खिलाफ सिर्फ पत्रकार ही नहीं थे जो गिरिलाल जैन के अनुसार यों भी हड़ताल-वड़ताल की झंझट में नहीं पड़ते। प्रेस के लगभग सभी विभागों के ज्यादातर लोग काम पर आना चाहते थे। जिसे मैनेजमेंट कहा जाता है उसके भी सभी विभागों के ज्यादातर लोग काम पर आने को तैयार थे।

चूँकि तीनों अखबारों के दिल्ली के अलावा भी संस्करण हैं और उन्हें यहाँ से खबरें, लेख, सम्पादकीय और विज्ञापन भी भेजे जाते हैं इसलिए कुछ लोग तो वैसे भी दूसरे दिन काम पर थे। लेकिन हुआ यह कि जिन्हें बाहर के संस्करणों के लिए काम नहीं करना था वे भी आए और दिनोदिन उनकी गिनती बढ़ती गई। जो पत्रकार 'हड़ताल' पर नहीं जाना चाहते थे उन्हें सम्पादक घर तो नहीं भेज सकते थे क्योंकि वे भी अपने साथियों से सहमत थे कि हड़ताल बाहरी लोगों ने थोपी है और अखबार शुरू होने चाहिए। प्रेस के मैनेजरों और दूसरे मैनेजरों के पास भी उनके साथ काम करने वाले लोग आने लगे। इनमें से ज्यादातर लोगों को लगता था कि दिवाली तक 'हड़ताल' टूट जाएगी यानी चौदह अक्टूबर से शुरू हुई 'हड़ताल' बाइस अक्टूबर तक नहीं चलेगी। हफ्ते भर बाद दिवाली है और उसके पहले पैसों की जरूरत के कारण 'हड़ताल' खत्म होगी ऐसी आस वही लोग लगा सकते थे जिन्हें पैसों की सचमुच जरूरत थी। लेकिन 'हड़ताल' करवाने वालों को बाहरी आमदनी और मदद का भरोसा था। इसलिए 'हड़ताल' चलती रही।

यूनियन से बातचीत में जनरल मैनेजर ही नहीं, सम्पादक लोग भी शामिल थे और वे जानते थे कि बातचीत से यह मामला सुलझेगा नहीं क्योंकि जिनके कहने पर और जिनके जरिये 'हड़ताल' करवाई गई है वे अखबारबन्दी करवा चुके हैं उनसे समझौते का मतलब क्या है? समझौता ही करना है तो उस सरकार से किया जाए जो विरोधी और आलोचक होने के कारण *एक्सप्रेस* के अखबारों को बन्द

रखकर सबक सिखाना चाहती है? लिखने की अपनी आजादी की कीमत पर *एक्सप्रेस* के लगभग सभी पत्रकार सरकार से समझौते के खिलाफ थे। जाहिर है कि सरकार से समझौता रामनाथ गोयनका भी करने को तैयार नहीं थे। वे तो बल्कि दिल्ली की अखबारबन्दी से निपटने की जिम्मेदारी तीनों सम्पादकों, जनरल मैनेजर और सलाहकार गुरुमूर्ति पर छोड़कर दिल्ली से उसी दिन चले गए थे। अखबार फिर से शुरू करने के लिए क्या किया जाए इसकी तरकीब इन पाँच लोगों को निकालनी थी।

दिवाली के बाद सुन्दरनगर के गेस्ट हाउस में इतने लोग आने लगे थे कि वहाँ काम कर पाना ही नहीं कई बार बैठने तक की जगह नहीं होती थी। सुन्दरनगर का यह गेस्ट हाउस कोई किला नहीं था। वहाँ की भीड़ और *एक्सप्रेस* भवन के सामने तम्बू गाड़े बैठे 'हड़तालियों' की भीड़ को कोई भी आँख वाला देख सकता था। सम्पादकों और मैनेजरों के सामने समस्या यह थी कि जो लोग आ रहे हैं और काम करना चाहते हैं उन्हें कैसे कहा जाए कि वे घर जाकर 'हड़ताल' मनाएँ। और अगर करने को काम सौंपें तो अखबार न निकलने की सूरत में काम कहा से निकालें? कोई भी संस्थान जिसे किसी न किसी कारण सत्ता प्रतिष्ठान से लड़ते ही रहना पड़ता है अपने समर्पित, वफादार और काम करने के इच्छुक इन लोगों को 'हड़ताल' करने कैसे भेज सकता है? इसलिए तालाबन्दी का रास्ता खुला होने के बावजूद उस पर चला नहीं जा सकता था।

या तो इन सब लोगों को बिना काम के काम पर माना जाता या अखबार खोलने में लगाया जाता। सुन्दरनगर आने वाले लोगों की संख्या देखते हुए इसके सिवाय कोई चारा नहीं था। काम पर जाकर अखबार शुरू करने के उत्सुक इन लोगों को सिर्फ हिंसा का डर था। इन लोगों में से कुछ हिंसा का सामना भी कर सकते थे। लेकिन महिलाओं और दूसरे कई लोगों को सुरक्षा चाहिए थी। इस तथाकथित हड़ताल के दौरान ही नहीं पहले भी यूनियन के पदाधिकारी हिंसा करवा चुके थे। इसलिए पुलिस को सुरक्षा के लिए लिखा गया। अफसरों से मिला गया कि इतने लोग काम पर जाना चाहते हैं उन्हें सम्भावित हिंसा से बचाने की व्यवस्था की जाए। जब बातचीत और पत्र-व्यवहार से साफ हो गया कि पुलिस पर भरोसा नहीं किया जा सकता तो सोचा गया कि काम करने वालों को हिंसा से बचाकर कैसे दफ्तर में पहुँचाया जाए।

हिंसा के जवाब में हिंसा करने वाले गुंडे किराए पर मिल सकते थे लेकिन उनकी मदद लेकर अखबार खोलने के पक्ष में कोई नहीं था। सुरक्षा व्यवस्था देने वाले निजी संस्थान भी हैं लेकिन उनसे हथियारबन्द या शारीरिक बल की मदद लेने को भी ज्यादातर लोग तैयार नहीं थे। जब साफ लगने लगा कि 'हड़ताली' हिंसा करेंगे और पुलिस उन्हें रोकेगी नहीं तब तय किया गया कि काम करने वालों को

अपनी सुरक्षा दीवार बनाकर जाने देने वाले स्वयंसेवकों-कार्यकर्ताओं की मदद ली जाए। यह मदद सिर्फ अखिल भारतीय विद्यार्थी परिषद या भाजपा या लोकदल से नहीं सभी से माँगी गई थी और तो और कांग्रेस के लोगों से भी बात की गई थी। ये स्वयंसेवक-कार्यकर्ता हड़तालियों को मार भगाने के लिए नहीं काम पर जाने वालों को सुरक्षित पहुँचाने के लिए चाहिए थे। यह मदद चुपचाप या गोपनीय तरीके से नहीं माँगी गई थी। सब लोग जानते थे कि ऐसा किया गया है।

अपने पहचान के बिल्ले लगाकर 28 अक्टूबर को जो कोई साढ़े तीन सौ लोग अपने वाहनों में सुन्दरनगर से निकले उनके आगे-पीछे पुलिस थी जो जुलूस में जाने देने की इजाजत देना नहीं चाहती थी। *एक्सप्रेस* बिल्डिंग से दूर कोने पर जब ये लोग उतरे तो विद्यार्थी परिषद और एकाध और युवा संगठन के लोग इनके आगे दीवार से लगते हुए गए। इन्होंने नारे भी लगाए। बिना किसी हिंसा बल्कि झूमाझटकी के पहला जत्था अन्दर चला गया। पुलिस ने कुछ बीस-तीस हड़तालियों को अपने घेरे में ले रखा था। दूसरा जत्था जब जाने लगा तो एक पुलिस अफसर और सिपाहियों ने उन्हें जाने से रोका। बिल्ले दिखाकर कहा कि हमें जाने दिया जाए तो एक पुलिस अफसर ने कहा कि वहाँ झगड़ा हो रहा है। आपके जाने का पीछे से इन्तजाम है। हमारे साथ चलिए। वे *एक्सप्रेस* भवन के तीन तरफ बनी गली से इन लोगों को लाए। पीछे का कोई दरवाजा खुला नहीं था। इन लोगों को घुमाकर *एक्सप्रेस* बिल्डिंग के सामने लाया गया। यहीं *टाइम्स ऑफ इंडिया* से आए लोग, एक्सप्रेस के इन लोगों में शामिल हुए। इन्हीं ने पुलिस के खिलाफ नारेबाजी शुरू की और पुलिस ने रोका तो एक पुलिस अफसर पर लाठी पड़ी। तभी पुलिस हरकत में आई। पहले रोका फिर लाठी चलाई। *एक्सप्रेस* के लोग अपने बिल्ले दिखाकर पिटते-भागते किसी तरह अपने दफ्तर में आए। इन्हीं में से प्रोसेस विभाग के मुखिया हाजरा को 'हड़ताली' लोग पकड़कर ले गए और *टाइम्स* बिल्डिंग के सामने बेतरह पीटा। पुलिस ने लाठी चलाते हुए जब लोगों का पीछा किया तो *एक्सप्रेस* के लोग *एक्सप्रेस* में घुसे और *टाइम्स* के लोग *टाइम्स* में। दोनों को पुलिस की लाठियाँ पड़ीं। लेकिन 'हड़तालियों' और काम पर जाने वालों के बीच झगड़ा नहीं हुआ। लाठी चार्ज पुलिस ने तभी किया जब उसके एक अफसर को हाथ पर लगी। पुलिस ने *एक्सप्रेस* भवन की जिनसे परिक्रमा लगवाई उनमें मैं भी था और मुझे मालूम है कि हम में किस तरह *टाइम्स* के लोग आकर मिले और नारेबाजी की।

यह सारा ब्यौरा मैंने इसलिए दिया कि *टाइम्स* के सम्पादकीय 'डेमेज टू जरनेलिज्म' की धारणाओं की सच्चाई आप परख सकें। सम्पादकीय में कहा गया है कि हड़ताल तोड़ने की कोशिश मैनेजमेंट ने की। तीन सम्पादकों वाली पाँच लोगों की कमेटी के अखबार शुरू करने के फैसले को शुद्ध मैनेजमेंट का फैसला

गिरिलाल जैन ही कह सकते हैं। जिसे उन्होंने 'हड़ताल' कहा है उसकी असलियत आप देख ही चुके हैं। अरुण शौरी ही नहीं *जनसत्ता* और *फाइनेंशियल एक्सप्रेस* के सम्पादक, स्थानीय सम्पादक और सहायक सम्पादक सभी इस 'हड़ताल' को तोड़ने की कोशिश में शामिल थे। पुलिस ने गिरिलाल जैन को जरूर रोका होगा लेकिन उसने उत्साह में आकर अपने को निष्पक्ष साबित करने के लिए लाठी चार्ज नहीं किया। पुलिस ने हमें कभी इस भ्रम में नहीं रखा कि हम उसकी मदद पर भरोसा कर सकते हैं। बल्कि हमारी शंका को सच करते हुए उसने आधे लोगों को बिल्डिंग का चक्कर लगवाकर 'हड़तालियों' और उनके समर्थकों में शामिल करवाया और जब उस पर मार पड़ी तो लाठी चार्ज करके शान्ति से होते प्रवेश को गड़बड़ में डाल दिया।

दिन में पुलिस ने सुरक्षा के नाम पर बिल्डिंग में अन्दर काम कर रहे लोगों को घिर जाने दिया और उन तक चाय-पानी-खाना तक पहुँचने नहीं दिया। शाम को भी लाठी चार्ज तब किया जब सीआईडी के एक आदमी को बाहर से आया वफादार कर्मचारी समझकर हड़तालियों ने पीट दिया। पुलिस ने *एक्सप्रेस* के खिलाफ सरकार की खुन्नस की धारणा मिटाने के लिए नहीं, *एक्सप्रेस* अखबारों को फिर से निकलने न देने में उत्साह से काम किया। *टाइम्स* की यूनियन के अध्यक्ष इंटकी और सांसद हैं। *हिन्दुस्तान टाइम्स* में हड़ताल कैसे करवाई गई इसे मालूम करना मुश्किल नहीं है। और 'भाजपा के जरिये हड़ताल तोड़ने की अरुण शौरी' की कोशिशों पर कांग्रेस पार्टी के एक महासचिव केदारनाथ सिंह ने अखबार वालों को कैसे भड़काया इसे भी बहुत से पत्रकार जानते हैं। अगर दो सौ कर्मचारी भी काम पर नहीं थे तो अखबार छपकर कैसे तैयार हुआ? सरकार और पुलिस जानती थी कि *जनसत्ता* और *एक्सप्रेस* निकल सकते हैं इसलिए व्यवस्था की गई कि उस दिन कोई अखबार न निकले ताकि छपे हुए *एक्सप्रेस* अखबार बँट न सकें। रात को पुलिस की गाड़ियों में *एक्सप्रेस* के भूखे-प्यासे लोग इसलिए गए कि तब कोई सार्वजनिक वाहन नहीं चल रहे थे, हमारी गाड़ियों पर हमले करके हड़ताली बेकाम कर चुके थे और रात में किसी पर भी हमला हो सकता था। निष्पक्ष और तटस्थ पत्रकारिता की कसम खाने वाले *टाइम्स* घराने के दो अखबारों ने *एक्सप्रेस* की 'हड़ताल' उसे 'तोड़ने' में मैनेजमेंट के रोल और उनकी बिल्डिंग से पचास गज दूर हुई घटनाओं के तथ्यों की कोई फिकर नहीं की। उन्होंने अपनी पूर्व निर्धारित धारणाओं को तथ्यों और जानकारी पर कसकर अपने निष्कर्ष निकाल लिए और *एक्सप्रेस* को पत्रकारिता पर गहरा आघात करने का दोषी घोषित कर दिया। कोई भी निष्पक्ष और तटस्थ दृष्टि वाला व्यक्ति *एक्सप्रेस* की अखबारबन्दी के तथ्य देख सकता था। सड़क चलता आदमी कहता था कि *एक्सप्रेस* के अखबार सरकार बदला लेने के लिए निकलने नहीं दे रही लेकिन बेचारे *टाइम्स* के सम्पादकों ने पहले वहाँ अपनी कुछ

'पवित्र गऊओं' को देखा और फिर उनकी हत्या के पापियों को सजा देने लगे। फिर भी ये लोग दावा करेंगे कि वे अपनी राय तथ्यों और जानकारी के आधार पर निष्पक्षता और तटस्थता से बनाते हैं। इनकी राय और तथ्य आज मैंने आपके सामने रख दिये।

[11 दिसम्बर, 1987]

बम्बई संस्मरण का पहला अखबार

सप्रेम नमस्कार!

कोई अखबार अपने को ऐसा तीसमारखाँ क्यों समझे कि अपने निकलने का खुलासा पहले पेज के पहले कॉलम में दे? भरोसा कीजिए हम किसी गलतफहमी में नहीं हैं और बम्बई की तरह जगह का—खास कर खबरों की जगह का—महत्त्व थोड़ा-बहुत समझते हैं। बम्बई में तो यह एक संस्करण निकल रहा है। दिल्ली में जब *जनसत्ता* शुरू हुआ था तो अपने निकलने पर हमने सम्पादकीय लिखा ही नहीं। चौपाल के चिट्ठियों वाले कॉलम से पाठकों से सीधे बात की और हम कृतज्ञ हैं कि हिन्दी इलाके ने हमें अपने दिल में जगह दी। देश का कोई दैनिक उतनी तेजी से नहीं बढ़ा था जितना एक साल में *जनसत्ता* बढ़ा। लेकिन वह चार साल पहले और दिल्ली की बात थी। बम्बई का तो जैसा कि क्रिकेट में कहते हैं पिच ही अलग है। इसीलिए यह खुलासा।

बम्बई में हिन्दी वाले रोजगार और सपने की तलाश में आए हैं। यहाँ वे एक लाइट हाउस भी हैं और एक बिजलीघर भी। यूपी, राजस्थान, बिहार, मध्यप्रदेश और हरियाणा से उनकी जड़ें जमीन में से होती हुई बम्बई में जुड़ी हुई हैं और इनके जरिये जो संजीवनी उन्हें मिलती है उसी से अरब सागर के किनारे उनके लाइट हाउस का सर्चलाइट जलता है। बम्बई में जो भी पराक्रम करके वे बिजली पैदा करते हैं उससे भूमिगत तारों के जरिये अपने देस के गाँवों, कस्बों और शहरों को जगमगाते हैं। बम्बई उनके लिए एक द्वीप है जो अपनी धरती से जुड़ने के लिए छटपटाता रहता है। अपने देश की कोई भी खबर उन्हें अपने आसपास की किसी भी घटना से ज्यादा छूती है। बम्बई उनके लिए रहना नहीं देश विराना है और फिर भी अस्तित्व के संघर्ष में लगे वे यहाँ वह सबकुछ कर रहे हैं जो दुनिया में रहने वालों को करना पड़ता है। वे अपने घर-आँगने से उखड़कर आए हैं और खून टपकाती अपनी जड़ों को जानते हैं। लेकिन बच्चे को जनम लेते ही जैसे गर्भनाल से माँ से कट जाना होता है उसी तरह बम्बई में हिन्दी वाले अपनी धरती माँ से कट कर आए हैं और बार-बार उसकी गोद को महसूस करना चाहते हैं।

बम्बई जैसे सीमेंट-कंक्रीट के महानगर में रहते इन हिन्दी वालों के लिए कैसा अखबार उपयोगी और सार्थक हो सकता है? हिन्दी के सारे अखबार जिनमें दिल्ली के दैनिक भी शामिल हैं—सच पूछिए तो क्षेत्रीय अखबार हैं। जैसे नदियों का पानी लेने का एक पनढाल होता है वैसा इन अखबारों का अपना इलाका है। वे सब ऐसे बहुसंख्यक समाज के लिए निकल रहे हैं जो अपने को अपनी जमीन का वारिस मानते हैं और हैं। बम्बई में हिन्दी वाले हैं तो लाखों में फिर भी अल्पसंख्यक हैं और इसे अपनाकर इसके हो भी जाएँ तो उन्हें याद दिलाते रहने वाले काफी हैं कि यहाँ वे धरती पुत्र नहीं हैं। धरती सबकी माता है लेकिन हमने उसके आँचल को छोटी-छोटी चिन्दियों में फाड़ लिया है।

हिन्दी वाले मराठी की धरती के पुत्र हैं कि नहीं इसका जवाब संत नामदेव दे चुके हैं जिनके भजन पंजाबियों की गुरबानी में गाए जाते हैं। लेकिन बाल ठाकरे के लिए संत नामदेव का कोई उपयोग नहीं है। किसी भी राजनेता के लिए ऐसे संतों की जरूरत नहीं है जिन्होंने जीवन भर अलख जगाकर इस देश के लोगों को एक किया। पटना में जन्मे गुरु गोबिन्दसिंह ने पंजाब में जाकर खालसा खड़ा किया और महाराष्ट्र के नांदेड तक आए। लेकिन संत भिंडरावाले के खालसा राज में गुरु गोबिंदसिंह की आत्मा कभी नहीं रही। धरती के बेटों के नाम पर भाइयों को अलग करने की जो साजिश चल रही है उससे बम्बई के हिन्दी वाले भी बचे नहीं हैं।

ऐसा नहीं है कि बम्बई को उन्होंने कमाया और बनाया नहीं है। शेखावटी से आए उद्योगपति और मेवाड़ से आए व्यापारी से लेकर पूर्वी उत्तर प्रदेश से आए भैया तक ने बम्बई के जीवन के हर स्तर पर अपना हाथ लगाया है। ऐसा शायद ही कोई क्षेत्र है जिसमें हिन्दी वालों ने बम्बई के जीवन को कुछ और कुशल, कुछ और सुविधाजनक, कुछ और अमीर और कुछ और जीने के लायक न बनाया हो। वे यहाँ अल्पसंख्यक होते हुए भी अल्पसंख्यक ग्रंथि के शिकार नहीं हैं और इसीलिए संकीर्णता में उस तरह संगठित भी नहीं होते जैसे दूसरे अल्पसंख्यक होते हैं। जो अखबार ऐसे लोगों को बम्बई के जीवन में अपने सम्मानजनक स्थान की प्रतीति करा सके, जो उन्हें अपनी कमाई हुई जगह दिखा सके और जो उन्हें एक महानगर के नागरिक के नाते सहज आश्वस्ति का गर्व बता सके वही ऐसे समाज की सेवा कर सकता है और वही अपने निकलने को सार्थक मान सकता है। अल्पसंख्यकों के लिए निकलने वाला ऐसा महानगरीय अखबार हिन्दी में नहीं है।

क्या बम्बई में *जनसत्ता* यह रोल अदा कर सकता है? सामने समुद्र है और उसे कागज की नाव से पार करना है। यह शेखचिल्लीपन है लेकिन यह न हो तो कोई भी व्यक्ति, समाज और संगठन अपनी चादर के बाहर पाँव नहीं फैलाएगा और पाँव अगर हमेशा चादर के मुताबिक ही फैलाने हैं तो चादर हमेशा छोटी रहेगी और पाँव मुड़े रहेंगे। इसलिए जरूरत चादर को बढ़ाते रहने की है ताकि पाँव जैसे-जैसे लम्बे

होते जाएँ उनके पसरने पर कोई पाबन्दी न हो। बम्बई में *जनसत्ता* का निकलना हिन्दी वालों के पसरते हुए पाँवों के लिए चादर को बढ़ाना है। हम क्या कर सकते हैं यह तो आपके सामने धीरे-धीरे साफ होता ही जाएगा। लेकिन आप चाहें तो *जनसत्ता* को अपनी चादर, अपना औजार और अपना हथियार भी बना सकते हैं। *जनसत्ता* आपसे वही गर्भनाल का सम्बन्ध जोड़ना चाहता है जो आप अपनी धरती से जोड़ने के लिए कसकते और हरसते रहते हैं। बम्बई में *जनसत्ता* को बनाने के लिए *जनसत्ता* को आपकी जरूरत है। आज से ही—

आपका

[2 मई, 1988]

विनंती विशेष

आज से ठीक एक साल पहले आज की ही सुबह बम्बई *जनसत्ता* ने आपके दरवाजे पर दस्तक दी थी। तब उसे आपने घर में बैठाया। और तबसे वह घर-घर बैठता ही जा रहा है। उसे अभी बहुत फैलाना, बैठना और पैठना है, इसलिए चुपचाप आ जाने के बजाय आज फिर वह आपके दरवाजे पर दस्तक दे रहा है। और अपनी पहली सालगिरह बम्बई में हिन्दी समाज के लेखे-जोखे के साथ मना रहा है। आपका लेखा-जोखा ही हमारी ऑडिट रपट है। बम्बई का हिन्दी समाज वह आईना है जो हमें दिखाता है। वह जैसा हमारा अक्स बनाएगा वैसे ही हम होंगे और दिखेंगे। अखबार को उसका पाठक ही बनाता है।

बम्बई के हिन्दी समाज में बीस-पच्चीस लाख से ज्यादा लोग हैं। अन्दर अपने लेख में डॉ. धर्मवीर भारती ने सच कहा है कि इतना बड़ा समाज तो देश के हृदय जनपद—हिन्दी इलाके के किसी शहर में भी नहीं है। इस नाते हिन्दी-भाषियों का सबसे बड़ा शहर तो बम्बई ही है। फिर मराठियों की 'आमची मुम्बई' की तरह इसे हम 'अपनी बम्बई' क्यों नहीं कह पाते? बम्बई के पल-पल बदलते समाज का पाताल से शिखर तक ऐसा कोई इलाका नहीं है जहाँ हिन्दी वालों की हथेली न गली हो। हम इस गोवर्धन को अपनी तर्जनी पर उठाए रखने वाले कृष्ण कन्हैया नहीं हैं लेकिन वे गोप-गोपी तो हैं ही जिनकी लाठियों का टेका कन्हैया की तर्जनी में मिला हुआ है। बम्बई को उठाए हुए है औद्योगिक उद्यमता का अकाल पुरुष और यहाँ हिन्दी-भाषियों की उद्यमता किसी और भाषी समाज से कहीं भी कम नहीं है।

फिर भी हम बम्बई को अपनी नहीं कह पाते तो क्या इसलिए कि हम इसमें रहते हुए भी इसे अपना नहीं पाते। बम्बई हमारे लिए देश बीराना क्यों है? जब तक हम इसे अपनी बनाएँगे नहीं तब तक दूसरा कोई इस पर हमारा अधिकार मानेगा कैसे?

कहा जाता है कि बम्बई का हिन्दी समाज नैतिक समाज नहीं है क्योंकि उसमें एक इकाई की वह सघनता, वह संगठन, वह लगाव और वह आत्मगौरव नहीं है जो उसे अपनी सहज पहचान दे सके। एक ऐसी पहचान जिसे स्थापित करने के

लिए विज्ञापन और मंजूर करवाने के लिए आन्दोलन न करना पड़े। बम्बई में सालों से रहते हुए भी गुम रहने वाले जानकारों का कहना है कि हिन्दी समाज की ऐसी कोई पहचान हिन्दी इलाके में भी नहीं है। और चूँकि वह जड़ में ही नहीं तो बम्बई में फैली शाखा में कैसे होगी?

इसे आप चाहें तो हिन्दी समाज की ताकत भी कह सकते हैं और चाहें तो उसकी कमजोरी भी। लेकिन हिन्दी समाज की दूसरे भाषा-भाषी समाजों की तरह अपनी कोई अलग क्षेत्रीय पहचान नहीं है तो इसका कारण है कि हिन्दी समाज अपने को भारतीय समाज मानता है। उसकी पहचान आप मराठी, गुजराती या पंजाबी समाज के साथ और सामने रखकर नहीं कर सकेंगे। हिन्दी समाज की सही पहचान को आप विदेशी समाजों की तुलना में ही ठीक से देख पाएँगे। हिन्दी समाज की यह बुनियादी भारतीयता ही बम्बई में हिन्दी-भाषियों को अल्पसंख्यक होते हुए भी अल्पसंख्यक ग्रंथि का शिकार नहीं होने देती। वह अपने को किसी के खिलाफ रक्षित करने के लिए संगठित नहीं होता। सारी दुनिया के महानगरों में व्याप्त असुरक्षा की भावना भी उसे एक अन्तर्मुखी, जुझारू और आक्रामक समाज नहीं बनाती।

बम्बई में हिन्दी समाज की यह जो स्थिति है, उसे उसकी कमजोरी रहने देने के बजाय उसकी शक्ति में कैसे बदला जा सकता है? दुनिया के तमाम समाजों की कमजोरियाँ ही उनकी शक्ति की गंगोत्रियाँ हैं। बम्बई के हिन्दी समाज की कमजोरी है कि वह एक अल्पसख्यक समाज की तरह दूसरों के खिलाफ संगठित, जुझारू और आक्रामक नहीं है। पानी की तरह उसका अपना कोई रंग नहीं है। इसे शक्ति में बदलना हो तो पानी की तरह ही उसे जिसमें मिले वैसा हो जाना चाहिए। अगर ऐसा मर्जी और निश्चय के साथ किया जाए तो बम्बई के सारे रंग हिन्दी के होंगे। जिस तरह पानी को कोई तोड़ नहीं सकता, काट नहीं सकता और उसके बिना जी नहीं सकता उसी तरह हिन्दी समाज सर्वव्यापी होकर बम्बई को अपनी कर सकता है। लेकिन उसका बम्बई को अपनी करने का मतलब यह नहीं होगा कि वह किसी से उसे छीनेगा। वह उसे और दूसरे समाजों की बनी रहने देकर भी अपनी कर लेगा क्योंकि वह अपने को भारतीय समाज मानता है। अगर इस उदारता और आत्मविश्वास के साथ बम्बई का हिन्दी समाज हाथ फैलाएगा तो यह माया नगरी उसके आलिंगन में समा जाएगी।

यह उदारता और आत्मविश्वास बम्बई के हिन्दी समाज की कमजोरी को शक्ति दिला सकता है। भारत और भारतीय समाज की तरह हिन्दी समाज भी सबको स्वीकार करके, पचा के अपना बना सकता है। बम्बई में हिन्दी समाज सब जगह है, जरूरत है उसे जहाँ वह है उसे अपना बनाने की और जहाँ वह नहीं है वहाँ भी फैलने की है। बम्बई को अपना बनाने और उस पर अपने सहज अधिकार को स्वयं सिद्ध करने के लिए आप *जनसत्ता* को अपने पैर फैलाने के

लिए अपनी चादर, अपना औजार और अपना हथियार भी बना सकते हैं। यही मैंने आज के दिन गए साल कहा था। फिर कह रहा हूँ तो इसलिए कि हम आप तक नहीं पहुँच पाए तो कुछ हम इस साल में आपकी तरफ और बढ़ेंगे और कुछ आप हमारी ओर बढ़िए। *जनसत्ता* को बम्बई में हिन्दी समाज की कमजोरी को शक्ति में बदलने का माध्यम बनाइए। यही पहले साल के सप्रेम नमस्कार के बाद दूसरे साल की सादर विनंती विशेष है।

आपका

[2 मई, 1989]

मूरख जनम गमायो

प्रिय पढ़ने वालो, यह मेरी अलिखित आत्मकथा की भूमिका है।

जो आत्मकथा लिखी ही नहीं गई उसकी भूमिका लिखकर छपवाने का क्या मतलब? तो जीवन की तरह लिखने का भी कोई ठीक नहीं होता है। कई बार अन्त पहले लिख लिया जाता है और फिर प्रारम्भ और मध्य। कभी मध्य पहले आ जाता है और फिर अन्त और प्रारम्भ। कभी मध्य होता ही नहीं। प्रारम्भ निकलता है।

जैसे आप पचास साल जी लें और पाएँ कि उसमें एक घड़ी भी तो जीने के लायक नहीं थी। लेकिन ऐसा भी होता है कि कोई एक पल आप ऐसा जी लें जो आपके मामूली और अँधेरे में बीते जीवन को अबूझ और अक्षुण्ण उजाले से चमचमा दे। कई बार आपको लगता है कि जीवन की शुरुआत तब नहीं तब हुई थी और यह भी लगता है कि जीना तो कभी का अपने अन्त को प्राप्त हो गया और अब जो आप जी रहे हैं वह किसी और का या पता नहीं किसका जीवन है। या जीवन है ही नहीं, मशीन में ढली जैविक प्रक्रिया है और साँस की बिजली गुल हो जाए तो मशीन की ही तरह बन्द होकर खड़ी रह जाएगी। या पूरा और भरपूर जीवन जीने के बाद रचनात्मकता का ऐसा क्षण आता है कि अरे, जीने की शुरुआत तो अब करनी चाहिए लेकिन तब आप में शुरू होने की शक्ति नहीं रहती। या आप में शुरू करने की बहुत शक्ति है और आप बार-बार शुरू करते हैं लेकिन शुरू करते ही रह जाते हैं और सारी शक्ति चुका कर शुरुआत पर ही बैठे रहते हैं।

इसलिए नहीं कि टीएस इलियट अपने बड़े दोस्त हैं लेकिन उन्होंने सही लिखा है कि मेरे प्रारम्भ में मेरा अन्त है और अन्त में लिखा कि मेरे अन्त में ही प्रारम्भ है। इलियट का अपने ऊपर कुछ ऐसा असर है कि अखबार के अलावा अपने लिए जब भी लिखने की शुरुआत की तो उसी में अन्त दिखाई दिया और मध्य कभी आया ही नहीं। शुरू किये गए अन्तहीन पन्ने कड़की में अक्सर पत्नी के काम आए और इतनी रद्दी बिक जाने के बाद भी अभी घर में मिल जाएँगे। आत्मकथा के पहले तो बहुत सी पर कथाएँ अधूरी पड़ी हुई हैं। उन्हीं की तरह आत्मकथा भी शायद कभी पूरी न लिखी जा सके इसलिए यह भूमिका लिखकर ही सन्तोष करना चाहता हूँ। लेकिन पता नहीं इसको भी अन्त तक ले जा सकूँगा या नहीं।

अक्सर लगता है कि अखबार में आकर बाहर की मजबूरी में लिखने की लत में नहीं पड़ता तो शायद सचमुच लिखना आ जाता और लिखता रहता। क्षिप्रा से कोई आध कोस दूर और नागदा के पहाड़ के पास का वह गाँव और उसके चारों तरफ से घेरने वाली अमराइयाँ और उन पर लदे हुए बौर...और...और...और। वह सब छोड़कर छपाई की स्याही से मशीन पर अखबार काले करने के लिए क्यों आ गया? भूमिका है इसलिए इस सवाल का जवाब तो यहाँ नहीं दूँगा लेकिन संकेत में कहूँगा कि निकलने की मजबूरी नहीं थी और आने का लालच नहीं था।

रात को जब अखबार छापती रोटरी धड़धड़ाती चलती है तो उसमें से मुझे अक्सर सुनाई देता है—यहाँ क्यों आयो तू मरने! मैं कभी इसे नसीहत समझ लेता हूँ और कभी सवाल मान लेता हूँ। लेकिन आमने-सामने इसका मुकाबला नहीं करता। तूफान आता है तो कहते हैं शुतुरमुर्ग रेत में सिर गड़ा लेता है। मेरे लिए जब रोटरी धड़धड़ाती हुई आती है तो मैं अखबार में सिर छुपा लेता हूँ। बल्कि बहुत निजी बात बताऊँ तो मानता हूँ कि रोटरी के रोलरों में पिचककर अखबार बन गया हूँ और पाँच मिनट के बाद इतिहास और चौबीस घंटों के बाद रद्दी हो जाऊँगा। अपने हर दिन को रद्दी की तरह जमा होते देखना और फिर कबाड़ी के यहाँ बिक जाना बड़ा त्रासदायी है।

अकबर इलाहाबादी कह गए हैं कि गर तोप मुकाबिल हो, अखबार निकालो।

अकबर साहब गफलत में रहने वाले आदमी तो नहीं थे। लेकिन उन्होंने डारविन साहब के लंगूर से आदमी बनने की बात पर जो कहा वही मैं उनके बारे में कहना चाहता हूँ। अकबर साहब हकीकत से निहायत दूर थे—हम न मानेंगे कि वालिद उनके एडीटूर थे।

तुक मिलाने के लिए मैंने टर का टूर कर दिया है। लेकिन अकबर इलाहाबादी की तरह अनगिनत लोग अखबार और एडीटरी को बहुत गौरव और गरिमा में लपेट कर देखते हैं। यह बिलकुल दूर के ढोल सुहावने तो नहीं हैं, क्योंकि अखबार और सम्पादकों को पास से भुगतने के बाद भी कई लोग उन्हें गौरव और गरिमा में भय मिला कर देखते हैं।

वैसे मुझे हरियाणा के मुख्यमंत्रियों का अखबारों और पत्रकारों के प्रति रवैया सबसे स्वस्थ लगता है। हमारे दोस्त बंसीलालजी जब हरियाणा का विकास करते-करते संजय गांधी की सोहबत में पड़ गए तो अखबार उनकी कुछ ज्यादा ही खबर लेने लगे। वे हरियाणा के लोगों को कहते कि अखबारों का क्या है सबेरे आप उनको पढ़ने के लिए खरीदते हैं और दोपहर तक गृहिणियाँ उन्हें फाड़-फाड़ कर बच्चों की टट्टी पोंछकर नाली में फेंक देती हैं। यही अखबार का सही इस्तेमाल है।

न्यूजपेपर को टॉयलेट पेपर बनाने वाली हरियाणा की गृहिणियाँ अपने मुख्यमंत्रियों से आगे हैं और वे जो करती हैं उसी को मुख्यमंत्री लोग कहते रहते हैं। क्योंकि

बंसीलाल जी के बाद सबसे लम्बे समय तक मुख्यमंत्री रहे अपने चिकने-चुपड़े भजनलाल जी भी अखबारों और पत्रकारों को उनकी औकात दिखाने में कभी पीछे नहीं रहे। बंसीलालजी से उनकी शैली जरूर भिन्न रही। भजनलाल जी, जैसा कि आप जानते ही हैं यह गुर उन्होंने राजनीति में आने के पहले घी के धंधे में और फिर अनाज की आढ़ती में सीख लिये थे। घी और अनाज का जैसा धंधा वे करते थे उसमें दूसरों का पेट भरना और हथेलियाँ घी मसल कर गरम करना जरूरी होता था। उसमें उस्ताद बन कर वे राजनीति में आए और न सिर्फ राजनीति को बल्कि सरकार चलाने को भी पेट भरने और हथेलियों पर घी मलने की ललित कला तक चढ़ा ले गए।

वे अखबारों और पत्रकारों का पेट भी भरते और मुट्ठियाँ भी गरम रखते। इसके बावजूद कोई पत्रकार या सम्पादक उन पर फिदा नहीं हो जाता तो वे उसका स्क्रू बिलकुल टाइट करने के बाद भी अगर किसी सम्पादक-पत्रकार का माथा ठीक नहीं होता तो वे उसे अपने पुलिसवालों की लाठियों से फुड़वा देते। आखिर अंडों को तोड़े बिना आप ऑमलेट थोड़े ही बनवा सकते हैं। वैसे बिश्नोई भजनलालजी का ज्यादा विश्वास आमदपुर की देसी घी की जलेबियों पर था जिन्हें खा-खाकर कुछ सम्पादक इतने मोटे हुए कि दिल के धक्के खाने लगे और बाकी के डायबिटीज के रोगी होकर इंसुलिन के इंजेक्शनों के बल पर जी रहे हैं। भजनलाल जी का पक्का विश्वास था कि ऐसा कोई अखबार नहीं होता जिसका पेट न भरा जा सके और ऐसा कोई पत्रकार-सम्पादक नहीं है जिसकी हथेलियों पर घी लगाओ तो मुट्ठी गरम न होती हो। खरीदने-बिकने में उनका यह विश्वास भजनलाल जी को घी के मामूली बेपारी से केन्द्रीय मंत्री पद तक ले गया।

मानने को तो देवीलाल जी भी हरियाणा के मुख्यमंत्री होते हुए मानते रहे कि सारे अखबार वाले बिकाऊ होते हैं। वे सभी इंटलेक्चुअलों को भी बिकाऊ माल मानते रहे। किसी भी बड़े से बड़े वकील को आखिर चालीस हजार रुपये प्रति घंटे के हिसाब से खरीदा जा सकता है। देवीलाल जी में बुद्धिजीवियों के प्रति इस देश के हाड़फोड़ मेहनत करने वाले किसानों का भी ऐसा ही रवैया हो। आखिर देवीलाल जी इस देश के किसानों के सच्चे प्रतिनिधि हैं और है किसी में दम जो उनके इस दावे को चुनौती दे सके। देवीलाल जी बंसीलाल जी और भजनलाल जी से भिन्न सम्पादकों को बुद्धिजीवी मानते रहे और कभी उनका हव्वा मानते तो कभी हिकारत से भरे जाते। हरियाणा के दूसरे दो लालों से देवीलाल जी इस मायने में भी अलग थे कि वे अखबारों को बहुत मानते थे। बाकायदा सारे अखबारों की कतरने निकलवा कर उनकी जेरोक्स कापियाँ करवा कर बँटवाते और खुद भी दिन भर देखते रहते जैसे आईने में कोई अपने को बार-बार देखता रहता हो।

दो और मायनो में देवीलाल जी अपने पूर्ववर्तियों से अलग रहे। वे मानते रहे कि अखबारों को हरियाणा के सूचना विभाग के एक्सटेंशन होना चाहिए और उन्हें जब-

तब मुख्यमंत्री से नीति सम्बन्धी निर्देश लेते रहना चाहिए। जो ऐसा नहीं करते उन्हें वे पूँजीपतियों के अखबार बताकर धिक्कारते। देवीलाल जी मानते हैं कि जो भी काम वे करते हैं वह पूँजीपतियों के खिलाफ होता है और किसानों के हित का है। इसलिए पूँजीपति उनके खिलाफ पड़ जाते हैं और उनके अखबार किसान नेता देवीलाल जी के खिलाफ मुहिम चलाते रहते हैं। वे चरण सिंह जी की तरह आम सभाओं में जनता से कहते भी हैं कि जिस दिन अखबार वाले मेरे खिलाफ लिखना बन्द कर दें उस दिन समझ लेना कि मैंने आप लोगों के लिए काम करना बन्द कर दिया है। जब तक मैं आपका काम कर रहा हूँ अखबारवाले मेरे खिलाफ लिखेंगे ही। मुख्यमंत्री के नाते हरियाणा को और अब उप-प्रधानमंत्री के नाते पूरे देश को ताऊ जी अपना परिवार मानते हैं। और परिवार के बाहर कभी देखते नहीं। मुझे खोजबीन करके मालूम करना है कि उनका कोई परिवारी सम्पादक है या नहीं और है तो कहीं किसी पूँजीपति का एजेंट तो नहीं है। मुझे पूरा विश्वास है कि उसकी भर्त्सना करने में भी वे चूकेंगे नहीं क्योंकि मेहम में हुई हिंसा और धाँधली के खिलाफ मंत्री पद से इस्तीफा देने वाले अपने छोटे बेटे रणजीत को वे बिकाऊ कह चुके हैं। अब उनको कोई कैसे कहे कि आपका भी बेटा जब खरीदा जा सकता है तो बेचारे गरीब पत्रकारों-सम्पादकों की क्या बिसात?

हरियाणा के मुख्यमंत्रियों की ऐसी शानदार परम्परा को समझते हुए अचरज नहीं होना चाहिए कि ओमप्रकाश चौटाला ने अखबारों और पत्रकारों को ठिकाने लगाने के सारे रिकॉर्ड सिर्फ तीन महीने में तोड़ दिये हैं। हर बेटा बाप की और हर वंशज अपने पूर्वज की परम्परा को आगे बढ़ाता है। सिर्फ तीन महीनों में ओमप्रकाश चौटाला अपने पिता देवीलाल से भी ज्यादा प्रेस के लाडले हो गए हैं। प्रेस के वर्णन में भी वे अब तक के मुख्यमंत्रियों से आगे हैं। और मेहम में जो कुछ हुआ उसके लिए पद भले ही न छोड़ें वे अपना अखबार निकालने के लिए मुख्यमंत्री पद भी छोड़ना पड़े तो छोड़ सकते हैं। अखबार निकालने के लिए इतनी बड़ी कुरबानी तो रामनाथ गोयनका ने भी शायद ही की हो। ओमप्रकाश चौटाला को पूँजीपतियों के अखबारों और बिकाऊ सम्पादकों ने साजिश करके फिलहाल मुश्किल में डाल दिया हो लेकिन वे लड़ने में विश्वास रखते हैं और जल्द ही प्रेस से लड़ कर उसके सीने पर बैठ जाएँगे। अभी शायद उनकी दिक्कत यह है कि चुनाव आयोग को वे पूँजीपतियों का खिलौना नहीं कह सकते भले ही मेहम का उपचुनाव रद्द करने में उसने सभी अखबारों में छपी झूठी रपटों को भी वजन दिया हो।

हरियाणा के मुख्यमंत्रियों के उदाहरण मैंने इसलिए दिये कि पत्रकारिता में जीवन के तीस साल काले करते हुए किसी भी राज्य के मुख्यमंत्रियों को मैंने प्रेस के प्रति इतना मेहरबान नहीं पाया। रोना इस बात का है कि हरियाणा की राजधानी में हिन्दी और अंग्रेजी दोनों भाषाओं के अखबारों के बरसों सम्पादक रहते हुए भी वहाँ के किसी मुख्यमंत्री ने अपने को खरीदने के लायक नहीं समझा। बहुत किस्से सुनता हूँ और

शायद वे सही भी हों कि हरियाणा के मुख्यमंत्री पत्रकारों-सम्पादकों को प्लाट देते हैं, बने बनाए मकान देते हैं, खेती के लिए जमीन दिलवा देते हैं जिसे बाद में आप प्लाट बनाकर कोलोनाइजर हो सकते हैं, कारखाने खुलवा देते हैं, गाड़ियाँ दिलवा देते हैं और होली-दिवाली मिठाई के जो डब्बे भिजवाते हैं उनमें पकवान के बजाय हरे-भरे नोट भरे रहते हैं। खिलाना-पिलाना तो खैर रोजमर्रा की कार्रवाइयों में है। कहते हैं कि मुख्यमंत्री से अगर आपकी गहरी छनती हो तो हरों से लेकर हीरों तक की कोई कमी नहीं पड़ती। हरियाणा के किसी मुख्यमंत्री ने मुझे कभी किसी योग्य क्यों नहीं समझा?

रात को धड़धड़ाती रोटरी की आवाज में से निकलते हुए सवाल का सामना मैं इसलिए नहीं करता। यह तो बहुत पहले मुझे समझ में आ गया था कि मैं भले ही अपने माने तो हरि भजन के लिए पत्रकारिता में आया हूँ लेकिन हकीकत में कपास ओट रहा हूँ। एक बार आपको विश्वास हो जाए तो हरि भजन आपसे नहीं होगा और राम आपको नहीं मिलेंगे तो आप नीले आसमान की ऊँचाइयों की लफ्फाजी छोड़ देते हैं। माना भारत रत्न तो क्या पद्मश्री भी नहीं मिलेगी, केन्द्रीय मंत्री पद क्या लोकसभा का टिकट भी नहीं मिलेगा, राज्यसभा के लिए कोई पूछेगा भी नहीं, राजदूत या उपायुक्त बनाने के उपयुक्त आप माने नहीं जाएँगे। किसी सरकारी अथवा अर्ध-सरकारी अथवा स्वायत्त प्राधिकरण का अध्यक्ष आपको बनाया नहीं जाएगा। और तो और कोई प्रधानमंत्री या मंत्री या मुख्यमंत्री आपको अपना सलाहकार बनाने के लायक भी नहीं समझेंगे। मान लिया कि यह राम दर्शन और हरि भजन अपने भाग्य में नहीं लिखा था। लेकिन जिसे राम न मिला हो वह कम से कम माया को साधने की इच्छा तो रखता है।

मैं राम दर्शन और हरि भजन से निराश होकर कोई अठारह साल से चौराहे पर बिकने के लिए खड़ा हूँ। किसी लड़की को अपने पहले प्यार की मदमाती ऊँचाइयाँ और डुबोती गहराइयाँ न मिले। वह प्यार-वार छोड़कर कोठे पर आ जाए और कोठे पर भी कोई न आए तो चौराहे पर खड़ी ग्राहक पटाने में लगा जाए। और फिर भी कोई खरीदार न आए तो उसकी हताशा और जीवन की निरर्थकता का अहसास आप कर सकते हैं। मुझे यह अहसास अक्सर होता है और मैं उसे रोटरी की धड़धड़ाहट में भुला देना चाहता हूँ। बिकने के लिए लालायित चौराहे पर खड़े सम्पादक का अनबिका रह जाना एक पत्रकारीय त्रासदी है। यह मूरख जनम गमाया है। कबीर ने जान लिया था कि माया महा ठगिनी है। मैंने जाना है कि स्याही बहुत ठगिनी है। चाहें तो उससे मुँह भी काला नहीं कर सकते क्योंकि वह सम्पादक के घर पानी होकर बैठी है।

[11 मार्च, 1990]

चालां वाही देस

बनारस में गंगा जहाँ उत्तर की तरफ मुड़कर बहने लगती है वहाँ वह सबसे पवित्र मानी जाती है। क्योंकि वहाँ वह अपने उद्गम की ओर देखती हुई अपने मूल को टेरती है। कलकत्ता हिन्दी पत्रकारिता का उद्गम है। इसलिए *जनसत्ता* का यहाँ आना अपने मूल से टेरना है। यह एक आदिम हूक है। किसी अखबार घराने की विस्तारवादी महत्त्वाकांक्षा नहीं। मीरा ने जब 'चालां वाही देस' गाया तो वह अपने राणा के राज में नहीं, गिरधर गोपाल के देस में जाना चाहती थीं। हिन्दी पत्रकारिता कलकत्ते में शुरू होकर कोई एक सदी से ज्यादा समय तक स्वाधीनता आन्दोलन की तलवार बनी रही। अपने नव संस्कार के लिए हिन्दी पत्रकारिता अगर अपने उद्गम और अपनी बंगीय परम्परा को अपनाए तो यह उसके लिए शुभ ही है। *जनसत्ता* के इस उपक्रम से किसी को भी चिन्तित होने की जरूरत नहीं है। हिन्दी पत्रकारिता के उद्गम और साधना क्षेत्र में सबके लिए जगह है। पत्रकारिता की जो भी धारा अपने उद्गम से अपने को जोड़ने की कोशिश करेगी वह समृद्ध ही होगी। नये संस्कार और नई जिम्मेदारी के लिए *जनसत्ता* कलकत्ता आया है। किसी का स्थान लेने या किसी का हक छीनने के लिए नहीं। उसकी आकांक्षा सेवा की है। और उसके होंठों पर प्रार्थना है।

यह मिशन की भाषा है। और मैं जानता हूँ कि हिन्दी की ही नहीं, किसी भी भाषा की पत्रकारिता अब इस देश में मिशन नहीं रह गई है। लेकिन पत्रकारिता मिशन तो तब थी जब देश के सामने स्वाधीनता का मर मिटने वाला लक्ष्य था। एक स्वाधीन लोकतांत्रिक देश की पत्रकारिता का वह मिशन कभी नहीं हो सकता जो स्वाधीनता के लिए संघर्षरत देश का था। इसलिए हिन्दी पत्रकारिता से इसी तरह से मिशन हो जाने की अपेक्षा रखना इसे अपने प्राप्त कर्तव्य से विमुख करके अतीतजीवी बनाना है। लेकिन यह भी सही है कि देश व्यवसाय नहीं है और किसी भी प्रगतिशील आधुनिक लोकतांत्रिक देश की पत्रकारिता सिर्फ व्यवसाय नहीं हो सकती। हुनर को या कौशल को व्यवसाय नहीं कहा जा सकता। कौशल को वृहत्तर लोकतांत्रिक समाज के लक्ष्यों की प्राप्ति में लगाकर लगभग मिशन में बदला जा सकता है। धंधे में, उद्योग में और कौशल में बुनियादी फर्क है। जब तक कौशल

के साथ पत्रकारिता लोगों को सही और तथ्यपरक जानकारी देने और निर्भीकता से अपना दृष्टिकोण रखने का माध्यम बनी रहेगी तब तक वह सिर्फ व्यवसाय के लेन-देन वाले धंधे में नहीं बदल सकती। राजनीतिक और आर्थिक धंधेबाजी के बोलबाले वाले इस जमाने में भी पत्रकारिता को अपने धर्म पर टिकाए रखने वाले लोगों की कमी नहीं रही है। अगर ये लोग और ऐसी पत्रकारिता नहीं होती तो प्रेस आज इस देश में स्वतंत्र और इतनी शक्तिशाली नहीं होती।

इसलिए पत्रकारिता अगर मिशन से कौशल हो जाए तो इसे पतन नहीं मानना चाहिए। कौशल से किया गया कर्म योग माना गया है। कौशल से पत्रकारिता की जाए और उसका धर्म सही जानकारी और निष्पक्ष राय मानी जाए तो वह नये भारत में मिशन जैसा काम ही करेगी। *जनसत्ता* कलकत्ता में इसलिए भी आया है कि बंगाल और पूर्वोत्तर में बसे लाखोंलाख हिन्दी-भाषियों को उनके घर, गाँव और प्रदेश की जानकारी दे सके। राजस्थान, बिहार और उत्तर प्रदेश में ही नहीं हरियाणा, पंजाब, हिमाचल और मध्य प्रदेश में भी *जनसत्ता* और *इंडियन एक्सप्रेस* का जानकारी बटोरने वाला व्यापक और सघन जाल है। ये खबरें हैं जिन्हें पाने के लिए इधर के हिन्दी-भाषी उत्सुक रहते हैं। *जनसत्ता* कोशिश करेगा कि वह आपको घर बैठे अपने देश लाए।

लेकिन आपको अपने देस की खबरों के अलावा अपने देश और उसकी राजधानी की हलचल का खुलासा भी चाहिए। पूरब के हिन्दी-भाषियों का इधर की अर्थ व्यवस्था को बनाने और उसे चलाने में जबरदस्त योगदान है। यहाँ बिहार और उत्तर प्रदेश की मजदूरी और मारवाड़ की पूँजी लगी हुई है। अपनी मजदूरी और पूँजी से हिन्दी-भाषियों ने बंगाल और पूर्वोत्तर की खूब सेवा की है। इन उद्यमियों और मेहनती लोगों की अपनी समस्याएँ और कठिनाइयाँ भी हैं। *जनसत्ता* इन हिन्दी-भाषियों की खबर दिल्ली, बम्बई, लखनऊ, पटना, जयपुर, भोपाल और चंडीगढ़ ले जाना चाहता है। देस के लोगों को भी तो मालूम होना चाहिए कि पूर्वोत्तर में बसे हिन्दी-भाषी क्या भुगत रहे हैं और क्या भोग रहे हैं।

बोली में कहें तो *जनसत्ता* आपके लिए देस की चिट्ठी है और देस के लिए आपकी चिट्ठी। राम राम बचना से कम लिखा है ज्यादा समझने तक। *जनसत्ता* आपकी मिट्टी से आपको जोड़ना चाहता है। आप *जनसत्ता* को अपनाएँगे तो यह आपके हाथ का औजार भी होगा और हथियार भी।

हम जानते हैं कि यह बहुत बड़ी जिम्मेदारी है। लेकिन इसे हम विनम्रता से उठा रहे हैं। पहले दिन में सब कुछ नहीं हो जाता और अखबार कोई फिल्म नहीं है जो चढ़ कर उतर जाए। अखबार एक समाज के साथ बनता और बिगड़ता है। अखबार पढ़ने वालों और उसे निकलने वालों के बीच का विश्वास है। जो अखबार यह विश्वास बनाए रखता है वह समाज में बना रहता है। आपसे हम एक नये विश्वास

का सम्बन्ध आज शुरू कर रहे हैं। *जनसत्ता* के पास उसके घराने के तमिल, तेलुगु, कन्नड़, मराठी, गुजराती और अंग्रेजी अखबारों का सम्बल है। उसके पास भारतीय पत्रकारिता के पितृ पुरुष रामनाथ गोयनका की कीर्ति, कमाई और धरोहर है। और रामनाथजी ने भी शुरुआत इसी महानगर कलकत्ता से की थी। हम हिन्दी-भाषियों की सेवा में निकल रहे हैं और सेवक को कोई भय नहीं होता। विनोबा ने कहा था कि सूरज से बड़ा सेवक कौन है। वह झकझोर कर किसी को जगाता नहीं। उसकी धूप और उसका उजाला चुपचाप बाहर खड़े रहते हैं। जैसे ही आप दरवाजा खोलते हैं धूप और उजाले से घर भर जाता है। हिन्दी पत्रकारिता हमें सेवक की यह विनम्रता दे—हिन्दी पत्रकारिता की गंगोत्री से हम यही आशीर्वाद लेने आए हैं।

[नवम्बर, 1991, कलकत्ता संस्करण का पहला अखबार]

छत्तीसगढ़ का होना है

जनसत्ता का रायपुर से निकलना अपने को छत्तीसगढ़ से नये सम्बन्ध में जोड़ना है। पहले भी दिल्ली और फिर बम्बई से *जनसत्ता* छत्तीसगढ़ के दरवाजों पर दस्तक देता ही था और उसे प्रेमपूर्वक अन्दर बैठाया जाता था। फिर भी वह बाहर से आता था। अब वह छत्तीसगढ़ के अन्दर से निकल रहा है तो उसका अपना हो रहा है। वे कहते हैं कि यह भूमंडलीकरण का जमाना है। जहाँ जो भी स्थानीय है, वह वहाँ होते हुए भी पूरे भूमंडल का हो रहा है। भारत के दर्शन को जानने वाले कहते हैं कि इसमें नया क्या है? हमारे यहाँ तो जाने कब से माना जाता है कि जो पिंड में है वहीं ब्रह्मांड हो जाता है। भूमंडलीकरण कोई नई और हमसे अनजानी प्रक्रिया नहीं है। सही है।

लेकिन प्रस्तुत कार्य व्यापार में रहने वाले कहते हैं कि भूमंडलीकरण की प्रक्रिया अपने यहाँ कोई दस साल पहले शुरू हुई। भारत सरकार ने खुले बाजार की अर्थव्यवस्था स्वीकार की तो उसके साथ हमारी अर्थव्यवस्था दुनिया के दूसरे और खासकर विकसित और अमीर देशों की अर्थव्यवस्थाओं से जुड़ गई। यानी भूमंडलीकरण की प्रक्रिया अनिवार्य और प्राथमिक रूप से आर्थिक प्रक्रिया है। हमने वे बन्धन और मर्यादाएँ और सीमाएँ छोड़ीं जो हमारी अर्थव्यवस्था को अपनी ही बनाए हुए थीं तो इसे उदारीकरण कहा गया। और देश के जो उद्योग-व्यापार सरकार के नियंत्रण में थे उनकी मिल्कियत उद्योगपतियों और व्यापारियों को दे दी जाए तो यह निजीकरण हो जाता है।

और भूमंडलीकरण आर्थिक के बाद तकनीकी प्रक्रिया है। यानी संचार के क्षेत्र में ऐसी तकनीक विकसित हो गई है कि संसार के किसी भी कोने में कभी भी कुछ भी हो रहा हो, उसे प्रत्यक्ष होते हुए कहीं भी देखा जा सकता है। एक जानकारी, एक संवाद, एक बात पलक झपकते संसार के दूसरे कोने में पहुँचाई जा सकती है। यानी संचार की तकनीक ने काल और स्थान की सीमाओं और गति को बेमानी कर दिया है। तकनीक में हुई इस क्रान्ति ने भूमंडलीकरण की प्रक्रिया को इतना तेज कर दिया है कि भारत में अपने बिस्तर पर रात में सोने की तैयारी करते हुए बैंक में रखे अपने पैसे को आप न्यूयॉर्क के शेयर बाजार में लगा सकते हैं जो वहाँ

दिन चढ़ने पर अभी-अभी खुला है। जब सोने जा रहे हों तो वाशिंगटन में दफ्तर के लिए निकलते या निकलती अपने बेटे-बेटी को अपना ख्याल करने की शुभेच्छा दे सकते हैं। और अगर आप अपने कम्प्यूटर को निर्देश देकर इंटरनेट से जोड़ दें और गहरी नींद सो जाएँ तो उठकर पाएँगे कि उसने वे सारे काम कर दिये हैं जो आप जागते रहते तो करते।

लेकिन क्या इस भूमंडलीकरण और काल और स्थान के इस तकनीकी अतिक्रमण से हमारी वसुधा एक कुटुम्ब हो गई है? वे कहते हैं कि विश्व अब एक ग्राम हो गया है। अगर अर्थव्यवस्था और तकनीक से कुटुम्ब बनते होते तो काम और स्थान के सिमटने से धरती गाँव हो सकती थी। विडम्बना यह है कि जो अमेरिका दुनिया को सिकोड़ने और भूमंडलीकरण करने में अगुवाई कर रहा है वह गाँवों का देश नहीं है बल्कि जो तकनीकी दुनिया वह बना रहा है वह ग्राम संस्कृति को नष्ट करके ही बन रही है। गाँव एक छोटी सी बस्ती का नाम नहीं है न भूमंडलीकरण से वसुधा एक कुटुम्ब हो रही है। गाँव एक जैसे जैविक समाज से बनता है जिसमें हर एक का दूसरे से सम्बन्ध है और कुटुम्ब वह है जो मिलकर सुख-दुख बाँटता हुआ आगे बढ़ता है। जिसमें जीना ही जीने को सार्थक करता है। जरूरी नहीं है कि अर्थव्यवस्था और तकनीक गाँव और कुटुम्ब को छिन्न-भिन्न ही करे। अगर मानवीय मूल्य आपके लिए ज्यादा महत्त्वपूर्ण हैं तो अर्थ और तकनीक को आप मनुष्य के सेवक बना सकते हैं। दिलों को जोड़ने वाले तार बना सकते हैं।

अब *जनसत्ता* आपके रायपुर से निकल रहा है और इसका संकल्प छत्तीसगढ़ का होकर रहना और आपकी तरफ से आपके लिए बोलना है। डगमगाए तो हथेली देना, आगे बढ़े तो साथ देना। पाठक ही अखबार बनाते हैं।

[1 अगस्त, 2002, रायपुर संस्करण का पहला अखबार]

संन्यस्तं मया, संन्यस्तं मया, संन्यस्तं मया

इस अखबार के संस्थापक सम्पादक के नाते इस विदाई लेख का शीर्षक कोई सात साल पहले निकाल लिया था—'चालां वाही देस'। लेकिन नवम्बर इक्यानबे में *जनसत्ता* का कलकत्ता संस्करण निकला तो उसके पहले पेज के सम्पादकीय को यह शीर्षक दे दिया।

हिन्दी पत्रकारिता की शुरुआत कलकत्ते से हुई है और *जनसत्ता* का वहाँ से निकलना जैसे एक नदी का अपने मूल को टेरना है। फिर कलकत्ता आन बसे ज्यादातर हिन्दी-भाषी—राजस्थान, बिहार और पूर्वी उत्तर प्रदेश के हैं जो अपने मूल स्थान को देस कहते हैं। उनसे सीधे तार जोड़ने और *जनसत्ता* के कलकत्ता से निकलने दोनों को ही मीरा के भजन की यह टेक समेट लेती है। अपने लिए रखा गया शीर्षक इस तरह अखबार के काम आ गया।

इसी तरह विदाई का तय वक्त भी चूका है। नवम्बर बयानबे में राधाकृष्ण जी के बुलावे पर गांधी शान्ति केन्द्र के कार्यकर्ताओं के वार्षिक सम्मेलन में सेवाग्राम गया था। वहाँ एक शाम राधाकृष्ण जी ने अकेले में पकड़ा और कहा *जनसत्ता* का एक के बाद दूसरा संस्करण निकालने और उसके सर्कुलेशन का विस्तार करते रहना ही अब तुम्हारा काम रह गया है। सारी उमर यही करते रहोगे या अपने मूल काम पर भी लौटोगे? बहुत हो गई पत्रकारिता। अब गांधी का काम, समाज परिवर्तन का काम करो।

राधाकृष्ण ने ही अपने को *एक्सप्रेस* में धकेला था। *एक्सप्रेस* से छपने और प्रकाशित होने वाले जेपी के साप्ताहिक-*एवरीमैंस* में हम लोग पहले गांधी शान्ति प्रतिष्ठान से ही काम करते थे। वहीं उसके सम्पादक अज्ञेय बैठा करते थे। फिर रामनाथ गोयनका ने हिन्दी में एक राजनीतिक साप्ताहिक निकालने का तय किया। तब जिसे जेपी आन्दोलन कहते हैं वह शुरू नहीं हुआ था। जेपी के सुझाने पर मैंने रामनाथ जी से लम्बी बात की। बाद में पटना जाते जेपी को लिख के दे दिया कि अपने से प्रस्तावित हिन्दी साप्ताहिक नहीं बनेगा।

इसके कई महीने बाद राधाकृष्ण और रामनाथ जी राजघाट कॉलोनी के हमारे घर आए और अपन ने आखिर *प्रजानीति* निकालना मंजूर किया। फिर जनवरी

सतहत्तर में इन्दिरा जी ने चुनाव की घोषणा की और इलेक्शन सेल चलाने के लिए अपन फिर *एक्सप्रेस* आ गए। भरी इमरजेंसी के मार्च छिहत्तर में बाहर हुए थे। इस बार भी राधाकृष्ण ने ही कहा था कि चुनाव के कवरेज में जुटना चाहिए। अपन जुटे सो जुटे ही रह गए। अब यही राधाकृष्ण जो खुद भी गांधी शान्ति प्रतिष्ठान में कोई इक्कीस साल रहे मुझे *जनसत्ता* छोड़कर फिर गांधी के काम में लगने को कह रहे थे जहाँ से सन् साठ में भटक कर अपन पत्रकारिता में आए। निकले थे हरि भजन को और ओटन लगे कपास।

अगले दिन दिल्ली लौटने के पहले विनोबा के आश्रम परमधाम पवनार गया। आखिरी बार वहाँ पच्चीस दिसम्बर 1975 के दिन गया था जब बाबा ने साल भर का मौन तोड़ा था। इमरजेंसी को बाबा ने अनुशासन पर्व कहा था और उससे हम लोग बेहद निराश और दुखी थे। विनोबा ने अपने अनुशासन पर्व का मतलब समझाया और उनसे अपना पूरा मोहभंग हो गया। इच्छा मृत्यु का वरण करके बाबा ने 1982 की दिवाली के दिन शरीर छोड़ा तब भी अपन पवनार नहीं गए। अब कोई सत्रह साल बाद बाबा की समाधि को छूकर उनका स्पर्श पाया।

छोड़ने में बाबा से बड़ा अपने हाल के इतिहास में शायद ही कोई हुआ हो। इक्कीस के हुए तब घर-बार, माता-पिता, पढ़ना-लिखना सब छोड़कर बनारस चले गए। वहाँ से कुछ महीनों के बाद गांधी के पास हरिजन आश्रम, अहमदाबाद आ गए। पाँच साल बाद आश्रम छोड़कर वर्धा आ गए। फिर सबकुछ किये धरे को छोड़कर बापू के हुक्म पर स्वास्थ्य लाभ करने पवनार आए 1948 में। बापू ने कहा था 'सब कुछ छोड़ो' इसलिए जब कार पवनार पहुँची और धाम नदी का पुल पार कर रही थी, तब मैंने तीन बार 'संन्यस्तं मया, संन्यस्तं मया, संन्यस्तं मया—कहा। सबकुछ छोड़कर बिल्कुल खाली मन से पवनार पहुँचा।'

इसके तेरह साल बाद बाबा ने पवनार छोड़ा। भूदान यज्ञ की शुरुआत से इतनी पदयात्राएँ कीं कि पृथ्वी के तीन चक्कर हो गए। गांधीजी के पास गए को 1966 में पचास साल हुए। तब सूक्ष्म में प्रवेश किया। अक्टूबर उनहत्तर गांधी शताब्दी वर्ष में बिहार दान हुआ। फिर सबकुछ छोड़कर क्षेत्र संन्यास लेकर पवनार आ गए। वहाँ से बाहर जाना छोड़ दिया। कर्म मुक्ति, ग्रंथ मुक्ति, अध्ययन मुक्ति, अध्यापन मुक्ति और शरीर मुक्ति में लग गए। इसके पहले स्मृति मुक्ति के लिए सारे पत्र, ग्रंथ आदि ही नहीं माँ की वह साड़ी भी बहा दी थी जो उनकी एक मात्र निशानी बाबा के पास थी। और आखिर में इच्छा मृत्यु से शरीर मुक्ति भी साधी। छोड़ने में विनोबा सचमुच महान हुए।

उनसे यही शक्ति लेने के लिए परमधाम पवनार गया था और वहाँ से लौटकर पन्द्रह नवम्बर को छपे 'कागद कारे' में मैंने लिखा—"जब धाम नदी से मोटर गुजर रही थी तो मैंने भी कहा—संन्यस्तं मया, संन्यस्तं मया, संन्यस्तं मया। लेकिन क्या

छोड़ा है यह अगले साल कभी बताऊँगा। आप पूछेंगे? पूछने की याद रहेगी? कुछ पाठकों, खासकर महिलाओं को याद रहा। एक पाठिका ने तो पाँच-छह चिट्ठियाँ लिखीं। मैंने जवाब नहीं दिया। क्योंकि एक दशक पूरी करके सत्रह नवम्बर तिरानबे को मैंने *जनसत्ता* की सम्पादकी छोड़ने का तय किया था।

छोड़ नहीं पाया क्योंकि इस बीच बाबरी मसजिद ढहा दी गई थी और छह दिसम्बर की रात ही मैंने लिखा था—बृहत्तर और उदार हिन्दू समाज इस ध्वंस को स्वीकार नहीं करेगा। भारतीय परम्परा और हिन्दू समाज की मेरी समझ और उसमें मेरी आस्था दाँव पर थी। नवम्बर तिरानबे में उत्तर भारत के पाँच राज्यों में विधान सभा चुनाव हो रहे थे और बाबरी मसजिद ढहाने वाले—आज पाँच प्रदेश कल पूरा देश का नारा लगाकर दावा कर रहे थे कि वे जो कहते हैं सो करते हैं। वह युद्ध छोड़कर अपन जा नहीं सकते थे इसलिए *जनसत्ता* के प्रकाशन का दशक पूरा होने पर सत्रह नवम्बर तिरानबे को भी—संन्यस्तं मया—पर अमल नहीं कर पाया।

उसी साल के आखिर में मुझे लगने लगा मेरा हृदय जरा ज्यादा तेज चलने लगा है। छह महीने बाद बम्बई अस्पताल में मामूली जाँच के दौरान पता चला कि ऐसा क्यों हो रहा है और डॉक्टर तिवारी के कहने पर डॉक्टर भट्टाचार्य ने ओपन हार्ट सर्जरी करके तीन धमनियों के अवरोधों को छोड़कर बाईपास निकाल दिये। दिल्ली लौटकर आया तो थोड़े दिनों में राधाकृष्ण भी नहीं रहे। राजेन्द्र माथुर से राधाकृष्ण तक तीन साल में अपने सभी मित्र-बुजुर्ग चले गए। लेकिन एक झटका अभी और लगना था।

इस बारे में 'कागद कारे' में भी मैंने नहीं लिखा क्योंकि पत्नी को सख्त एतराज था और उन्हीं के कारण झटका लगा था। गए साल नवम्बर में एक यात्रा से लौटा तो घर में भय और आतंक था। दो डॉक्टरों ने कह दिया था भेनजी की भी तत्काल ओपन हार्ट सर्जरी होनी चाहिए। देरी भारी पड़ेगी। वह तो डॉक्टर खलीलुल्लाह ने मामला सँभाला और बाद में पता चला कि हड़बड़ाहट और आतंक का कारण ऑपरेशन के ठीक पहले की मेरी ईसीजी रपट का उनकी रपटों में मिल जाना था। फिर भी इस साल मार्च में एंजियोप्लास्टी तो हुई ही।

हमारे परिवार की सत्ताईस साल से डॉक्टरी कर रहे डॉक्टर राजपाल ने पत्नी की इस स्थिति के लिए मुझे दोषी ठहराया और डॉक्टर खलीलुल्लाह ने सलाह दी कि हम अगर अब भी अपनी जीवन शैली नहीं बदलेंगे तो भगवान ही मालिक है। यह भी पाया कि पत्नी को जो कुछ हुआ उस सबके संकेत और चेतावनी बम्बई अस्पताल ने छह साल पहले उनके इलाज के दौरान दे दी थी और वह सब फाइलों में लिखा था और मैंने वह फाइल कभी देखी तक नहीं।

तभी तय किया था कि अब नये सिरे से सहजीवन शुरू करूँगा। नियमित जीवन जिऊँगा और पत्नी के स्वास्थ्य को लेकर जो अपराधबोध है उससे मुक्ति

पाऊँगा। लेकिन सत्रह नवम्बर पचानबे यानी *जनसत्ता* की सम्पादकी के बारह साल एक युग, एक तप, पूरा होने में अभी आठ महीने थे। लेकिन इस बार चूकने की गुंजाइश नहीं छोड़ी थी। बीस जुलाई को शाम हमारी भेनजी दादी बनी। उन्हें जितना खुश-सुखी और सन्तुष्ट उस दिन देखा उतना तैंतीस साल के वैवाहिक जीवन में कभी देखा नहीं था। दो रात वे सो नहीं पाईं। पोते का मुँह देखने के बाद भी। चाचा ने उसका नाम माधव रखा और दूसरे चाचा ने मुक्ति माधव। और उस एक दिन के बच्चे ने हमें मुक्ति दे दी।

दूसरे दिन अपन ने *एक्सप्रेस* समूह के अध्यक्ष विवेक गोयनका को लिखा कि मुझे अब सक्रिय पत्रकारिता से मुक्ति चाहिए। सात साल पहले रामनाथ गोयनका से भी मैंने ऐसे ही मुक्ति माँगी थी और उन्होंने यह कहकर कि अभी *एक्सप्रेस* को बचाने से ज्यादा सार्थक कोई और काम नहीं है फिर काम में लगा दिया था। तब राजीव गांधी की सरकार ने *एक्सप्रेस* पर दो सौ से ज्यादा मुकदमे ठोक रखे थे और पूरा सत्ता प्रतिष्ठान वैसे ही पीछे पड़ा था जैसे इमरजेंसी में संजय गांधी और उनकी माता की सरकार पड़ी थी। दो महीने की बातचीत और मान-मुनव्वल के बाद विवेकजी आखिर इस शर्त पर तैयार हुए कि *एक्सप्रेस* संस्थान से सम्बन्ध और लिखना जारी रहेगा। इस सत्रह नवम्बर के दिन अपने को छोड़ना था। *जनसत्ता* की बारहवीं वर्षगाँठ मनाकर।

लेकिन पिछले शीर्षक, साल और दिन की तरह यह घड़ी भी निकल गई। जनसत्ता के दिल्ली के ही नहीं, कलकत्ता, चंडीगढ़ और बम्बई के भी साथी विरोध और विद्रोह में एक हो गए—हमसे पूछे बिना आप छोड़ के जा कैसे सकते हैं? दो दिन उन सबने मिलकर जो किया और कहा उससे मैं बुरी तरह निचुड़ गया। मुझे लगा कि ऐसे साथियों के बिना क्या जीना? अपना *जनसत्ता* निकालना और सम्पादकी करना सार्थक हो गया। अब चुपचाप जान भी निकल जाए तो कोई गिला नहीं। रामनाथ गोयनका जैसे पितृ पुरुष ने अपने को मौके दिये और उन्होंने जो दिया वह अपन ने उनके उत्तराधिकारी और अपने साथियों को लौटा दिया।

जाने और रहने दोनों के एक फॉर्मूले पर सहमति होने के बाद अब अपन जा रहे हैं, रहने के लिए। लेकिन सत्रह नवम्बर तिरयासी के दिन मैंने लिखा था कि एक अखबार को उसके पाठक बनाते हैं। *जनसत्ता* को उसके पाठकों ने बनाया। उसे इतने और ऐसे प्रतिबद्ध पाठक मिले जो उसे बहुत चाहते और कोसते भी हैं। पढ़ते भी हैं और छोड़ भी देते हैं। *जनसत्ता* और उसके पाठकों में एक सम्बन्ध है जो सारे हिन्दी इलाके में बना हुआ है। इस सम्बन्ध के कारण ही वे मेरे और मेरे साथियों के अवगुणों को माफ करते रहे हैं। ज्यादतियों को सहते रहे हैं। उनके प्रेम और धिक्कार पत्रों की बीस फाइलें मैं घर ले आया हूँ। जीवन भर की यही कमाई और बचत है। इसी पर अपने को जीना है।

बहुत अपने तक रखी थी फिर भी खबर फैल गई। बनारस से एक वयोवृद्ध सज्जन ने फोन किया जिन्हें न मैं जानता हूँ, न मेरी पत्नी। फोन पत्नी ने सुना। उन्होंने कहा—यह तो पलायन है। आज जबकि हिन्दी पत्रकारिता को जीन्स पहनाने की कोशिश हो रही है तब मैं भाग क्यों रहा हूँ? यही तो वक्त है डट कर सामना करने और अपनी परम्पराओं को बनाए रखने का। नहीं, छोड़ने का फैसला गलत है। बिल्कुल गलत। हिन्दी और अंग्रेजी के कितने बुजुर्ग पत्रकार और सम्पादकों ने कहा कि छोड़ने का यह वक्त नहीं है। इस समय तो पत्रकारिता और देश के सामाजिक, आर्थिक और राजनीतिक जीवन से जिस किसी का भी कोई लेना-देना है उसे मोर्चे पर डटे रहना चाहिए। इन बातों पर कल आपसे बात करूँगा। आज तो संन्यस्तं मया, संन्यस्तं मया, संन्यस्तं मया...।

[29 नवम्बर, 1995]

अपना भाषायी समाज बचाएगा

किसी ने भी खुश होकर नहीं कहा कि सम्पादकी छोड़कर मैंने ठीक किया। मेरी निजी और पारिवारिक परिस्थिति समझने और मुझसे सहानुभूति रखने वालों का भी कहना है कि वह सब तो अपनी जगह सही है लेकिन छोड़ने का यह वक्त नहीं है। इस प्रदोष काल में स्तर और विश्वसनीयता के संकट हिन्दी पत्रकारिता पर मंडरा रहे हैं। सम्पादक नाम की संस्था तिरोहित हो रही है। पत्रकारिता व्यवसाय भी नहीं दो नम्बर का धंधा होती जा रही है। ऐसे में उन लोगों को छोड़कर नहीं जाना चाहिए जिनकी प्रतिबद्धता कुछ मूल्यों, सिद्धान्तों और सरोकारों से है।

सोचकर सन्तोष होता है कि ऐसे-ऐसे और इतने लोग अपने से ऐसी उम्मीद रखते हैं। हिन्दी और भाषायी पत्रकारिता से कहीं ज्यादा ये संकट अंग्रेजी पत्रकारिता में है। लेकिन आप देखिए कि उसकी स्थिति पर लोग इतने चिन्तित नहीं हैं। अंग्रेजी पत्रकारिता से लोग देश के लिए वैसी उम्मीद नहीं करते जैसी भाषायी अखबारों से करते हैं। इसका एक कारण तो यही है कि देश के अंग्रेजी-भाषी समाज में (जो भी जितना भी और जैसा भी वह हो) अखबारों की वह नेतृत्वकारी भूमिका नहीं है जो हमारे भाषायी समाजों में है। अंग्रेजी समाज में अखबार सूचना का एक स्रोत है जबकि भाषायी समाज में सूचना देने के अलावा वह और भी कई आवश्यकताएँ पूरी करता है।

ऐसा सिर्फ इसलिए नहीं कि अपने भाषायी समाजों को पिछड़ा, कम पढ़ा-लिखा और गरीब मान लिया जाता है। तथाकथित अंग्रेजी समाज की तुलना में हमारे भाषायी समाज शायद गरीब और कम पढ़े-लिखे हों भी लेकिन अंग्रेजी समाज में जो लोग हैं आखिर वे हैं तो मूलतः भाषायी समाज के ही। वे भी अंग्रेजी समाज में होते हुए अंग्रेजी अखबारों से अपने घर-परिवार के लिए करते हैं क्योंकि जाग्रति लाने, लोकमत बनाने, मूल्यों को स्थापित करने और एक तरह का नेतृत्व देने की भूमिका भाषायी अखबारों की मान ली गई है।

इसके कारण ऐतिहासिक हैं। अंग्रेजी इतिहासकार जिसे भारतीय पुनर्जागरण कहते हैं और हम जिसे साम्राज्यवाद और ब्रिटिश शासन से भारत की स्वाधीनता का संग्राम कहते हैं उसमें रचनात्मक अगुआई की भूमिका अंग्रेजी के नहीं, इस

देश के भाषायी अखबारों की रही है। अभी कुछ दिन पहले उपराष्ट्रपति के.आर. नारायणन ने बम्बई में कहा कि हमारे स्वतंत्रता संग्राम में भाषायी अखबारों ने बड़ा रोल अदा किया है जबकि एक-दो अपवादों को छोड़कर ज्यादातर अंग्रेजी अखबार ब्रिटिश साम्राज्य के समर्थक थे। उपराष्ट्रपति को तो अब भी अंग्रेजी अखबारों में साम्राज्यवाद का रंग दिखाई देता है।

यह भी नोट करने लायक तथ्य है कि हमारे लगभग सभी बड़े नेताओं ने अपने अखबार निकाले। गांधी, तिलक आदि सभी नेताओं ने सम्पादकी की और सभी के अखबार उनकी भाषाओं के थे जिनके जरिये उन्होंने स्वतंत्रता आन्दोलन चलाया। इन अखबारों के जरिये लोगों ने स्वाधीनता आन्दोलन में भाग लिया और इस तरह हमारे भाषायी अखबार लोगों को जगाने और उन्हें स्वतंत्रता संग्राम सिपाही बनाने के मिशन के काम आए। इसीलिए आज तक कहा जाता है कि हमारी पत्रकारिता का पतन हो गया क्योंकि वह मिशन नहीं रही, व्यवसाय हो गई है और उससे भी गिरकर धंधा हो गई है। अंग्रेजी अखबारों के बारे में ऐसा दुख प्रकट नहीं किया जाता क्योंकि वे कभी किसी मिशन के अग्रदूत रहे ही नहीं।

सार्वजनिक जीवन से ही मिशन की भावना समाप्त हो गई तो पत्रकारिता में कैसे बनी रहती? राजनीति जब जन सेवा की नहीं किसी भी तरह सत्ता पाने की माध्यम हो गई तो उसे रोज-रोज कवर करने वाले अखबार कैसे लोक हित को समर्पित रहते? ऐसा हो ही नहीं सकता था कि देश में चारों तरफ जब सत्ता की बन्दरबांट और दौलत की लूट चल रही हो तब अखबार लोक जागरण के मिशन में लगे रहते। देश के धर्मों के तरह-तरह के मिशन ही जब सत्ता और पूँजी की सेवा में लग गए तो अखबारों से मिशन की उम्मीद करना ही अवास्तविक और अन्यायकारी नहीं हो गया है?

फिर भी देखिए कि सबकुछ जानते-बूझते हुए भी देश का भाषायी समाज अपने अखबारों से समाज का डायलिसिस करने और सम्पादकों-पत्रकारों से शासकों को लोगों के प्रति उत्तरदायी बनाने की अपेक्षा करता है। आज जब भ्रष्टाचार का सर्वव्यापी पंजा पत्रकारिता का गला पकड़े हुए है तब भी लोग उम्मीद करते हैं कि ऐसा नहीं होना चाहिए। अखबारों को अपने व्यावसायिक हितों का ध्यान रखे बिना जनता की ओर से सत्ता की सवारी करनी चाहिए और पत्रकारों को बिना लाग लपेट के सही-सही और सच्ची बातें लिखनी चाहिए। दूसरे किसी भी उद्योग-व्यवसाय से लोग ऐसी उम्मीद नहीं करते। जो भी अखबार, पत्रकार और सम्पादक लोकहित छोड़कर अपने व्यावसायिक और निजी हित साधने लगता है वह कमाई चाहे जितनी करता हो लोगों की नजरों से तो गिर जाता है।

एक तरफ हमारे समाज को पत्रकारिता से ऐसी उम्मीदें हैं और दूसरी तरफ देश में पाँच साल से खुले बाजार की उदार अर्थव्यवस्था का ढिंढोरा पिट रहा है। बीस-तीस साल पहले राष्ट्रीयकरण और समाजवाद सब रोगों का इलाज माना जाता

था अब निजीकरण और खुले बाजार की पूँजीवादी होड़ सब समस्याओं को हल कर सकती है। खुले बाजार की अर्थव्यवस्था ने अखबारों को भी अपनी पकड़ में ले लिया है क्योंकि अखबार भी आखिर उद्योग हैं और ऐसे उद्योग हैं जो दूसरे उद्योगों को बढ़ाने में मददगार हो सकते हैं। खुले बाजार की अर्थव्यवस्था में पनपने के लिए उत्सुक उद्योग अखबारों को अपना व्यापारिक सहयोगी बनाना चाहते हैं। वे अखबारों को अपने ऊपर बैठा हुआ न्यायाधीश बना नहीं देखना चाहते।

इससे अखबारों और पत्रकारों के सामने दुहरा खतरा पैदा हो गया है। पहले ही देश का सत्ता प्रतिष्ठान इस कोशिश में लगा हुआ था कि अखबार और पत्रकार उसकी राजनीति में भागीदार हो जाएँ। सत्ता से जो लाभ मिल सकते हैं और राजनेता जिन्हें बेहिचक और खुले आम दोनों हाथों से लूट रहे हैं—वे कुछ अखबारों और पत्रकारों को भी मिलें ताकि वे लूट के तंत्र के लाभार्थी बन जाएँ और अलग बैठकर उसे स्वतंत्र-बुद्धि-विवेक से जाँचने और उसके धुर्रे बिखेरने के लायक न रहें।

देश के कुछ उद्योग घरानों ने अखबारों के जरिये अपना उद्योग-साम्राज्य बढ़ाया और कुछ अखबारों ने अपने उद्योग समूह खड़े किये। राष्ट्रीय स्तर पर यह खेल बड़े पैमाने पर हुआ और क्षेत्रीय स्तर पर पहुँचकर इसने भूमाफियों, बिल्डर माफियों और छोटे-मोटे उद्योग धंधों के लिए संरक्षण पाने और बदले में राजनीतिक समर्थन देने से जय-जयकार करने तक के काम किये। राष्ट्रीय स्तर पर सम्पादक और पत्रकार की ऐसे धंधों से दूरी फिर भी कुछ बनी रही। लेकिन क्षेत्रीय स्तर पर तो सम्पादक बिल्कुल अनावश्यक और पत्रकार जनसम्पर्क अधिकारी या सत्ता का दलाल हो गया।

अंग्रेजी पत्रकारिता में जिसे प्रोफेशनलिज्म कहा जाता है उसकी क्षेत्रीय पत्रकारिता में कोई जगह नहीं रही। मालिक-सम्पादक को अपने आर्थिक हित और राजनीतिक पव्वे की ज्यादा चिन्ता रहती है सरकार की नीतियों और उनके अमल में लोकहित की नहीं। मालिक सम्पादक के लिए किसी राजनेता के साथ खड़े या मिले दिखना असुविधा और हिचक का कारण नहीं है बल्कि लाभ की स्थिति है। ऐसे अखबार के पत्रकारों के लिए खबर का आन्तरिक मूल्य जाँचना और उसी के आधार पर महत्त्व देना जरूरी नहीं होता बल्कि ऐसा करना गलत होता है। खबरों का प्रयोजन किसी का सहायक होना या अपने संरक्षक राजनेता के विरोधी की दुकानदारी उखाड़ना है। लेखों का प्रयोजन लोगों की बड़ी बातों में उलझना और फीचरों का काम पाठकों का मन बहलाना है। हमारे ज्यादातर अखबार सत्ता प्रतिष्ठान के अंग हो गए हैं। वे इस या उस पार्टी या इस या उस नेता का विरोध तो कर सकते हैं लेकिन कुल व्यवस्था के विरोधी नहीं हो सकते। वे उसमें शामिल हो गए हैं।

राजनीति ने जिन अखबारों, पत्रकारों और बचे-खुचे सम्पादकों की अपने पाँव पर स्वतंत्र खड़े रहने की ताकत ही खत्म कर दी थी वे अब बड़े उद्योगों के लालच

और दबाव में भी आ गए। खुले बाजार की अर्थ व्यवस्था ने अखबारी कागज से लेकर उन सभी चीजों के दाम अनाप-शनाप बढ़ा दिये हैं जिनसे अखबार बनता छपता और बिकता है।

चूँकि अभी खुले दरवाजे की अर्थहीन पश्चिमपरस्त है और पश्चिम की कम्पनियाँ और तकनीक अंग्रेजी के जरिये इस देश में काम कर सकती हैं इसलिए अंग्रेजी अखबारों की पूछ, प्रभाव और आमदनी पहले से बढ़ गई है। पाँच साल पहले तक भाषायी-अखबारों का पव्वा भारी था अब फिर अंग्रेजी अखबार सत्ता-प्रतिष्ठान में आजादी के पहले वाला महत्त्व पाने लगे हैं। चूँकि अर्थनीति और राजनीति लोकोन्मुखी नहीं, वर्गमुखी हो गई है इसलिए जनसंचार के माध्यमों के बजाय वर्ग संचार के माध्यम ज्यादा काम के हो गए हैं। भाषायी अखबार इस होड़ में पीछे न छूट जाएँ इसलिए पत्रकारिता की अनिवार्यताओं की भी छुट्टी करके थोक के भाव से राजनीति और उद्योग को लुभाने में लगे हैं।

इस स्थिति ने पत्रकारिता का चेहरा बिगाड़ा है और उसे अपने समाज की उम्मीदों से और भी पीछे धकेल दिया है। कई अखबार-उद्योगपति अब बेझिझक कहने लगे हैं कि आखिर वे एक उत्पाद बना और बेच रहे हैं और अगर उपभोग के दूसरे उत्पादों पर कोई मूल्य-व्यवस्था नहीं लागू की जाती और उनसे सिद्धान्तों की रक्षा की अपेक्षा नहीं होती तो अखबारों से क्यों होनी चाहिए? जैसा साबुन वैसा अखबार। वहाँ भी नाम बिकता है और यहाँ भी।

खुले बाजार की अर्थ व्यवस्था के नये ग्रेजुएट मानने लगे हैं कि देश के अखबार उद्योग का वही होगा जो दूसरे उद्योगों का हो रहा है। नई तकनीक, नई पूँजी और नया बाजार उन्हें पूरी तरह उत्पाद बना देगा और वही बाजार में टिकेगा जो इस नई होड़ में जीत सकता है। इस नजर से देखें तो अपने देश के अखबारों को न सिर्फ अपना डेढ़-दो सौ साल का इतिहास भूल जाना होगा, उन परम्पराओं से भी अपने को मुक्त कर लेना होगा, जो स्वाधीनता संग्राम ने उन्हें संस्कार के नाते दी हैं। उन्हें शुद्ध उत्पाद हो जाना होगा।

लेकिन हमारा समाज खासकर हमारा भाषायी समाज तो यह स्वीकार नहीं करेगा कि उसके अखबार लोक जागरण करने, लोकमत बनाने और सत्ता को जनता के प्रति उत्तरदायी बनाने की अपनी ऐतिहासिक भूमिका बिल्कुल भूल जाएँ। जिस तरह योगर्ट हमारे दही की जगह नहीं ले सकता उसी तरह हमारे अखबार सिफ उत्पाद नहीं बन सकते। दुनिया के किसी भी लोकतांत्रिक देश में प्रेस ने स्वतंत्रता संग्राम में वह भूमिका नहीं निभाई है जो इस देश की प्रेस ने निभाई है। हमारी प्रेस की यह विशिष्टता उसे इंग्लैंड, अमेरिका, फ्रांस आदि देशों की प्रेस जैसी नहीं बनने देगी। कितने ही भ्रष्टाचारी हो गए हों हमारे राजनेता लेकिन लोग चाहते तो यही हैं कि वे सेवाभावी हों। ऐसी ही अपेक्षा यह देश अपनी प्रेस से करता रहेगा।

अगर मुझे अपने देश की पत्रकारिता के इस इतिहास और उसकी इन लोकोन्मुखी परम्पराओं में विश्वास नहीं होता तो संकट के इस दौर में सम्पादकी छोड़कर अलग नहीं होता। संकट हिन्दी अखबारों में ही नहीं है। अंग्रेजी में कितने सम्पादक बचे हैं जो स्वतंत्र सम्पादकी कर रहे हैं? राजनीति और खुले बाजार के दुराचारी असर से अंग्रेजी में भी कोई फरिश्ते नहीं बचे हैं। भाषायी पत्रकारिता पत्रकारों और सम्पादकों को इसलिए उधेड़ दिया जाता है कि गरीब की जोरू सबकी भाभी हो जाती है। लेकिन भारत की पत्रकारिता बचेगी तो अपने भाषायी समाज की ताकत और अपेक्षाओं के कारण। सम्पादकी छोड़ी है यह समाज तो नहीं छोड़ा है ना। इसके सिपाही तो अपन मरने के बाद भी रहेंगे।

[1 दिसम्बर, 1995]

खंड 2

लोक या निज हित में?

अब राजीव गांधी देश के सामने अचानक झुक गए हैं तो देश उनकी पीठ थपथपा सकता है।

लेकिन यह एलान तो वे चौदह मार्च को भी कर सकते थे। देश को चार दिन संसदीय सन्निपात की हालत में रखने की कोई जरूरत नहीं थी। इस अखबार और *इंडियन एक्सप्रेस* में ठक्कर आयोग की रपट का संक्षेप देखने के बाद वे तत्काल मालूम कर सकते थे कि आपराधिक खोजबीन कहाँ तक पहुँची है। अगर वह पूरी हो गई है तो रपट संसद में रख दी जाए। क्योंकि जिस रपट का कोई भी हिस्सा प्रकाशित हो गया हो उसे आप पाताल में ले जाकर गाड़ दीजिए वह गोपनीय नहीं रह सकती। इसे समझने के लिए कोई बहुत तेज बुद्धि नहीं चाहिए। थोड़ी राजनीतिक समझदारी, नेकनीयती और थोड़ा विश्वास ही काफी होता है।

राजीव गांधी ने एक औसत राजनीतिक की यह साधारण समझदारी भी क्यों नहीं दिखाई? संसद में हल्ला होते ही वे मैदान छोड़कर क्यों चले गए? बूटासिंह और हरकिशन लाल भगत जैसों को मोर्चा क्यों सँभालना पड़ा? वे चार दिन तक किसी तरह पिटते-गिरते खड़े नहीं रहते तो क्या राजीव गांधी अपने अन्त:पुर में ही बैठे रहते?

अपने बयान के स्वर और शब्द से उन्होंने देश को बताने की कोशिश की है कि इन चार दिनों में वे मर्मान्तक पीड़ा से गुजरे हैं। 'वह मेरी माँ थी और मैं उनका बेटा हूँ।' कौन नहीं जानता? ठक्कर आयोग की रपट का एक हिस्सा छपने और उसके बाद उठे बवंडर ने उनके बिल्कुल निजी घावों को हरा कर दिया होगा। एक बेटे के रूप में उनकी आहत भावनाओं की कदर सब करते हैं। पिछले चार दिनों में किसी ने भी ऐसी कोई बात नहीं कही है जो इन्दिरा गांधी से उनके रिश्ते को जान बूझ कर चोट पहुँचाती हो। भले ही वह प्रधानमंत्री हो लेकिन एक बेटे को अपनी माँ की हत्या के सदमे में लौटने और एक कोने में चुपचाप बैठकर अपने घावों पर जीभ फेरते रहने की बिल्कुल निजी छूट से कोई वंचित नहीं कर सकता। जिस देश की आहत भावनाओं से उठी सहानुभूति की लहर राजीव गांधी का राजतिलक कर गई हो वह देश इन्दिरा गांधी की हत्या की जाँच रपट से उनके बेटे पर नाहक कीचड़ क्यों उछालेगा?

लेकिन राजीव गांधी उस रपट के कुछ अंश छपने और पूरी रपट को संसद में रखे जाने की माँग को अपनी निजी भावनाओं से जोड़कर क्यों देख रहे हैं? क्या उन्हें फिर वह सहानुभूति चाहिए जो उनकी माँ की हत्या के बाद उन्हें मिली थी? हत्या और हत्या की जाँच रपट के एक हिस्से के छप जाने को वे एक जैसे आघात की सघनता क्यों दे रहे हैं? जाँच रपट को संसद में रखने के उनके एलान की खबर को टीवी ने इन्दिरा गांधी के अन्तिम विश्राम, अन्तिम यात्रा और अन्त्येष्टि की फिल्म में लपेट कर क्यों दिखाई? राहुल को रोते हुए सोनिया गांधी को इन्दिरा जी का चेहरा पौंछते हुए और राजीव गांधी को बड़े संयम और बहादुरी से आँसू रोकते हुए फिर दिखाना क्या ठक्कर आयोग की रपट को पेश करने के एलान को दुखद रूप से चित्रित करने के लिए था? निजी दुख में ठहरे हुए चित्रों को एक संसदीय कर्तव्य के सार्वजनिक पालन से जोड़ना क्या अपनी निजता का सम्मान करना है?

राजीव गांधी को प्रधानमंत्री हुए अब कोई सवा चार साल हो गए हैं और उन्हें समझने में मुश्किल नहीं होनी चाहिए कि इन्दिरा गांधी प्रधानमंत्री थीं इसीलिए उनकी हत्या को लेकर देश इतना चिन्तित और उत्तेजित हो जाता है। राजेन्द्र कुमार धवन से कोई निजी और राजनीतिक दुश्मनी निकालने के लिए उन पर न्यायमूर्ति ठक्कर की शक की सुई नहीं घुमाई गई थी। धवन एक प्रधानमंत्री के नजदीकी सहायक थे और उस प्रधानमंत्री की हत्या हुई थी। ठक्कर आयोग राजीव गांधी की निजी जाँच एजेंसी नहीं थी। उसकी नियुक्ति जाँच आयोग अधिनियम के तहत हुई थी। उसने जाँच इसलिए की थी कि तथ्यों की छानबीन करके सच्चाई स्थापित की जाए ताकि आगे से इस देश के प्रधानमंत्री की हत्या उसी के अंगरक्षक नहीं कर सकें। यह जाँच करते हुए ही ठक्कर ने ऐसे तथ्य पाए थे जो धवन को शक के घेरे में लाते हैं। इस घेरे से सार्वजनिक रूप से निकलने के पहले ही धवन फिर प्रधानमंत्री के दफ्तर में पहुँच गए थे। इसलिए उन्हें और प्रधानमंत्री राजीव गांधी की सुरक्षा को लेकर देश को चिन्ता क्यों नहीं होगी?

राजीव गांधी ने बयान में कहा है कि ठक्कर आयोग ने देश के प्रधानमंत्री की हत्या से जुड़ी जिन घटनाओं की जाँच की थी वे उनके और उनके परिवार के निजी और गहरे सरोकार की थीं। जब आप ठक्कर आयोग की रपट आने और उसके एक हिस्से के लीक होने तक के उनके व्यवहार को देखें तो साफ लगेगा कि इस सबको वे सचमुच अपना निजी मामला ही मानते रहे हैं। आयोग की रपट आई तो उस पर उन्होंने अपने संवैधानिक कर्तव्य के अनुसार मंत्रिमंडल की बैठक में विचार नहीं किया। किसी मंत्री को तो क्या राष्ट्रपति तक को इसे देखने नहीं दिया। न्यायमूर्ति ठक्कर ने कहा था कि इसे गोपनीय रखना आपराधिक जाँच के लिए बेहतर होगा तो उस पर मंत्रिमंडल की राजनीतिक मामलों की समिति के किसी साथी को भी विश्वास में नहीं लिया। जाँच आयोग कानून में संशोधन करके हर

रपट को संसद में रखने की जिम्मेदारी से छूट ले ली और संसद से अनुमति ली कि ठक्कर आयोग की रपट को गोपनीय रखा जा सकता है। और फिर इस रपट को बिल्कुल निजी यादगार की तरह अपने पास रखे रहे। जब उसका 'कोई ठीक या गलत' हिस्सा छप गया तब भी प्रधानमंत्री को नहीं लगा कि वह सार्वजनिक हो गई है और उसे वे छाती से लगाए बैठे नहीं रह सकते। एक प्रधानमंत्री की हत्या की जाँच रपट पर दूसरे प्रधानमंत्री की यह कैसी निजता और गोपनीयता है कि उसके सामने राष्ट्रीय कर्तव्य और संवैधानिक जिम्मेदारी का सवाल ही नहीं उठे। राज्य की सुरक्षा और लोक हित का यह कैसा मामला है जिसकी गोपनीयता एक प्रधानमंत्री की निजी गोपनीयता बन गई थी। और अगर वह रपट राज्य की सुरक्षा लोकहित और निपट निजी भावनाओं के डबल आग्रह से गोपनीयता हो गई थी तो उसकी यह कैसी रक्षा की गई कि वह चोरी-छुपे अखबार में पहुँच कर छप गई और इतने बवंडर के बाद उसे अब प्रधानमंत्री संसद के सामने पेश करेंगे। और क्या पिछले चार दिनों में उसे पेश न करने के लिए दी गई सब दलीलें भी किसी निजी जिद को छुपाने की कोशिश थीं?

इन्दिरा गांधी और राजीव गांधी की निजता और उनके रिश्ते का सम्मान देश करता है इसे वह सवा चार साल पहले ही बता चुका है। अगर ठक्कर आयोग की रपट के लीक होने के बाद भी उसे संसद में न रखने की जिद राजीव गांधी नहीं करते तो इतना बवंडर नहीं मचता। रपट को गोपनीय रखना कई तरह की अफवाहों और लांछनों को चलने देना था। जिसे राजीव गांधी ने जानबूझ कर की गई तोड़-मरोड़, दुर्भावनापूर्ण वक्रोक्ति और गैरजिम्मेदाराना चरित्र हनन कहा है वह पता नहीं क्या है और किसने किया है? लेकिन इतना निश्चित है कि चौदह मार्च को ही अगर वे ठक्कर आयोग की रपट को संसद में रखने की घोषणा कर देते तो कोई हो-हल्ला नहीं होता। जिसका एक हिस्सा सार्वजनिक हो चुका हो उस रपट को गोपनीय रखने का दुराग्रह किया गया इसीलिए इतना हंगामा हुआ?

जो हो, चार दिन बाद ही सही अब प्रधानमंत्री ने सही फैसला किया है तो उसका स्वागत करना चाहिए। राजीव गांधी को यह विश्वास भी दिलाना चाहिए कि इन्दिरा गांधी उनकी माँ थीं तो इस देश की नेता और सोलह साल तक प्रधानमंत्री भी थीं। उनकी हत्या सिर्फ राजीव गांधी का निजी हादसा और सदमा नहीं था वह पूरे देश की ट्रेजेडी भी थी। इस देश के नेता और प्रधानमंत्री के साथ ऐसा फिर न हो इसलिए उनकी हत्या की जाँच रपट देश को देनी चाहिए और हमें मालूम होना चाहिए कि क्यों और कैसे इन्दिरा गांधी की हत्या हुई। देश में एक संविधान है—उसके अनुसार बनी न्यायपालिका, कार्यपालिका और विधायिका है और उनके ठीक से काम करने में कोई आड़े नहीं आना चाहिए। प्रधानमंत्री इन तीनों संस्थाओं को परे सरका कर राज्य की सुरक्षा और लोक हित के किसी मामले में अपना

निजी और गोपनीय मामला नहीं बना सकते? आपकी निजी भावनाएँ आहत हुईं तो राजीव जी माफ कीजिए! लेकिन आप प्रधानमंत्री हैं और इन्दिरा गांधी भी प्रधानमंत्री थीं और प्रधानमंत्री का कर्तव्य संविधान की रक्षा करना भी है। जब ठक्कर आयोग की रपट पर विचार होगा तो हमें यह भी सोचना चाहिए कि कोई प्रधानमंत्री निजी कारणों से राष्ट्रीय कर्तव्य से कहाँ तक बच सकता है। वह व्यक्ति कितना सशक्त प्रधानमंत्री हो सकता है, जो निजी भावनाओं से ऊपर उठने में चार दिन लगा दे? क्या ऐसे प्रधानमंत्री के भरोसे देश की सुरक्षा और लोकहित के मामले छोड़ कर देश निश्चिन्त हो सकता है?

[8 मार्च, 1986]

उग्रवादी गुटों में सत्ता के गुट

अकाल तखत की सत्ता को चुनौती देने वाले पंथक कमेटी के वासनसिंह और सिख छात्र महासंघ के संयोजक हरिंदरसिंह कहलों दो कदम आगे बढ़ने के लिए एक कदम पीछे हटे हैं। ये दोनों अकाल तखत के 'कार्यकारी जत्थेदार' भाई गुरदेवसिंह के बुलाने पर आखिर हाजिर हुए। कहलों को भाई सुखदेवसिंह ने बरी कर दिया और उलटे अखबारों को आगाह किया कि वे अकाल तखत की सत्ता के खिलाफ न छापें। लेकिन वासनसिंह को तनखैया करार दिया गया और उन्होंने सजा कबूल करते हुए शान से कहा कि वे दिल्ली दरबार के आगे कभी सिर नहीं झुकाएँगे लेकिन अकाल तखत की सर्वोच्च सत्ता के सामने उनका सिर हमेशा झुका रहेगा। वासनसिंह का नाम अपराधियों की उस सूची में है जिसे कुछ दिन पहले पंजाब पुलिस महानिदेशक रिबेरो ने घोषित किया था।

वासनसिंह और कहलों दोनों ने पहले कहा था कि वे अकाल तखत के 'कार्यकारी जत्थेदार' के बुलावे पर हाजिर नहीं होंगे। इन दोनों ने ही भाई गुरदेवसिंह पर सिख छात्र महासंघ की गुटबन्दी में पक्षपात का आरोप लगाया था। वासनसिंह और एक और घोषित अपराधी गुरबचनसिंह मनोछल ने भाई गुरदेवसिंह से पाँच सवालों का जवाब माँगा था। इन सवालों को समझना चाहिए क्योंकि इनसे उग्रवादियों में चल रहे सत्ता संघर्ष की समझ बढ़ती है। वासनसिंह की तरह गुरबचनसिंह भी 26 जनवरी के 'सरबत खालसा' की बनाई पाँच सदस्यों की पंथक कमेटी के सदस्य हैं और मानते हैं कि सिखों के धार्मिक और राजनीतिक मामले चलाने वाली यह कमेटी सर्वोच्च है। वासनसिंह और गुरबचनसिंह ने अकाल तखत के 'कार्यकारी जत्थेदार' से पूछा था—

एक, आपने 13 अप्रैल के सरबत खालसा में जत्थेदारों और मुख्य ग्रंथियों को बुलाया था। वे नहीं आए तो आपने उनके खिलाफ क्या कार्रवाई की? दो, अकाल तखत का पहला काम है 'सरबत खालसा' के गुरुमता पर अमल करना। लेकिन पंथक कमेटी को सिर्फ कार सेवा का काम सौंप रखा है। तीन, गुरुमता का उल्लंघन करने के लिए बाबा जोगिंदरसिंह को सजा देने के बजाय सिख पंथ में फूट डालने की बाबा की कोशिशों में आप भी शामिल हो गए हैं। चार, पंथक

कमेटी को सिखों की सर्वोच्च धार्मिक-राजनीतिक कमेटी के नाते मान्यता देने के बजाय आप बाबा जोगिंदरसिंह और छात्र महासंघ के एक गुट के साथ हो गए हैं। पाँच, महासंघ की प्रेसिडियम के एक सदस्य गुरजीतसिंह ने बाकी के चार सदस्यों को सरकारी एजेंट कहा है। इस आरोप की जाँच करने के बजाय आप खुद ही प्रेसिडियम के साथ हो गए।

इन सवालों का भाई गुरदेवसिंह ने क्या जवाब दिया मालूम नहीं। लेकिन इतना साफ है कि अगर वे अकाल तखत के 'कार्यकारी जत्थेदार' नहीं होते तो वासनसिंह और कहलों उनसे सजा सुनने नहीं आते। अभी कोई भी उग्रवादी संगठन या नेता सिखों के परम्परागत धार्मिक सत्ता की पीठ को खुलेआम चुनौती नहीं देना चाहता क्योंकि सत्ता संघर्ष में उन्हें 'पंथ विरोधी' नहीं दिखना है। वासनसिंह और कहलों भाई गुरदेवसिंह के बुलाए जाने को माफ नहीं करेंगे। भाई गुरदेवसिंह ने अकाल तखत की 'जत्थेदारी' का इस्तेमाल सत्ता संघर्ष में पंथक कमेटी और छात्र महासंघ के कहलों गुट के खिलाफ किया है। कहलों गुट सिख छात्र महासंघ पर पूरी तरह कब्जा करना चाहता है और पंथक कमेटी शिरोमणि गुरद्वारा प्रबन्धक कमेटी और अकाली दल दोनों की ही जगह लेना चाहती है। इस संघर्ष में अकाल तखत की मदद के बिना वे कामयाब नहीं हो सकते।

पंथक कमेटी की तरह ही भाई गुरदेवसिंह भी 'सरबत खालसा' द्वारा नियुक्त हैं। इसलिए एक बार तो सरबत खालसा के सर्वोच्च होने की दुहाई देकर पंथक कमेटी ने भाई गुरदेवसिंह को कहा भी था कि वे कौन होते हैं वासनसिंह को सजा के लिए बुलाने वाले? बाद में उन्हें समझ आया कि यह अकाल तखत के अवहेलना होगी जो सिख परम्परा में अपराध माना जाएगा। भाई गुरदेवसिंह संयुक्त अकाली दल, सिख छात्र महासंघ की प्रेसिडियम और दमदमी टकसाल के एक गुट के साथ हैं। इन तीनों संगठनों के इन गुटों में संत जरनैलसिंह भिंडरावाले और सिख छात्र महासंघ के मृत अध्यक्ष भाई अमरीकसिंह के परिवार वाले हैं। वासनसिंह और हरिंदरसिंह कहलों के लिए इन लोगों का अब कोई उपयोग नहीं रह गया है। कभी संत भिंडरावाले और भाई अमरीकसिंह के परिवार जनों को आगे करके उग्रवादी संगठनों पर कब्जा करने की जरूरत थी। अब नहीं है।

जैसे संत लोंगोवाल के खिलाफ 'मन्दिर क्रान्ति' करके अकाली दल को भंग करने और एकता के नाम पर संयुक्त अकाली दल बनाने के लिए संत भिंडरावाले के पिता बाबा जोगिंदरसिंह को आगे करना जरूरी था। इसलिए पिछले साल एक मई को उनसे स्वर्ण मन्दिर में ये घोषणाएँ करवाई गईं। इसके पहले बाबा जोगिंदरसिंह का नाम सिख राजनीति में सुना भी नहीं गया था और अस्सी पार के इन बूढ़े बाबा ने धार्मिक और राजनीतिक मामलों में कभी कोई रुचि नहीं ली थी। लेकिन अकाली अध्यक्ष संत लोंगोवाल के सामने 'महाशहीद' के पिता को ही मैदान में

उतारा जा सकता था। संत लोंगोवाल ने जिला जत्थेदारों की मदद से उग्रवादियों की इस चुनौती का सामना किया और अपने अकाली दल को ही सच्चा अकाली दल साबित करने में सफल रहे। संयुक्त अकाली दल में उग्रवादियों ने बाबा को आगे करके कई चालें चलीं। उनमें एक पंजाब चुनाव का बहिष्कार भी था। लेकिन जब राजनीतिक पहल छीनने में वे नाकामयाब हुए तो संयुक्त अकाली दल भी बेकार हो गया। बाबा जोगिंदरसिंह के 'तानाशाही रवैए' की बातें होने लगीं और उनसे नाराज होकर लोग संयुक्त अकाली दल भी छोड़ने लगे।

26 जनवरी के सरबत खालसा में बाबा जोगिंदरसिंह और संयुक्त अकाली दल की कोई पूछ नहीं थी। बाबा जोगिंदरसिंह को पंथक कमेटी की मदद के लिए बनाई गई पचास सदस्यों की कमेटी में सिर्फ नाम लेने के लिए लिया गया था। संयुक्त अकाली दल से कहा गया था कि वह दफ्तर खाली करे ताकि वहाँ से पंथक कमेटी का कामकाज चल सके। 26 जनवरी के सरबत खालसा में संत जनरैलसिंह भिंडरावाले के भाई जगजीतसिंह रोडे की भी कोई पूछ नहीं हुई। बाद में जगजीतसिंह रोडे रहस्यमय परिस्थिति में रेल से कट कर मर गए। बाबा जोगिंदरसिंह ने कहा था कि जगजीतसिंह के हत्यारों का पता लगा लिया गया है और उनके नामों का एलान बैसाखी वाले सरबत खालसा में किया जाएगा। बाबा ने ऐसा कोई एलान नहीं किया। हालाँकि जगजीतसिंह की मृत्यु पर संयुक्त अकाली दल ने चंडीगढ़ पर धावा बोल कर पंजाब विधानसभा का घेराव करने की कोशिश की। इस घेराव को रोकने में पुलिस को गोली चलानी पड़ी और कुछ लोग मारे गए। इस धावे के बाद संयुक्त अकाली दल में नई जान आई।

जगजीतसिंह रोडे के भोग समारोह में ही सिख छात्र महासंघ में फूट और भाई अमरीकसिंह के परिवार के लोगों को हटाने की शुरुआत हुई। महासंघ के अध्यक्ष भाई अमरीकसिंह के ऑपरेशन ब्लू स्टार में मारे जाने के बाद उनके भाई मंजीतसिंह को अध्यक्ष बनाया गया। वे ब्लू स्टार के समय स्वर्ण मन्दिर में ही थे क्योंकि शिरोमणि गुरद्वारा प्रबन्धक कमेटी के एक कर्मचारी थे। तब वे पकड़े गए और अब भी जोधपुर जेल में बन्दी हैं। उन्हीं के साथ महासंघ के महासचिव हरमिंदरसिंह संधु भी जेल में हैं। इन दोनों ने महासंघ का कामकाज चलाने के लिए ग्यारह लोगों की एक तदर्थ समिति बनाई थी जिसका संयोजक हरिंदरसिंह कहलों को बनाया गया था। कहलों पहले महासंघ के एक उपाध्यक्ष हुआ करते थे और हरमिंदरसिंह संधु से उनकी पटती नहीं थी। कहलों की राजनीतिक महत्त्वाकांक्षाओं में भाई अमरीकसिंह और संधु दोनों ही सावधान थे।

इसलिए जब मंजीतसिंह और संधु ने देखा कि तदर्थ समिति के संयोजक के नाते हरिंदरसिंह कहलों बहुत शक्तिशाली हो गए हैं और उनसे निर्देश लेने के बजाय जो मन में आया करते हैं तो उन्होंने जेल से ही तदर्थ समिति भंग कर दी। उसकी जगह

पाँच लोगों की एक प्रेसिडियम बनाई जिसमें कहलों नहीं थे। प्रेसिडियम की मदद के लिए बनाई गई सलाहकार समिति में जरूर कहलों का नाम था। प्रेसिडियम की धारणा जगजीतसिंह रोडे के भोग में की गई। कहलों तभी से नाराज थे और धीरे-धीरे अपनी ताकत बढ़ा कर मंजीतसिंह और हरमिंदरसिंह संधु के नेतृत्व को चुनौती देना चाहते थे। उन्हें समर्थन संयुक्त अकाली दल से नहीं मिला। लेकिन दमदमी टकसाल के बाबा ठाकरसिंह उनकी तरफ हो गए। बाबा ठाकरसिंह टकसाल के कार्यवाहक प्रमुख हैं और उनकी भी जगह पक्की नहीं है।

संयुक्त अकाली दल और छात्र महासंघ की तरह दमदमी टकसाल में भी फूट है। भाई अमरीकसिंह के पिता संत करतारसिंह की एक दुर्घटना में अकाल मृत्यु के कारण दमदमी टकसाल का मुखिया पद खाली हुआ था जो संत भिंडरावाले को मिला। संत भिंडरावाले अपने गुरु के पुत्र भाई अमरीकसिंह पर काफी स्नेह रखते थे। ऑपरेशन ब्लू स्टार में दोनों साथ ही मरे। अमरीकसिंह के भाई मंजीतसिंह को तो छात्र महासंघ का अध्यक्ष बना दिया गया लेकिन संत करतारसिंह के भाई और अमरीकसिंह के चाचा दीदारसिंह को किसी ने पूछा नहीं। दमदमी टकसाल का कार्यवाहक मुखिया बाबा ठाकरसिंह को बना दिया गया। दीदारसिंह का टकसाल में एक गुट है जो अपने को उपेक्षित महसूस करता है। यह गुट मानता है कि टकराव की नीति और बढ़ती हुई आतंकवादी कार्रवाई के कारण जोधपुर जेल से बन्दियों की रिहाई खटाई में पड़ती जा रही है। बन्दियों में दीदारसिंह के भतीजे मंजीतसिंह भी हैं। दीदारसिंह का जोर अगर बढ़ता है तो टकसाल के कार्यवाहक प्रमुख बाबा ठाकरसिंह की स्थिति भी कमजोर पड़ती है। इसलिए छात्रसंघ के नेतृत्व के झगड़े में उन्होंने हरिंदरसिंह कहलों का साथ दिया।

पंथक कमेटी भी हरिंदरसिंह कहलों के साथ हो गई। एक तो इसलिए कि ज्यादातर हथियारबन्द नौजवान कहलों के साथ हैं और दूसरे इसलिए कि कमेटी में पाँच में से तीन सदस्य—वासनसिंह, धन्नासिंह और गुरबचनसिंह घोषित अपराधी हैं। इन्हें पुलिस के खिलाफ संरक्षण चाहिए जो स्वर्ण मन्दिर के भीतर और बाहर टकसाल और महासंघ से ही मिल सकता है जिनका स्वर्ण मन्दिर परिसर पर कब्जा है। फिर कमेटी को अगर शिरोमणि कमेटी और अकाली दल की जगह लेकर गुरद्वारों और राजनीतिक संगठनों पर कब्जा करना है तो छात्रसंघ के हथियारबन्द कार्यकर्ता ही मददगार हो सकते हैं। यह कमेटी दरअसल संत भिंडरावाले की योजना के अनुसार हर गाँव में पाँच-पाँच अमृतधारी सिखों की कमेटी बनाना चाहती है जो गाँवों में गुरद्वारों का प्रबन्ध करे और सीधे पंथक कमेटी को रिपोर्ट भेजे। गाँव-गाँव में अमृतधारी सिखों की ये कमेटियाँ धीरे-धीरे शिरोमणि प्रबन्धक कमेटी और अकाली दल की जगह ले सकती हैं।

लेकिन अकाल तखत के 'कार्यकारी जत्थेदार' भाई गुरदेवसिंह ने दमदमी टकसाल, पंथक कमेटी और महासंघ के कहलों गुट तीनों की ही महत्त्वाकांक्षाओं

पर ब्रेक लगा दिया। पहले तो दस अप्रैल को उन्होंने मंजीतसिंह की बनाई प्रेसिडियम को मान्यता दे दी जिसमें कहलों की कोई जगह नहीं है। दूसरे दिन यानी ग्यारह अप्रैल को उन्होंने कहलों गुट से कहा कि संयुक्त अकाली दल के दफ्तर के जिस कमरे से छात्र महासंघ काम करता है वहाँ से प्रेसिडियम काम करेगी। इस आदेश के बाद ही कहलों ने भाई गुरदेवसिंह पर पक्षपात का आरोप लगाया। लेकिन कहलों ने अखबारवालों से सिर्फ बातचीत की थी। इसलिए वे सारा दोष पत्रकारों पर मढ़ कर बरी हो गए। वासनसिंह ने चूँकि लिखित बयान दिया था इसलिए वे पकड़े गए और सजा भुगतनी पड़ी। कहलों ने प्रेसिडियम को मनाने से इनकार करके खुद अपनी कमेटी बनाई और उसमें गुरजीतसिंह को फोड़ लिया जो संत भिंडरावाले के भतीजे हैं और जिन्हें मंजीतसिंह ने प्रेसिडियम का प्रवक्ता बनाया था। यानी कहलों प्रेसिडियम को अकाल तखत से मिली मान्यता के बावजूद अपने गुट को ताकतवर बनाने में सफल हो गए।

पंथक कमेटी और टकसाल का इरादा बैसाखी वाले 'सरबत खालसा' के जरिये शिरोमणि प्रबन्धक कमेटी और अकाली दल की जगह लेना था। इस सरबत खालसा को गुरुमता पंथक कमेटी ने ही बनाया था। लेकिन उसमें से वे सारे अंश निकाल देने पड़े जो पंथक कमेटी को सर्वोच्च सत्ता दिला सकते थे। गुरुमता प्रस्ताव के वे हिस्से भाई गुरदेवसिंह और बाबा जोगिंदरसिंह के एतराज के कारण ही निकालने पड़े। पंथक कमेटी ने चूँकि उन पर जोर दिया था इसलिए भाई गुरदेवसिंह ने अकाल तखत के कार्यकारी जत्थेदार पद से इस्तीफे की भी धमकी दी। इसीलिए वासनसिंह और गुरबचनसिंह ने भाई गुरदेवसिंह पर आरोप लगाया कि वे पंथक कमेटी को सिर्फ कार सेवा का काम सौंप रहे हैं जबकि सरबत खालसा ने उसे धार्मिक राजनीतिक मामलों की सर्वोच्च कमेटी मान कर नियुक्त किया था। भाई गुरदेवसिंह के रवैए के कारण ही बैसाखी वाले 'सरबत खालसा' में छात्र महासंघ और दमदमी टकसाल का नहीं, संयुक्त अकाली दल का बोलबाला था और बाबा जोगिंदरसिंह मंच पर जमे हुए थे। मंच का संचालन भी संयुक्त अकाली दल के मंत्री सूरतसिंह ने किया। जबकि 26 जनवरी वाले सरबत खालसा पर दमदमी टकसाल के प्रवक्ता मोहकमसिंह और हरिंदरसिंह कहलों छाए हुए थे।

अगर भाई गुरदेवसिंह अकाल तखत के जत्थेदार के नाते अपने अधिकार का इस्तेमाल न करते तो अब तक पंथक कमेटी, दमदमी टकसाल और हरिंदरसिंह कहलों ने स्वर्ण मन्दिर परिसर की तरह सभी तरफ कब्जा कर लिया होता। चूँकि वे जत्थेदार हैं इसीलिए अकाल तखत पर कहलों और वासनसिंह हाजिर भी हुए। लेकिन यह तात्कालिक रणनीति के तहत पीछे हटाया गया एक कदम है। उग्रवाद और आतंकवाद अपनी तार्किक परिणति की तरफ बढ़ रहा है। यानी संत भिंडरावाले और भाई अमरीकसिंह के परिवालों की जरूरत अब उन लोगों को नहीं है जो उग्रवादी

नेतृत्व लेने में किसी तरह सफल हो गए हैं। हरिंदरसिंह कहलों बाबा ठाकरसिंह और वासनसिंह ज्यादा समय तक भाई गुरदेवसिंह, बाबा जोगिंदरसिंह, मंजीतसिंह और दीदारसिंह को सहन नहीं करेंगे। ऐसे संगठनों में सत्ता उन्हीं के हाथ होती है जिनके हाथ में बन्दूक है। शिरोमणि गुरद्धारा प्रबन्धक कमेटी और अकाली दल अगर लकवे की हालत से बाहर नहीं निकलेंगे तो धीरे-धीरे धार्मिक और राजनीतिक संगठनों पर से उनका प्रभाव खत्म हो जाएगा। आखिर शिरोमणि कमेटी का चुनाव क्यों नहीं करवा लिया जाता? क्या अकाली दल को डर है कि शिरोमणि कमेटी उसके हाथ से निकल जाएगी? अगर यह डर सही है तो उसकी सरकार बनी रह कर भी क्या कर लेगी? समानांतर सत्ता अगर उग्रवादियों की खड़ी हो गई तो यह अकाली दल, पंजाब और देश तीनों के लिए खतरनाक होगा।

[28 अप्रैल, 1986]

एक देवदूत का दलदल से बिदकना

'अब आप जल्दी ही नये विदेश सचिव से बात करेंगे' वाला बम विस्फोट तो राजीव गांधी ने यों ही उठते-उठते कर दिया। हालाँकि यह भी उनके दिमाग के काम करने के तरीके, उनके व्यक्तित्व और सरकार के चलने और चलाने की उनकी समझ में डुबकी लगाने का 'पवित्र घाट प्रदान' करता है। लेकिन इसके पहले अपनी प्रेस कॉन्फ्रेंस में उन्होंने एक बात और कही जो प्रधानमंत्री के रोल की उनकी अपनी समझ को विस्फोट के धमाके और धूल-धक्कड़ से नहीं, एक मासूम-सी मुस्कान के जरिये धूप की तरह साफ कर देती है।

बम्बई के मराठी अखबार *महाराष्ट्र टाइम्स* के अशोक जैन ने राजीव गांधी से मजे में पूछा था कि वे दूसरी जगहों पर तो प्रेसीडेंट्स रूल के खिलाफ हैं लेकिन अपनी पार्टी में प्रेसीडेंट्स रूल क्यों चला रहे हैं? अशोक जैन का इशारा कांग्रेस में चल रहे 'अध्यक्षीय शासन' से था। अपने लम्बे जवाब के आखिर में कांग्रेस अध्यक्ष राजीव गांधी ने कहा कि कार्यवाहक अध्यक्ष तो पहले से ही थे। हमने एक उपाध्यक्ष भी बनाया। लेकिन उसके बाद क्या हुआ यह तो आप सभी जानते हैं और मुस्कराते हुए उत्तर पूरा कर दिया। गालिब होते तो इस मुस्कान, मासूमियत और सादगी पर मर मिटते। बेचारा एक अध्यक्ष और क्या कर सकता है। उसने इस नासपिटी कांग्रेस में एक कार्यवाहक अध्यक्ष बना दिया। उसकी मदद के लिए एक उपाध्यक्ष दे दिया। अब वे झगड़ते रहें और उनसे इस्तीफे लेकर 'अध्यक्षीय शासन' लगाना पड़े तो इसमें अध्यक्ष का क्या दोष? उसकी जो जिम्मेदारी थी उसने पूरी की। दूसरे अपना काम नहीं करते तो अध्यक्ष उनसे इस्तीफा ही तो ले सकता है। और कर सकता है? बताइए?

उस मासूम मुस्कान से मेरा भी विकेट उड़ जाता। लेकिन मैंने अपने को याद दिलाया कि राजीव गांधी भले ही खुद को नीले और साफ झक आसमान से उतरा पाक दामन फरिश्ता मानते हों लेकिन वे प्रधानमंत्री हैं और इसलिए हैं कि कांग्रेस के हैं और इस अकेली अखिल भारतीय पार्टी के अध्यक्ष भी हैं। कोई प्रधानमंत्री और अध्यक्ष कैसे कह सकता है कि मैंने तो पार्टी को ठीक करने के लिए पदाधिकारी नियुक्त किये थे लेकिन वे झगड़ैल और निकम्मे निकले। आखिर

इन पदाधिकारियों को किसने नियुक्त किया था और अगर उनसे काम नहीं बना तो कोई पार्टी अध्यक्ष अपना पल्ला झाड़ कर जिम्मेदारी से बरी कैसे हो सकता है? अपने नियुक्त किस लोगों और अपनी पार्टी के काम के प्रति जिम्मेदारी का यह कैसा अहसास है? क्या राजीव गांधी स्वर्गलोक के देवता हैं, जिन्हें विधाता ने भ्रष्टाचार और निकम्मेपन के कीचड़ से कांग्रेस को निकालने का पवित्र कार्य करने के लिए इस मृत्युलोक में भेजा है? उनके सफेद पंखों को पकड़ कर अगर दलदल में फँसे लोग निकल नहीं सकते तो वे क्या करें? कीचड़ में उतर कर अपने सफेद, उजले और पवित्र पंखों को गन्दगी से लथपथ तो नहीं कर सकते? कोई पार्टी और उसके लोग अगर कीचड़ में ही धँसे रहना चाहते हैं तो इसके लिए वह देवता तो जिम्मेदार नहीं है जिसे कुछ ही साल पहले विधाता ने इन लोगों की मुक्ति के लिए अवतार दे कर भिजवाया है?

प्रधानमंत्री के नाते भी राजीव गांधी का अपनी सरकार के लोगों के प्रति यही रवैया है। मंत्रियों और अधिकारियों दोनों के प्रति! निर्वाचित प्रधानमंत्री की तरह उन्हें सत्ता सँभाले दो साल हुए हैं लेकिन इस बीच छह बार वे अपने मंत्रिमंडल को उलट-पुलट कर चुके हैं और कहते हैं—सातवें उलटफेर की तैयारी है। महत्त्वपूर्ण मंत्रालयों के सचिवों को स्कूलों के म्युजिकल चेयर के खेल में लगा रखा है। धुन में जो आया उसे वहीं बैठा दिया। कई कैबिनेट मंत्री नाम के मंत्री हैं। कामकाज राज्यमंत्रियों और नौकरशाहों को सौंपा गया है। सचिव और राज्यमंत्री अपने मंत्री के प्रति जिम्मेदार होने के बजाय कई बार सीधे प्रधानमंत्री के प्रति अपनी जिम्मेदारी दिखाने के लिए बाध्य हैं। ऐसा करते हुए वे काम के मान्य तरीके से तो हटते ही हैं, प्रधानमंत्री से डाँट भी खाते हैं। दो सचिवों को एक भरी बैठक से प्रधानमंत्री ने निकल जाने का हुक्म दिया।

एक भले मानस सूचना और प्रसारण मंत्री विट्ठलराव गाडगिल थे जिन पर दूरदर्शन को लेकर प्रधानमंत्री अखबार वालों के सामने बरस पड़े। प्रधानमंत्री ने इसके पहले गाडगिल को नहीं बताया था कि उनके काम से वे नाराज हैं, न अपने उन सलाहकारों से कुछ कहा था जो उनके नाम पर रेडियो और टीवी के काम में सीधी दखलन्दाजी करते थे। संचार विभाग की अतिरिक्त जिम्मेदारी सौंपने के बाद गाडगिल को हटा दिया गया। खुद गाडगिल शायद नहीं जानते कि उनका दोष क्या था। बलिराम भगत को राजनीति के कूड़ेदान से उठाकर विदेश मंत्री के पद पर बैठा दिया और थोड़े दिन बाद फिर वहीं फेंक दिया। काम में चुस्ती और मुस्तैदी को प्रधानमंत्री ने अपनी कसौटी के रूप में मशहूर कर रखा है। लेकिन इन दो सालों के सारे उलटफेरों में निकले, आए और बने रहे मंत्रियों की क्षमता-अक्षमता का कोई हिसाब नहीं है। कुछ योग्य और चुस्त मंत्री बाहर हो गए। कुछ योग्यता-अयोग्यता के ऊपर हैं और कोई नहीं जानता कि वे मंत्रिमंडल

में क्यों हैं। अब्दुल गनी खान चौधरी क्या आपको याद है कि कौन से मंत्रालय में हैं और क्या कर रहे हैं?

देश बरसों से जानता है कि हमारी नौकरशाही नये और तेज काम करने की आदी नहीं है। वह एक जमे जमाए ढर्रे से काम करती है। परिवर्तनों में रुकावटें डालती है। एक लोकतंत्र में लोक सेवकों (पब्लिक सर्वेंट्स, अंग्रेजी में सरकारी कर्मचारियों और अधिकारियों को यही कहा जाता है।) को जिस तरह काम करना चाहिए वैसा वे पिछले चालीस साल में भी सीखे नहीं हैं और अंग्रेजों के जमाने की साहबी झाड़ने से नहीं चूकते। जवाहरलाल नेहरू इन लोकसेवकों से देश में परिवर्तन और नवनिर्माण के लिए वही काम लेना चाहते थे जो गांधी जी ने अपने लोकसेवकों के लिए तय किया था। सरकारी लोकसेवकों से यह सेवा नहीं हुई। इन्दिरा गांधी समाजवाद लाने के लिए इन लोकसेवकों में प्रतिबद्धता लाना चाहती थीं, जो नेताओं के निजी और पार्टीगत हितस्वार्थों की पूर्ति के साधन बनने का दूसरा नाम था। इसलिए समाजवादी प्रतिबद्धता तो नहीं आई सरकारी लोकसेवक इन्दिरा गांधी से लेकर भजनलाल तक के सेवक होकर भ्रष्टाचार के साधन जरूर हो गए। नौकरशाही के लगभग स्थिर और असंवेदनशील हुए ढाँचे को झकझोरने और लोकसेवकों को चुस्ती और फुर्ती से नये काम में लगाने की जरूरत से कोई इनकार नहीं करेगा लेकिन भरी बैठक से सचिवों को गेट आउट करने और प्रेस कॉन्फ्रेंस में विदेश सचिव की उपस्थिति में नये विदेश सचिव के आने की सार्वजनिक घोषणा से तो इस देश का प्रशासकीय ढाँचा अपमानित और बदनाम ही होगा। जो लोग सार्वजनिक रूप से हंटर खाकर काम करेंगे वे पहल करने वाले योग्य, सक्षम और स्वाभिमानी अफसर तो नहीं हो सकते। पक्की नौकरी की सुरक्षा और अफसरी रौद-दाब से निकाल कर सरकारी कर्मचारियों और अधिकारियों को लोगों के काम में चुस्ती और मुस्तैदी से लगे जन सेवक बनाने के लिए उन्हें प्रेरित और अपने काम के प्रति उत्तरदायी करना होगा। उनमें यह सहज विश्वास भी पैदा करना होगा कि वे अपने काम के बूते पर टिके हैं, किसी की मेहरबानी और प्रदत्त सुरक्षा से नहीं। लेकिन ऐसा करने के लिए प्रशासन के पूरे ढाँचे को ही बदलना होगा क्योंकि उसकी नींव सरकार के जरिये जन सेवा नहीं, सत्ता से लोगों का नियमन करने की औपनिवेशिक जमीन पर रखी गई है। नये ढाँचे की राजीव गांधी के पास न कोई अवधारणा है, न वे मौजूदा ढाँचे को बदलना चाहते हैं। उनके अब तक के रवैए से लगता है कि वे उसे अपनी मर्जी और सनक का औजार बनाना चाहते हैं।

इससे भी कोई इनकार नहीं करेगा कि बरसों से मंत्री राजनीति करते हुए सत्ता का इस्तेमाल अपने और अपने लोगों के लिए करते रहे हैं और सत्ता अपना लक्ष्य आप हो गई है। अफसरों, पूँजीपतियों और राजनीतिकों की तिकड़ी की सर्वग्रासी पकड़ से राजनीति, प्रशासन और देश की अर्थव्यवस्था को निकालने की जरूरत

बरसों से महसूस की जा रही है। बम्बई के कांग्रेस अधिवेशन में जब राजीव गांधी ने सत्ता के दलालों को पार्टी से बाहर करने और कांग्रेस को जन आन्दोलन बनाने की बात कही तो देश में कई जगह नई उम्मीदें और उत्साह आया। नीचे से कांग्रेस की सफाई तभी हो सकती थी जब संगठन के चुनाव होते और इसके लिए बोगस सदस्यता से छुटकारा पाना जरूरी था। लेकिन उसी के कारण सारी प्रक्रिया धरी रह गई। अब कोई नहीं जानता कि चुनाव कब होंगे। राजनीतिक भ्रष्टाचार रोकने के लिए प्रधानमंत्री ज्यादातर राजनीतिकों को बेअसर और निराधार कर दिया है। इससे भ्रष्टाचार कुछ रुका होगा। राजनीतिक उठापटक भी कम हुई है। लेकिन पहले अगर राजनीतिक जोंक की तरह अर्थव्यवस्था को चूसते थे तो अब उनमें से ज्यादातर उस पर अमरबेल की तरह पड़े हुए हैं। जो जहाँ है वहीं पड़ा सड़ रहा है। उनमें रचनात्मक योगदान की ताकत नहीं है, न विद्रोह करके वे अन्दर या बाहर से बदलाव ला सकते हैं। सारी पहल और कार्रवाई राजीव गांधी से निकलती है। जाहिर है कि इससे न तो कांग्रेस का संगठन बन सकता है, न राजनीतिक सत्ता को जन सेवा का माध्यम बना सकते हैं। वे ज्यादा से ज्यादा निष्क्रिय किये जा सकते हैं। कांग्रेस संगठन और नेता कर भी दिये गए हैं।

इसी तरह भारतीय उद्योगपतियों को देश-विदेश में राजीव गांधी लताड़ते रहते हैं। कोटा, परमिट, लाइसेंस की राज व्यवस्था और सुरक्षित और संरक्षित बाजार ने उन्हें असली औद्योगिक विकास के बजाय संरक्षण पाकर पैसे बनाने और उसे राजनीतिकों और बड़े अफसरों के साथ मिल बाँट कर खाने के लिए प्रेरित किया है। खुले बाजार में उनके उत्पाद टिक नहीं सकते और सभी तरह के संरक्षण हटा लिये जाएँ तो कई उद्योग भरभरा कर बैठ जाएँगे। उनमें से कई में तो इतनी भी अन्दरूनी ताकत नहीं है कि पुनर्जीवित हो सकें। लेकिन यह स्थिति भी सिर्फ उद्योगपतियों की बनाई हुई नहीं है। हमारी मिश्रित अर्थव्यवस्था और समाजवाद के अजीब से आग्रहों ने न हमारे सार्वजनिक क्षेत्र को स्वस्थ तरीके से पनपने दिया है, न निजी क्षेत्र को खुले बाजार में टिकने की ताकत पाने के लिए बाध्य किया है। बल्कि कई बार तो लगता है कि सार्वजनिक क्षेत्र का लोगों को रोजगार देने और निजी क्षेत्र का राजनीतिक और निजी लाभ पाने के लिए उपयोग किया गया है। अब इस व्यवस्था में बुनियादी परिवर्तन करना भी अगर राजीव गांधी का लक्ष्य होता तो ठीक होता। लेकिन वे चाहते सिर्फ यही हैं कि उद्योग आधुनिक और उच्च तकनीक अपनाकर उत्पादन बढ़ाएँ और निर्यात के लिए दुनिया के बाजार में टिक सकें। यह बैसाखी पर पाले गए लोगों को मेराथन में दौड़ाने की तरह है।

देश के वैज्ञानिकों को भी राजीव गांधी ने हाल ही में बंगलूर के सम्मेलन में दोयम दर्जे का बताकर लताड़ा है। सही है कि हमारे यहाँ शायद ही ऐसे वैज्ञानिक और संस्थान हों जहाँ अपने देश की समस्याओं के हल के लिए अपने ही लिए

उपयोगी अनुसन्धान हो रहा हो। यह भी ठीक है कि हमारे यहाँ काम कर रहे वैज्ञानिक पहले दर्जे के नहीं हैं। खुद प्रधानमंत्री कहते हैं कि हमारे वैज्ञानिक अपने यहाँ तो घटिया काम करते हैं लेकिन बाहर जाकर चमक जाते हैं। अव्वल तो यह बात सही नहीं है। लेकिन अगर राजीव गांधी मानते हैं कि सही है तो उन्हें देखना चाहिए कि क्या हमारे यहाँ की व्यवस्था ऐसी है जिसमें आदमी घटिया हो जाता है और बाहर की व्यवस्था ऐसी है जिसमें उसकी प्रतिभा निखर आती है। ऐसा है तो यहाँ बुनियादी व्यवस्था ही बदलनी होगी। अगर वैज्ञानिकों को हमेशा यह कहा जाता रहे कि बाहर जो काम हो रहा है और जो तकनीकें विकसित की गई हैं उन्हें लाने के वे माध्यम बनें तो वे हमेशा नकल ही करेंगे। और नकल करने वाले दोयम दर्जे के नहीं होंगे तो क्या होंगे?

राजीव गांधी की समस्या यह है कि देश की बुनियादी समस्याओं को समझने और यहाँ की व्यवस्थाओं में मूलभूत परिवर्तन लोने की मेहनत और ईमानदार कोशिश तो करना नहीं चाहते। वे न इस देश की राजनीतिक व्यवस्था के बेटे हैं, न उसे समझते हैं। वे राजनीतिकों को भ्रष्टाचार के दलदल में फँसे हुए ऊर्जाहीन लोग मानते हैं और खुद को इस सारे कीचड़ से ऊपर उठा हुआ देवदूत। अपनी शुभ्रता और इस देश को चुस्त-दुरुस्त बनाने के अपने दैवी कर्तव्य में उनका इतना विश्वास है कि वे अपने और अपनी सरकार को इस देश में फैली व्यवस्थाहीनता के लिए जिम्मेदार नहीं मानते लेकिन करते सब वही हैं जो पहले भी होता रहा है। देश ने तो उन्हें तीन-चौथाई बहुमत देकर प्रधानमंत्री बना दिया है। लेकिन पता नहीं कब वे खुद जिम्मेदार होकर प्रधानमंत्री बनेंगे। होने और करने में फर्क है। करना मिट्टी से एकाकार होना है, देवदूत की तरह उजले पंख फैलाना नहीं।

[24 जनवरी, 1987]

कर्जे की माफी का नारा और उसकी हरियाणवी काट

सब मानते हैं कि हरियाणा विधानसभा चुनाव में जो एक नारा सबसे हिट गया है वह है बैंकों के कर्ज माफ करने का देवीलाल का वायदा। अगर आप शान्ति से इसके आर्थिक पहलुओं की जाँच करें तो आपके हाथ कुछ नहीं लगेगा। खुद देवीलाल भी जानते हैं कि राष्ट्रीयकृत बैंकों के कर्जे वे माफ नहीं कर सकते और ऐसा करने से राज्य और देश की अर्थव्यवस्था को नुकसान ही पहुँचाया जाएगा। बैंकों से उनका मतलब सहकारिता बैंकों के कर्जों से है जो सिर्फ किसानों ने ही नहीं, छोटे-मोटे व्यापारियों ने भी ले रखे हैं। देवीलाल के हिसाब से यह कर्ज कोई डेढ़ सौ करोड़ रुपये का है।

लेकिन यह मामला आँकड़ों और अर्थव्यवस्था का नहीं है। देवीलाल किसानों के हित रक्षक के नाते हरियाणा में जाने जाते हैं और जब वे कहते हैं कि मैं कर्जे माफ कर दूँगा तो किसानों और छोटे व्यापारियों को भरोसा होता है कि हाँ देवीलाल ऐसा कर सकते हैं। इस भरोसे ने ही देवीलाल के इस नारे को लगभग अमोघ अस्त्र बना दिया है। इसलिए मुख्यमंत्री बंसीलाल से लेकर वित्त राज्य मंत्री जनार्दन पुजारी तक को समझाना पड़ता है कि यह वायदा झूठा है और पूरा किया ही नहीं जा सकता। देवीलाल आपको बरगला रहा है।

इसके जवाब में देवीलाल सभाओं में बड़े मजे से पूछते हैं कि भाइयो आप तो मुझे यह बताओ कि आप सब मिलकर मुझे और मेरे साथियों को विधानसभा में कानून बनाने के लिए भेज रहे हो या भेड़ें चराने के लिए? कुछ देर के लिए वे चुप हो जाते हैं क्योंकि इस बात से सिर्फ हँसी ही नहीं फूटती कई लोग नारे लगाने लगते हैं कि कानून बनाने के लिए। फिर देवीलाल कहते हैं कि अच्छा कानून बनाने के लिए भेज रहे हो तो फिर 17 जून को जो वोट डालोगे उससे मुझमें और मेरी कलम में ताकत आ जाएगी। मैं और मेरे साथी चंडीगढ़ पहुँचेंगे और हम सरकार बनाएँगे।

आप जो ताकत मुझे दोगे उसका इस्तेमाल करते हुए मैं किसी को गृहमंत्री बनाऊँगा, किसी को खेती का वजीर बनाऊँगा और किसी को खजाने का वजीर

बनाऊँगा। फिर जिसे खजाने का वजीर बनाऊँगा उसे बुलाऊँगा और पूछूँगा कि भई हिसाब लगा के दिखवाओ कि किसका कितना कर्जा है और कहाँ है। फिर मैं विधानसभा में मंजूर करवाऊँगा कि यह कर्जा माफ कर दिया जाए। जब ऐसा हो जाएगा तो मैं खजाना मंत्री को कहूँगा कि वह मुझे कर्जे की माफी का कागज बना के दें। वह देगा और मैं उस पर दस्तखत करूँगा दे-वी-ला-ल। आप मेरी कलम में ताकत दोगे तो मुझे दस्तखत करने में कोई तकलीफ होगी क्या?

इस वर्णन से सभा के लोग तालियाँ पीटने लगते हैं। देवीलाल कुछ रुककर पूछते हैं कि ये कांग्रेस वाले कहते हैं कि बैंकों में जो पैसा जमा करवाया जाता है वह आप ही लोगों का है और उसी में से कर्जा दिया जाता है। अब कर्जा माफ किया गया तो नुकसान तो आप लोगों का ही है। फिर न ऐसा कोई कानून है, न किसी को पावर है कि कर्जे माफ कर सके। तो मैं पूछता हूँ कि भई राजीव गांधी के इन छोकरों के जो दोस्त लोग हैं वे स्विस बैंक में किसका और कहाँ का पैसा जमा करवाते हैं?

विश्वनाथ प्रताप सिंह जो कि राजीव गांधी के ही खजाना मंत्री थे उनका कहना है कि देश का 2500 करोड़ रुपया यहाँ के पैसे वालों ने बाहर जमा कर रखा है? यह पैसा किसका है? और इसे क्यों बाहर जाने दिया गया? फिर फौज के लिए हथियार खरीदते हैं। इन हथियारों की खरीदी में दलाली लेते हैं। हथियार खराब खरीद लेते हैं क्योंकि इनको देश की रक्षा की तो फिकर नहीं है अपनी दलाली की है। यह दलाली लेकर स्विस बैंक में जमा करवा देते हैं। अब ये जो हथियार खरीदे जाते हैं वे आपके पैसों से ही तो खरीदे जाते हैं। आपके पैसों से कमजोर हथियार खरीद कर दलाली ले के विदेशी बैंकों में जमा करा देते हैं। यह लुटेरापन ठीक है या आपको जो बैंकों से कर्जा मिला है उसे माफ करना? कम से कम इसमें आपका पैसा आपके ही लोगों और देश में तो रहेगा।

कहना जरूरी नहीं कि इस बात पर भी सभा में तालियाँ और जयकारे होने लगते हैं। देवीलाल फेयरफैक्स, जर्मन पनडुब्बी और बोफोर्स के मामलों के ब्यौरे में जाए बिना गाँव वालों को समझा देते हैं कि इस देश के उद्योगपति और राजीव गांधी के दोस्त इस देश का पैसा लूटकर बाहर के बैंकों में जमा कराते हैं। इससे बेहतर तो उनके कर्जे माफी का कानून बनाना है। देवीलाल कुछ ऐसे आत्मविश्वास से कानून बनाने की बात कहते हैं जैसे मुख्यमंत्री बन ही गए हों।

बंसीलाल भी आखिर जाट किसान हैं और वे भी ठेठ हरियाणवी बोली और कहावत में देवीलाल की इन बातों को काटते हैं। बंसीलाल कहते हैं कि देखो रे भई ये देवीलाल आपको बरगला रहा है। झूठी बात कहता है। बैंकों के कर्जे कोई माफ नहीं कर सकता। आखिर मैंने भी खाल पक्की करने के 113 करोड़ और लगान के पाँच करोड़ माफ किये हैं। बैंकों के कर्जे माफ हो सकते हों तो मैं कर

दूँ इसके लिए देवीलाल की जरूरत नहीं है। बैंकों में आपका ही पैसा जमा है। क्या आप चाहोगे कि आपने जो पैसा बैंक में जमा किया है वह डूब जाए। किसी को कर्जे में दिया गया हो और आपको मिले ही नहीं। तो ऐसा करना गलत भी होगा और हो भी नहीं सकता। ये सब झाँसेबाजी है।

फिर बंसीलाल एक किस्सा सुनाते हैं—'एक जाट किसान की एक भैंस गुम गई। मिली नहीं तो बाप-बेटे उसे ढूँढ़ने निकले। निकले तो रास्ते में शिवजी का मन्दिर पड़ा। किसान ने कहा कि हे शिवजी मेरी भैंस मिल जाए तो उसके एक थण का दूध मैं रोज आपके मन्दिर में चढ़ा दूँगा। बाप-बेटे आगे चले तो हनुमानजी का मन्दिर मिला वहाँ भी किसान ने रुककर कहा कि हे हनुमान जी मेरी भैंस मिल जाए तो उसके एक थण का दूध मैं आपके मन्दिर में भेज दूँगा। बाप-बेटे को फिर भी भैंस नहीं मिली। वे और आगे गए तो फिर एक देवता का मन्दिर मिला। वहाँ भी किसान ने एक थण का दूध देने की बात की। फिर चौथा मन्दिर मिला तो फिर एक थण का दूध चढ़ाने की मनौती किसान ने मान ली।

इस तरह जब चारों थणों का दूध किसान ने चार देवताओं को चढ़ा दिया तो उसका लड़का बोला—बाबू अब वापस घर चलो। भैंस मिल भी गई तो अपने किस काम की। उलटा नुकसान होगा। भैंस का सारा दूध तो देवताओं को चला जाएगा और कड़बी, दाणा-पानी और चारा-वारा सब अपने को घर से खिलाना पड़ेगा। ऐसे नुकसान के सौदे में क्या मतलब है। तो किसान ने लड़के से कहा कि तू तो अभी भैस ढूँढ़ने में ही ध्यान लगा। एक बार भैंस मिल जाने दे फिर इन देवताओं को तो मैं देख लूँगा।

कहना न होगा कि इस किस्से पर भी सभा में ठहाका लग जाता है, हालाँकि बंसीलाल की सभा में लोग कम होते हैं और उनके समर्थकों में देवीलाल जैसा उत्साह नहीं होता। यह किस्सा सुनाने के बाद बंसीलाल कहते हैं कि देवीलाल को एक बार आपके वोट मिल जाएँ फिर वह देवताओं की तरह आपको देख लेगा। कर्जे के नारे और उसकी काट की कहानी मैंने इसलिए इतने ब्यौरे में लिखी कि शहरों में रहते हुए हमें अन्दाज नहीं होता कि चुनाव अभियान में मुद्दे किस तरह लोगों के सामने रखे जाते हैं और किस तरह वे उन्हीं सब मुद्दों के सार तत्त्व होते हैं जिन्हें हम अखबारों में छापते हैं और जिन पर लोग बहस करते हैं।

हरियाणा के गाँवों के वोटरों के पास फेयरफैक्स, बोफोर्स, अन्तरराष्ट्रीय षडयंत्र और विकास की लम्बी-चौड़ी व्याख्या के लिए समय नहीं है। लेकिन इसका मतलब यह नहीं कि वे मुद्दों को जानते नहीं हैं। उन्हें यह भी मालूम है कि प्रधानमंत्री से लेकर देवीलाल के मंच से धुआँधार भाषण देने वाला नेता वोट के लिए झूठी-सच्ची बातें कहता है। लेकिन वे जानते हैं कि गेहूँ को भूसी से किस तरह अलग किया जाता है। आखिर दाने को पकड़ लेना और कचरे को उठा देना ही खेती का सार

है और हरियाणा वाले इलाके में युद्ध ही नहीं, खेती भी हजारों साल से हो रही है। 17 जून को हरियाणा के लोग 'सार-सार को गहि रहे और थोथा देय उड़ाय' करने वाले हैं। अगर 1977 और 1982 की तरह उनके जनादेश के साथ घोटाला नहीं किया गया तो उनका काफी गुस्सा शान्त हो जाएगा। लेकिन इसकी सम्भावना भी है कि उनके वोट और उनके सामूहिक जनादेश के साथ धोखा हो जाए।

[7 जून, 1987]

धूल भरे मैदान में एक तूफान है देवीलाल

हरियाणा चुनाव में राजीव गांधी और कांग्रेस की इस पतली हालत को मुख्यमंत्री बंसीलाल भी जानते हैं और लोकदल के जननायक देवीलाल भी। दोनों यह भी समझते हैं कि इस विधानसभा चुनाव से कांग्रेस और सरकार में राजीव गांधी की हालत और देश में विपक्ष की राजनीति पर गहरा और दूरगामी असर पड़ेगा। इसलिए दोनों अपने-अपने ढंग और हित से राजीव गांधी को मुद्दा बनाने और न बनाने की कोशिश में हैं।

जैसे बंसीलाल मानते ही नहीं कि इस चुनाव का असर हरियाणा के बाहर ज्यादा होगा। वे कहते हैं—"छोटा सा हमारा राज्य है। कुल दस सीटें हमारी संसद में हैं। 543 सदस्यों की संसद में दस सांसदों का क्या वजन है। वे चाहें भी तो पलड़े को इधर या उधर झुका नहीं सकते।" अपने चुनाव अभियान में भी बंसीलाल ज्यादा जोर कांग्रेस पर देते हैं और कहते हैं कि इन्दिरा गांधी ने अपनी कलम से हरियाणा बनाया और उन्होंने माली मदद दी जिससे ग्यारहवें नम्बर से उठकर हरियाणा दूसरे नम्बर पर आ गया। अब राजीव गांधी मदद करेंगे तो हरियाणा नम्बर एक हो सकता है।

बंसीलाल कहीं भी राजीव गांधी के नेतृत्व की तारीफ के पुल नहीं बाँधते, न उनका बचाव करने के लिए फेयरफैक्स, जर्मन पनडुब्बी और बोफोर्स के सौदों पर गिरगिटिया गिरिलाल जैन की तरह दलील देते हैं। वे जानते हैं कि इस तरह की बौद्धिक दलाली हरियाणा के वोटरों पर कोई असर नहीं करेगी। बंसीलाल के भाषणों में पंजाब, असम और मिजोरम समझौतों का भी कोई गुणगान नहीं होता। यानी जिन मुद्दों को लेकर देश के लोग और चुनाव अभियान में देवीलाल राजीव गांधी की आलोचना करते हैं और जो वोटरों को बहुत अपील करती है उन्हें बंसीलाल छूते तक नहीं। यह काम भी वे समझदारी का कर रहे हैं क्योंकि राजीव गांधी के नेतृत्व और उनकी सरकार की कारगुजारियों को अगर वे मुद्दा बनाएँगे तो कांग्रेस के अभियान का मटियामेट हो जाएगा।

भजनलाल को लेकर हरियाणा के लोग खास कर जाट इतने नाराज हो गए थे इसीलिए तो उन्हें हटा कर बसीलाल को कमान सौंपी गई। बंसीलाल अब भी बड़े आत्मविश्वास से कहते हैं कि वे कम से कम साठ सीटें जीतेंगे। भरतपुर लोकसभा

चुनाव 1984 में नटवर सिंह की बात बताते हुए वे कहते हैं कि जनता का समर्थन उनके साथ दिखता होगा लेकिन मेरे पास मेरा गणित चौकस है। बंसीलाल के पास भी अपनी जीत का गणित है। लेकिन चुनाव लड़ने वाले किस उम्मीदवार और खास कर मुख्यमंत्री के पास जीत का गणित नहीं होता? कभी किसी ने कहा है कि मैं चुनाव हार जाऊँगा जो बंसीलाल कहें कि वे नहीं जीतेंगे। फिर कांग्रेस हाईकमान ने जिताने की जिम्मेदारी बंसीलाल पर छोड़ दी है और खुद राजीव गांधी भी जानते हैं कि उनके नाम पर हरियाणा में चुनाव नहीं जीता जा सकता। तो फिर बंसीलाल उनके बचाव या बखान पर चुनाव अभियान क्यों चलाएँ?

लेकिन बंसीलाल और कांग्रेस राजीव गांधी को डब्बा फील्डर की तरह जितना बचाना चाहते हैं देवीलाल उनके नाम पर उतना ही मजा जनता को देते हैं। जैसे देवीलाल कहते हैं कि राजीव-लोंगोवाल समझौते में न सिर्फ हरियाणा का हक मारा गया बल्कि राजीव गांधी ने उसे इस लायक भी नहीं समझा कि समझौता करने के पहले पूछते। आखिर भजनलाल उन्हीं के मुख्यमंत्री थे। हमने इस अन्याय के खिलाफ और हरियाणा की आन के लिए तेईस महीने आन्दोलन चलाया। दिल्ली न्याय माँगने गए तो आँसू गैस, लाठियाँ, गोली और जेल मिली। तो अब तक तो आप लोग राजीव गांधी से न्याय माँगने दिल्ली जाते रहे। अब आपको न्याय माँगना नहीं, करना है। 17 जून को आप न्याय करना और राजीव गांधी को बता देना कि हरियाणा के लोगों के साथ अन्याय करने और उन्हें कुछ नहीं समझने का क्या नतीजा होता है।

देवीलाल की सभाओं में तपती दोपहर में भी इतने लोग इतने उत्साह से आते हैं कि जितने 1977 में जेपी की सभाओं में आते थे। उत्साह तो शायद तबसे भी ज्यादा होता है। अक्सर मंच पर भीड़ टूट पड़ती है और लोग छतों, पेड़ों और मंडियों के शेडों के एंगलों से लटके रहते हैं। देवीलाल को सिक्कों से तौलने की होड़ लगी रहती है। वे गलत नहीं कहते हैं कि आजकल उनकी दिहाड़ी दो लाख रुपये से ज्यादा है। ऐसी सभाओं में जब देवीलाल राजीव गांधी की सरकार के भ्रष्टाचार और दलाली के किस्से सुनाते हैं तो तड़तड़ तालियाँ बजती चली जाती हैं।

देवीलाल फेयरफैक्स और जर्मन पनडुब्बी कांडों का सिर्फ नाम लेते हैं। फिर कहते हैं कि अब जो मैं कह रहा हूँ वह मैंने नहीं, विश्वनाथ प्रताप सिंह ने कहा है जो कि राजीव के खजाना मंत्री थे। तो खजाना मंत्री ने पाया कि देश का करोड़ों रुपया बाहर जा रहा है। ले जाने वालों के नाम बताए तो विश्वनाथ प्रताप सिंह को हटा कर रक्षा मंत्री बना दिया। वहाँ जब विश्वनाथ प्रताप सिंह ने जाँच चालू की कि अपने हथियार कैसे हैं तो उन्होंने पाया कि पाकिस्तान के पास तो बीस मील तक गोला मारने वाली तोपें हैं और हमारे पास सिर्फ बारह मील तक मार करने वाली। ऐसा क्यों है तो उन्होंने पाया कि पैसे खा गए और ऐसी तोपें ले आए। फिर देवीलाल कहते हैं—इन छोकरों का एक दोस्त है अमिताभ बच्चन। क्यों रे लड़कों जानते हो

कि नहीं उसे! और इस बात पर अमिताभ बच्चन के लिए जो हिकारत भरी हँसी सभा में फूट पड़ती है वह बताती है कि इस सुपर स्टार को जनता आजकल क्या मानती है। फिर देवीलाल बताते हैं कि अमिताभ बच्चन ने किस तरह स्विस खातों में पैसा जमा किया है। किस तरह राजीव गांधी और उनके दोस्त इस देश का पैसा लूट कर स्विस बैंकों में जमा कर रहे हैं और किस तरह वे एक दिन फिलीपींस के मारकोस की तरह भाग जाएँगे।

फिर देवीलाल कहते हैं कि हरियाणा के चुनाव पर देश भर की नहीं सारी दुनिया की नजरें लगी हुई हैं। आप अब जो फैसला करोगे उससे देश की तकदीर बदल जाएगी। किसानों को नुकसान पहुँचाने वाले और अंग्रेजों की तरह इस देश की दौलत लूटकर ले जाने वाले राजीव गांधी और उनके दोस्तों की इस सरकार को हिलाना है। बंसीलाल और भजनलाल तो राजीव गांधी के नुमाइन्दे हैं। उनकी कोई ताकत और वक्त नहीं है। आप मुझे वोट और नोट दोनों दे रहे हो। मैं लोकराज को लोकलाज से चलाना चाहता हूँ। आप 17 जून को मेरी कलम में ताकत दोगे तो फिर मुझे कोई राजीव गांधी से पूछने नहीं जाना है। मैं जो वादे कर रहा हूँ उन्हें मैं खुद पूरा कर सकता हूँ। देवीलाल, बंसीलाल का जिक्र सिर्फ कर्जे माफी की बात पर करते हैं। बाकी का सारा समय, न्याय युद्ध पर राजीव गांधी के दमन उनकी सरकार में दलाली के भ्रष्टाचार और रक्षा जैसे मामलों में पैसे खाने के लिए खराब हथियार खरीदने की बातों पर लगाते हैं और किसानों में सचमुच यह विश्वास जगाते हैं कि वे देश की तकदीर बदल सकते हैं।

रोहतक से दिल्ली के रास्ते पर एक गाँव में आठ-दस किसानों के एक झुंड से बात करते हुए लगा कि देवीलाल ने सचमुच उनमें कितना आत्मविश्वास जगा दिया है। मैंने किसानों से कहा कि नहर बनवाने, पानी लाने और कर्जे दिलवाने में अगर राजीव गांधी देवीलाल का साथ नहीं देंगे तो देवीलाल क्या कर सकते हैं? किसानों ने कहा कि फिर हम दिल्ली पर धावा बोलेंगे। वहाँ की सरकार बदलेंगे। पूछा कि सैनिक कार्रवाई करके देख ली, राष्ट्रपति शासन लगा दिया, रिबेरो को कमान सौंप दी फिर भी पंजाब में हत्याएँ बन्द नहीं होतीं। किसानों ने कहा कि यह सरकार ही निकम्मी है। हम देख रहे हैं। इससे नहीं बना तो फिर पंजाब समस्या हम हल करेंगे। खेड़ीसाध के उन बुजुर्ग किसानों से बात करते हुए लगा कि जिस सहज आत्मविश्वास से वे देश के मामलों में दखल देने की अपनी कूव्वत जानते हैं उतना विश्वास क्या किसी कांग्रेसी सांसद या योजना आयोग के सदस्य में भी होगा? देवीलाल ने हरियाणा के आम किसान को अपने साथ हुए अन्याय के खिलाफ गुस्से से और राजीव सरकार को बदलने के विश्वास से भर दिया है।

देवीलाल चुनाव अभियान नहीं आन्दोलन चला रहे हैं। जैसे उनका चुनाव अभियान उनके तेईस महीने पुराने न्याय युद्ध का ही अगला चरण हो। किसी ने

कहा कि जन आन्दोलनों के दिन लद गए? आज अगर आप देवीलाल और राजीव गांधी की एक भी सभा साथ-साथ करवा दें तो पता चल जाएगा कि हरियाणा में नेता कौन है और लोग किसके साथ हैं। इस वक्त जनता के सामने और मैदान में अगर राजीव गांधी के नेतृत्व और उनकी सरकार के खोखलेपन का कोई भंडाफोड़ कर रहा है तो देवीलाल। विपक्ष भले ही उन्हें राज्य स्तर का एक जाट नेता मानता हो लेकिन देश और जनता की तरफ से कुरुक्षेत्र के मैदान में अगर कोई उतरा है तो देवीलाल। हरियाणा में न अजित सिंह के लोकदल का कोई जोर है, न चरण सिंह की मृत्यु पर कोई सहानुभूति की लहर है। बहुजन समाज पार्टी का भी अन्देशा ही ज्यादा है। हरियाणा को देवीलाल तूफान की तरह झकझोर रहे हैं और बंसीलाल किसी तरह कांग्रेस के पेड़ को उखड़ने से रोकने में लगे हैं।

[*धर्मक्षेत्रे कुरुक्षेत्रे*, 8 जून, 1987]

लेकिन क्या देवीलाल तूफान को वोट में दिला सकते हैं?

एक घिसा-पिटा जुमला है कि हरियाणा में मुकाबला लालों का है। लेकिन लालों में सबसे चमकीले 'लाल' भजनलाल सीधे मैदान में नहीं हैं। वे परदे के पीछे से हाथ चला रहे हैं। उनकी तरफ से उनकी पत्नी जसमा देवी उनके चुनाव क्षेत्र आदमपुर से लड़ रही हैं। भजनलाल के लिए मौका तभी है जब देवीलाल और बंसीलाल दोनों ही बहुमत लाने में फेल हो जाएँ।

लेकिन देवीलाल और बंसीलाल के लिए यह चुनाव उतना ही निर्णायक है जितना देश और राजीव गांधी के लिए। इसलिए वे इसे जीतने के लिए पूरी तरह भिड़े हुए हैं। तिहत्तर बरस के देवीलाल जानते हैं कि मुख्यमंत्री बनने का उनके लिए यह आखिरी लेकिन सबसे बड़ा और सुनहरा मौका है। पंजाब समझौते में हरियाणा के हितों की 'बलि' को लेकर तेईस महीने से उन्होंने जो न्याय युद्ध चलाया उससे वे हरियाणा के हितों और उसकी पगड़ी के प्रतीक बन गए हैं। उनसे पूछिए तो वे खुद ही कहेंगे कि आज जो यह जनता उमड़ पड़ रही है इसका कारण हमारा न्याय युद्ध ही है।

हरियाणा में जो उत्साह और समर्थन उन्हें मिल रहा है वह किसी चुनाव अभियान का नहीं लगता वह एक तरह का जन आन्दोलन है और उत्तर भारत में शायद देवीलाल ही आजादी के पहले के ऐसे नेता बचे हैं जो लोगों से सीधे तार जोड़ कर उनकी बोली में उनके साथ बात करके उन्हें किसी लड़ाई के लिए तैयार कर सकते हैं। हरियाणा में लोकदल नहीं, देवीलाल हैं और सामने कांग्रेस है जिसके मुखिया के नाते बंसीलाल खड़े हैं जिन्हें लोग आमतौर पर हरियाणा का निर्माता मानते हैं दस साल पहले जब इमरजेंसी की ज्यादतियों के बाद लोगों ने इन्दिरा गांधी और संजय के साथ बंसीलाल को भी हरा दिया था तब भी हरियाणा के गाँवों में लोग कहते थे कि जो कुछ बनाया है बंसीलाल ने बनाया है।

लेकिन पिछले साल जून में जब बंसीलाल को फिर से हरियाणा की बागडोर सौंपी गई तो न परिस्थितियाँ 1970 से 77 जैसी थीं, न वे खुद ही पहले वाले आक्रामक प्रशासक रह गए थे। देवीलाल 1985 में हुए पंजाब समझौते को शुरू से

ही हरियाणा विरोधी बता रहे थे और देखते-देखते उन्होंने रावी-व्यास के पानी के बँटवारे और चंडीगढ़ के बदले में अबोहर फाजिल्का वाले इलाके पर हरियाणवियों को गोलबन्द कर लिया था। उनका न्याय युद्ध जंगल की आग की तरह फैला और भजनलाल को अपनी कुर्सी और स्थिति बचाने के लिए अकालियों का सीधे और पंजाब समझौते का परोक्ष रूप से विरोध करने पर मजबूर होना पड़ा। लेकिन तब तक बाजी देवीलाल के हाथ लग गई थी। भजनलाल की कोशिशों ने उन्हें हरियाणा के लोगों के सामने तो केन्द्र का बेकार पिछलग्गू बताया ही उन्हें कांग्रेस हाईकमान के गले का पत्थर भी बना दिया। पंजाब समझौता केन्द्र ने किया था और वह हरियाणा में ऐसा मुख्यमंत्री रखकर शर्मिन्दा नहीं हो सकता था जो समझौते के खिलाफ काम कर रहा हो। भजनलाल को तोड़-फोड़ से रोकने के लिए केन्द्रीय मंत्रिमडल में लिया जरूर गया लेकिन यह उनमें कोई विश्वास का सबूत नहीं था। भजनलाल दिल्ली में पानी के बाहर रखे गए घड़ियाल की तरह हरियाणा लौटने के लिए तड़पते रहे हैं लेकिन परिस्थितियों ने हरियाणा में उन्हें विलन और दिल्ली में तोड़-फोड़ करने वाला बना दिया था।

भजनलाल से जो हरियाणा बंसीलाल को मिला उसमें वे अपना और कांग्रेस का बचाव ही कर सकते थे। वेंकटरमैया आयोग के फेल होने के बाद वे चंडीगढ़ के मामले में आक्रामक नहीं हो सकते थे। देवीलाल के न्याय युद्ध की हवा निकालने के लिए उन्होंने नहरों को पक्की करने के 113 करोड़ रुपये माफ किये और पाँच करोड़ रुपये का सालाना लगान भी खत्म कर दिया। इन फैसलों से न्याय युद्ध की धार जरूर थोड़ी उतरी लेकिन बंसीलाल के लिए एक भी मौका ऐसा नहीं था जिसमें वे पहल छीन कर देवीलाल पर चढ़ बैठते। परिस्थितियों ने उन्हें बचाव पर मजबूर कर रखा था। इराडी पंचाट की रपट आने के साथ वे आक्रामक हो सकते थे। लेकिन जब वह रपट आई तब तक दिल्ली की सरकार फेयरफैक्स, जर्मन पनडुब्बी, बोफोर्स कांड और विश्वनाथ प्रताप सिंह के इस्तीफे के कारण अपनी विश्वसनीयता खो चुकी थी। रपट सामने आने के बाद पंजाब की अकाली सरकार को भी बर्खास्त किया गया। इस तरह इराडी पंचाट की रपट भी हरियाणा के वोटरों को मनाने की कोशिश के नाते दुनिया के सामने आई। विधानसभा चुनाव की घोषणा के बाद बंसीलाल के पास ऐसा एक भी हथियार नहीं था जिससे वे उलट कर वार कर पाते। फिर भी हरियाणा में कांग्रेस आज मुकाबले में नहीं आ पाती अगर भजनलाल मुख्यमंत्री होते। बंसीलाल के आने से हरियाणा चुनाव जाटों की लड़ाई हो गया है हालाँकि वे राज्य में कुल 28 प्रतिशत ही हैं। लेकिन भजनलाल की वापस हरियाणा लौटने की महत्त्वाकांक्षा और राव वीरेन्द्र सिंह का नजरअन्दाज किये जाने का गुस्सा बंसीलाल को अपनी पूरी प्रशासनिक और संगठनात्मक शक्ति के साथ मैदान में उतरने नहीं दे रहा।

देवीलाल के लिए भी दिक्कत है कि चरण सिंह के बेटे अजित सिंह ने अपना अलग लोकदल बना लिया है और हालाँकि उन दोनों को मिलाने की कम कोशिशें नहीं हुई हैं फिर भी वे मैदान में एक-दूसरे के विरोधी के नाते उतरे हैं। जनता पार्टी भी सीटों की माँग पूरी न होने के कारण अजित सिंह के लोकदल के साथ है। ऐसी परिस्थिति में देवीलाल को भारतीय जनता पार्टी, भारतीय कम्युनिस्ट पार्टी और मार्क्सवादी कम्युनिस्ट पार्टी से गठबन्धन करना पड़ा है। देने को तो भाजपा को अठारह और दोनों कम्युनिस्ट पार्टियों को एक-एक सीट ही देवीलाल ने दी है लेकिन उनका गठबन्धन वैचारिक दृष्टि से कोई एक नहीं लगता। असर तो अजित सिंह के लोकदल और जनता पार्टी का नाम लेने भर को ही है। लेकिन ये दोनों विरोधी मोर्चे कांग्रेस को नहीं, एक दूसरे को ही चोट पहुँचाएँगे। देवीलाल को गजब का समर्थन मिल रहा है लेकिन टिकट बाँटने में उन्हें भी समझौते करने पड़े हैं। उन्होंने भी सब जातियों के उम्मीदवारों को आबादी और वोटरों में उनके प्रतिशत के अनुसार टिकट दिये हैं। लेकिन इससे सभी जगह जीतने वाले उम्मीदवार नहीं आए हैं। न्याय युद्ध के आन्दोलन और इतने भारी समर्थन के बावजूद देवीलाल अपने आखिरी मौके को साधने के लिए मजबूर हुए हैं क्योंकि विपक्ष एक नहीं है। वे मानते हैं कि पहले कांग्रेस ने अजित सिंह को फोड़ा और अब भगवत दयाल शर्मा से पलटी खिलवा दी है। विपक्ष के इस बिखराव को कांग्रेस अगले आठ-दस दिन में और भी बढ़ाने की कोशिश करेगी और देवीलाल उतने ही कमजोर होंगे।

लेकिन बंसीलाल को भी तमाम तरह के समझौते करने पड़े हैं। वे एक बचाव की लड़ाई लड़ रहे हैं। कांग्रेस में कई महत्त्वाकांक्षी हैं और वे जहाँ बन सके तार खींचने और जमीन खोदने की कोशिश में लगे हैं। बंसीलाल को भजनलाल, राव वीरेन्द्र सिंह और दूसरे सभी नेताओं के लोगों को एडजस्ट करना पड़ा है और सभी के लोगों को टिकटें भी दी गई हैं। जिन्हें टिकट नहीं मिली वे आजाद उम्मीदवार के नाते खड़े हो गए हैं। कांग्रेस ने भी जातियों की आबादी और असर के प्रतिशत के अनुसार सबको टिकट देकर खुश और सन्तुष्ट करने की कोशिश की है। वह भी जाटों को महत्त्व देकर ज्यादा टिकट दे चुकी है और दूसरी ऐसी किसी भी जाति को उसने छोड़ा नहीं है जिसका असर है और जो जीत सकती है।

चूँकि सभी पार्टियाँ जातियों के आधार पर चुनाव के मैदान में उतरी हैं इसलिए बहुजन समाज पार्टी भी कुछ चुनाव क्षेत्रों में असरदार और कुछ में दूसरों के मौकों पर पानी फेरने वाली बन गई है। ऊपरी तौर पर उसका कोई खास असर नहीं दिखाई देता। हरिजन और पिछड़ी जातियों के लोग गाँवों में चौधरियों से वैसे भी मुँह नहीं लड़ाते क्योंकि वे जानते हैं कि संख्या उनकी चाहे जितनी हो वे ग्रामीण समाज के असरदार तबके नहीं हैं। बहुजन समाज पार्टी उन्हें आत्मविश्वास और सम्मान देने की कोशिश जरूर कर रही है लेकिन सामाजिक और आर्थिक असलियत हरिजन

और पिछड़ी जातियों को वाचाल नहीं होने देती। एक गाँव में एक जुलाहा पौन घंटे की बातचीत में भी छुपाता रहा कि वह क्या करेगा। लेकिन जब मैं जाने लगा तो अपने घर में बुलाकर मेरे साथी को उसने कहा कि वह हाथी पर मोहर लगाएगा। बहुजन समाज पार्टी अगर अपने दबे हुए समर्थन को वोट में बदल सके तो वह कांग्रेस के पारम्परिक वोट बैंक का दिवाला पिटवा सकती है। वैसे भी दूसरे सिखों और मुसलमानों जैसे अल्पसंख्यक इस बार कांग्रेस के साथ नहीं दिखते।

इस तरह विपक्ष का बिखराव और विभाजन अगर देवीलाल को नुकसान पहुँचा सकता है तो बहुजन समाज पार्टी, अल्पसंख्यक और उनके अपने गुटबाजों का भितरघात कांग्रेस को और भी ज्यादा नुकसान कर सकता है। दोनों तरफ से वोट कटने और बँटने की स्थिति हरियाणा को फिर आयाराम गयाराम के जमाने में ले जाएगी। इसलिए सारा दारोमदार इस एक सवाल पर है कि देवीलाल को आज जो उत्साही जनसमर्थन मिल रहा है उसमें से कितना वे ठोस वोट में बदल सकते हैं अगर उनकी सभाओं में आने वाले और उनको देखने के लिए गाँवों और कस्बों में सड़क के दोनों तरफ खड़े होने वाले सारे लोग देवीलाल को ही वोट दें तो उन्हें 75 से कम सीटें नहीं मिलेंगी। लेकिन इसके लिए देवीलाल को अपने समर्थन के तूफान को वोट के डिब्बों में बन्द करके ठीक से खुलवाना पड़ेगा। क्या वे ऐसा कर सकते हैं?

[*धर्मक्षेत्रे कुरुक्षेत्रे*, 9 जून, 1987]

एक महाभारत जो फिर इतिहास को मोड़ देगा

भाइयों के महाभारत से लेकर विदेशी हमलावर से पानीपत की तीसरी लड़ाई तक इस देश की जीत और हार के सभी बड़े युद्ध उसी इलाके में लड़े गए हैं जो आज हरियाणा है। हरियाणा सही मायने में राष्ट्रीय रणक्षेत्र है। इसलिए आप चाहें या न चाहें कुल जमा नब्बे सीटों के लिए कोई सत्तासी लाख वोटरों का यह विधानसभा चुनाव सिर्फ छोटे से राज्य हरियाणा के लिए नहीं दिल्ली और पूरे देश की राजनीति के लिए भी निर्णायक लगता है।

सिर्फ इसलिए नहीं कि हरियाणा के इलाका लिखित-अलिखित ऐतिहासिक जमाने से देश का भाग्य बदलता रहा है। इसलिए भी कि मार्च 1985 के विधानसभा चुनावों के बाद राजीव गांधी की अगुआई में कांग्रेस ने एक भी राज्य में चुनाव नहीं जीता है। सितम्बर '85 में पंजाब और दिसम्बर '85 में असम के चुनाव कांग्रेस ने हारे। इन दोनों राज्यों की पुरानी और विकट समस्याओं के हल के लिए समझौते करके राजीव गांधी ने बड़ा नाम कमाया था। इन दोनों राज्यों में कांग्रेस के हारने को राजीव गांधी ने लोकतंत्र की जीत बताया था।

लेकिन बम्बई के कांग्रेस शताब्दी समारोह में कांग्रेसियों ने जवान प्रधानमंत्री और पार्टी के अध्यक्ष को साफ-साफ समझा दिया था कि लोकतंत्र के लिए कांग्रेस चुनाव हारती चली गई तो वह किस काम का? बम्बई से ही हरियाणा चुनाव की चिन्ता कांग्रेस को लगी थी। और जैसे-जैसे यह बढ़ती गई पहले भजनलाल गए, फिर मैथ्यू और वेंकटरमैया आयोगों के फेल होने से चंडीगढ़ लटका रहा फिर रावी-ब्यास पानी के बँटवारे पर इराडी पंचाट की रपट आई और बरनाला सरकार को भी जाना पड़ा। बंसीलाल को इसीलिए चंडीगढ़ भेजा गया कि वे हरियाणा को कांग्रेस के लिए जितवा सकें। लेकिन चुनाव के कुरुक्षेत्र में वे बचाव करने पर मजबूर हैं और जिस देवीलाल के बढ़ते असर को घटाने के लिए यह सब किया गया वे एक जन-नायक की तरह विजय रथ में घूम रहे हैं।

पंजाब और असम में चुनाव हारना तो राष्ट्रीय एकता, अखंडता और लोकतंत्र के खाते में डालकर राजीव गांधी किसी तरह मामले को समझा ले गए। लेकिन इस साल मार्च में बंगाल और केरल में एड़ी-चोटी का जोर लगाकर भी वे कांग्रेस को

जितवा नहीं पाए। जम्मू और कश्मीर में नेशनल कॉन्फ्रेंस से गठबन्धन करके ही वे सत्ता की रोटी का एक छोटा सा टुकड़ा कांग्रेस के मुँह लगा सके। अब उत्तर प्रदेश, बिहार, राजस्थान, मध्य प्रदेश और हिमाचल के हिन्दी इलाके और गुजरात, महाराष्ट्र के अलावा लगभग सारे राज्य उनके हाथ से निकल गए हैं। बम्बई के शताब्दी समारोह में राजीव गांधी को चेतावनी दी भी गई थी कि यही हाल रहा तो कांग्रेस का आधार सिर्फ हिन्दी बोलने वाले इलाकों में रह जाएगा। हरियाणा का चुनाव इसलिए भी महत्त्वपूर्ण है कि उसके नतीजे से पता चलेगा कि हिन्दी इलाके भी उसके साथ हैं या नहीं।

कांग्रेस में उसी प्रधानमंत्री और पार्टी-अध्यक्ष की चल सकती है जो उसे वोट दिवा सके। राजीव गांधी में यह ताकत रह भी गई है या नहीं, इसी में शक होने लगा है। यह कोई ताज्जुब की बात नहीं है कि हरियाणा चुनाव अभियान में राजीव गांधी को कांग्रेस लगभग छुपाकर रख रही है। आज से वे कुल मिलाकर तीन दिन चुनाव अभियान में लगाएँगे जबकि हरियाणा के चुनाव उनके अपने, अपनी पार्टी और अपनी सरकार के लिए इतने महत्त्वपूर्ण और निर्णायक होने वाले हैं। कांग्रेस अब तक सारे चुनावों में प्रधानमंत्री को अपने तुरुप के इक्के की तरह चलती रही है। लेकिन राजीव गांधी की लोकप्रियता और वोट बटोरने की क्षमता में खुद कांग्रेस और उसके चुनाव अभियान मैनेजरों को इतना विश्वास नहीं है कि उन्हें अपने धुआँधार बल्लेबाज के नाते मैदान में उतार सकें। पोस्टरों में जरूर उनकी तस्वीर है लेकिन आम कांग्रेसी जीतने के लिए उनका नाम भी उस तरह नहीं लेता जैसा पंडित नेहरू और इन्दिरा गांधी का लिया करता था। हरियाणा चुनाव में राजीव गांधी तुरुप के इक्के नहीं, हुकुम की दुग्गी हैं। अभियान बंसीलाल चला रहे हैं और किसी तरह अपना विकेट बचाने की कोशिश में हैं।

राजीव गांधी को लेकर कांग्रेस हरियाणा में सिर्फ फेयरफैक्स, जर्मन पनडुब्बी और बोफोर्स के कारण ही बचाव पर नहीं है। हरियाणा को अपने दबदबे में रखने वाले जाट मानते हैं कि राजीव गांधी एक समझौतापरस्त, कमजोर और बुद्धिहीन आदमी हैं। पंजाब समझौते को वे सिख आतंकवाद के सामने उनका समर्पण मानते हैं। राजीव गांधी और कांग्रेस के लिए यह बात परेशान करने वाली होनी चाहिए कि जिस संजय गांधी ने नसबन्दी और इमरजेंसी की दूसरी ज्यादतियों के कारण हरियाणा को इतना नाराज किया उन्हें जाट ही नहीं, हरियाणा के दूसरे लोग भी राजीव गांधी से बेहतर मानते हैं। "संजय होता तो इन सबको ठीक कर देता। राजीव गांधी से कोई राज चलना है। वो लगा दिया पंजाब में राष्ट्रपति शासन! उतने ही लोग आज भी मर रहे हैं।"

हरियाणा के जाट फेयरफैक्स और बोफोर्स को लेकर उतने उत्तेजित नहीं हैं जितने राजीव सरकार के निकम्मे और पिलपिलेपन के कारण। उनमें दिल्ली की सरकार के खिलाफ एक गुस्सा है जो देवीलाल की किसी भी चुनाव-सभा में देखा

और महसूस किया जा सकता है। इसका एक कारण सिर्फ यह भावना ही नहीं है कि पंजाब समझौते में हरियाणा के साथ अन्याय हुआ और उसे पूछा तक नहीं गया। पंजाब समझौते को केन्द्र ने अब एक ठंडे मुर्दाघर में पहुँचा दिया है भले ही वह मरा न हो। चंडीगढ़, रावी-ब्यास के पानी, फेयरफैक्स, जर्मनी पनडुब्बी और बोफोर्स कोई इतने तीखे और साफ मुद्दे नहीं हैं, जिनसे हरियाणा के लोग उत्तेजित हो रहे हों। सरकार से एक तरह का मोहभंग, निराशा और इसलिए गुस्सा है जिसे किसी एक मुद्दे की कील पर टाँगा नहीं जा सकता। अगर पंजाब समझौते के खिलाफ ही गुस्सा होता तो सिख हजारों की तादाद में देवीलाल की सभाओं में उमड़ नहीं पड़ते और उनमें सिक्कों से तौलने की होड़ नहीं होती। सिखों को जो नाराजगी सरकार से है वैसी ही हरियाणा के दूसरे समुदायों के लोगों में भी है।

दिल्ली की सरकार को निकम्मी और बेकार तथा चंडीगढ़ की सरकार को उसकी गरीब पिछलग्गू मानने की धारणा लगभग पूरे हरियाणा में आपको दिखाई देगी। इसीलिए हरियाणा के विधानसभा चुनाव बताएँगे कि क्षेत्रीय विपक्षी पार्टियों के हाथों में गए राज्य ही नहीं, हिन्दी-भाषी इलाकों में भी राजीव सरकार की साख कितनी गिर गई है। हरियाणा में कांग्रेस का हारना-देश पर राज करने के राजीव गांधी के नैतिक और राजनीतिक अधिकार की जमीन लगभग पूरी तरह खिसका देगा। संवैधानिक-लोकतांत्रिक अधिकार भले ही बना रहे क्योंकि 548 की लोकसभा में उनके 405 सांसद हैं। संवैधानिक और कानूनी अधिकार तो इन्दिरा गांधी को इलाहाबाद हाईकोर्ट के फैसले के बाद भी था। लेकिन उन्हें राज करने के लिए लोकतंत्र को निलम्बित करके इमरजेंसी लगानी पड़ी और उसके बाद लोगों ने उन्हें हटा दिया।

पंजाब और असम समझौते की विफलता, फेयरफैक्स, जर्मन पनडुब्बी और बोफोर्स की तोपों में दलाली के सारे मुद्दे राजीव गांधी की तरफ सीधी और सच्ची उँगली उठाते हैं। पूरे देश में उनका नैतिक अधिकार लगभग चुक गया है। यह जानकर ही स्वीडन के ऑडिट ब्यूरो की रपट के बाद राजीव गांधी संसदीय समिति से जाँच के लिए राजी हुए हैं। हरियाणा में कांग्रेस अगर हार गई तो लोग कहेंगे कि केन्द्र में सरकार पलटने के बाद हारी हुई पार्टी को राज्यों में शासन करने का अधिकार अगर नहीं रहता तो ज्यादातर राज्यों में हारने वाली पार्टी को केन्द्र में राज करने का क्या अधिकार है? यह सवाल देश में कांग्रेस और विपक्ष दोनों की ही राजनीति को अनजाना मोड़ दे सकता है। हरियाणा में बंसीलाल नहीं, राजीव गांधी कसौटी पर हैं और उनमें खोट साबित होने के बाद सारा मामला ही बदल जाएगा और कांग्रेस अगर जीत गई तो राजीव गांधी खोई हुई जमीन फिर पाने की कोशिश कर सकते हैं।

[10 जून, 1987]

दुहराया नहीं जा सकता अब आयाराम का हरियाणा

बहुजन समाज पार्टी के कांशीराम से पहले भजनलाल इस उम्मीद में हैं कि न बंसीलाल को बहुमत मिले, न देवीलाल को। क्योंकि जब ऐसा होगा तभी भजनलाल के लिए हरियाणा के मुख्यमंत्री के सिंहासन का रास्ता खुल सकता है। राजीव गांधी के कहने पर भजनलाल और बंसीलाल ने अपने मतभेद पश्चिमी यमुना नहर में डुबो दिये हैं और सभाओं में दोनों हाथ मिलाकर कहते हैं कि उनके कोई उम्मीदवार और अलग आदमी नहीं हैं। उनके समेत कांग्रेस के सारे उम्मीदवार राजीव गांधी के उम्मीदवार हैं।

एकता के इस प्रदर्शन से कितने लोग प्रभावित होंगे, कोई नहीं जानता। लेकिन सब जानते हैं कि बंसीलाल से भी ज्यादा भजनलाल मुख्यमंत्री बनने को उत्सुक हैं। इसका कारण सिर्फ यही नहीं है कि वे दिल्ली और केन्द्रीय मंत्रिमंडल में अपने लिए कोई रोल नहीं देखते। बेशक वे दिल्ली के सत्ता के दायरे और दरबार में अपने को अजनबी पाते हैं। बिश्नोई होने के नाते वन और पर्यावरण मंत्रालय उनकी आस्था और आकांक्षाओं को रचनात्मक रूप से पूरी कर सकने का सन्तोषदायी मंच होना चाहिए। लेकिन राजनीति में इतने बरस होते हुए भी भजनलाल ने यह भ्रम कहीं पैदा नहीं होने दिया कि पर्यावरण की रक्षा और उजड़ते-कटते वन उनके सबसे बड़े सरोकारों में से हैं। राजनीति के पर्यावरण को भी साफ-सुथरे प्रशासन और सार्थक विकास से सुधारने की इच्छा उन्होंने कभी नहीं दिखाई।

उनके आलोचक हुए बिना भी बहुत आसानी से कहा जा सकता है कि राजनीति को दल बदल और प्रशासन को भ्रष्टाचार से जितना प्रदूषित भजनलाल ने किया है उतना और किसी ने नहीं किया। आयाराम गयाराम राजनीति और पद के लाभ देकर प्रशासन चलाने की हरियाणवी शैली को भजनलाल एक विकसित कला के स्तर तक ले गए हैं। दिल्ली के सत्ता के दायरे और दरबार के लोग हालाँकि कोई दूध के धुले नहीं हैं लेकिन उनमें भी भजनलाल की राजनीति और प्रशासनिक शैली घटिया मानी जाएगी। राष्ट्रपति भवन से लेकर किसी भी सार्वजनिक समारोह में आप भजनलाल को उखड़ा-उखड़ा और जल्दी से जल्दी जाने को बेताब देख सकते हैं। इसका कारण सिर्फ यही नहीं कि वे दून स्कूली अंग्रेजी वातावरण में अपनी उपस्थिति

को बेसुरी पाते हैं। सच बात तो यह है कि दिल्ली में जो लोग राज कर रहे हैं और जिस तरह कर रहे हैं वह पानी ही ऐसा है कि भजनलाल उसमें मगरमच्छ के बजाय बेचारी दबी-पिटी मछली की तरह लगते हैं। दिल्ली में उनका कोई भविष्य नहीं है और प्रशासन में शुद्ध आनन्द लेने या देश को हरा-भरा करके उसके पर्यावरण को शुद्ध करके सपना सँजोने वाले आदमी भी वे नहीं हैं।

भजनलाल निश्चित ही हरियाणा लौट जाना चाहते हैं और बंसीलाल के एक मंत्री की तरह नहीं, मुख्यमंत्री के रूप में। लेकिन पंजाब समझौते और उसके खिलाफ चले देवीलाल के न्याय युद्ध ने उन्हें हरियाणा के जाटों और दूसरे कई समुदायों में विलन बना दिया है। उनके जाने से सिर्फ वही लोग दुखी हैं जो सत्ता के उपयोग या उसकी नजदीकी से पैसा बना रहे थे। भजनलाल ने अपने ऐसे समर्थकों और प्रशंसकों का दायरा बढ़ाया था। फिर भी वे कुछ हजार से ज्यादा तो नहीं हो सकते। उन्हें हटा कर बंसीलाल को चंडीगढ़ में इसलिए गद्दी सौंपी गई कि उनके रहते तो पंजाब समझौते का भी कबाड़ा होता और हरियाणा निश्चित ही कांग्रेस के हाथ से निकल जाता।

अब बंसीलाल की अगुआई में अगर कांग्रेस किसी तरह बहुमत ले आती है तो मुख्यमंत्री उन्हीं को बनाया जाएगा। उन्हें मौका दिया जाएगा कि वे हरियाणा को सचमुच नम्बर एक राज्य बना दें ताकि वह पंजाब और दिल्ली के बीच अच्छा बफर राज्य बन सके और फिर हरियाणा के जरिये पंजाब को मानसिक, प्रशासनिक और राजनीतिक रूप से राज करने लायक बनाया जा सके। यह काम बंसीलाल ही कर सकते हैं, भजनलाल नहीं। इसलिए बहुमत मिलने की सूरत में यह नहीं होगा कि बंसीलाल केन्द्रीय मंत्रिमंडल में वापस आ जाएँ और भजनलाल वापस हरियाणा के मुख्यमंत्री हो जाएँ। भजनलाल अगर अपनी महत्त्वाकांक्षा पूरी करना चाहते हों तो उनके लिए जरूरी है कि बंसीलाल को बहुमत नहीं मिले पर कांग्रेस अकेली सबसे बड़ी पार्टी के नाते उभरे। लेकिन ऐसा करवाते हुए भजनलाल के लिए यह भी जरूरी है कि वे देवीलाल को बहुमत नहीं पाने दें। वे किसी सभा में कह भी चुके हैं कि उनके जीते जी देवीलाल तो मुख्यमंत्री नहीं हो सकते। इसके जवाब में देवीलाल कह चुके हैं कि मामला अगर इतना बढ़ गया है तो फिर तो भजनलाल को खुदकुशी करनी पड़ेगी। जो हो, बंसीलाल को तो वे एक बार बहुमत पाने से शायद रोक भी लें लेकिन भजनलाल इस बार 1977 और 1982 की तरह देवीलाल को आमने-सामने की साफ और सच्ची लड़ाई में गच्चा नहीं दे सकते।

भजनलाल मंजे हुए खिलाड़ी हैं इसलिए उन्होंने ऐसी परिस्थिति का लाभ लेने का इन्तजाम कर रखा है जिसमें हरियाणा विधानसभा में किसी को भी स्पष्ट बहुमत नहीं मिले। अब एक-एक नाम लेकर तो नहीं बताया जा सकता लेकिन हरियाणा के राजनीतिकों और चुनाव के उम्मीदवारों को जानने वाले कहते हैं कि भजनलाल

ने कांग्रेस से लेकर बहुजन समाज पार्टी ही नहीं, आजाद और बागी उम्मीदवारों में भी ऐसे लोग खड़े कर रखे हैं जो मौका आने पर उनकी मदद के लिए दौड़े चले आएँगे। लोकदल में भी उनके काफी लोग हैं, कांग्रेस में भी हैं और आजाद और बागी उम्मीदवारों में भी। जब बताया जाता है कि अब मामला 1977, 1980 और 1982 जैसा नहीं रह गया है क्योंकि दल-बदल विरोधी कानून बना हुआ है तो जानकार लोग कहते हैं कि आजाद और बागी उम्मीवारों पर तो कोई रोक नहीं है। इतनी बड़ी संख्या में आजाद और बागी उम्मीदवार हैं कि वे दोनों काम आ सकते हैं। वोट काटने के काम भी और अगर जीत जाएँ तो सही कीमत पाकर भजनलाल की मदद करने के भी। कहते हैं, लोकदल और कांग्रेस में उनके एक-तिहाई लोग निकल आएँगे। यानी दल-बदल विरोधी कानून से बचकर गली में से दल-बदलुओं की सरकार भजनलाल बना सकते हैं।

भजनलाल ने, कहते हैं कि विपक्ष को एक न होने में भी रोल खेला है। अजित सिंह के लोकदल का देवीलाल के साथ न होना, जनता पार्टी का अजित सिंह के गठबन्धन में जाना और भगवत दयाल शर्मा का ऐन मौके पर देवीलाल को ठेगा दिखाकर कांग्रेस में चले आना भी भजनलाल की करतूतों में शामिल है। भजनलाल को विपक्ष को विभाजित रखने का ही श्रेय नहीं दिया जाता। कांग्रेस में आज जो असन्तोष दिखाई देता है और उसके जो लोग नाराज उम्मीदवार के नाते खड़े हैं और अधिकृत उम्मीदवारों के साथ जो भितरघात हो रहा है उसमें भी भजनलाल का हाथ है। अगर आप अन्दरूनी जानकारी रखने वालों की बातों पर भरोसा करें तो भजनलाल न सिर्फ किसी का भी बहुमत न आने देने का इन्तजाम कर चुके हैं और कर रहे हैं बल्कि ऐसी स्थिति में सरकार बनाने का भी हिसाब उन्होंने फिट कर रखा है। अगर यह सब सच हो तो भजनलाल चाणक्य, मैकियावेली और इन्दिरा गांधी तीनों को ही मात दे सकने वाले मास्टर जोड़-तोड़ राजनीतिक लगेंगे।

कुछ और लोग हैं जो भजनलाल को इन सब गुणों की खान नहीं मानते, न वे चाहते हैं कि भजनलाल मुख्यमंत्री बनें। लेकिन वे कहते हैं कि हरियाणा चुनाव राजीव गांधी और कांग्रेस के लिए इतना निर्णायक है कि वे न इसे हारना सहन कर सकते हैं, न वहाँ विरोधी सरकार आने दे सकते हैं। ऐसी हालत में अगर बंसीलाल साफ बहुमत पाने में फेल हो जाते हैं तो कांग्रेस और राजीव गांधी को आपातकालीन विकल्प के नाते भजनलाल को तैयार रखना ही पड़ेगा क्योंकि वही तोड़-फोड़ करके किसी तरह कांग्रेस की सरकार बना सकते हैं। कहते हैं, इसीलिए भजनलाल को राजीव गांधी ने दूसरे घोड़े की तरह बंसीलाल के साथ लगा दिया है। वैसे भी देवीलाल के समर्थन को वोट में बदलने से रोकने और मतदान के तीन दिन पहले से चुनाव जीतने की कांग्रेसी रणनीति को असरदार बनाने में बंसीलाल से ज्यादा उपयोगी चिकने-चुपड़े भजनलाल ही हो सकते हैं।

इतना तो निश्चित है कि देवीलाल को जीतने से रोकने के साफ-सुथरे और सीधे-सच्चे तरीके ज्यादा नहीं हैं। उन्हें जो जन समर्थन मिल रहा है उसे जोड़-तोड़, तोड़-फोड़ और खरीदी-बिक्री से ही धोखा दिया जा सकता है। देवीलाल के लोग गाँव-गाँव में जरूर हैं लेकिन कांग्रेस ने पैंतीस साल से जन समर्थन के बिना भी चुनाव जीतने की जो मशीनरी खड़ी की है उसे काम करने से रोकने की कोई प्रति रणनीति और संगठन देवीलाल और उनके लोकदल के पास दिखाई नहीं देता। यह ईमानदार शक बना हुआ है कि क्या देवीलाल अपने समर्थन को वोटों में बदल कर डिब्बों में डलवा सकते हैं? क्या वे मतदान के तीन दिन पहले की कांग्रेसी कारगुजारियों की काट निकाल सकते हैं? क्या वे मुख्यमंत्री बन सकते हैं और बन भी गए तो क्या सरकार चला सकते हैं? गाँवों में रहने वाला हरियाणा कहता है कि वे यह सब कर सकते हैं। शहरी हरियाणा कोई बड़ा नहीं है। नब्बे में से मुश्किल से बारह सीटें होंगी। लेकिन शहरी हरियाणा में ये सब शंकाएँ मौजूद हैं।

लेकिन राजीव गांधी और कांग्रेस की जो साख इस समय देश में है उसे देखते हुए अगर जोड़-तोड़ करके भजन मंडली की तरफ से दलबदलुओं की कांग्रेस सरकार बनाई गई तो उसकी और थू-थू होगी। 1982 में चल सकता था कि भजनलाल किसी तरह सरकार बना लें। लेकिन अब दल बदल विरोधी कानून बनाने वाले राजीव गांधी ही अगर हरियाणा में जोड़-तोड़ की सरकार बनाएँगे तो उनकी साख रसातल में होगी। अगले सात दिन में हवाएँ बदल सकती हैं। लेकिन इस बार हरियाणा में हरियाणा दुहराया नहीं जा सकेगा। देवीलाल के लिए यही सबसे बड़ी उम्मीद है।

[11 जून, 1987]

वीपी की मुहिम सार्थक बदलाव के लिए

विश्वनाथ प्रताप सिंह हों या न हों बाकी के लोग जरा जल्दी में हैं ये लोग दोनों तरफ हैं और उत्सुक हैं कि उनके कारण जो हलचल हुई है उसका कुछ न कुछ कर लिया जाए।

जो लोग राजीव गांधी के साथ हैं और उनके हटने पर कांग्रेस और फिर देश के बिखराव के अन्देशे से दुबले हो रहे हैं। वे जानते हैं कि विश्वनाथ प्रताप सिंह की असली चुनौती नैतिक है। इसलिए उनका सारा जोर विश्वनाथ प्रताप सिंह को सत्ता के खेल का खिलाड़ी दिखाकर बदनाम करने पर है। वे उन्हें घेर-घार कर नाथना और दाग देना चाहते हैं। एक बार में हो जाएँ तो राजीव गांधी की कुर्सी के पाए पकड़े बैठे लोग चैन की साँस ले सकते हैं। इसलिए कभी-कभी बताया जाता है कि राष्ट्रीय स्वयंसेवक संघ के कंधों पर विश्वनाथ प्रताप सिंह की पालकी चल रही है। जैसे संघ और भाजपा जिसके साथ हों उसका कबाड़ा सुनिश्चित है। धर्मनिरपेक्ष और समाजवादी लाइन लेने वाले ये लोग समझते हैं कि विश्वनाथ प्रताप सिंह को दक्षिणपंथी बता दिया जाए तो उनकी चुनौती खत्म हो जाएगी।

ये लोग बेचारे अब भी 1969-70 में जी रहे हैं। ये मानेंगे नहीं कि समाजवादी तुरूप के इक्के को खेल-खेल कर इन्दिरा गांधी ने जोकर बना दिया है। उसे चलकर अब कोई बाजी जीती नहीं जा सकती। अब कोई दक्षिणपंथी सिंडीकेट नहीं है जिसे समाजवाद के लोकप्रिय मंत्र से बदनाम और स्वाहा किया जा सके। बल्कि दक्षिणपंथी और पूँजी परस्त कोई है तो राजीव गांधी हैं। उनके आने पर उद्योग और एक्ज़िक्यूटिव वर्ग के लोगों में जो उत्साह आया था अब वह भले ही उतर गया हो लेकिन राजीव गांधी को गरीबों के लिए जूझता समाजवादी कोई नहीं मानता। उनके सलाहकारों ने बहुत कोशिश कर ली लेकिन 1969 से 71 वाली इन्दिरा गांधी की छवि राजीव गांधी पर न फबी न चिपकी। इसलिए विश्वनाथ प्रताप सिंह को राष्ट्रीय स्वयंसेवक संघ और भाजपा के कंधों पर चढ़ा दिखाकर बदनाम नहीं किया जा सकता। इन्दिरा गांधी की हत्या के बाद अगर तथाकथित हिन्दू प्रतिक्रिया का किसी ने राजनीतिक इस्तेमाल किया है तो कांग्रेस और राजीव गांधी ने ही।

राजीव गांधी की इस छवि को फैशनेबल समाजवादी भले न समझते हों, प्रतिबद्ध वामपंथियों ने समझ लिया है। पश्चिम बंगाल और केरल के मोर्चे की सरकारों की अगुआ माकपा को भी समझ आ गया है कि भारत के हृदय क्षेत्र यानी हिन्दी इलाकों में विश्वनाथ प्रताप सिंह की लहर पर चढ़कर ही जड़े जमाई जा सकती हैं। मजा देखिए कि कांग्रेस में जन्मे जिए और बुढ़ियाए कमलापति त्रिपाठी, विश्वनाथ प्रताप सिंह और उनके साथियों को 'राजा' कह कर बदनाम करने और ब्राह्मण-ठाकुर राजनीति में रगड़ने की कोशिश कर रहे हैं। लेकिन जिन ज्योति बसु और नम्बूदिरीपाद को पूर्व राजाओं के सामन्तवादी आधार से सख्त एतराज होना चाहिए वे राजा मांडा के जन जागरण को अपनाने में कोई हिचक महसूस नहीं करते। और जो विश्वनाथ प्रताप सिंह राजीव गांधी की दक्षिणपंथी आर्थिक नीतियों पर ईमानदारी और निष्ठा से अमल करते रहे वे अब कहते है कि वामपंथी तो उनके स्वाभाविक साथी हैं, उनकी वैचारिक जमीन मध्य से बाईं ओर और वे अपने को नेहरूवादी मानते हैं।

वामपंथियों ने राष्ट्रपति चुनाव के दौरान भले ही राजीव का खेल खेला हो और कहा हो कि माँ की तरह बेटे को भी सत्ता की लड़ाई वामास्त्र की जरूरत पड़ेगी और इन्दिरा गांधी ने भले ही सत्ता की शुरुआत में उनका इस्तेमाल करके उन्हें पहने हुए वस्त्र की तरह डाल दिया हो। पर अब तीन-तीन राज्यों में उनकी सरकारें हैं और अपना इस्तेमाल होने देने के बजाय वे राजीव गांधी का इस्तेमाल कर लेंगे। लेकिन राम स्वामी वेंकटरामन के जीतने के बाद भी जब राजीव गांधी के पाँव के नीचे की रेत का खिसकना बन्द नहीं हुआ तो वामपंथियों ने भी प्रधानमंत्री इस्तीफे और मध्यावधि चुनाव की माँग करना शुरू कर दिया। वामपंथी भी राजीव गांधी के प्रतिष्ठान समर्थकों की तरह मान रहे थे कि प्रधानमंत्री अपनी माँ के हथकंडों का इस्तेमाल करते हुए घुमड़ते तूफान को लौटा देंगे। लेकिन बहुत प्रेरित करने और सिखाने के बाद भी जब जवान प्रधानमंत्री से एक कदम ढंग का नहीं उठा तो उन्हें छोड़कर छिटक गये। राजीव गांधी के साथ होना जब डूबते जहाज के साथ डूबना लगने लगा तो वामपंथियों ने अपने तार विश्वनाथ प्रताप सिंह के साथ जोड़ना शुरू किये।

वामपंथियों को उत्तर भारत में पाँव जमाने के लिए एक गैर कांग्रेसी, गैर दक्षिणपंथी नई ताकत की जरूरत है और फिलहाल वे मान रहे हैं कि यह ताकत विश्वनाथ प्रताप सिंह हैं। वामपंथी सैद्धान्तिक स्तर पर विचारधारा की चाहे जितनी बातें करें सत्ता की रणनीति में उन्होंने कोई खास आग्रह या परहेज नहीं दिखाया है। पाँच-छह महीने पहले तक उन्हें राजीव गांधी से ही क्या एतराज था? पनडुब्बियों और तोपों की खरीदी में दलाली के भंडाफोड़ों से अगर राजीव गांधी की नीति बदली है तो कुछ समाजवादी नारों में ही बदली हैं। उनका पूँजी परस्त दक्षिणपंथी रवैया तो अभी जोरो पर था जब वामपंथी उनके मूक समर्थक थे। इसलिए अब राजीव गांधी

को छोड़कर अगर वे विश्वनाथ प्रताप सिंह के साथ हो रहे हैं तो यह भी रणनीति का झुकाव है। अगर अगले महीनों या सालेक भर में विश्वनाथ प्रताप सिंह भी टूटते हुए लगें तो वामपंथी उन्हें भी छोड़ने में हिचकेंगे नहीं।

विश्वनाथ प्रताप सिंह को भी वामपंथी पार्टियाँ अपनी स्वाभाविक संगिनियाँ लग रही हैं तो इसलिए कि वे भी घिर कर अपने ऊपर कोई ठप्पा नहीं लगने देना चाहते। वे जानते हैं कि उनका इलाका अगर कोई हो सकता है तो उत्तर भारत का हिन्दी इलाका ही होगा। अब कहने की जरूरत नहीं कि इस हिन्दी इलाके में वामपंथी पार्टियों का कोई जोर नहीं है। लोकदल, भारतीय जनता पार्टी और जनता पार्टी इस इलाके में कांग्रेस की विकल्प हैं और जगह-जगह उनके शक्ति पीठ हैं। दक्षिणपंथी कही जाने वाली ये पार्टियाँ उत्तर भारत में विश्वनाथ प्रताप सिंह का साथ भी दे रही हैं। लेकिन अगर इन पार्टियों की पंगत में विश्वनाथ प्रताप सिंह बैठ जाएँ तो कांग्रेस को सुविधा होगी। राजीव गांधी के सलाहकार समर्थक उन्हें दक्षिणपंथी दकियानूसी और सामन्तवादी बताकर देश के विपक्ष को विभाजित कर देंगे। लेकिन विश्वनाथ प्रताप सिंह के लिए सवाल सिर्फ इसके या उसके साथ पंगत में बैठने का नहीं है। अभी वे सब पार्टियों से समान दूरी रखकर परिवर्तन के लिए उत्सुक सभी ताकतों का सहयोग चाहते हैं। उनका गणित सत्ता हथियाने का नहीं है। वे सत्ता को सँभालने वाला नया आधार बनाना चाहते हैं। वे तात्कालिक लाभ के चक्कर में नहीं हैं। वे दूर की सोच रहे हैं और व्यवस्था में ऐसे परिवर्तन करना चाहते हैं जो राजनीतिक और आर्थिक भ्रष्टाचार के सर्वव्यापी तंत्र का एक-एक पुर्जा खोलकर नया ढाँचा खड़ा कर सके। कोई भी राजनीतिक पार्टी आज ऐसे परिवर्तन की माध्यम नहीं हो सकती। विश्वनाथ प्रताप सिंह ऐसा कोई आन्दोलन खड़ा करना चाहते हैं जो उसमें शामिल होने वाली पार्टियों और लोगों को ही बदल दे। इसीलिए वे कोई पार्टी नहीं बनाना चाहते, न किसी पार्टी के हो जाना चाहते हैं। वे सभी पार्टियों का सहयोग चाहते हैं इसलिए जिन पार्टियों में छत्तीस का आँकड़ा है उनसे समान दूरी या समान नजदीकी बनाए रखना चाहते हैं। वामपंथी इसीलिए उनके स्वाभाविक संगी हैं।

समान दूरी या समान नजदीकी बनाए रख कर विश्वनाथ प्रताप सिंह अपने को सत्ता लोलुप होने के आरोप से ही बचा लेना नहीं चाहते, वे अपने विरोधियों और समर्थकों को भी अपने साथ सत्ता का खेल खेलने नहीं देना चाहते। उन्हें बार-बार कहना पड़ता है कि वे सत्ता की दौड़ में नहीं हैं क्योंकि जिनके पास सत्ता है वे उन्हें अपना प्रतिद्वंद्वी बता कर ठप्पा लगा देना चाहते हैं और जिनके पास सत्ता नहीं है वे उसे हथियाने के लिए उन्हें अपना औजार बनाना चाहते हैं।

फिर उन्हें यह भी लगता है कि फेयरफैक्स, जर्मनी पनडुब्बी और बोफोर्स के घोटालों पर ही सारा ध्यान लगा दिया गया तो लोग जल्दी ही इनसे उकता जाएँगे किसी जन जागरण या जन आन्दोलन के लिए तात्कालिक मुद्दे जरूरी हैं क्योंकि

उनसे आन्दोलन को गति मिलती है लेकिन क्षितिज पर लिखे दूरगामी लक्ष्य न हों तो आन्दोलन उफन कर आग बुझाता हुआ ठंडा पड़ जाता है। सत्ता हथियाने का तात्कालिक लक्ष्य अगर रख लिये जाएँ तो विश्वनाथ प्रताप सिंह का सारा किया धरा किसी महल क्रान्ति की तरह तख्ता उलटने में चुक जाएगा।

इसलिए संजय सिंह का बार-बार कहना कि वे महीने दो महीने में वीर बहादुर सिंह की सरकार गिरा देंगे और उत्तर प्रदेश में जल्दी ही विपक्ष की मदद से नई सरकार बन जाएगी। विश्वनाथ प्रताप सिंह की योजना में फिट नहीं होता। सही है कि उत्तर प्रदेश अगर राजीव गांधी के हाथ से निकल जाए तो उनका दिल्ली के तख्त पर बैठे रहना असम्भव हो जाएगा। उत्तर प्रदेश का जाना हिन्दी इलाके में ऐसे परिवर्तनों का सिलसिला शुरू कर देगा। जिसे थामने के लिए या तो मध्यावधि चुनाव करवाने पड़ेंगे। इमरजेंसी आजमाया हुआ शस्त्र है और सरकार की साख ऐसी रसातल में है कि हंटर फटकारने भर से देश चुप होकर अटेंशन में खड़ा नहीं हो जाएगा। मध्यावधि चुनाव राजीव गांधी करवाएँगे नहीं क्योंकि उसमें जीत नहीं सकते। बल्कि मध्यावधि के बाद जो अस्थिरता आ सकती है उसके डर का इस्तेमाल कांग्रेस अपने बाड़े के दरवाजे बन्द रखने में कर रही है। जनता पार्टी के अनुभव के बाद विपक्ष के मजबूत विकल्प दे पाने की फिलहाल कोई गुंजाइश नहीं दिखती। क्षेत्रीय पार्टियों का महासंघ बनना मुश्किल है। बनेंगे तो मोर्चे बनेंगे, वामपंथी या गैर कम्युनिस्ट।

ऐसी हालत में विश्वनाथ प्रताप सिंह का धीरज बड़े काम का लगता है : वीर बहादुर सिंह की सरकार गिरकर विपक्ष के साथ सरकार बनाने वाले संजय सिंह ऐसे झमेले में फँस जाएँगे जो संविद सरकारों के प्रयोग से भी ज्यादा निराशाजनक हो सकते हैं। वे राजनीतिक को फिर एक ऐसे दलदल में फँसा देंगे जिससे निकलने के लिए लोग कांग्रेस की तरफ देखने लगेंगे। अगर देश में एक नई तरह की राजनीति चलाना है जो सत्ता को जनता की लूट का माध्यम न बनने दे तो पहले भ्रष्टाचारी तंत्र का एक-एक पुर्जा खोलना पड़ेगा और सेवा की नहीं तो जनता की सीधी भागीदारी वाली व्यवस्था का खाका देश के सामने रखना होगा। संविद सरकारें इसकी सम्भावनाओं को रेगिस्तान में मिला देंगी।

[5 अगस्त, 1987]

क्या हल्ला बोलेंगे ये हल्ला करने वाले!

जनवादी विरोध के लिए बनाए गए चित्रों की बाजारू नीलामी के साथ सफदर हाशमी समारोह सफलतापूर्वक सम्पन्न हो गया है। अब जरा उस विवाद को उठा लिया जाए जिसने दिल्ली के रंगकर्मियों, कलाकार बुद्धिजीवियों और पत्रकारों को विभाजित किया। जिस कारण *जनसत्ता* पर संघ-भाजपा के कहने पर समारोह में पलीता लगाने की साजिश का आरोप है।

कभी रूस तो कभी चीन के इशारों पर इस देश के लोगों, उनकी परम्पराओं और उनके जन आन्दोलनों के साथ धोखाधड़ी करने के गौरवशाली इतिहास वाले भाकपा-माकपाई सोच तक नहीं सकते कि कोई पत्रकार और उसका अखबार अपने स्वतंत्र बुद्धि विवेक और अपनी प्रतिबद्धता के कारण भी कोई सवाल उठा सकता है। लेकिन समारोह के इन आयोजकों से ज्यादा *जनसत्ता* के पाठकों को बताना जरूरी है कि उनका अखबार खाला का घर नहीं है। वह कहावत कि गरीब के जोरू भी नहीं है जिसे ऐरा-गैरा, नत्थू-खैरा भाभी कह के बच निकले।

हमें मालूम है कि राजीव गांधी हो या देवीलाल और एमके रैना हो या मलयश्री हाशमी उन्हें उनके कहे-किए के लिए जवाबदेह बनाने वाले सवाल समान रूप से खटकते हैं और ये सभी उनसे बचने के लिए झूठ और लांछन का इस्तेमाल करते हैं। लेकिन अखबार अगर किसी का भी जनसम्पर्क भी नहीं है तो उसे वे तमाम असुविधाजनक सवाल पूछने पड़ेंगे जिनके बिना सचाई की तलाश और अभिव्यक्ति की आजादी का कोई मतलब नहीं होता।

जनसत्ता के एक ऐसे ही सवाल ने जश्न मनाते सफदर के साथियों को उनके जनवादी पेंट के बिना नंगा पकड़ लिया है। और अब वे जनवाद के लाल चोंगे और लोकतंत्र की रिवन की तलाश में बाजार-दर-बाजार भटक रहे हैं। एक शहीद मजदूर रामबहादुर के नाम ने उनके जनवादी मुखौटे के धुर्रे बिखेर दिए हैं। सफदर हाशमी अगर अभिव्यक्ति की आजादी का प्रतीक है तो राम बहादुर उन गरीब-शोषित मजदूरों का प्रतिनिधि है जिनके लिए सफदर नुक्कड़ नाटक करते थे और जो इंकाई गुंडों के हमले में सफदर की तरह बल्कि उनसे पहले मारा गया था। और जो आज जनवादी आन्दोलन की उपेक्षा का उदाहरण बन गया है।

लेकिन सफदर हाशमी समारोह में इस रामबहादुर की याद दिलाना भी जुर्म है। यह बताना भी साजिश है कि रामबहादुर की गर्भवती विधवा और उसका बच्चा सीटू—सीपीएम नेताओं और सफदर हाशमी के प्रभु वर्ग साथियों की उपेक्षा और वादाखिलाफी के शिकार हुए उसी झंडापुर में पड़े हैं। सफदर हाशमी का नाम छद्म जनवादी बौद्धिकता और कलाओं के फैशनी बाजार में भुनाया जा सकता है। रामबहादुर तो साम्यवादी आन्दोलन का गिनी पिग था। बकरा था जो जनवाद की वेदी पर हलाल कर दिया गया। बाजार में गिनी पिग और बलि के बकरे कोडी के दो मिलते हैं। लेकिन सफदर हाशमी और उनकी याद में बनाए गए पेंटिंग कला के बाजार में लाखों पर नीलाम होते हैं। इस बाजार में जिन्स कोई नई चीज नहीं है। उसमें एक नया नाम सफदर हाशमी समारोह ने जोड़ दिया है—सफदर हाशमी वह सफदर हाशमी नहीं जो देश में कलाओं के सबसे बड़े मंडी हाउस इलाके को धता बता कर मजदूरों के लिए नुक्कड़-नुक्कड़ नुक्कड़ नाटक करता था। वह सफदर हाशमी जिसे एक नई जनवादी मूरत बनाकर इसी मंडी हाउस में रामबहादुर हाथों-हाथ बिकने वाला कोई हल्ला बोल बिल्ला, कोई टी-शर्ट और कोई चित्र नहीं हो सकता।

इसीलिए तो हमारे रिपोर्टर राजेश जोशी ने रामबहादुर का नाम लिया और सफदर हाशमी समारोह के आयोजकों को उसी तरह साँप सूँघ गया जिस तरह बारहवें अन्तरराष्ट्रीय फिल्म समारोह के आयोजकों को सफदर हाशमी के जिक्र पर सूँघ गया था। सफदर हाशमी समारोह में रामबहादुर को बिलकुल भुला दिए जाने और उसकी विधवा पावित्री के साथ वादा खिलाफी को राजेश जोशी की खबर ने वही किया है जो शबाना आजमी ने दस जनवरी को सीरी फोर्ट सभागार में फिल्म समारोह के उद्घाटन के दौरान सफदर हाशमी की हत्या को लेकर किया था। सफदर हाशमी की हत्या कांग्रेस की आपराधिक राजनीति की हिंसा से हुई तो रामबहादुर की याद को हत्या, सीटू और माकपा के नेताओं और उन तथाकथित जनवादी बुद्धिजीवियों, रंगकर्मियों, कलाकारों और पत्रकारों ने की जो सत्ता की मंडी में समाजवादी क्रान्ति के लिए मंडी के खिलाफ आक्रोश का मेकअप किए बैठे हैं।

रामबहादुर को दुनिया बदलने के लिए जिस जनवाद की जरूरत वे बताते हैं उसी ने इन लोगों को वह 'पवित्र आक्रोश' दिया है जिसका मुखौटा इन्हें मंडी में दुकानदारी करने वाले किसी भी पूँजीवादी से अलग करता है। इसलिए जब शबाना आजमी कहती हैं—आज हमें यह सवाल अपने आपसे पूछना होगा कि रामबहादुर को हम क्यों भूल गए हैं? मैं सबको इस बात का अपराधी ठहराती हूँ तो वे सवाल पूछने वाले को ही अपराधी घोषित करने का हल्ला मचाने लगते हैं। लोकतंत्र के सफेद फीते वाले लाल जनवादी चोगे के बिना पूँजीवादी मंडी (हाउस) में पकड़े जाने पर वे ऐसे बौखलाते हैं कि सीरी फोर्ट सभागार में सूचना और प्रसारण मंत्री एचकेएल भगत की बौखलाहट को भी मात कर दें।

शबाना आजमी को जवाब देते हुए गुस्से में बौखलाए भगत ने सफदर हाशमी की हत्या की फिर भी निंदा की थी। हत्यारों के खिलाफ कड़ी कार्रवाई की कसम खाई थी। अभिव्यक्ति की आजादी की दुहाई दी थी और हालाँकि भगत फिल्म समारोह के मंच के राजनीतिक दुरुपयोग के खिलाफ थे और सफदर हाशमी की हत्या में कांग्रेसियों का कोई हाथ नहीं देखते थे लेकिन फिल्म समारोह में शबाना आजमी के भर्त्सना-पत्र को पढ़े जाने को उन्होंने अन्तरराष्ट्रीय फिल्म समारोह को बिगाड़ने की माकपा और सीटू की सोची-समझी साजिश नहीं कहा था और शबाना आजमी को चीन के एजेंटों का एजेंट नहीं बताया था। भगत के दावे निश्चित ही दिखाने के दाँत थे। लेकिन आपराधिक राजनीति करने वाले कांग्रेसियों में भी इतनी दिखनौटी लोकतांत्रिकता है कि वे बुरे को बुरा कम-से-कम कहते तो हैं। उनकी हिंसक राजनीति किसी रामबहादुर और सफदर हाशमी में फर्क नहीं करती। मगर कोई सफदर हाशमी मारा जाए तो वे उसकी हत्या के विरोध में शामिल हो जाते हैं।

लेकिन सफदर हाशमी समारोह मनाने वाले जनवादी मजदूर रामबहादुर और कामरेड सफदर हाशमी में फर्क करते हैं। उनमें इतनी दिखनौटी जनवादिता भी नहीं है कि इस फर्क किए जाने और रामबहादुर को बिलकुल भुला दिए जाने को गलती माने और अफसोस करे। सूचना और प्रसारण मंत्रालय को जितनी चिन्ता अपने अन्तरराष्ट्रीय फिल्म समारोह की नहीं थी उससे कहीं ज्यादा मोह सफदर हाशमी समारोह के आयोजकों को अपने समारोह से था। इसलिए *जनसत्ता* की खबर में सिर्फ दो पैराग्राफ से वे इतने घबरा गए कि जिस जनवाद और अभिव्यक्ति की आजादी की रक्षा के लिए समारोह कर रहे थे उसे बाजार की खूँटी पर टाँगकर रामबहादुर की याद दिलाने वाले पत्रकार का—ले जाओ साले को नहीं तो यहाँ मार डालेंगे—जैसे लोकतांत्रिक जनवादी मंत्रों से आवाहन करने लगे।

मंचीय हस्ती कहे जाने वाले एसके रैना ने राजेश जोशी की जाति और उम्र पूछी और सवालों को पुलिसिया पूछताछ बताकर फटकारा—तुम जज बने बैठे हो जो फैसला करोगे? ये वही रैना है जिनका पक्ष न छापने के कारण कुछ कलाकारों और बुद्धिजीवियों ने जनसत्ता पर अखबार के दुरुपयोग का आरोप लगाया था। इन कलाकारों बुद्धिजीवियों और पत्रकारों को मालूम था कि राजेश जोशी श्रीराम सेंटर के कठपुतली कलाकारों की इस शिकायत पर रैना का पक्ष जानने ही उनके पास गए थे कि रैना ने हड़ताली कठपुतली कलाकारों को मदद करने से इनकार किया है। पक्ष जानने गए एक पत्रकार को वहीं मार डालने की धमकी देने का हक रंगकर्मियों को किसने दिया है? यह सवाल अस्ताद देबू, कृष्ण खन्ना, विवान सुन्दरम, इब्राहिम अल्काजी, बंसी कौल, आलोकधन्वा, गो.पु. देशपांडे और मलयश्री हाशमी नहीं पूछेंगे।

इनके लिए रामबहादुर और श्रीराम सेंटर के हड़ताली कलाकार अप्रासंगिक हैं। कुछ करने के लायक हैं तो सफदर हाशमी समारोह जिसके बारे में एक भी

असुविधाजनक सवाल उठाया जाए तो वे इसे समारोह को बिगाड़ने और बदनाम करने को आरएसएस-भाजपा प्रेरित साम्प्रदायिक और असामाजिक तत्त्वों की साजिश करेंगे। सफदर के साथ ही शहीद हुए एक गरीब मजदूर को भुलाने का जनवादी अपराध करने वाले तथाकथित लोकतांत्रिक वामपंथी एक पत्रकार के सवाल पूछने और उसे छापने को अभिव्यक्ति का अधिकार तक नहीं मानते क्योंकि इसमें उन्हें साम्प्रदायिक असामाजिक तत्त्वों ताकतों द्वारा कलाकारों और रंगकर्मियों पर आतंक जमाने और प्रताड़ित करने की पूँजीवादी साजिश दिखाई देती है। देश भर के खिसियाए बिल्ले-बिल्लियों ने ऐसी बुरी तरह खम्भा नहीं नोचा होगा।

रामबहादुर को सीटू ने ही अपना कार्यकर्ता घोषित किया था। चार जनवरी को झंडापुर गाँव के उसी नुक्कड़ पर इंकाई गुंडों के हमले से अधूरे रह गए हल्ला-बोल नाटक को पूरा करने गए सीटू-माकपा नेता, जन नाट्य मंच के कलाकार और दूसरे बुद्धिजीवी, लेखक, कवि आदि रामबहादुर के घर गए थे। वहाँ सफदर हाशमी की विधवा मलयश्री हाशमी रामबहादुर की गर्भवती विधवा पावित्री के पास बैठी थी और उससे कहा था कि वह अकेली नहीं है। दिल्ली के माकपा नेता योगेंद्र शर्मा ने वहीं घोषणा की थी कि पार्टी की तरफ से रामबहादुर की विधवा को पचास हजार रुपये दिए जाएँगे। यह रुपया लोगों से इकट्ठा किया जा रहा है।

सफदर हाशमी समारोह के तीसरे दिन यानी चौदह अप्रैल को रामबहादुर की विधवा ने राजेश जोशी को बताया कि उसे कुल पचीस हजार रुपये मिले हैं जिनमें से बीस हजार उत्तर प्रदेश सरकार ने और पाँच हजार दिल्ली की एक महिला संस्था ने दिए हैं। गाजियाबाद जिले के सीटू के अध्यक्ष और माकपा के सचिव भगवान प्रसाद ने ही राजेश जोशी को कहा कि रामबहादुर को सीटू की तरफ से अभी पचास हजार नहीं मिले हैं। लेकिन मलयश्री हाशमी ने उसी दिन 'टाइम्स ऑफ इंडिया' को कहा कि सीटू ने यह पचास हजार रुपया दे दिया है। दो दिन बाद हिन्दुस्तान ने कहा कि सीटू पैसा देगी। सीटू ने कुछ पैसा दे भी दिया है। राजेश जोशी को धमकी दी गई थी कि अगर उसने रामबहादुर की पत्नी को पचास हजार न दिए जाने को झूठी खबर छापी तो वह रसीद छपवाई जाएगी जो सीटू ने रामबहादुर की विधवा से पैसा देने के बाद ली है। वह सच्ची या झूठी रसीद अभी तक कहीं छपी नहीं है।

मलयश्री हाशमी ने कहा कि सफदर की याद में बनाया गया ट्रस्ट सहमत स्वस्थ संस्कृति को लोगों तक ले जाने के लिए बनाया गया है रामबहादुर या सफदर हाशमी के परिवार के लिए नहीं और (सफदर हाशमी) समारोह अभिव्यक्ति की आजादी के लिए लड़ने के वास्ते देश भर के कलाकारों को एकजुट करने के लिए है किसी तरह का मुआवजा देने के लिए नहीं। मलयश्री हाशमी पावित्री की तरह ही एक शहीद की विधवा हैं और चार जनवरी को वे उसे उसके घर में कहकर आई थीं कि वह अकेली नहीं है। लेकिन श्रीमती हाशमी को खबर नहीं है कि पावित्री

को सीटू से मदद मिली या नहीं। वे इस बात पर झूठ भी बोल सकती हैं और पावित्री को मदद न किए जाने की बात करने वाले पत्रकार के साथ धक्कामुक्की के खिलाफ प्रदर्शन को आरएसएस और नक्सलवादियों की मिलीभगत बता सकती हैं। उन्हें गरीब और विधवा गर्भवती पावित्री और उसके बच्चे की आर्थिक जरूरतों से ज्यादा चिन्ता सफदर हाशमी की याद में समारोह करके स्वस्थ संस्कृति को जनता तक ले जाने की है। कौन-सी जनता? इसमें पावित्री शामिल है या नहीं? क्या कोई जनवादी संस्कृति किसी रामबहादुर और उसकी गर्भवती विधवा को भुलाकर मंडी में चल सकती है?

एमके रैना के बारे में कहा गया है कि वे बड़े रंगकर्मी हैं। कलाकारों और पत्रकारों की अभिव्यक्ति की लड़ाई के योद्धा हैं और उन जैसा लोकतांत्रिक व्यक्ति किसी शावक संवाददाता को झिड़क तक नहीं सकता। लेकिन उनसे श्रीराम सेंटर के हड़ताली कठपुतली कलाकारों ने लिखित प्रार्थना की थी कि सफदर हाशमी समारोह श्रीराम सेंटर का बायकाट करके उनकी लड़ाई में उनकी मदद करे। इस पर रैना आगबबूला हो गए थे। उन्होंने इन कठपुतली कलाकारों के साथ जो बरताव किया था उसी पर बात करने राजेश जोशी उनके पास गए। रैना ने कहा—'तुम क्या जज बन बैठे हो? कितने साल से हो पत्रकारिता में? क्या खबर, कैसी खबर करोगे तुम? हड़ताली कलाकार पूँजीपति का विरोध करने की बात हमसे कहते हैं और उसी पूँजापति से रुपये बढ़ाने की माँग कर रहे हैं। छोड़ क्यों नहीं देते नौकरी? यह है सेना का लोकतांत्रिक और जनवादी चेहरा।

एमके रैना निश्चित ही जानते हैं कि कठपुतली कलाकार हो या मजदूर वह पैसा बढ़ाने के लिए हड़ताल करते हैं। सीटू, माकपा और मजदूरों के तमाम समर्थक पूँजीपतियों के खिलाफ उनकी मदद करते हैं। लेकिन एमके रैना को कलाकार सफदर हाशमी की याद में समारोह करना था और श्रीराम सेंटर का बायकाट करके वे समारोह को सफल नहीं कर सकते थे इसलिए वे समारोह के जरिए कठपुतली कलाकारों को मदद नहीं कर सकते थे। उनके लिए कठपुतली कलाकारों से बड़ा श्रीराम सेंटर और समारोह था और वे यह भी जानते हैं कि समारोह के आखिरी दिन चित्रों की जिस नीलामी से ट्रस्ट को जो बीस लाख रुपये मिले हैं वे भी पूँजीपतियों से ही आए थे और रामबहादुर जिसे बीस लाख मजदूरों से एक-एक रुपया चंदा लेकर नहीं इकट्ठे किए गए थे। नीलामी और बोली पूँजीवादी बाजार की चीज है और उससे जन संस्कृति को पोषित नहीं किया जा सकता। लेकिन ऐसे सवालों के जवाब में एमके रैना कहेंगे कि—ये समारोह में पलीता लगाने और उसे बदनाम करने की सोची-समझी साजिश के सवाल हैं।

दो जनवरी से लेकर बारह अप्रैल तक *जनसत्ता* ने सफदर हाशमी पर दिल्ली के किसी भी अखबार से कम नहीं छापा है। हमारे अखबार की कतरनें नुक्कड़ नाटकों

की प्रदर्शनियों और समारोह में भी लगाई गई थीं। यह सब हमने न आरएसएस और भाजपा के कहने पर किया था न सीटू, माकपा, जन-नाट्य मंच और सफदर हाशमी ट्रस्ट के लिए। हम अभिव्यक्ति की आजादी में आस्था रखते हैं और इसके लिए हमें कुलदीप कुमारों और उदय प्रकाशों का सर्टीफिकेट नहीं चाहिए। तब तक हम और हमारे संवाददाता, राजेश जोशी, आलोक तोमर और पुनीत टंडन किसी के प्लांट नहीं छाप रहे थे। लेकिन रामबहादुर की याद दिलाने और समारोह में उसको भुलाने के दो पैरा राजेश जोशी ने लिखे और वह शरारती और गैरजिम्मेदार और उसका अखबार आरएसएस-भाजपा के षड्यंत्र का वाहक हो गया? ये कैसी जनवादिता और लोकतांत्रिकता है जो एक शहीद मजदूर की याद दिलाने वाली खबर को बर्दाश्त नहीं कर सकती और सफदर हाशमी और रामबहादुर के हत्यारों की बोली बोलने लगती है?

जनसत्ता रिपोर्टर राजेश जोशी निष्ठा से जनवादी है, इसलिए वह दो जनवरी से रामबहादुर और उसकी विधवा पावित्री की खबर ला रहा था। सफदर हाशमी समारोह के बाद वह भी मानता है कि रामबहादुर वामपंथियों के लिए सिर्फ गिनी पिग और बलि का बकरा है। इन वामपंथियों के लिए जनवादी क्रान्ति का आक्रोश व्यवस्था से विरोध के बूते पर सुख-सुविधाएँ जुटाना है और विरोध और संघर्ष वे मुद्राएँ हैं जो इन्हें रिद के रिद रखती हैं और जन्नत भी देती हैं। एमके रैना कठपुतली कलाकारों को तो कहते हैं कि वे छोड़ क्यों नहीं देते नौकरी लेकिन व्यवस्था से छत्तीस के आँकड़े की मुद्रा बनाए उसी में बैठे गरियाते वामपंथियों के वे साथ हैं। उन्हें व्यवस्था में क्रान्तिकारी परिवर्तन नहीं करने हैं। वे जानते हैं कि यह भ्रष्टाचारी कांग्रेसी व्यवस्था समाजवाद के नाम पर चल रही है।

कांग्रेस के इस दोगलेपन को अपने वैचारिक वामपंथ से अगुआ करके यही माकपाई बुद्धिजीवी फिरौती वसूल कर रहे हैं। लेकिन झूठ और भ्रष्टाचार से गलित-पतित कांग्रेसी व्यवस्था को ये सुविधाभोगी मौकापरस्त वामपंथी अपने वैचारिक आतंकवाद से डरा सकते हैं। *जनसत्ता* ने इन कागजी शेरों की पूँछ पहले भी मरोड़ी है और इनके दिखाने के दाँत गिन-गिन कर बताए हैं। रामबहादुर का नाम हमने तेरह अप्रैल को कोई पहली बार नहीं लिया है। दो जनवरी से हम उसे सफदर हाशमी के साथ रखे हुए हैं और इन साढ़े तीन महीनों की *जनसत्ता* की फाइलें गवाह हैं। लेकिन उन्हें हम कल देखेंगे। तब तक रामबहादुर और सफदर हाशमी दोनों को लाल सलाम।

[21 अप्रैल, 1989]

इस नीलामी के बाद सफदर को क्या जवाब दोगे?

बारह अप्रैल से शुरू हुए सफदर हाशमी समारोह की दिल्ली के अखबारों में जो रपटें छपीं उनमें सिवाय *जनसत्ता* के किसी में भी मजदूर राम बहादुर का जिक्र नहीं था। लेकिन क्या इसीलिए आरोप लगाया जा सकता है कि उसने ऐसा समारोह में पलीता लगाने और उसे बदनाम करने के लिए किया था? और इसमें संघ और भाजपा का हाथ था? तेरह अप्रैल के *जनसत्ता* में भी वह सब छपा है जो दूसरे अखबारों में भी था सिवाय इन दो पैराग्राफों के—'लेकिन इस पूरे 'समारोह' में राम बहादुर कहीं नहीं था। भाषण देने वालों ने उसके लिए एक लफ्ज भी नहीं कहा। उसका नाम किसी की जुबान पर नहीं आया। उसके नाम की तख्तियाँ किसी ने उठा नहीं रखी थीं और न ही उसकी मौत के बारे में किसी को याद था। सफदर हाशमी की मृत्यु के साढ़े तीन महीने बाद सफदर हाशमी समारोह मनाने वाले भीष्म साहनी, एम.के. रैना, मलयश्री हाशमी और दूसरे रंगकर्मियों के लिए यह एक गैर जरूरी नाम लगता है।'

'नुक्कड़ नाटक के बाद आज टीवी टुडे के वीडियो कैमरे के सामने शबाना आजमी ने कहा—यह कहना ठीक है कि सफदर की मृत्यु बेकार नहीं गई। उसके बाद हम सब लोग एक हुए हैं। लेकिन सच यह है कि सफदर नहीं रहा। जब उनसे पूछा गया—'सफदर के साथ एक और आदमी की मृत्यु हुई थी। उसका नाम हम सब लोग भूल चुके-से लगते हैं। उस राम बहादुर के बारे में आपको क्या कहना है?' क्षण भर के लिए शबाना आजमी खामोश रहीं और फिर उन्होंने पहले जैसी आवाज में कहा—आज हमें यह सवाल अपने आप से पूछना होगा कि राम बहादुर को हम क्यों भूल गए हैं। मैं सबको इस बात का अपराधी ठहराती हूँ'।

सिर्फ नौ दिन पहले इसी अखबार में छपी खबर के इन दो पैराग्राफों को यहाँ फिर देने के लिए *जनसत्ता* के पाठक क्षमा करें। लेकिन जरा सोचिए कि इनमें संघ-भाजपा षड्यंत्र क्या है। राम बहादुर शाखा में नहीं जाता था और न भारतीय मजदूर संघ का सदस्य था और उसके भुलाए जाने पर देश के तथाकथित दक्षिणपंथी और साम्प्रदायिक संगठनों को बुरा लगा हो। समारोह ने दिल्ली को कोई ऐसा पागल भी नहीं कर दिया था कि भाजपा को जलन और चिन्ता हो सके। हमारे बुजुर्ग

साहित्यकार भीष्म साहनी ने कहा कि सफदर का सपना था जन उत्सव करने का जिसमें आम लोग भाग ले सकें। दिल्ली वाले जानते हैं कि इस तथाकथित जन उत्सव में जन कितने थे।

सरकारी 'अपना उत्सव' के जवाब में जन उत्सव मनाने के सफदर के सपने का जिक्र इब्राहिम अल्काजी ने बीस जनवरी को भी किया था। सफदर हाशमी मेमोरियल कमेटी की तरफ से उन्होंने कहा था कि सफदर की याद में एक कला और नाटक प्रशिक्षण केन्द्र खोला जाएगा जिसमें सामाजिक पिछड़ेपन के कारण अवसर से वंचित लोगों को प्रशिक्षण दिया जाएगा। अभिव्यक्ति को आजादी की सुरक्षा के लिए बुद्धिजीवियों और कलाकारों को एक सतर्कता समिति बनाई जाएगी। इसी प्रेस कॉन्फ्रेंस में अल्काजी ने ट्रस्ट बनाने की घोषणा और उसमें सहयोग अनुदान देने को अपील की थी।

अगर आपने बारह से सोलह अप्रैल तक दिल्ली के मंडी हाउस में सफदर हाशमी समारोह देखा हो तो साफ हो जाएगा कि यह जन उत्सव कतई नहीं था। यह ट्रस्ट के लिए धन इकट्ठा करने को व्यवस्थानिष्ठ कवायद थी जिसमें आज के सभी प्रचलित बाजारी तौर-तरीके अपनाए गए थे। आखिर पैसा तो वहीं से आना था जहाँ वह है और इसीलिए उन्हीं लोगों को इसमें आकर्षित किया गया जो एक महान उद्देश्य के लिए पैसा दे सकते थे। कहानीकार निर्मल वर्मा ने कहा—'ताज्जुब है, जो नुक्कड़ नाटक जानते तक नहीं वे भी यहाँ आ गए। मैं जानना चाहता हूँ कि इतनी बड़ी संख्या में, इत्र में डूबी ये महिलाएँ कब से वामपंथी हो गईं? गाड़ी में घूम कर फैशन के लिए वामपंथी कहलाने की हिप्पोक्रेसी का समय आ गया है।'

ट्रस्ट बनाना और उसके लिए पैसा जुटाना कोई अपराध नहीं है। बल्कि जैसा कि अब्दुल रहमान अन्तुले की कारगुजारियों से स्थापित हो चुका है, आर्थिक अपराधों से बचने का एक तरीका ट्रस्ट बनाना भी है। अगर अन्तुले कलाकारों की भलाई के प्रतिभा प्रतिष्ठान बना सकते हैं तो एम.के. रैना, मलयश्री हाशमी, इब्राहिम अल्काजी, भीष्म साहनी और हबीब तनवीर जैसे प्रतिबद्ध वामपंथी प्रगतिशील रंगकर्मी नुक्कड़ नाटक जैसी जनवादी विधा के लिए ट्रस्ट बनाएँ तो किसी को अखरना क्यों चाहिए? बल्कि ऐसे नामी लोगों का किसी कोशिश में शामिल होना ही उसे जनवादी बना देता है। इन लोगों का किया व्यवसायीकरण भी व्यावसायिकता नहीं होता। वैदिक हिंसा, हिंसा न भवति...।

झंडापुर गाँव में एक जनवरी को *हल्ला बोल* पर हुए हमले को रोज-रोज कवर करने वाले जानते थे कि सफदर हाशमी की हत्या का इस्तेमाल करने की होड़ में राम बहादुर बिलकुल भुलाया जा रहा है। लोहिया अस्पताल में हाशमी के दम तोड़ने की खबर में ही इस अखबार ने दो जनवरी को छापा था—'राम बहादुर का आज अन्तिम संस्कार कर दिया गया। लेकिन मुआवजा तो अलग रहा उसके परिवार की

खोज खबर लेने न कोई नेता पहुँचा, न ही सेंट्रल इलेक्ट्रॉनिक्स का कोई अफसर। राम बहादुर इसी कम्पनी में दिहाड़ी मजदूर था। वह नेपाल के राप्ती अंचल से रोजी-रोटी के लिए दिल्ली आया था।' इसी खबर में दिल्ली के संस्कृति और रंगकर्मियों के गुस्से, दुख और सफदर से सहानुभूति जताने आए गृहमंत्री बूटासिंह के हूट किये जाने और रवीन्द्र भवन की संवेदना सभा से मुख्य कार्यकारी पार्षद जगप्रवेश चन्द्र के बिना बोले बाहर किये जाने का भी विस्तार से वर्णन है। इसी दिन के अखबार में सफदर हाशमी के जीवन पर अभिभूत कर देने वाला पहले पेज का एक लेख है। 'सफदर के साथ कला को सर्वहारा की चेतना और संघर्ष का वाहक बनाने के एक जवान सपने की मौत हो गई।' और 'सफदर लोकतांत्रिक जनवादी आन्दोलन और कला जगत के बीच का पुल था।'

पाँच जनवरी के अखबार में चार जनवरी को झंडापुर के उसी तिराहे पर पूरा किया गया *हल्ला बोल* नाटक और उसके बाद जुलूस के राम बहादुर के घर जाने की खबर है। देखिए—'राम बहादुर की विचलित विधवा एक बड़े सफेद कपड़े में लिपटी बैठी थी, गुम और उदास।... लोगों के बीच रास्ता बनाकर माला (मलयश्री हाशमी) अन्दर आई और राम बहादुर की विधवा के पास बैठ गई। एकदम चुपचाप बैठी यह नेपाली औरत फिर चुप नहीं रह पाई। उसके आँसू निकल पड़े और हिचकियाँ बंध गई। पूरे समय भीष्म साहनी फर्श पर ही उस औरत के साथ बैठे रहे। माला ने उस औरत के कंधे पकड़ के उसको ढांढस बंधाया। दरवाजे के बाहर एक आदमी कहता रह गया कि वह हिन्दी नहीं समझती। लेकिन उसकी आँखें बताती थीं कि वह माला की भाषा भले ही न समझे उसका आशय पूरी तरह समझती है।'

आठ जनवरी से हमारे संवाददाता आलोक तोमर ने सफदर हाशमी हत्याकांड पर तीन किस्तों में एक खोज खबर की जिसमें पावित्री का फोटो है और यह टुकड़ा भी—'इस दौर में पावित्री की किसी को याद नहीं आ रही। एक बच्चे की इक्कीस साल से माँ और पाँच माह से गर्भवती...पावित्री पौने दो सौ रुपये महीने किराए की एक कोठरी में ईंटों के चूल्हे पर तपती आग में खिचड़ी पकाते हुए धुएँ, और अनिश्चय से घिरी बैठी कहती है—'पता नहीं हम कहाँ जाएँगे। पर हमारा मन तो यहीं रह कर काम करने का है। केवल एक साल पहले नेपाल के एक गाँव से वह अपने पति के साथ फैक्ट्रियों के इस नरक में आई थी। पर आज वह युवा विधवा है। अभी वह एकदम अकेली है। परिवार के दूसरे सदस्य शायद एक-दो दिन में आएँगे। घोषित मुआवजों में से एक पैसा भी आज तक उसे नहीं मिला है और कोई नहीं जानता कि अगले महीने का किराया वह कहाँ से देगी और अगले सप्ताह का भोजन कहाँ से करेगी?'

फिर आठ जनवरी को ही—'उधर पावित्री के शोक और त्रासदी को भुनाने की भी कोशिश लगातार चल रही है। उसके कई दूर के रिश्तेदार परिवार के कमाऊ सदस्य बनने का दावा कर के मुआवजे में मिलने वाली नौकरी पाने को उत्सुक

हैं। यह बात और है कि नौकरी का प्रस्ताव अभी तक कहीं से आया नहीं है। कब आएगा, आएगा भी या नहीं, यह कोई नहीं जानता।' ग्यारह जनवरी को सफदर हाशमी की याद में *जनसत्ता* ने पूरा पेज निकाला। इसमें सफदर, मलयश्री, लक्ष्मीकान्त वर्मा और आलोक तोमर के लेख हैं।

इसी लेख में—'और यह सिर्फ सफदर की मौत की बात नहीं है। हमें जरा शर्म आनी चाहिए और साहिबाबाद के गरीब चौकीदार राम बहादुर की मौत को भी उतनी ही पवित्र गरिमा से बलिदान मानना चाहिए जैसे हमने सफदर को माना है। सफदर का जाना एक बड़े मुकाबले का नतीजा था तो राम बहादुर भी इसी संग्राम में मारे गए। रवीन्द्र भवन में जमा होने वालों को याद रखना चाहिए कि सफदर के जीवन का ज्यादातर हिस्सा राम बहादुर और उन जैसे लोगों को समर्पित रहा है। राम बहादुर की उपेक्षा कर के उनकी मृत्यु को कम महत्त्व की मान कर हम सफदर की मृत्यु का अपमान ही कर रहे होंगे।'

सफदर हाशमी समारोह में रवीन्द्र भवन वाले मंडी हाउस इलाके में जमा हुए लोगों ने राम बहादुर को भुला कर सफदर हाशमी को शहादत का यही अपमान किया था। *जनसत्ता* का इस बात पर चुप रहना साढ़े तीन महीनों में सफदर को समर्पित लाखों शब्दों को झूठ मानना भी होता। हमने राम बहादुर को हमेशा सफदर के साथ रखा है। जिस किसी एम.के. रैना और मलयश्री हाशमी को आईने में अपना चेहरा देखना हो वह हमारी फाइलें देख सकता है। जिन एम.के. रैना और मलयश्री हाशमी और झूठे बयानों पर दस्तखत करने वाले कलाकारों, पत्रकारों और बुद्धिजीवियों ने तेरह अप्रैल को हमारे राम बहादुर के नाम लेने को संघ-भाजपा की साजिश बताया था उनके पास अगर चुल्लू भर भी जनवादी पानी हो तो उसमें वे चाहे जो कर सकते हैं। सफदर हाशमी को हत्या और उनकी याद में *जनसत्ता* ने जो किया है दिल्ली के किसी अखबार ने नहीं किया। यह जरूर है कि यह सब हमने माकपा, सीटू और तथाकथित जनवादी संस्कृति के मसीहाओं से पूछ कर नहीं किया है, न उन्हें खुश करने के लिए किया है। *जनसत्ता* न भाजपा से पूछता है, न माकपा से।

यह भी नहीं कि राम बहादुर और उसकी विधवा पावित्री की बात बार-बार हम इसलिए उठाते रहे कि हमें उनकी स्थिति को एक डंडा बना कर सफदर के पार्टी और कला साथियों पर चलाना था। हमने यह इसलिए किया कि सफदर ऐसे ही लोगों को समर्पित थे। इसी अखबार में छपी सफदर की कुछ बातें देखिए—'सुनो, मैं वोदका को स्कॉच से बेहतर नहीं मानता। जिस दिन रोटी से शराब बनने लगे उस दिन मुझसे बात करना। यह तभी होगा जब रोटियाँ पेट भरने के बाद बच जाएगी।' फिर प्रगति सक्सेना से छपी बातचीत में सफदर हाशमी ने कहा था—'हम कला और मजदूरों में सम्बन्ध बनाने की कोशिश कर रहे हैं। इस जरिये से हमने सिर्फ मजदूरों और जनता को ही अपने अधिकारों के प्रति जाग्रत नहीं किया है बल्कि उनकी तरह-तरह की

समस्याएँ भी जानी हैं जिनका घर बैठे अन्दाज तक नहीं लगाया जा सकता।

'हमारा काम है समस्याओं के प्रति, शोषण के प्रति मजदूरों को जागरूक करना। कई जगह हालात इतने खराब है कि अन्याय के खिलाफ मजदूर जबान नहीं खोल सकता। उसे वहीं मार दिया जाता है।'

यह भी 'त्रिवेणी, कमानी और फिक्की सभागारों में नाटक कर के हमें उन लोगों तक नहीं पहुँचना है जो शो खत्म होने के बाद कार में बैठेंगे और जा कर शराब पीने लगेंगे। हमारी चिन्ता सड़क पर जा रहे और वहाँ ठिठके लोगों को चिन्ता है। हमारे पास लाइट और परदे खरीदने को पैसे नहीं हैं और न हम उसकी जरूरत समझते हैं। जब हम झोली पसारते हैं तो पैसों की शक्ल में निष्ठा जमा कर रहे होते हैं।'

सफदर हाशमी समारोह के आखिरी दिन चित्रों की नीलामी करके, *हल्ला बोल* टी शर्ट और वैज और नुक्कड़ नाटकों के टिकट बेच कर समारोह वालों ने गरीब मजदूरों से निष्ठा जमा की है या अमीरों का फालतु पैसा? सफदर की प्रिय लाइन थी—'घिरे हैं हम सवाल से हमें जवाब चाहिए, जवाब दर सवाल है कि इंकलाब चाहिए।' एमके रैना, मलयश्री हाशमी, भीष्म साहनी और उनके समारोहों साथी सफदर हाशमी के काम और याद को नीलाम कर के सफदर को अब क्या जवाब देंगे? शायद उन्हें ऐसे सवालों के जवाब नहीं देने हैं। शायद सवाल उनके खिलाफ *जनसत्ता* के जरिये संघ और भाजपा की साजिश है। ये लोग सफदर को नीलाम कर के ही उसकी याद में ट्रस्ट बना सकते थे। बाजार के साथ उनका यह बेशर्म समझौता भी शायद पूँजीपति रामनाथ गोयनका के अखबार की साजिश है।

और अन्त में कैसे-कैसे लोग सफदर हाशमी समारोह की राम बहादुर से रक्षा में खड़े हुए है इसकी एक बानगी देखिए। एक स्वामी हैं अग्निवेश। उन्होंने *हिन्दुस्तान* को कहा है—मजदूर तो लाखों की संख्या में मारे जा रहे हैं लेकिन एक आदमी जो स्वेच्छा से उन्हें जागरूक करने के प्रयास में मारा गया था वह था सफदर हाशमी। राम बहादुर की मौत से सफदर की मौत को बराबर करके नहीं देखा जा सकता। ये स्वामी अग्निवेश बँधुआ मजदूरों की मुक्ति के लिए विदेशी पैसे से काम करते हैं। इसलिए इन्हीं के करे को इस तरह भी पढ़ा जा सकता है—'मजदूर तो लाखों की संख्या में बँधुआ बनाए जा रहे हैं। लेकिन एक आदमी जो स्वेच्छा से उन्हें मुक्त करवाने में बँधुआ हो गया वह है। स्वामी अग्निवेश। किसी मजदूर के बँधुआ होने से स्वामी अग्निवेश के बँधुआ होने को बराबर कर के देखा नहीं जा सकता। स्वामी अग्निवेश विशेष बँधुआ है—पब्लिसिटी के। उन्हें मजदूर राम बहादुर की मौत सफदर की मौत के बराबर नहीं लगती। स्वामी अग्निवेश हों या एम.के. रैना इनके मजदूर-प्रेम की यही असलियत है। जय हो! स्वामीजी की जय हो!!

[22 अप्रैल, 1989]

भारत भवन की परिष्कृत राजनीति

यह हिन्दी के अधपढ़े और गँवार अखबारों का पुराना और प्यारा शगल है। वे कलाओं में उत्कृष्टता के केन्द्र उस भारत भवन के पीछे पड़े ही रहते हैं जिसके कारण भोपाल कलाओं की राजधानी कहलाया और अन्तरराष्ट्रीय कला क्षेत्रों में जिसका नाम आदर से लिया जाता है। जैसा कि अशोक वाजपेयी अंग्रेजी से उठा कर कहते हैं, भारत भवन उत्कृष्टता का केन्द्र है और उत्कृष्टता घटियापन का अपमान है। इसे समझने में आपको थोड़ी दिक्कत आई होगी क्योंकि यह अंग्रेजी आलोचना के एक वाक्य का उलथा है जैसा कि अशोक वाजपेयी का अधिकांश काव्य हुआ करता है।

बहरहाल, भारत भवन पर फिर हमले हो रहे हैं और इसका कारण यह नहीं है कि उसकी उत्कृष्टता में कोई गिरावट आई हो और वह घटियापन से होड़ करने लगा हो। कारण यह है कि भोपाल में सत्ता परिवर्तन हो गया है। जैसा कि देश के सरकारी कल्चर की अधिष्ठात्री देवी पुपुल जयकर ने मुख्यमंत्री मोतीलाल वोरा को लिखा है—“आपने नोटिस किया होगा कि भोपाल में सरकार में हर परिवर्तन के साथ इस प्रतिष्ठित संस्था के खिलाफ अभियान चलाने का चलन-सा हो गया है—अज्ञात या सोची-समझी गलत सूचनाओं के आधार पर एक प्रेरित अभियान।”

अब पिछले नौ साल में भोपाल में जो दो सत्ता परिवर्तन हुए हैं उन दोनों में अर्जुन सिंह की जगह मोतीलाल वोरा मुख्यमंत्री बने हैं। पहली बार मार्च 1985 में और अब जनवरी 1989 में। भारत भवन के खिलाफ अभियान अर्जुन सिंह के आने के साथ तो चल नहीं सकता क्योंकि वही तो देश में कलाओं के एक संरक्षक मुख्यमंत्री हैं और उन्हीं का बनवाया हुआ यह कला केन्द्र है। कम से कम माना तो यही जाता है भले ही भोपाल के कुछ जले-भुने पत्रकार बताते रहें कि भारत भवन की अवधारणा महेंद्र बुच की थी जो प्रकाश चन्द सेठी के मुख्यमंत्रित्व में 1975 में नगर नियोजन के निदेशक हुआ करते थे। लेकिन प्रकाश चन्द सेठी और महेंद्र बुच को भोपाल में हुए देश के सांस्कृतिक पुनर्जागरण से कोई नहीं जोड़ता। उसके अग्रदूत और संस्थापक तो अर्जुन सिंह और संस्कृति सचिव अशोक वाजपेयी ही माने जाते हैं। इसे अज्ञान से प्रेरित अभियान कोई नहीं कहता।

तो कला में उत्कृष्टता के केन्द्र भारत भवन के खिलाफ अभियान चलाने की जो प्रवृत्ति पुपुल जयकर ने देखी है उसका कुछ तो लेना-देना मोतीलाल वोरा के मुख्यमंत्री बनने से होगा। यानी नये मुख्यमंत्री से भारत भवन को उदारता से समर्थन और संरक्षण देते रहने का विश्वास प्रकट करते हुए कल्चर की अधिष्ठात्री देवी ने मोतीलाल वोरा को यह भी कहा है कि आपके आने के साथ अन्तराष्ट्रीय ख्याति के इस कला केन्द्र के खिलाफ अभियान छिड़ता देखा गया है। ध्यान रहे इसमें कोई राजनीति नहीं है। कला की अधिष्ठात्री देवियाँ और उसके अशोक वाजपेयी जैसे अग्रदूत राजनीति नहीं करते।

राजनीति की तरफ संकेत करते हैं अंग्रेजी के जाने-माने स्तम्भ-लेखक अपने निखिल चक्रवर्ती। निखिल दा पिछले दिनों भोपाल गए और वहाँ उन्होंने इस शहर को अन्तरराष्ट्रीय ख्याति दिलाने वाले दोनों पर्यटक केन्द्र देखे यूनियन कारबाइड और भारत भवन!—एक हमारे उद्योगीकरण का कलंक और दूसरा हमारी सांस्कृतिक धरोहर का ज्वाजल्यमान उदात्त केन्द्र। भोपाल के इन दो पर्यटक केन्द्रों में जो भी जातक पर्यटक की तरह जाता है वह वैसी ही जानकारी लेकर लौटता है। यूनियन कारबाइड के बारे में निखिल दा ने जो जाना उसे फिर कभी देखेंगे। अभी तो देखें कि भारत भवन को राजनीति से बचाने के लिए निखिल दा क्या कर रहे हैं।

निखिल दा का कहना है कि मुट्ठी भर संस्कृतिविहीन संकीर्ण पुरानपंथियों को छोड़ दें तो भारत भवन के प्रति मध्यप्रदेश के लोगों में सभी और बड़ा सम्मान और लगाव है। निखिल दा उससे अभिभूत हो गए। उन्होंने पाया कि इन संकीर्ण, संस्कृति विहीन पुरानपंथियों में ज्यादातर वे टुच्चे राजनेता हैं जो भारत भवन पर घात लगाकर हमला करते हैं क्योंकि वह अर्जुन सिंह के मुख्यमंत्रित्व में स्थापित हुआ। अब अर्जुन सिंह में जो भी खामियाँ हों क्या इसे उनके खिलाफ एक मुद्दा माना जाना चाहिए कि उन्होंने भारत भवन जैसे गौरवशाली और अनुकरणीय कला केन्द्र की स्थापना में मदद की। क्या भारत भवन अब काली सूची में चढ़ा दिया जाना चाहिए क्योंकि अर्जुन सिंह सत्ता से बाहर हैं? हमारे राजनीतिकों के तौर-तरीके और उनका मूल्य बोध सब इतना एकतरफा हो गया है कि पिछले दस साल में राष्ट्रीय स्तर की सांस्कृतिक उपलब्धि बने भारत भवन जैसे कला केन्द्र से उन्हें एलर्जी हो गई लगती है। लेकिन भारत भवन एक ऐसी उपलब्धि है, निखिल दा अन्त में कहते हैं—जिस पर मुझे और आपको गर्व होना चाहिए। भले ही मध्यप्रदेश के कुछ मंत्रियों को जन्मजात अदूरदर्शिता की बीमारी हो।

अब दिक्कत यह है कि भोपाल में रहने वाले कुछ पत्रकार वहाँ पर्यटक नहीं हो सकते और उन्हें यूनियन कारबाइड और भारत भवन में से एक जैसी मिथाइल आइसोसाइनेट रिसती दिखी है और वे समान रूप से एक को औद्योगिक तो दूसरे को सांस्कृतिक हादसा मानते हैं। और भी बड़ी दिक्कत यह है कि ऐसे सारे पत्रकार

हिन्दी के अधपढ़े, गँवार और जाहिल दोकौड़िया नहीं हैं। उनमें *इंडिया टुडे* जैसी नव धनाढ्य और रंगीन वजन की पत्रिका के एन.के. सिंह भी हैं और अंग्रेजी भास्कर के सम्पादक एन. राजन भी। इन लोगों ने एक पत्र लिखकर निखिल दा को पर्यटक ज्ञान से ज्यादा जानकारी देने की कोशिश की है। निखिल दा ने कहा था कि भारत भवन कोई कला की उत्कृष्टता का आइवरी टावर नहीं है। वहाँ के लोगों की सामाजिक चेतना इतनी तीव्र है कि यूनियन कारबाइड से उनकी सेवा कुंडलिनी जाग्रत हो गई और वे जहरीली गैस के शिकारों की सेवा में जुट गए। निखिल दा ने यह भी लिखा था कि भोपाल गैस हादसे की भयावहता का पहला सर्वेक्षण भारत भवन ने ही किया था।

भोपाल के इन पत्रकारों को कहना पड़ा कि निखिल दा की यह टिप्पणी भोपाल गैस हादसे के शिकार लोगों का अपमान है। "सच तो यह है कि भारत भवन के संकीर्ण संस्कृतिविहीन पुरानपंथियों को गैस के मारों का दुख छू तक नहीं सका। दिसम्बर 1984 की दुनिया की सबसे बड़ी और भयावह दुर्घटना के बाद भारत भवन के उत्सव की घोषणा कर दी। जनता और पत्रकारों के तीव्र विरोध के बाद ही यह उत्सव रद्द किया गया। राहत के मामले में भारत भवन का ऐसा सुनहरा इतिहास है। इसके बाद भारत भवन ने एशियाई काव्य समारोह करने का फैसला किया तो गैस पीड़ितों को फिर विरोध प्रदर्शन करने पड़े। लेकिन भारत भवन के एक रत्न ने कहा—'मुर्दे के साथ कोई मर नहीं जाता है।' गैस पीड़ितों की हालत जानने के लिए भारत भवन ने कोई सर्वेक्षण कभी नहीं किया। भारत भवन के संस्कृतिकर्मियों में गैस पीड़ितों के लिए हिकारत के अलावा कुछ नहीं है।"

पता नहीं निखिल दा पर्यटक ज्ञान से आगे बढे या नहीं। लेकिन पुपुल जयकर की चिट्ठी और निखिल चक्रवर्ती के लेख के बीच संस्कृति सचिव और भारत भवन के भी ट्रस्टी सचिव ने समाचार एजेंसी वार्ता को एक मुलाकात में कहा कि "बुद्धिजीवियों का काम ही है कि सत्ता पर ऐसा दबाव बनाए रखा जाए जिससे वह कुछ सीमाओं का अतिक्रमण न कर सके।" अशोक वाजपेयी होने का असली फायदा यही है कि वे भारत भवन में बुद्धिजीवी, कवि और संस्कृतिकर्मी हो जाते हैं और जब वल्लभ भवन में संस्कृति सचिव की कुर्सी पर बैठते हैं तो सरकारी अंगद के पाँव हो जाते हैं। यानी एक तरफ से तो वे दबाव बनाए रखते हैं कि सत्ता कुछ सीमाओं का अतिक्रमण न कर सके और दूसरी तरफ सत्ता में बैठे वे सीमाओं के अतिक्रमण की लगातार कोशिश करते रहते हैं।

जैसे इसी मुलाकात में उन्होंने कहा कि संस्कृति विभाग ने कभी किसी राजनीतिक दल के लिए काम नहीं किया और चाहे जो दल सत्ता में रहा हो उसकी राजनीति को संस्कृति पर हावी नहीं होने दिया। अब भारत भवन बनने के बाद कांग्रेस के अलावा एक ही बार कोई पौने तीन साल मध्यप्रदेश में जनता पार्टी की सरकार

बनी थी। तब अशोक वाजपेयी अपनी संस्कृति की रक्षा में इतने चिन्तित हो गए थे कि दौड़े-दौड़े मध्यप्रदेश के जनता पार्टी नेता लाड़ली मोहन निगम के पास गए थे। और पुराने समाजवादी लाडलीजी ने तब के केन्द्रीय मंत्री पुरुषोत्तम कौशिक से कहा था और इस तरह अशोक वाजपेयी की संस्कृति चिन्ता दूर हुई थी जिसे कुछ भुक्खड़ लेखक उनकी नौकरशाही चिन्ता भी कहते हैं।

अब इसे देखते हुए आप कह सकते हैं कि अर्जुन सिंह के मुख्यमंत्री न रहने पर भारत भवन के ट्रस्ट मंडल की अध्यक्ष पुपुल जयकर को अन्तरराष्ट्रीय ख्याति प्राप्त प्रतिष्ठित संस्था पर अज्ञान के हमलों और राजनीतिक हस्तक्षेपों की फिकर क्यों हो जाती है। निखिल चक्रवर्ती जैसे पत्रकार को मध्यप्रदेश में अर्जुन सिंह ही कलाओं के एक ज्ञाता, संरक्षक और गुनगाहक राजनीतिक क्यों दिखाई देते हैं। भारत भवन पर हमले को वे अर्जुन सिंह पर राजनीतिक हमला क्यों मानते हैं। मध्यप्रदेश में संकीर्ण, संस्कृतिविहीन पुरानपंथी, राजनीतिकों में जन्मजात अदूरदर्शिता की बीमारी निखिल दा को क्यों दिखाई देती है। सत्ता परिवर्तन होने पर भोपाल में क्या कुछ निहित स्वार्थी तत्त्व सचमुच भारत भवन के खिलाफ अभियान छेड़ देते हैं और अशोक वाजपेयी को चेतावनी देनी पड़ती है कि वे किसी की राजनीति को संस्कृति पर हावी नहीं होने देंगे? या अर्जुन सिंह के अलावा किसी और के मुख्यमंत्री होते ही भारत भवन के कर्ताधर्ताओं को संस्कृति की चिन्ता होने लगती है और किसी और राजनेता के हस्तक्षेप को रोकने के लिए वे चिट्ठियाँ और लेख लिखवाने लगते हैं क्योंकि "बुद्धिजीवियों का तो काम ही है कि सत्ता पर वे ऐसा दबाव बनाए रखें कि वह कुछ सीमाओं का अतिक्रमण न कर सके।"

यह दबाव कलाओं और कलाकारों, लेखकों आदि की स्वायत्तता की सीमाओं की रक्षा के लिए होना चाहिए या जो लोग भारत भवन के आजन्म ट्रस्टी हो गए हैं उनके एकाधिकार और काम करने के उनके तरीके की रक्षा के लिए होना चाहिए? यह सवाल पहले भी उठता रहा है लेकिन इसे संकीर्ण संस्कृतिविहीन पुरानपंथियों के जाहिल और गँवारू रवैए का नतीजा कहा गया था। कुछ हिन्दी के अधपढ़े और संस्कृति विरोधी दोकौड़िया पत्रकारों की क्षेत्रीय और बीमार मानसिकता भी बताई गई थी। सबसे ऊपर फतवा दे दिया गया था कि घटिया लेखक, कवि, आलोचक और पत्रकार भारत भवन की उत्कृष्टता से चिढ़े हुए हैं क्योंकि यह उत्कृष्टता उनके घटियापन का अपमान है।

लेकिन हाल ही भारत के नियंत्रक और महालेखापरीक्षक की भारत भवन पर रपट आई है जो 1983 से 86 तक उसके हिसाब और कामकाज की जाँच करती है। यह रपट तीस मार्च को विधानसभा में रखी गई और तभी से भारत भवन को अज्ञान और दुर्भावना के अभियान और सत्ता के हस्तक्षेप से बचाने की कोशिशें जोरों पर हैं। निखिल चक्रवर्ती ने जन्मजात अदूरदर्शी संस्कृतिविहीन राजनेताओं में

मोतीलाल वोरा का नाम नहीं लिया है, न उन्हें पुपुल जयकर ने कहा है कि वे भारत भवन जैसे प्रतिष्ठित और अन्तरराष्ट्रीय ख्याति के प्रसिद्ध राष्ट्रीय कला केन्द्र के खिलाफ अभियान चलने दे रहे हैं। अशोक बाजपेयी ने भी नहीं कहा है कि मोतीलाल वोरा पर ऐसा दबाव बनाए रखना जरूरी है कि वे कुछ सीमाओं का अतिक्रमण न कर सकें। लेकिन बचाव में चलाया जा रहा यह अभियान कलाओं की स्वायत्तता के लिए है या आजन्म ट्रस्टियों के भारत भवन को अपनी निजी संस्था की तरह चलाने के एकाधिकार की रक्षा में है? नियंत्रक और महालेखापरीक्षक की रपट कुछ महत्त्वपूर्ण तथ्य और संकेत देती है जिन्हें अपन कल देखेंगे।

[2 मई, 1989]

लोक नहीं, तंत्र नहीं, जागीरदारी है

लोग तो मजाक में कहते हैं लेकिन भारत भवन वाले इसे गम्भीरता से भी बता सकते हैं कि कलाओं में उत्कृष्टता की साधना में लगे व्यक्तियों से उम्मीद करना गलत है कि वे हिसाब-किसाब में भी चुस्त-चौकन्ने होंगे। शायद यह भी सही है कि नियंत्रक और महालेखापरीक्षक की रपट वह कसौटी नहीं हो सकती जिस पर भारत भवन जैसे कला केन्द्र की उपलब्धियों को परखा जा सके। आखिर भारत भवन कलाओं के प्रदर्शन से लाभ कमाने के लिए नहीं बनाया गया है। और जैसा कि उसके ट्रस्टी सचिव अशोक वाजपेयी कहते हैं दुनिया में कहीं भी सांस्कृतिक गतिविधियाँ व्यावसायिक रूप से सफल नहीं हैं और उनका घाटा सरकारें भरती हैं। जिस तरह कल्याणकारी राज्य लोगों तक शिक्षा और चिकित्सा पहुँचाता है उसी तरह उसे लोगों तक कला और संस्कृति को भी ले जाना चाहिए।

कल्याणकारी राज्य की सरकारें आखिर जनता के वोट और जनता के पैसे से चलती हैं। इसलिए ये सरकारें कला और संस्कृति को भी जब अपना लोकतांत्रिक कर्तव्य मान कर करें तो इसे सरकारी हस्तक्षेप कहकर इससे दूर भागने या इसे कोसने की जरूरत नहीं है। इस दलील में दम नहीं है और इसके धुर्रे अन्यथा उड़ाए जा चुके हैं। लेकिन मान लिया जाए कि भारत भवन को बना और चलाकर निर्वाचित सरकारें अपना जनादेश ही पूरा कर रही हैं तो जनता का पैसा सही ढंग से सही काम पर खर्च हो रहा है या नहीं इसका हिसाब पूछने का अधिकार लोगों को है। अगर वह सचमुच एक लोकतांत्रिक संस्था है तो उसको कलाओं में उत्कृष्टता का केन्द्र होने के बहाने जवाबदेही से बचाया नहीं जा सकता।

लेकिन नियंत्रक और महालेखापरीक्षक की रपट से हिसाब-किताब के घोटालों से कहीं ज्यादा यह तथ्य उजागर होता है कि भारत भवन अधिनियम 1982 में चाहे जो लिखा हो यह संस्था लोकतांत्रिक ढंग और उत्तरदायित्व के साथ चलाई नहीं जा रही है। इसके कर्ताधर्ताओं के मन में गहरे कहीं यह विश्वास बैठा हुआ है कि लोकतंत्रीकरण इसे उत्कृष्टता की साधना का कला केन्द्र नहीं रहने देगा। अगर केन्द्र और राज्य की लोकतांत्रिक सरकारें भारत भवन को अपना सांस्कृतिक कर्तव्य मानकर इसलिए कर रही हैं कि उनके असली मालिक इस देश के वोटर चाहते हैं

कि वे कलाओं को बढ़ा दें, कला वस्तुओं को संग्रहीत करके अपनी धरोहर की रक्षा करें और कलाओं में शोध और प्रयोग करवाते हुए उनके प्रचार-प्रसार की व्यवस्था करें तो फिर इस जनाकांक्षा को कोई भी पूरी कर सकता है। लेकिन भारत भवन के तीन आजीवन ट्रस्टी—राजनेता अर्जुन सिंह, नौकरशाह और संस्कृतिकर्मी अशोक वाजपेयी और कलाकार जगदीश स्वामीनाथन।

कलाओं के प्रोत्साहन और संरक्षण का यह उमर पट्टा लोकतांत्रिक आत्मा और भावना से तो लिखा गया नहीं हो सकता। ट्रस्ट बनाने वालों को अगर जनता की संस्कृति, आकांक्षा और निर्वाचित सरकारों के संस्कृति कर्तव्य में विश्वास होता तो वे तीन व्यक्तियों को आजन्म संस्कृतिकर्मी मानकर उन्हें आजीवन ट्रस्टी नहीं बनाते। लोकतांत्रिक संस्थाएँ बनाने और चलाने वालों को यह विश्वास होना चाहिए कि लोक की इच्छा और शक्ति ही उन्हें चलाती है और व्यक्ति तो लोगों की इच्छा और शक्ति का निमित्त मात्र हैं। नियम बनाकर और उनके अनुसार एक तरह की वस्तुनिष्ठ निर्वैयक्तिकता के साथ काम करते हुए ही लोकतांत्रिक संस्थाएँ चलाई जा सकती हैं। ऐसा नहीं हो सकता कि अर्जुन सिंह, अशोक वाजपेयी और स्वामीनाथन नहीं होंगे तो भारत भवन कैसिनो यानी जुआघर बन जाएगा।

अगर आप सचमुच लोकतंत्र में विश्वास करते हैं तो आपको मानकर चलना पड़ेगा कि दूसरे लोग भी संस्थाओं को चला सकते हैं और शायद बेहतर चला सकते हैं। और उमर पट्टा, अमरपट्टा नहीं होता इसलिए आने वाली पीढ़ियों की योग्यता में भरोसा करना चाहिए नहीं तो हमारा कोई भविष्य नहीं हो सकता। चूँकि मान लिया गया है कि अर्जुन सिंह और अशोक वाजपेयी ही उत्कृष्ट कला कर्म कर और करवा सकते हैं और दूसरे राजनेताओं और नौकरशाहों के हत्थे चढ़ गया तो भारत भवन कलाओं की उत्कृष्टता का राष्ट्रीय केन्द्र नहीं रह जाएगा इसलिए न तो उसमें आन्तरिक लोकतंत्रीकरण है, न आम जनता के प्रति उत्तरदायी होने का कर्तव्य बोध है। वह मध्यप्रदेश सरकार के सवा करोड़ और भारत सरकार के एक करोड़ के अनुदान से बने सार्वजनिक ट्रस्ट की तरह नहीं, निजी ट्रस्ट की तरह चलाया जा रहा है।

जलने वालों के आरोपों से नहीं भारत सरकार के नियंत्रक और महालेखा परीक्षक की 1988 की रपट से चलिए। रपट कहती है कि अधिनियम के अनुसार ट्रस्टी कमेटी से सलाह करके राज्य सरकार को अधिनियम में बताए गए उद्देश्यों की पूर्ति के लिए नियम बनाने का अधिकार है लेकिन सरकार ने अभी तक ऐसे नियम बनाए नहीं हैं। अधिनियम बनने के बाद से सरकार कांग्रेस की रही है और पहले अर्जुन सिंह और फिर मोतीलाल वोरा और फिर अर्जुन सिंह और फिर मोतीलाल वोरा मुख्यमंत्री रहे हैं। दोनों की सरकारों ने भारत भवन को उसके उद्देश्यों के अनुसार चलाने के नियम नहीं बनाए हैं। अर्जुन सिंह तो सर्वमान्य संस्कृतिकर्मी हैं और मोतीलाल

वोरा बिना कुछ किये ही भारत भवन में दखल देने के लिए सावधान किये जाते हैं। भारत भवन ऐसी सांस्कृतिक कामधेनु है कि उस पर नजर उठाने वाला भी बिना पूँछ और सींग का संस्कृतिविहीन प्राणी हो जाता है।

भारत भवन का रोजमर्रा का कामकाज चलाने के लिए ट्रस्टी कमेटी ने प्रबन्ध समिति तो बना दी है लेकिन वह नियमानुसार काम नहीं करती। रपट कहती है कि उसके अफसर बाकायदा कोई अधिकार प्राप्त किये बिना खर्च करते चले जाते हैं। 1983-84 और 84-85 के बजट ट्रस्टी कमेटी ने वित्त वर्ष समाप्त हो जाने के काफी बाद पास किये। 85-86 का बजट नौ महीने बीत जाने के बाद पास किया गया। भवन की इकाइयों—रंगमंडल, रूपंकर, अनहद और वागर्थ के लिए सलाहकार समितियाँ नियुक्त होनी चाहिए। रंगमंडल और अनहद के लिए तो ये समितियाँ बनी ही नहीं। वागर्थ के लिए जुलाई 1986 और रूपंकर के लिए अक्टूबर 1986 में समितियाँ मनोनीत की गईं।

प्रबन्ध समिति को जरूरत के अनुसार जितनी भी बैठकें करनी हों करनी चाहिए लेकिन साल में कम से कम चार बैठकें तो होनी ही चाहिए। लेकिन रोजमर्रा के काम के लिए जिम्मेदार इस समिति ने 1983-84 से 1984-85 में कुल जमा दो बैठकें कीं। अप्रैल 1987 में पाया गया कि पिछले दो वर्षों के बजट प्रबन्ध समिति के सामने न रखे गए, न उसने पास किये। 1983-84 से 85-86 का हिसाब और कानूनन जरूरी ऑडिट रपटें प्रबन्ध समिति के सामने नहीं रखी गईं। सितम्बर 1986 तक रंगमंडल, रूपंकर, अनहद और वागर्थ के निदेशक बिना किसी वित्तीय अधिकार के खर्च करते रहे। भारत भवन ठेके पर या उसके अलावा भी जो बड़े-बड़े काम करवाता रहा है उनकी भी मंजूरी प्रबन्ध समिति से नहीं ली गई। जुलाई 1988 में कहा गया कि प्रबन्ध समिति की औपचारिक बैठकें करने के बजाय सदस्यों से अनौपचारिक सलाह-मशविरा करके फैसले लिये जाते रहे हैं और नियमित बैठकें अब होंगी। यह भी बताया गया कि पुराने वार्षिक बजटों और हिसाब पर समिति की मंजूरी अब ले ली गई है।

भारत भवन के उद्देश्यों की पूर्ति के लिए कोई तात्कालिक और दूरगामी योजनाएँ नहीं बनाई गई हैं। जनवरी 1983 में ट्रस्टी कमेटी ने ऐसी योजनाएँ बनाने की जिम्मेदारी प्रबन्ध समिति को सौंपी थीं लेकिन समिति ने न तो कभी ये योजनाएँ बनाईं, न कभी उन पर विचार किया। जुलाई 1988 में भवन ने दावा किया कि काम की एक बृहद योजना है और निश्चित है बस उसे कागज पर उतारा नहीं गया है। यानी योजना है तो दिमाग में है। किसके? अर्जुन सिंह के या अशोक वाजपेयी के या पुपुल जयकर के दिमाग में? कोई नहीं जानता क्योंकि जिस प्रबन्ध समिति को बार-बार बैठकें करके रोजमर्रा का काम चलाना है उसके हाल रपट में आप देख ही चुके हैं। जून 1983 में मध्यप्रदेश सरकार ने कलाकारों के कल्याण की

एक योजना बनाने के लिए भवन को ढाई लाख का अनुदान दिया। इसमें दो लाख अठारह हजार एक लेखक ट्रस्टी की अमेरिका में बाई पास सर्जरी पर खर्च कर दिये गए। फरवरी 1987 तक कलाकारों के कल्याण की कोई योजना नहीं बनी थी। सहायता पाने की योग्यता और सहायता की रकम के बारे में भी कोई नियम जुलाई 1988 तक नहीं बने थे।

भारत भवन की न तो प्रबन्ध समिति ठीक से काम करती है, न काम की कोई योजना है, न कोई नियम कायदे हैं और जो हैं उनका पालन किया जाना जरूरी नहीं है। इस तरह तो कोई संस्था कुछ अधिकारी व्यक्तियों के जबानी जमा खर्च से ही चल सकती है। और रपट से निकलने वाला तथ्य भी यही है कि सचमुच ऐसे ही भारत भवन चलता भी है। इसीलिए तो सत्ता में परिवर्तन के साथ ही भारत भवन के खिलाफ अज्ञान और दुर्भावना से प्रेरित अभियानों के चलने की शिकायत होने लगती है। निखिल चक्रवर्ती को लगता है कि अर्जुन सिंह सत्ता में नहीं हैं तो भारत भवन जैसे कलाओं की उत्कृष्टता के अन्तरराष्ट्रीय ख्याति के राष्ट्रीय, अभिनन्दनीय और अनुकरणीय केन्द्र को जन्मजात अदूरदर्शिता के बीमार, संकीर्ण, पुरानपंथी और संस्कृति विरोधी राजनेता नष्ट कर देंगे। और अशोक वाजपेयी कहते हैं कि बुद्धिजीवियों का तो काम ही सत्ता पर ऐसा दबाव बनाए रखना है ताकि वह कुछ सीमाओं का अतिक्रमण न कर सके। क्या यह किसी निजी संस्था को राष्ट्रीयकरण से बचाने का अभियान नहीं है? अगर भारत भवन एक लोकतांत्रिक संस्था की तरह विधानसभा और सरकार और अन्ततः लोगों के प्रति पूरे उत्तरदायित्व के साथ चल रहा है तो उसे सत्ता परिवर्तन से डर क्यों होना चाहिए?

लेकिन क्या काम में और क्या हिसाब में भारत भवन कोई सार्वजनिक और वैधानिक उत्तरदायित्व बोध नहीं दिखाता। वह सरकारों से मिले सवा दो करोड़ और फोर्ड फाउंडेशन के कोई नौ लाख के स्थायी कोष से किये गए निवेश से मिलने वाले पैसे पर चलता है। लेकिन रपट कहती है कि उसके हिसाब में कई गलतियाँ और गड़बड़ियाँ हैं। चूँकि आमदनी और खर्च का कोई दस्तावेज नहीं बनाया जाता है। लेकिन जो भी रसीदें और खर्च का हिसाब दिखाया गया वे नकदी लेन-देन का सही हिसाब नहीं देतीं। जुलाई 1988 में भवन ने कहा कि एक चार्टर्ड अकाउंट्स फर्म की सेवाएँ ली जा रही हैं जो खर्च और आमदनी का हिसाब-किताब और बैलेंस शीट बनाएगी। यानी छह साल से लेन-देन सब रामभरोसे चल रहा था। ऐसा तो निजी कम्पनियों में भी नहीं हो सकता लेकिन भारत भवन को वित्तीय उत्तरदायित्व की कोई अनिवार्यता नहीं है।

अधिनियम के अनुसार ट्रस्ट का एक उद्देश्य भारत भवन की गतिविधियों के लिए धन उगाहना और जमा करना भी है। लेकिन जुलाई 1988 तक भारत की मध्यप्रदेश सरकार के अलावा उसे सिर्फ फोर्ड फाउंडेशन से 8.99 लाख रुपया मिला है। इसके

अलावा कहीं से वह एक पैसा इकट्ठा नहीं कर पाया। कहते हैं इसका कारण यह है कि भारत भवन ट्रस्ट में मिल सकने वाला दान आयकर से मुक्त नहीं है। कोशिश की जा रही हे कि ऐसा हो जाए। 1983-84 में 'भारत-भवन के मित्र' नामक एक योजना चलाई गई। विद्यार्थी सिर्फ पाँच रुपये और संरक्षक एक हजार में इसके सदस्य बन सकते हैं। लेकिन मार्च 1987 तक कोई सदस्य नहीं बनाया जा सका।

अब भारत भवन की इकाइयों का कामकाज देख लिया जाए। रंगमंडल ने 1983 से 86 तक 43.76 लाख रुपये खर्च किये। 1983-84 में 15, 84-85 में 20 और 85-86 में 20 नाटकों के 76, 68 और 81 प्रदर्शन किये गए। इनमें पहले साल में 15 में से तीन, दूसरे में 20 में से छह और तीसरे साल में 17 में से एक नाटक में पचास प्रतिशत से ज्यादा सीटें भरीं। बाकी नाटकों में हॉल खाली पड़े रहे। रंगमंडल का एक काम देसी परम्परा को बढ़ावा देना है। लेकिन इन तीन सालों में जो बारह नये नाटक किये गए उनमें से आठ विदेशी नाटकों के अनुवाद थे। जुलाई 1988 में कहा गया कि विदेशी नाटकों को भारतीय और घरेलू बनाकर इसलिए खेला जाता है कि भारतीय भाषाओं में पर्याप्त नाटक हैं नहीं। लेकिन भारत भवन के भारतीय बनाए गए विदेशी नाटकों के दर्शक तेजी से बढ़ रहे हैं। हालाँकि कुल कितने दर्शक आते हैं इसके आँकड़े आप ऊपर देख ही चुके हैं। हर नाटक पर खर्च का कोई हिसाब-किताब नहीं रखा जाता। इसलिए नाटकों पर खर्च और लागत का कोई अन्दाज नहीं होता। रंगमंडल ने तीन साल में नाटकों पर 16.78 लाख रुपये खर्च किये जिनमें 10.23 लाख की रसीदें मिलती हैं।

कविताओं की लाइब्रेरी वागर्थ पर इन तीन सालों में 9.67 लाख रुपये खर्च किये गए। रसीद किसी की नहीं है। चौदह भारतीय भाषाओं की कोई सात हजार कविता-पुस्तकें वागर्थ में हैं उसने 13 काव्य पाठ और कविता पर सात गोष्ठियाँ कीं। तीन साल में दूसरी भारतीय भाषाओं से पाँच पुस्तकें हिन्दी में अनुवाद की गईं और हिन्दी की दो पुस्तकें अंग्रेजी में निकाली गईं। कोई 140 बड़े कवियों के काव्य पाठ के टेप तैयार किये गए। लेकिन एक भी कैसेट बिक्री के लिए दूसरी सांस्कृतिक संस्थाओं को देने के लिए या प्रचार-प्रसार के लिए तैयार नहीं किया गया। जनता के पैसे के खर्च और काम के प्रसार के प्रति भारत भवन के रवैए का एक उत्तम उदाहरण लीजिए—

वागर्थ ने अपने ही कला केन्द्र रूपंकर को सत्रह हिन्दी कविताओं के संग्रह—*इस दिशा से उस दिशा तक* का शानदार पोर्टफोलियो बनाने के लिए ग्राफिक वर्कशॉप को साठ हजार रुपये दिये। ट्रस्टी कमेटी और प्रबन्ध समिति से कोई मंजूरी नहीं ली गई। पैंतीस हजार की लागत से पोर्टफोलियो की 192 प्रतियाँ तैयार की गईं। इनमें से कुल तीन बिकीं—एक तीन सौ में और दो पाँच-पाँच सौ में। इक्कीस मुफ्त में बाँटी गईं। मार्च 1987 में 168 प्रतियाँ स्टॉक में पड़ी थीं।

लेकिन स्टॉक में क्या है क्या नहीं है इसका कोई रिकॉर्ड नहीं है। कला की वस्तुओं, चित्रों, किताबों, वाद्यों, टेपों आदि का कोई भौतिक निरीक्षण और जाँच नहीं की गई। बहुमूल्य वस्तुओं का बीमा नहीं है क्योंकि भोपाल की कोई बीमा कम्पनी ऐसा करने को तैयार नहीं हैं चूँकि यह सब नहीं किया गया है इसलिए भारत भवन के साधनों का कोई मूल्य नहीं आँका जा सकता। यह सब सरकारी अनुदान पाने वाली संस्थाओं पर लागू नियम-कानून का उल्लंघन है। फरवरी 1988 में इन सभी बातों पर राज्य सरकार का ध्यान दिलाया गया था लेकिन अगस्त 1988 तक भारत के नियंत्रक और महालेखा परीक्षक को कोई जवाब नहीं मिला। इसके बावजूद भारत भवन को सार्वजनिक और लोकतांत्रिक संस्था कहा जाता है। निजी ट्रस्ट कहें तो आप बिना पूँछ और सींग के संस्कृतिविहीन पशु कहे जाएँगे और जनता का निर्वाचित कोई नेता, मंत्री या मुख्यमंत्री सवाल पूछे तो यह अज्ञान और दुर्भावना से प्रेरित राजनीतिक अभियान हो जाएगा।

आम लोगों की लगभग शून्य रुचि और भागीदारी और भारत भवन के लोगों की जनता और उसके पैसे के प्रति निपट उत्तरदायित्वहीनता के ये तथ्य बताइए तो ट्रस्टी सचिव अशोक वाजपेयी कहते हैं कि उत्कृष्टता घटियापन का अपमान है इसलिए घटिया लोग कलाओं की उत्कृष्टता के अन्तरराष्ट्रीय ख्याति के इस राष्ट्रीय केन्द्र को बदनाम करते हैं। एक लोकतंत्र में जनता के पैसे से बनाए और चलाए जा रहे कला केन्द्र की यह दशा और इसके बावजूद उसे चलाने वालों की यह उद्दंडता और तीसमारखांपन कौन-सी उत्कृष्टता की साधना है? भारत भवन को एक सार्वजनिक और लोकतांत्रिक संस्था बनने देने के खिलाफ सामन्ती तत्त्वों का यह उत्कृष्टताधर्मी स्वयंभू अभियान है। अर्जुन सिंह और अशोक वाजपेयी से छिना तो भारत भवन कैसिनो हो जाएगा और उसे छीनने वाले बिना पूँछ और सींग के संस्कृतिविहीन पशु कहलाएँगे। भरोसा न हो तो पुपुल जयकर से पूछिए, निखिल चक्रवर्ती से पूछिए और पूछिए अशोक वाजपेयी से। अर्जुन सिंह से फिलहाल मत पूछिए क्योंकि वे सत्ता से बाहर हैं।

[3 मई, 1989]

भागते भूत की लंगोटी से लटकना

चूँकि मामला सुप्रीम कोर्ट का है इसलिए उसके सत्ताईस पेज़ी खुलासे के कुछ उद्धरण ज्यों के त्यों ले लिये जाएँ।

यूनियन कारबाइड के निपटारे के खुलासे में देश के सर्वोच्च न्यायालय ने बड़ी विनम्रता से माना है कि 'और दूसरी सभी मानवीय संस्थाओं की तरह यह अदालत भी मानवीय है और इसलिए इससे भी चूक हो सकती है। यह जरूरी नहीं कि इस मामले में अदालत को जो ठीक और न्यायसंगत लगा है वह दूसरों को भी वैसा ही लगे। अन्तिम विश्लेषण में कौन-सा मत सही है इसका फैसला तो इसी कसौटी पर होगा कि वह इस देश के हजारों बेकसूर लोगों के उस दुख को कितना कम करता है जिसे भुगतने पर उन्हें मजबूर होना पड़ा है।'

जहरीली गैस के मारे भोपाल के लोगों को तत्काल राहत पहुँचाने पर सर्वोच्च न्यायालय इतना चिन्तित दिखाई देता है कि उसका बार-बार उल्लेख करता है। कुछ और उद्धरण देखिए—'कानून के सवाल हालाँकि महत्त्वपूर्ण हैं। लेकिन न्याय की प्रक्रिया पूरी होने के बाद उन पर हमारी राय बनने तक हजारों गैस पीड़ितों को तत्काल राहत पहुँचाने की जबरदस्त जरूरत को लटकाए नहीं रखा जा सकता। हमारी राय में उनका निपटारा बाद में भी हो सकता है।'

और 'वैधानिक सिद्धान्तों पर सूक्ष्मता और उत्कृष्टता के साथ विचार करने की जरूरतें हजारों गैस पीड़ितों के अस्तित्व की जलती समस्याओं के कारण पृष्ठभूमि में चली गई हैं। हमने (मुआवजे का वह आदेश) इस सदाशय आशा के साथ दिया कि उससे गैस पीड़ितों को तत्काल राहत मिलेगी क्योंकि उनमें से कई लोगों के लिए कल तक शायद बहुत देर हो चुकी होगी।'

सात सौ पचास करोड़ पर यूनियन कारबाइड से निपटारा करवाने के अपने चौदह फरवरी के आदेश के खुलासे में सुप्रीम कोर्ट को गैस पीड़ितों को राहत पहुँचाने की ऐसी चिन्ता और उत्सुकता दिखाई देती है मानो दुनिया का वह सबसे भयावह औद्योगिक हादसा भोपाल में कल ही हुआ हो। पीड़ितों को राहत की ऑक्सीजन तत्काल नहीं मिली तो वे एक के बाद एक सभी अपनी आँखों के सामने मरते चले जाएँगे। उन्हें बचाने के लिए सर्वोच्च न्यायालय ने कानून की

जरूरतों, न्याय के नीर-क्षीर विवेक और न्यायिक प्रक्रिया को शार्ट सर्किट करना जरूरी समझा।

चूँकि देश की सर्वोच्च न्यायपीठ पर बैठे न्यायमूर्तियों ने मान लिया है कि वे भी आखिर मनुष्य हैं और उनसे गलती हो सकती है इसलिए उन्हें याद दिला दिया जाए कि भोपाल गैस कांड तेरह फरवरी, 1989 को नहीं, दो और तीन दिसम्बर, 1984 की रात हुआ था। जब वे जहरीली गैस के मारों को तत्काल राहत की अनिवार्यता के सामने उस कांड में से निकले कानून के यक्ष प्रश्नों और न्याय की प्रक्रिया को कम आवश्यक मान रहे थे तब एक दिन की नहीं चार साल और ढाई महीने की देरी हो चुकी थी। इस देरी के कारण तीन हजार से ज्यादा लोग मर चुके थे, कोई पचास हजार अधमरे हो चुके थे और कोई दो लाख लोग उस जहरीली गैस को अपने शरीर के पाँच तत्वों में मिला चुके थे। देश के सर्वोच्च न्यायालय को ऐसी उत्कट चिन्ता और उत्सुकता कोई सवा चार साल पहले दिखानी चाहिए थी। लेकिन जो मानवीय इतिहास की सबसे बड़ी औद्योगिक दुर्घटना के नाते दुनिया भर में बदनाम हो चुकी है उस त्रासदी के प्रति सर्वोच्च न्यायालय को अपने कर्तव्य की प्रतीति पिछले साल नवम्बर में हुई जब मध्यप्रदेश हाईकोर्ट के फैसले के खिलाफ भारत सरकार ने उसके द्वार पर दस्तक दी।

इस त्रासदी की तीसरी बरसी पर भोपाल की जिला अदालत ने तीन सौ पचास करोड़ की अन्तरिम राहत का आदेश दिया था। उसके खिलाफ यूनियन कारबाइड ने जबलपुर की हाईकोर्ट में अपील की थी। हाईकोर्ट ने अन्तरिम राहत की इस रकम को साढ़े तीन सौ करोड़ से घटा कर ढाई सौ करोड़ कर दिया था। सौ करोड़ की इस कटौती के खिलाफ भारत सरकार ने सुप्रीम कोर्ट में अपील की थी। चार महीने तक सुनवाई करने के बाद एक दिन चौदह फरवरी को अचानक देश के सर्वोच्च न्यायालय ने अन्तरिम राहत तय करने और न्याय की प्रक्रिया तेज करने के बजाय निपटारा कर दिया था।

देर से होने वाला न्याय ही अगर अन्याय कहा जाता है तो भोपाल गैस कांड के मामले में तो यह अन्याय लगभग सवा चार साल से चल ही रहा था। और जिसके लिए सर्वोच्च न्यायालय के पाँच-पाँच न्यायमूर्ति एक दिन की देर को भी जानलेवा बता रहे हैं वह राहत पहले ही सवा चार साल लेट हो चुकी है। उसका भी एक तरह का नाकाफी निपटारा हुआ है, न्याय तो अब भी होना है। इसलिए सर्वोच्च न्यायालय अगर सचमुच मानता है कि वह आखिर मानवीय है और उससे भी गलती हो सकती है और यह आत्म स्वीकृति अगर उसके आदेश की देशभर में हुई भर्त्सना और आलोचना से बचने की एक तरकीब भर नहीं है तो उसे सबसे पहले तो यह मान लेना चाहिए कि उसका सत्ताईस पेजी खुलासा उसके अंधत्व, उसकी संवेदनहीनता और इस देश की न्याय प्रक्रिया में उसके निपट अविश्वास

का उदाहरण है। सर्वोच्च न्यायालय जिसे खुद ही महान त्रासदी कहता है उसे उसने चार साल बाद देखा है। जिस राहत को उसने सबसे महत्त्वपूर्ण और अनिवार्य बता कर 'तत्काल देने का आदेश दिया है और वह एक दिन नहीं डेढ़ हजार दिन लेट हो चुकी है। जो त्रासदी भुगते जाने के कारण अपनी सघनता और सदमा खो चुकी है और जो राहत पहले ही डेढ़ हजार दिन लेट हो चुकी है उसके लिए न्याय की प्रक्रिया को परे सरका देना दरअसल एक अन्याय को एक बहाने से दबा देना है।

एक बार सर्वोच्च न्यायालय का तत्काल राहत की अनिवार्यता की दलील का खोखलापन आप समझ लें तो सत्ताईस पेजी खुलासे की असलियत साफ हो जाएगी। भारत सरकार और कोर्ट-कचहरी करने वाले लोगों की तरह सर्वोच्च न्यायालय ने भी मान लिया है कि उसकी न्याय की प्रक्रिया इतनी लम्बी चलती है कि भोपाल के गैस के मारों के साथ अन्याय होता रहता। सर्वोच्च न्यायालय भी अपनी न्यायिक प्रक्रिया और यूनियन कारबाइड के सामने अपने को इतना असहाय मानता है कि न्याय करने के बजाय निपटारा करना अच्छा मानता है। भागते भूत की लंगोटी की तरह वह यूनियन कारबाइड से साढ़े सात सौ करोड़ दिलवा कर सर्वोच्च न्यायालय नहीं राहत का दलाल हो गया है। माफ कीजिए दलाल भी आखिर इनसान होते हैं और उन्हें भी गरीब लोगों का दुख-दर्द कहीं न कहीं छूता है।

सर्वोच्च न्यायालय के इस खुलासे के बाद नक्सलवादियों को गोली मार कर उड़ा देने वाले पश्चिम बंगाल के पुलिसवालों, पंजाब के आतंकवादियों को मुठभेड़ों में मार गिरा देने वाले केन्द्रीय सुरक्षा बलों और भागलपुर में मुलजिमों की आँखें फोड़ देने वालों को आप कानून के रक्षक होते हुए भी कानून तोड़ने का अपराधी नहीं ठहरा सकते। अदालत में जाने के बजाय मौके पर ही न्याय कर देने वाले ये पुलिस के जवान और अफसर भी ईमानदारी से मानते हैं कि न्याय की प्रक्रिया इतनी जटिल, अनुपयुक्त और लम्बी चलने वाली है कि पकड़े गए नक्सलवादी और डकैतों को वे फाँसी की सजा नहीं दिलवा सकते। इसलिए अपराध और दंड की स्थापित प्रक्रिया को शार्ट सर्किट करके अपराधी के साथ 'न्याय' करते हुए उसे परलोक में पहुँचा देते हैं।

ये पुलिसवाले भी जानते हैं कि न्याय का हमारा मूलमंत्र कहता है कि जब तक कोई अपराधी साबित न हो जाए तब तक कोई भी अपराधी नहीं है। अदालत भी जिसे सबूतों के आधार पर अपराधी पाती है उसे भी सिर्फ कानून के मुताबिक ही सजा दी जा सकती है। फिर भी ये पुलिस वाले जिसे चाहें अपराधी घोषित करते हैं और तत्काल जान लेने की सजा भी दे देते हैं। सर्वोच्च न्यायालय ने जिस तरह माना है कि न्याय की प्रक्रिया चलने दी जाती तो दस-पन्द्रह साल लग जाते और तब राहत का कोई मतलब नहीं होता क्योंकि यूनियन कारबाइड के मारे और भी हजारों लोग मर जाते इसलिए न्याय अभी छोड़िए भागते भूत की लंगोटी ही काफी

है। उसी तरह पुलिस वाले मानते हैं कि बेकसूर लोगों को गोलियों से भून देने वाले आतंकवादियों, नक्सलवादियों और चोर-डकैतों को अव्वल तो सजा दिलाना ही लगभग असम्भव है और अगर मिली भी तो सालों लग जाएँगे इसलिए जहाँ जो आतंकवादी, नक्सलवादी, चोर-डकैत पकड़ में आए उसका काम तमाम कर के 'न्याय' कर देना चाहिए।

न्यायमूर्ति पाठक और उनके साथी न्यायमूर्ति वेंकटरमैया, वेंकटचलैया, रंगनाथ मिश्र और ओझा क्षमा करें लेकिन इस देश की न्यायिक प्रक्रिया में वे भी उतना ही विश्वास करते हैं जितना मुठभेड़ में नक्सलवादियों और आतंकवादियों को उड़ा देने वाले पुलिस के जवान और भागलपुर के विचाराधीन बन्दियों को सूरदास बना देने वाले जेल के वार्डन करते हैं। सर्वोच्च न्यायालय की तरह ये पुलिस वाले भी कह सकते हैं कि 'अन्तिम विश्लेषण' में कौन सही है और कौन गलत इसका फैसला तो इसी कसौटी पर होगा कि देश के सैकड़ों बेकसूरों को मौत के घाट उतार देने वालों को मार कर उन्होंने कितनी हत्याओं का न्याय कर दिया है जिनका कोई न्याय नहीं होता। वे यह भी कह सकते हैं कि न्यायिक प्रक्रिया के शब्द और अर्थ को पत्थर की लकीर मान कर उस पर चलने के बजाय हत्यारों के साथ तत्काल न्याय करना ज्यादा न्यायसंगत है। सर्वोच्च न्यायालय की तरह ये पुलिस वाले भी कह सकते हैं कि 'कानून का मतलब क्या है, नीति का सवाल क्या है और बुद्धिमानी और समझदारी किस में है इस पर भी अलग-अलग राय हो सकती हैं। लेकिन जब कोई न्याय और सत्य की बात करता है तो इन शब्दों का मतलब उन तमाम लोगों के लिए एक ही है जिनका फैसला अभी हो। नहीं चुका है।'

मैं जानता हूँ कि सर्वोच्च न्यायालय की दलील को वाहियात बनाने की हद तक मैं खींच ले गया हूँ। लेकिन जैसा कि *ईषोपनिषद* में कहा गया है सत्य का मुख सुवर्ण के पात्र से ढका हुआ है। सात सौ पचास करोड़ के मुआवजे से भोपाल गैस कांड का निपटारा करके सर्वोच्च न्यायालय ने जो अन्याय किया है उस पर न्याय और पीड़ित मानवता के प्रति करुणा का मुलम्मा चढ़ा हुआ है। इस मुलम्मे को उतारे बिना आप इस अन्याय को देख नहीं सकते थे।

मुलम्मा हटा दीजिए तो असलियत यह है कि सर्वोच्च न्यायालय इस निष्कर्ष पर पहुँचा था कि भोपाल त्रासदी पर न्याय करने—यानी पीड़ितों को उचित मुआवजा और अपराधियों को सही सजा देने के कानून और अधिकार उसके पास नहीं हैं। औद्योगिक दुर्घटनाओं में मरने और विकलांग हो जाने वालो को हमारे यहाँ कानून में बहुत कम मुआवजा है। ऐसे अपराधों की सजा भी बहुत कम है। फिर यूनियन कारबाइड एक बहुराष्ट्रीय कम्पनी है और उसका अमेरिकी मुख्यालय सुप्रीम कोर्ट के अधिकार क्षेत्र में नहीं है। अपने आदेश पर अमल करवाने के लिए इस देश के सर्वोच्च न्यायालय को अमेरिका की अदालत की मदद लेनी पड़ती और वह भी

इस आदेश को अपनी न्याय प्रक्रिया से जाँचने के बाद ही यूनियन कारबाइड को मानने पर मजबूर कर सकती थी। हमारे सर्वोच्च न्यायालय के अधिकार क्षेत्र में यूनियन कारबाइड की भारतीय कम्पनी थी जिसकी कुर्की करके भी हम सौ करोड़ से ज्यादा नहीं पा सकते थे।

अमेरिकी कम्पनी न अपने को अपराधी मानने को तैयार थी, न वह अमेरिकी हिसाब से मुआवजा देने पर राजी हो रही थी। ऐसी हालत में जो निपटारा उसे मंजूर हो वही न्याय संगत और उचित हो सकता था और यही सर्वोच्च न्यायालय ने किया है। यूनियन कारबाइड के भागते भूत को सर्वोच्च न्यायालय पकड़ नहीं सकता था। उसे पकड़ने का एकाधिकार संसद से हमारी सरकार ने ले लिया था और वह समझौता करके निपटारा कर लेना चाहती थी। दो अपराधी अदालत में गए और कहा कि हम आपस में फैसला कर लेते हैं आप उसे अपना फैसला मान कर सुना दो। सर्वोच्च न्यायालय अपनी दयनीय असहायता में यहीं कर सकता था और यही उसने किया।

[12 मई, 1989]

राष्ट्रीय आत्म निरीक्षण का असली मुद्दा

सर्वोच्च न्यायालय और भारत सरकार की दलीलों का खोखलापन समझना हो तो मान लीजिए कि भोपाल के जिस कीटनाशक कारखाने से जहरीली गैस निकली उसका यूनियन कारबाइड से कोई लेना-देना नहीं होता। वह किसी भारतीय उद्योगपति का ही कारखाना होता और उसके कुल साधन बीस-तीस करोड़ से ज्यादा नहीं होते। लेकिन उसके कारखाने से निकली जहरीली गैस वही मिथाइल आइसोसाइनेट होती और वह भी वही कहर ढाती जो यूनियन कारबाइड के भोपाल कारखाने ने ढाया। तब भी क्या सरकार पीड़ितों की तरफ से मुकदमा लड़ने का एकाधिकार ले कर उस टुटपुँजिया उद्योगपति पर मुआवजे और राहत की जिम्मेदारी डालती?

तब तो उसे मिक के मारों को अपना ही नागरिक समझना पड़ता और पूरी राहत और मुआवजे की जिम्मेदारी अपने ऊपर लेनी पड़ती। यूनियन कारबाइड के भोपाल कारखाने के मारे लोग भी प्रथम और अन्तिम रूप से भारत सरकार की ही जिम्मेदारी हैं। लेकिन विडम्बना देखिए कि जो सरकार माई-बाप होने का पट्टा संसद से लिखवा लाई वह अपने ही नागरिकों के मुआवजे और राहत को अमेरिकी कम्पनी की जिम्मेदारी बताती और मानती रही और पहले अमेरिका और फिर भारत में कोशिश करती रही कि यूनियन कारबाइड से जितना ज्यादा से ज्यादा मिल सके ले लो। जिस देश का वार्षिक बजट करीब एक हजार बीस अरब रुपये का है, जो दो करोड़ रुपया रोज श्रीलंका में अपनी शान्ति सेना पर खर्च करता है और जिसके प्रधानमंत्री की विदेश यात्रा के प्रत्येक दिन पर एक से दो करोड़ रुपया खर्च होता है वह क्या भोपाल के मारों के लिए एक हजार करोड़ नहीं निकाल सकता था ताकि राहत और मुआवजे की तात्कालिकता और अनिवार्यता के दबाव और मजबूरियों से मुक्त हो कर सरकार यूनियन कारबाइड से आखिरी मुद्दे तक कानूनी लड़ाई लड़ कर न्याय करवाती?

यह सवाल इसलिए उठा रहा हूँ कि सुप्रीम कोर्ट ने अपने खुलासे में कहा है कि यह मामला सचमुच एक राष्ट्रीय आत्म निरीक्षण का है। हजारों गरीब और असहाय लोगों को शिकार बनाने वाली इस महान त्रासदी पर देश के लोगों में जो सहज आक्रोश उमड़ा था वह अपने को औद्योगिक घराने यूनियन कारबाइड के खिलाफ

ही प्रकट कर पाया। वह अपने को एक जन समर्थित राहत कोष इकट्ठा करने में नहीं लगा पाया। अगर ऐसा कोष जमा हो जाता तो मुकदमे का अन्तिम फैसला होने तक गैस के मारे कष्ट भुगतने के लिए अभिशप्त नहीं छूट जाते।

सुप्रीम कोर्ट ने अगर अपने आँख-कान खुले रखे हों तो उसे निश्चित ही मालूम होगा कि भोपाल में राहत और मुआवजे के लिए आगे आई स्वयंसेवी संस्थाओं के क्या हाल हुए। जिस सरकार को इस तरह के कोष की घोषणा करके जनता से चन्दा लेना चाहिए था, वह पहले तो सुन्न रह गई। फिर होश में आई तो उसने अपना सारा जोर यूनियन कारबाइड की तरह अपने अपराध और उसके सबूत मिटाने में लगा दिया। हादसे की रात के मौसम की जानकारी तक गोपनीय कर दी गई। रिसने वाली गैस में क्या-क्या था और उसके पीड़ितों का क्या इलाज होना चाहिए जैसी अनिवार्य जानकारी भी नहीं दी गई। बल्कि गलत जानकारी से लोगों को गुमराह करने का बाकायदा अभियान छेड़ा गया। उसी महीने चुनाव लड़ने में लगी सरकारी पार्टी ने पूरी कोशिश की कि इस हादसे का असर उसके वोटों पर नहीं हो सके। बाद में जिन केन्द्र और राज्य सरकारों को यूनियन कारबाइड के साथ सह अभियुक्त बनाया जाना चाहिए था उनमें से केन्द्र सरकार ने संसद से एक कानून बनवा कर अपने आप को गैस पीड़ितों का एक मात्र प्रतिनिधि बना लिया। चोर के साहूकार बनने का ही यह नतीजा है कि न ऐसे कानून बनाए गए जो भोपाल जैसे औद्योगिक हादसे के मुआवजे और सजा का नये सिरे से प्रावधान करते। मुकदमे की भी ऐसी तैयारी नहीं की गई कि यूनियन कारबाइड किसी भी अदालत में बच कर नहीं निकल सके। एक अपराधी सह अपराधी को बचाने के अलावा और क्या करेगा इसे समझाने की जरूरत नहीं है।

सही है कि सुप्रीम कोर्ट तो कानून से बँधी हुई है और मौजूदा कानून के अनुसार ही फैसला कर सकती है। औद्योगिक दुर्घटनाओं में मुआवजे और सजा के बाबा मैकाले के जमाने के कानून उसके सामने थे। लेकिन भोपाल गैस हादसा एक असाधारण वाकया था और जो सर्वोच्च न्यायालय न्याय और सत्य की दुहाई देता है उसे सरकार को गैस रिसने के दूसरे दिन ही राष्ट्रीय राहत कोष बनाने का आदेश देना चाहिए था। और देश के लोकहित वादी न्यायविदों को संसद से कहना चाहिए था कि वह औद्योगिक हादसों के लिए नये कानून बनाए और भोपाल फिर न हो सके इसकी वैधानिक, प्रशासनिक और सामाजिक गारंटी करे। लेकिन आप याद करें तो पाएँगे कि सारा ध्यान भारत सरकार को एकाधिकार दे कर और फरियादी बना कर अमेरिकी अदालत से ज्यादा से ज्यादा मुआवजा वसूल करने पर दिया गया। अमेरिका से इस कोशिश में विफल होने के बाद ही लम्बे-चौड़े दावे छोड़ कर समझौते से मामला निपटाने की कोशिश की गई क्योंकि भारतीय न्यायिक पद्धति और प्रक्रिया से ज्यादा कुछ मिलने की उम्मीद न सरकार को थी न हमारे न्यायमूर्तियों को।

इसीलिए तो सर्वोच्च न्यायालय ने अपने खुलासे में बाकायदा मुनीमी करके बताया है कि भारतीय कानूनों से कितना मुआवजा आम तौर पर मिलता और उसने जो निपटारा करवाया है उससे कितने गुना ज्यादा मिल गया है। यह मुनीमी करते हुए वह बताता नहीं कि भोपाल जैसे मामले में अमेरिकी कानूनों के तहत वहाँ की अदालतें कितना मुआवजा तय करतीं। जो अंगूर खट्टे हो चुके हैं उन्हें क्यों टेबल पर रखा जाए? चूँकि भारतीय कानूनों के अनुसार ही सात सौ पचास करोड़ की रकम 'काफी उचित और न्यायसंगत' ठहरती है इसलिए न्यायमूर्तियों का कहना है कि दीवानी और फौजदारी मामले चलाने और निपटाने में बरसों लग जाते और तब मुआवजे का कोई मतलब नहीं होता क्योंकि राहत की जरूरत वाले बहुत से लोग भगवान के घर पहुँच चुके होते। इसलिए अभी जो मिल गया है उसी से दुख-दर्द दूर करने में लग जाना चाहिए। हाथ में आज आई एक सूखी रोटी भविष्य में किसी भोज में मिलने वाले पकवानों से बहुत ज्यादा काम की है।

गैस पीड़ितों को राहत और मुआवजे की तात्कालिक जरूरत के नाम पर भोपाल हादसे से पैदा हुए कानूनी यक्ष प्रश्नों और न्याय को दरकिनार कर देने वाले सभी लोग मानते हैं कि हमारे कानूनों और न्यायिक प्रक्रिया के चलते सचमुच न्याय नहीं हो सकता था इसलिए निपटारे को अच्छे मन से मान लेना चाहिए। यही लोग अमेरिकी अदालत के दरवाजे पर दस्तक देने गए थे कि हमारे कानून और हमारी न्याय पद्धति भोपाल जैसे हादसे पर फैसला करने में अनुपयुक्त है। यूनियन कारबाइड को आँख मूँद कर आने और भोपाल जैसा हादसा होने देने और उसके खिलाफ पक्का मामला न बना कर उसे सजा से बचाने वाली सरकार का रवैया समझा जा सकता है। क्योंकि यूनियन कारबाइड का अपराध सिद्ध होना उसे भी अपराधी साबित करता। उस सर्वोच्च न्यायालय का दुखदायी निष्कर्ष भी समझा जा सकता है जिसके सामने वादी ने एक कमजोर केस रखा है। और जो जानता है कि ऐसे मामलों में दीवानी और फौजदारी के मौजूदा कानून कितने अनुपयुक्त हैं। इसलिए जिस अपराध की सजा और गैस पीड़ितों को उचित मुआवजा वह दिला नहीं सकता था उसका निपटारा करना ही उसने बेहतर समझा। देश के सर्वोच्च न्यायालय की इस दयनीय असहायता पर भी राष्ट्रीय आत्म निरीक्षण होना चाहिए।

लेकिन न्यायमूर्ति तारकुंडे जैसे मानवाधिकारों के रक्षक और न्यायविद् का रवैया सचमुच दुखद अचरज में डाल देता है। दूसरे न्यायमूर्तियों, न्यायविदों और वकीलों की तरह वे भी मानते हैं कि हमारी न्यायिक प्रक्रिया जितने साल लेती और अपने फैसले पर अमल करवाने में अमेरिकी अदालतों की जो मदद लेनी पड़ती उसमें मुआवजा मिलने में सालों लग जाते और कोई नहीं जानता कि यूनियन कारबाइड से कितना पैसा मिलता और उसे क्या सजा होती। इसलिए निपटारे से जो मिला है उस पर ही सन्तोष कर लेना चाहिए। जिस रोग का आप निवारण नहीं कर सकते

उसे सहने के लिए मंजूर कर लेना चाहिए। यहाँ तक तो बात फिर भी समझ में आती है लेकिन वे सर्वोच्च न्यायालय के निपटारे का न्यायिक मजबूरी से औचित्य नहीं ठहराते। वे मनुष्यता के विचार से उसे ठीक मानते हैं। उनका कहना है कि इस निपटारे को देखने-तौलने के दो नजरिये हैं।

पहला राष्ट्रीयता या देश प्रेम का। चूँकि यूनियन कारबाइड नाम की एक अमेरिकी कम्पनी ने हम पर भोपाल जैसा कहर ढाया है और ये कम्पनियाँ तीसरी दुनिया के गरीब देशों के लोगों की जान की कोई कीमत नहीं मानती इसलिए इन्हें सबक सिखाया जाना चाहिए और कड़ी से कड़ी सजा देनी चाहिए। न्याय की इस इच्छा को तारकुंडे हमारी राष्ट्रीयता या राष्ट्र प्रेम कहते हैं और हालाँकि उन्हें इससे कोई एतराज नहीं है लेकिन इसे वे मनुष्यता के विचार से गैर जरूरी मानते हैं। उनका कहना है कि मानवीय दृष्टिकोण से देखें तो पहली अनिवार्यता यह है कि गैस के मारे गरीब लोगों को मुआवजा और राहत मिले। न्याय से ज्यादा जरूरी इन गैस पीड़ितों को मरने से बचाना और उनका दुख-दर्द दूर करना है। इस विचार से जो सात सौ पचास करोड़ मिले हैं उन्हें मंजूर कर के तत्काल राहत और मुआवजे का काम शुरू करना चाहिए।

तारकुंडे साहब मनुष्यता और राष्ट्रीयता को इस मामले में एक-दूसरे का विरोधी मान कर न्याय-अन्याय के दायरे से ही बाहर कर देते हैं। लेकिन क्या सचमुच जो राष्ट्रीयता का तकाजा है वही मनुष्यता का तकाजा भी नहीं है? और जैसा कि मैंने ऊपर भी कहा है यूनियन कारबाइड के बजाय मफतलाल या श्रीराम के कारखाने से ऐसा हादसा होता तो क्या राष्ट्रीयता और देशप्रेम का सवाल ही नहीं उठता? राष्ट्रीय गौरव और अपने देश के लोगों से हमें प्रेम है इसलिए उन्हें कीड़े-मकोड़ों की तरह कीटनाशक जहरीली गैस से मार देने वालों को सजा देने की उत्कट इच्छा रखना क्या मनुष्यता नहीं है? अंग्रेजों ने भारत छोड़ो आन्दोलन के समय कहा था कि हम चले गए तो भारत में अराजकता फैल जाएगी।

तब गांधीजी ने कहा था कि हमारी अराजकता आपकी गुलामी से फिर भी बेहतर होगी इसलिए पहले मेहरबानी कर के आप जाइए। गांधीजी ने अराजकता की कीमत पर स्वराज्य को महत्त्व दिया। तारकुंडे साब होते तो कहते कि हाँ अराजकता होगी तो लोग मरेंगे, लूटपाट और आगजनी होगी और भारत टूट कर बिखर जाएगा इसलिए हम भले ही कुछ साल और गुलाम रह लें लेकिन अराजकता से होने वाली अमानवीयता हमें नहीं चाहिए। तारकुंडे जैसे, मानवाधिकार के रक्षक की यह दलील न मनुष्यता की कसौटी पर चढ़ सकती है, न राष्ट्रीयता की। मनुष्यता अन्याय को माफ करना नहीं है और राष्ट्रीयता किसी विदेशी कम्पनी से बदला लेना नहीं है।

भोपाल के गरीब असहाय लोगों के साथ सर्वोच्च न्यायालय ने भी अन्याय किया है क्योंकि वह कहता है कि पहले गरीबों को रोटी मिलनी चाहिए। उनका

इलाज होना चाहिए और जब यह हो जाए तो न्याय की बात करनी चाहिए। गरीबों को न्याय नहीं, रोटी चाहिए। इमरजेंसी लगाने वाली इन्दिरा गांधी भी मानती थीं कि गरीबों को पहले रोटी चाहिए, आजादी नहीं। स्वराज्य की तरह न्याय पाना भी इस देश के हर नागरिक का जन्मसिद्ध अधिकार है। न्याय को अपराधी के सुविधाजनक रूप से दिये गए मुआवजे के सामने रद्द नहीं किया जा सकता।

लेकिन यह बात तो तब होती जब हम एक आत्मसम्मानी देश होते। अपने नागरिकों को अपनी जिम्मेदारी समझते और अमेरिकी अदालत में कटोरा लेकर जाने और यूनियन कारबाइड के भागते भूत की लंगोटी से ही सन्तोष करने के बजाय भोपाल से सही सबक लेते। गैस के मारों को खुद मुआवजा देते, उनकी राहत और उनके इलाज का खुद प्रबन्ध करते और यूनियन कारबाइड के साथ वही व्यवहार करते जो एक सार्वभौम सत्ता सम्पन्न देश अपने अपराधी के साथ करता है। जितना पैसा हमने यूनियन कारबाइड से लिया है वह तो हमारे लिए पासंग के बराबर भी नहीं है। इतना पैसा हम अपने देश के लोगों पर लम्बा-चौड़ा टैक्स लगाए बिना भी इकट्ठा कर सकते थे।

भोपाल के गैस पीड़ितों को अगर हम अपनी राष्ट्रीय जिम्मेदारी समझते तो पहले मुआवजा, राहत और इलाज खुद करते और फिर यूनियन कारबाइड से वह पैसा वसूल करते। वह नहीं देती तो उसकी भारतीय कम्पनी को कुर्क कर लेते और उसके उत्पादनों के इस देश में आने पर पाबन्दी लगा देते। फिर ऐसे कानून बनाते जो भोपाल जैसे हादसे का उचित मुआवजा और ऐसे कारखाने वालों को सही सजा दिलवाने में अदालत की मदद करते। आखिर कुछ मुआवजा, राहत और इलाज की व्यवस्था मध्यप्रदेश सरकार और केन्द्र ने भी की ही थी। लेकिन यह सब इस इरादे से किया गया कि खर्च यूनियन कारबाइड से मुकदमे के जरिये वसूल कर लिया जाएगा। भोपाल के गैस पीड़ितों को मुआवजा और राहत हम यूनियन कारबाइड की जिम्मेदारी मानते रहे। जिन नागरिकों का पूरा जिम्मा सरकार को लेना चाहिए था वह उनकी वकील बन गई। वकील राष्ट्रीय कोष इकट्ठे नहीं करते वे फीस लेते हैं। अमेरिका के कफन-खसोट वकीलों से भोपाल के गैस पीड़ितों को बचाने के नाम पर सरकार ने उनके लिए कफन जुटाने का समझौता किया है और राष्ट्रीय आत्म निरीक्षण का असली मुद्दा यह है कि इसे सर्वोच्च न्यायालय ने न्याय कहा है।

[13 मई, 1989]

इस जनादेश का मतलब क्या है

आज सबेरे नौ बजे राजीव गांधी राष्ट्रपति वेंकटरामन से मिलने जाने वाले हैं अपनी सरकार का इस्तीफा देने। उसके बाद कांग्रेस संसदीय दल की बैठक होगी जिसमें उम्मीद है कि बड़ी बेशर्मी से वे फिर नेता चुन लिये जाएँगे। फिर अगर समझदार और अनुभवी कांग्रेसियों की सलाह उनके गले नहीं उतरी और उनकी लुटिया डुबोने वाले गैर राजनीतिक सलाहकारों की ही चली तो वे राष्ट्रपति से कहने जाएँगे कि इस महासमर में से उनकी कांग्रेस सबसे बड़ी अकेली पार्टी के रूप में निकल कर आई है इसलिए पहले उन्हें ही सरकार बनाने का मौका मिलना चाहिए।

अगर वे ऐसा दावा करें और राष्ट्रपति उन्हें सरकार बनाने का न्यौता दें और वे सरकार बनाने लग जाएँ तो विपक्ष की फिर बड़ी सेवा करेंगे। पिछले कोई ढाई साल से वे हर नाज़ुक मौके पर विपक्ष की मदद करते रहे हैं। इस बार वे सरकार बनाने की कोशिश कर के विपक्ष की अन्तिम और सबसे बड़ी सेवा करेंगे। जितनी सीटें उन्हें और उनकी समर्थक पार्टियों को मिली हैं उनसे वे एक बार भी संसद में अपनी ताकत साबित नहीं कर पाएँगे। उनकी सरकार का गर्भपात विपक्ष के लिए वरदान होगा क्योंकि राजीव गांधी के इस टोटके के बाद विपक्ष एक स्थायी और मजबूत सरकार बना सकेगा। विपक्ष के परम मित्र राजीव गांधी—अलाय-बलाय जाए तू आई बला को टाल तू—करके बुरी नजर उतार चुके होंगे।

लेकिन यह तो हुई समरनीति। राष्ट्रपति वेंकटरामन अगर पाँच-चौथाई के बहुमत से पाँच साल पहले सरकार बनाने वाले राजीव गांधी को अब एक-चौथाई ताकत पर सरकार बनाने को कहेंगे तो वे जनादेश का सरेआम उल्लंघन ही नहीं, बलात्कार कर रहे होंगे। दक्षिण में ऐसी इंकाई आंधी से प्रसन्न लोग तक मानते हैं कि देश के लोगों का जनादेश दिल्ली में गैर कांग्रेसी सरकार बनाने का है। इस जनादेश को राष्ट्रपति समझेंगे नहीं तो जनता उन्हें दो दिन में समझा देगी। कोई कारण नहीं है विश्वास करने का कि राष्ट्रपति जनादेश की आत्मा समझे बिना रस्म अदायगी में लग जाएँगे। देश को वेंकटरामन से न्याय और समझदारी की उम्मीद है तो कोई झूठी उम्मीद नहीं है।

एक बार मान लिया कि जनादेश गैर कांग्रेसी सरकार का है तो इसका तार्किक ही नहीं सीधा और सरल निष्कर्ष है कि प्रधानमंत्री विश्वनाथ प्रताप सिंह को ही बनना चाहिए। यह मैं इसलिए नहीं कह रहा हूँ कि अपने टीवी के कम्प्यूटरी पंडित प्रणोय राय के एक्जिट पोल में कोई तिरयासी फीसदी लोगों ने वोट देने के बाद बताया कि वे प्रधानमंत्री विश्वनाथ प्रताप सिंह को ही बनते हुए देखना चाहते हैं। कोई चार फीसदी ने देवीलाल का और उससे भी कम लोगों ने हेगड़े का नाम लिया। भौंडसी के बाबा चन्द्रशेखर लोगों की गिनती और नजर में कहीं हैं तक नहीं लेकिन सुनता हूँ कि देवीलाल ने तो अपने अब तक के रोल की गरिमा रखते हुए प्रधानमंत्री होने की दौड़ से नाम हटा लिया है पर चन्द्रशेखर डटे हुए हैं। अब मजा देखिए कि वीपी सिंह अगर बलिया और महाराजगंज प्रचार करने नहीं जाते तो ठाकुर चन्द्रशेखर जीत तक नहीं सकते थे। बल्कि वीपी के भाषण के पहले सभाओं में जनता ने भौंडसी के बाबा के समर्थकों से कबूलवा लिया था कि प्रधानमंत्री तो विश्वनाथ प्रताप सिंह ही बनेंगे। भौंडसी के जिस बाबा की अपने चुनाव क्षेत्रों में यह हालत हुई वह यूपी और बिहार में ही नहीं, उत्तर में सब जगह जनता लहर चलाने वाले वीपी सिंह को चुनौती दे रहे हैं।

नेता पद के लिए चुनाव लड़ना तो आखिर एक मान्य लोकतांत्रिक तरीका है और चन्द्रशेखर अगर ऐसा कर रहे हों तो इसमें किसी को कोई एतराज क्यों होना चाहिए? आखिर जिन के जीतने की रत्ती भर सम्भावना नहीं होती वे भी चुनाव लड़ते ही हैं और सौ दो सौ वोट पा कर चुनावी योद्धा होने का सुख भोगते रहते हैं। लेकिन चन्द्रशेखर ऐसे भोले लोकतांत्रिक योद्धा नहीं हैं। भौंडसी के बाबा पहुँचे हुए राजनीतिक संत हैं और धीरूभाई अम्बानी और चन्द्रास्वामी की अकूत काली दौलत के बल पर वीपी सिंह को प्रधानमंत्री बनने से रोकने की अपनी विकृत और लिजलिजी इच्छा पूरी करने पर कमर कसे हुए हैं।

अगर आप नहीं चाहते कि लोकतांत्रिक रस्म अदायगी के नाम पर राष्ट्रपति जनादेश का उल्लंघन करें तो यह कैसे होने देंगे कि इन्दिरा गांधी और उनके दोनों सपूतों की छत्रछाया में धीरूभाई अम्बानी ने जिस काले धन का अम्बार लगाया है उसके बल पर चन्द्रास्वामी जैसे धार्मिक धूर्त और चन्द्रशेखर जैसे राजनीतिक कपट और धोखेधड़ी के सिद्धहस्त कलाकार वीपी सिंह को प्रधानमंत्री बनने से रोकें। जनादेश के साथ इस बलात्कार में चन्द्रशेखर की मदद देवीलाल नहीं कर सकते। आखिर देवीलाल ही पहले नेता थे जिन्होंने वीपी सिंह को प्रधानमंत्री बनाने का एलान डंके की चोट पर और सबसे पहले किया था। वे विपक्षी एकता के जनक और भावी राजनीति के कर्त्ता हैं और जनादेश को पूरा करना उनका भी वैसा ही राजनीतिक कर्तव्य है जैसा कि राष्ट्रपति का संवैधानिक कर्तव्य है।

यह कोई वीपी सिंह के प्रधानमंत्री बनाए जाने की वकालत नहीं है। हमें याद रखना चाहिए कि यह चुनाव पहला चुनाव था जब प्रधानमंत्री की कुर्सी पर बैठे

आदमी का रुक्का चलना तो दूर उनका आना उनके ही उम्मीदवार का हारना माना जाता था। और यह पहला चुनाव था जिसमें एक विपक्षी नेता को पूरा देश विपक्ष का सर्वसम्मत भावी प्रधानमंत्री मान कर चला और इसी आधार पर वोट दिया चाहे वह भाजपा के उम्मीदवार को दिया हो या मार्क्सवादी उम्मीदवार को। 1989 के चुनाव की इस खूबी को जो भी नजरअन्दाज करेगा वह जनादेश की आत्मा की अनदेखी करेगा। इसलिए आज अगर राष्ट्रीय मोर्चे के सांसद विश्वनाथ प्रताप सिंह को अपना नेता चुनें तो वे सिर्फ उस जनादेश का ही सम्मान करेंगे जो उन्हें इस देश ने दिया है।

फिर यह भी देखिए कि जो भी सरकार बनेगी और जो भी उसका प्रधानमंत्री होगा वह पूरे विपक्ष की सर्वसम्मति का प्रतीक होगा। ऐसी सर्वसम्मति के प्रतीक अब तक सिर्फ वीपी सिंह ही रहे हैं। वही बाएँ हाथ से वाम मोर्चे और दाहिने हाथ से भाजपा को साथ लेकर चलते रहे हैं। विपक्ष की सरकार अगर चलनी है तो सबको साथ लेकर चलने और सर्वानुमति से सरकार चलाने की कला और कौशल की बेहद जरूरत पड़ेगी। यह कला-कौशल न देवीलाल में है, न हेगड़े में। भौंडसी के बाबा का तो खैर कोई सवाल ही नहीं उठता। आज यह एक राष्ट्रीय माँग और जरूरत है कि प्रधानमंत्री पद विश्वनापथ प्रताप सिंह को सौंपा जाए। ऐसा कहने के लिए उनका समर्थक और प्रशंसक होना कतई जरूरी नहीं है। इस समय राष्ट्रहित और जनादेश को समझने वाला विश्वनाथ प्रताप सिंह का आलोचक ही नहीं दुश्मन भी उन्हें प्रधानमंत्री बनाने से एतराज नहीं करेगा। चन्द्रशेखर करें तो उनके पीछे चन्द्रस्वामी का पतित मंत्र और अम्बानी की काली दौलत ही हो सकती है। एक पतित मंत्र काली दौलत के बल पर एक विकृत और काल से रद्द किया गया बाबा दुनिया के सबसे बड़े लोकतंत्र के जनादेश को पूरा होने से रोक नहीं सकता।

[20 नवम्बर, 1989]

उसने सबको ठिकाने लगा दिया

फिलहाल इसकी चिन्ता छोड़िए कि मिली-जुली सरकार कौन बनाएगा और वह कितने दिन चलेगी। दो-तीन दिन में कचरा साफ हो जाएगा और भारतीय राजनीति की बहती नदी का तल आपको दिखने लगेगा। लेकिन तब तक फालतू की घबराहट में चैन मत गवाइए और जय-जयकार कीजिए इस देश के उस दीन हीन और गँवार कहे जाने वाले वोटर को जिसने राजीव गांधी से लेकर नन्दमूरि तारक रामाराव और देवीलाल को बता दिया है कि सत्ता को वे अपनी बपौती मानकर नहीं चल सकते। उसने कांग्रेस और विपक्ष के एक-एक नेता और पार्टी को चुन-चुन कर बता दिया है कि सत्ता का जो पट्टा लिखकर देता है अगर नेता उसका इस्तेमाल विनम्रता और जिम्मेदारी के साथ लोगों के हित में नहीं करेगा तो पट्टा रद्द कर दिया जाएगा।

पाँच साल में जो राजीव गांधी हम देखेंगे कह रहे थे उन्हें वोटर ने दिखा दिया कि वे भले ही नेहरू वंश के राजकुमार हों और भले ही उनके नाम पर गांधी लगा हो बोफर्स में धन और अमेठी में वोट लूटकर वे फिर से देश को दिखा नहीं सकते। देश जानता है कि नकली गांधी कौन है। यह कहकर रहना वोटर का अपमान था कि वह वंशवाद और राजघराने की कोर्निश बजाने वाला मध्ययुगीन आदमी है जो नेहरू घराने और कांग्रेस के अलावा और किसी को सत्ता में बिठाने पर विश्वास कर ही नहीं सकता।

नन्दमूरि तारक रामराव फिल्मों से बनी अपनी दैविक छवि के बल पर छह साल से हैदराबाद की गद्दी के चैतन्य रथम में बैठे सातवें आसमान में उड़ रहे थे और उनके नीचे उनके जवाईं सत्ता को उनकी बेटियों के साथ मिला दहेज बना कर बटोर जा रहे थे। रामराव को वोट से मिली सार्वजनिक सत्ता को पारिवारिक जागीरदारी बनने देने के अपराध की सजा सुना दी गई है। जिस करुणानिधि की द्रमुक का सिर्फ ग्यारह महीने पहले तमिलनाडु के वोटरों ने राजीव गांधी की उद्दंडता के खिलाफ राजतिलक कर दिया था और जिसके बाद नेहरू के नाती और इन्दिरा के बेटे के सिंहासन के पाए हिलने लगे थे उस द्रमुक के एक भी उम्मीदवार को तमिलियों ने संसद में नहीं भेजा है। कर्नाटक में जनता दल के विधायकों ने सत्ता के साथ अपने बहुत से खेल खेले थे। वोटरों ने अब उन्हें न सिर्फ राज्य के पाले के बाहर बिठा दिया है बल्कि संसद में जनता दल के उम्मीदवारों को फिर खेलने

नहीं भेजा है। केरल के मार्क्सवादी नम्बूदिरीपाद तथाकथित विचारधारा के बहुत से लफ्फाजी छक्के मारे जा रहे मलयालियों ने उनकी बोलती बन्द कर दी है।

पक्का विश्वास था कि महाराष्ट्र में कांग्रेस के सिंहगढ़ को शिवाजी महाराज तथाकथित झंडाबरदार कहीं भेद नहीं सकेंगे। वहाँ आधी से ज्यादा सीटें भले ही कांग्रेस को मिल गई हों लेकिन बीस विपक्ष को भी दी गई हैं ताकि शरद पवार किसी गफलत में न रहें।

और देवीलाल जिनके कहने पर राजस्थान में लोगों ने कांग्रेस का सूपड़ा साफ कर दिया उन्हें हरियाणवियों ने उतार कर अपने घर की चौपाल में बैठा दिया है। सिर्फ ढाई साल पहले जिन देवीलाल ने विधानसभा की नब्बे में से चौरासी सीटें जीती थीं वे लोकसभा की दस में से छह सीट ही जीत पाएँगे। पश्चिम बंगाल में जरूर वाम मोर्चा, फिर मोर्चा मार रहा है। लेकिन कुल मिलाकर वाम मोर्चा इस हालत में नहीं है कि दिल्ली को गद्दी पर रौब गाँठ सके। सत्ता ने जिनका माथा फुला दिया था वोटर ने उनकी हवा निकाल दी है और जिन पर नशा चढ़ रहा था उनके पर काट के जमीन पर उतार दिया है। इस चुनावी महाभारत के कुरुक्षेत्र में नेता बने योद्धा सब हार गए हैं और जीता है सिर्फ कृष्ण नाम का वोटर।

वोटर ने न सिर्फ सबक सिखाया और चेतावनी दी है बल्कि उसने ऐसी हालत पैदा कर दी है कि अब कुछ साल कोई भी सत्ता को अपनी बपौती मानकर गद्दी पर अय्याशी नहीं कर सकता। इसे पंडित लोग भले ही अस्थिरता का अपशकुन बताकर आने वाली राजनीतिक अनिश्चितता से देश को डराने की कोशिश करें लेकिन जो वोटर अपने नेताओं को सबक सिखा सकता है वह निश्चित ही जानता है कि दिल्ली की गद्दी शून्य में टिकी नहीं रह सकती। उसने भले ही किसी एक नेता और पार्टी को साफ और पुख्ता आदेश न दिया हो। लेकिन उसका सन्देश साफ और स्पष्ट है। वह दिल्ली में राजीव गांधी की सरकार नहीं चाहता।

वह ऐसी सरकार चाहता है जो अपने को माई-बाप न समझे, अपने को लोगों की चेरी माने और उनकी टहल-चाकरी में दिन-रात भागदौड़ करती रहे। नेताओं और पार्टियों ने जनता से मिली सत्ता के मद में जनता को बहुत उल्लू बना लिया। अब जनता नेताओं को नाच नचाएगी। इससे वह अस्थिरता और अनिश्चितता अवश्य आएगी जिससे हर शासक और उसके पंडित घबराते हैं। लेकिन जिस देश के नेताओं और पार्टियों ने लोकतांत्रिक तरीके से दी गई सत्ता को अपनी जागीरदारी का पट्टा समझा है उन्हें ठिकाने पर लाने के लिए वोटर को यही करना था और उसने कर दिया है। वोटर की जीत ही लोकतंत्र की जीत है। इसलिए फिर जयजयकार कीजिए उस वोटर की जो जानता है कि नेता को कैसे ठिकाने लगाया जाता है। देश का यही साधारण वोटर चलाता है सरकार जो उसकी इच्छा की कठपुतली है।

[1989]

क्योंकि उत्तर प्रदेश तमिलनाडु नहीं है

आखिर चिमन भाई ने अपना रास्ता लिया और मुलायम सिंह यादव ने अपना अलग। ये दोनों राजीव गांधी और चन्द्रशेखर को महीने भर झुलाते रहे। खुद भी बाजीगर नट की तरह हाथ में सत्ता का बाँस लिये रस्सी पर कुलाँचे मारते जनता को खेल दिखाते रहे हैं। अब अगर एक कांग्रेसी खेमे में और दूसरा उसके खिलाफ है तो इसलिए नहीं कि कांग्रेस या समाजवादी जनता दल से इनका कोई सैद्धान्तिक और वैचारिक लगाव है। चिमन भाई की तरह अगर मुलायम सिंह के भी सत्ता हित कांग्रेस से सधते होते तो वे भी चन्द्रशेखर को छोड़ अपनी क्षेत्रीय पार्टी बनाकर आज राजीव गांधी के साथ खड़े होते। चिमन भाई ने अभी तो अपना जनता दल ही अलग बनाया है। सत्ता में रहने के लिए जरूरी हो तो वे दलबल समेत कांग्रेस में भी शामिल हो सकते हैं। मुलायम सिंह का मामला चिमन भाई की तरह आसान नहीं है।

एक तो गुजरात पश्चिमी कोने का छोटा राज्य है। उसमें जो होता है उसका असर दिल्ली पर नहीं होता। कभी गांधी और सरदार पटेल ने गुजरात से दिल्ली का राज दिलाया हो लेकिन उनके बाद ऐसा कोई नहीं हुआ जो केन्द्र को ऊँचा-नीचा कर सके। चिमन भाई चाहे जितने काँइयाँ और चतुर बाजीगर हों उनके कुलाँचों का दिल्ली पर वैसा असर नहीं हो सकता जैसा यूपी के मुलायम सिंह का होता है। इसका कारण सिर्फ यही नहीं कि गुजरात सिर्फ छब्बीस सांसद भेजता है और उत्तर प्रदेश पिचासी। भेजने को तो हरियाणा भी सिर्फ दस ही सांसद भेजता है लेकिन वह दिल्ली को गुजरात से ज्यादा प्रभावित कर सकता है। इसलिए नहीं कि वहाँ के लोग तीन तरफ से आकर राजधानी को घेर सकते हैं बल्कि इसलिए कि वहाँ की हवा से बीच के भारत का रुख बदल सकता है।

दिल्ली की सरकार बीच के भारत से बनती है। दिल्ली पर वही राज कर सकता है जो उत्तर प्रदेश पर करता है क्योंकि मध्य और उत्तर भारत का मौसम यूपी के हिमालय और गंगा-जमना के दोआब से बदलता है। यूपी पर हर प्रधानमंत्री इसीलिए अपने निजी हाथ की पकड़ रखता आया है। मोरारजी ने नहीं रखा तो सवा दो साल में बाहर हो गए। वी.पी. तो ग्यारह महीने में ही उतार दिये गए। मोरारजी ने यूपी को चरण सिंह के भरोसे कर दिया और विश्वनाथ प्रताप सिंह मुलायम सिंह की

सरकार में दखल नहीं देना चाहते थे। चरण सिंह ने मोरारजी की सरकार गिराई। जनता दल को तोड़ा हो भले ही चन्द्रशेखर ने वीपी की सरकार दरअसल गिराई तो मुलायम सिंह ने। भाजपा और वीपी सिंह के बीच दरार डालने के लिए अगर कोई एक व्यक्ति जिम्मेदार है तो मुलायम सिंह यादव। यह भी सही है कि उनकी पीठ पर चन्द्रशेखर और राजीव गांधी के हाथ थे। लेकिन भाजपा समर्थन वापस नहीं लेती तो चन्द्रशेखर और राजीव गांधी कुछ भी कर लेते राष्ट्रीय मोर्चे की सरकार नहीं गिरती।

भाजपा को मंडल ने उतना नहीं भड़काया जितना मुलायम सिंह की मुसलमान परस्ती ने। वीपी के हाथ में जब सचमुच सत्ता थी तब तो वे मुलायम सिंह को छुट्टा छोड़े रहे। जब उन्हें लगा कि मुलायम सिंह पर काबू करना जरूरी है तब तक सत्ता के असली सूत्र वीपी सिंह के हाथ से निकल चुके थे। यूपी की गद्दी पर बैठने वाला दिल्ली का कारिन्दा न हो तो वह केन्द्र का तख्ता पलट सकता है। इसीलिए तो हर कांग्रेसी प्रधानमंत्री वहाँ किसी मुख्यमंत्री को जमने नहीं देता। अब बीजू पटनायक को भले ही शिकायत हो कि प्रधानमंत्री यूपी का ही क्यों होना चाहिए। लेकिन मोरारजी और विश्वनाथ प्रताप सिंह का उखड़ना साबित करता है कि उत्तर प्रदेश पर जो राज कर सकता है उसी का राज देश पर चलेगा। मोरारजी भले ही गुजरात के रहे हों लेकिन विश्वनाथ प्रताप सिंह तो उत्तर प्रदेश के ही हैं। वे भी अगर मुलायम सिंह के जरिये उत्तर प्रदेश पर राज कर पाते तो उनकी सरकार इस तरह नहीं गिरती। केन्द्र की सत्ता के केन्द्र में है उत्तर प्रदेश और हिन्दी इलाके की सत्ता। यह सत्ता अगर दिल्ली में समाहित न हो या उस पर दिल्ली का नियंत्रण न हो तो दिल्ली की सत्ता स्थिर नहीं रह सकती।

मुलायम सिंह की इसीलिए दिल्ली में कोई छह-आठ महीने से पूछ परख ज्यादा थी। कांग्रेसी मुख्यमंत्रियों की तरह वे दिल्ली के पालतू मुख्यमंत्री नहीं थे। अयोध्या में पिछली अक्टूबर-नवम्बर में उन्होंने जो कारगुजारी की उसके बाद उनका भविष्य नहीं रह गया था। फिर भी वे पहले चन्द्रशेखर के जरिये और फिर राजीव गांधी के कारण सत्ता में बने रहे तो इसलिए नहीं कि मुलायम सिंह यादव थे बल्कि इसलिए कि उत्तर प्रदेश के मुख्यमंत्री थे। उनका पद ही उनकी सबसे बड़ी ताकत और कमजोरी एक साथ था। अपनी ताकत को उन्होंने काफी कुछ खींच लिया लेकिन उसे स्थायी बनाने के आग्रह पर आए तो उनकी कमजोरी बन गया। मुलायम सिंह यादव राजीव गांधी से लोकसभा की जितनी सीटें तालमेल में चाहते थे उतनी उन्हें मिल जातीं। आगे विधानसभा चुनाव में उन्हें कांग्रेस कुछ ज्यादा महत्त्व भी दे देती। लेकिन लोकसभा के साथ उत्तर प्रदेश के विधानसभा चुनाव भी लड़ने को कांग्रेस तैयार नहीं थी।

मुलायम सिंह कांग्रेस की इस दुखती नस को जानते थे और उस पर हाथ रखे हुए थे। इसी नस के चलते वे चाहते थे कि कांग्रेस लोकसभा में उनसे जो भी फायदा उठाना चाहती है उसकी कीमत वह विधानसभा में चुकाए। यानी आज भी

और कल भी उन्हें मुख्यमंत्री बने रहने दे। मुलायम सिंह को भरोसा नहीं था कि दिल्ली में कांग्रेस की सरकार बन जाए तो वह उनकी सरकार को डिसमिस करके विधानसभा चुनाव नहीं करवाएगी। भाजपा या राष्ट्रीय मोर्चे की सरकार तो खैर उन्हें रहने ही नहीं देगी। सिर्फ समाजवादी जनता दल की सरकार ही उन्हें रहने दे सकती है और कोई नहीं मानता कि उसकी सरकार बन सकती है। इसलिए मुलायम सिंह को जो भी करना था अभी करना था, ऐसा करना था कि उनके होने और करने का जो भी लाभ है वह उन्हीं को मिले। कांग्रेस के हाथ यह स्थिति तभी बन सकती थी जब राजीव गांधी उसी फॉर्मूले पर मुलायम सिंह से समझौता करते जिस पर जयललिता से तमिलनाडु में किया है। यानी लोकसभा की दो-तिहाई सीटें राजीव गांधी अपने पास रखते और विधानसभा की दो-तिहाई सीटें मुलायम सिंह के लिए छोड़ देते। और लोकसभा के साथ विधानसभा के चुनाव भी साथ मिलकर लड़ने को तैयार हो जाते।

इसका मतलब यह था कि मुलायम सिंह कांग्रेस की सरकार को दिल्ली में तभी बनने देने में मदद कर सकते थे जब बदले में वह उनकी सरकार बनाने में उत्तर प्रदेश में मदद करती। यानी उत्तर प्रदेश में राज करने की इच्छा राजीव गांधी छोड़ देते। अब कांग्रेस और राजीव गांधी तमिलनाडु में तो जयललिता को राज करने की छूट दे सकते हैं लेकिन उत्तर प्रदेश को अपनी पकड़ से बाहर नहीं जाने दे सकते। राजीव गांधी के लिए मुलायम सिंह का उपयोग वी.पी. सिंह की सरकार गिराने और अपने सत्ता में लौटने तक ही था। यूपी का तो छोड़िए क्या किसी भी राज्य में वे मुलायम सिंह जैसे आदमी को मुख्यमंत्री रहने दे सकते हैं? बेचारे शरद पवार ने थोड़ी-बहुत स्वतंत्रता दिखाई और अपने नेता खुद होने लगे तो कितनी बुरी तरह पर काट कर उन्हें पिंजरे में बैठा दिया गया। जो भी राजनेता प्रधानमंत्री बने रहना चाहता हो वह मुलायम सिंह को उत्तर प्रदेश का मुख्यमंत्री नहीं बने रहने देगा। चन्द्रशेखर भी अगर अपने बूते पर प्रधानमंत्री बने और बने रहने वाले होते तो उन्हें मुलायम सिंह को या तो पालतू बनाना पड़ता या गद्दी से उतार देना होता।

इसलिए राजीव गांधी चाहते थे कि चिमन भाई की तरह मुलायम सिंह पहले चन्द्रशेखर से नाता तोड़ें। अलग दल बनाएँ। फिर कांग्रेस को जितवाएँ। जब दिल्ली में कांग्रेस की सरकार बन जाए तो सोचा जाए कि उनका क्या किया जाए। अगर वे कांग्रेस में शामिल होकर उसके अनुशासन में चलना मंजूर करते तो उनकी सेवाओं को ध्यान में रखकर उन्हें कुछ महीने और मुख्यमंत्री रहने दिया जाता। लेकिन किसी भी सूरत में राजीव गांधी और कांग्रेस को यह मंजूर नहीं हो सकता कि उनकी मदद से उत्तर प्रदेश में कोई ऐसा मुख्यमंत्री बने जो उनके काबू में न हो। किसी क्षेत्रीय दल के मुखिया होकर मुलायम सिंह कांग्रेस की मदद से तो मुख्यमंत्री नहीं हो सकते थे। कांग्रेस अगर दिल्ली में राज करने के लिए चुनाव लड़ रही है तो वह उत्तर

प्रदेश, तमिलनाडु या पश्चिम बंगाल नहीं है जहाँ किसी दोस्ताना क्षेत्रीय पार्टी का राज राजीव गांधी को बर्दाश्त हो सके। कांग्रेस के हिसाब और अनुभव से दिल्ली और लखनऊ की सत्ता के हत्थे पर एक ही हाथ हो सकता है।

कांग्रेस के चुनाव बाद के गणित में मुलायम सिंह के लिए कोई जगह नहीं थी, न हो सकती थी। लेकिन मुलायम सिंह भी जो भी प्राप्त कर सकते हैं वह इस चुनाव के नतीजे के पहले ही कर सकते हैं। इस लोकसभा चुनाव के बाद उनका क्या होगा वे नहीं जानते या जानते हैं तो मालूम है कि भागते भूत की लंगोटी भी अगर पकड़नी है तो अभी ही पकड़ी जा सकती है। इसलिए सत्ता में रहते हुए विधानसभा चुनाव करवाना ही उनका आखिरी दाँव हो सकता था। कांग्रेस को मंजूर नहीं था कि मुलायम सिंह अपना आखिरी दाँव खेल पाएँ। तीन अप्रैल की रात को हुई बातचीत के बाद राजीव गांधी भी जानते थे कि अब मुलायम सिंह के साथ नहीं बनेगी और कांग्रेस को समर्थन वापस लेना पड़ेगा। लेकिन वे सो गए और मुलायम सिंह रातों रात लखनऊ जाकर अपना दाँव खेल गए। जब तक बेचारे नारायण दत्त तिवारी राज्यपाल को कहने गए कि कांग्रेस समर्थन वापस ले रही है तब तक मुलायम सिंह यादव विधानसभा भंग करवाने का प्रबन्ध कर चुके थे। अब यह भले ही सच हो कि मुलायम सिंह ने मंत्रिमंडल की बाकायदा बैठक बुलाकर प्रस्ताव पारित नहीं किया और राज्यपाल को झाँसा दिया। लेकिन जो होना था हो गया और अब कोई कितना ही छाती-माथा कूटे मुलायम सिंह काम चलाऊ मुख्यमंत्री बने रहेंगे और चुनावी लाभ लेने में सरकारी मशीनरी का दुरुपयोग करने से कतई नहीं झिझकेंगे।

राजीव गांधी की तुलना में मुलायम सिंह की बाजीगरी और काँइयाँपन की आप तारीफ कर सकते हैं। आप यह भी कह सकते हैं कि मुलायम सिंह ने चुनावों से ज्यादा से ज्यादा फायदा निकालने के लिए बड़ी चतुराई से शतरंज बिछाई है। लेकिन जनता अगर आपके साथ न हो तो भले ही आपके पास अपराधियों की अपनी फौज और प्रशासन की मशीनरी हो आप चार सौ पन्द्रह की विधानसभा में बहुमत नहीं जीत सकते। चुनाव प्रक्रिया से खिलवाड़ करने की चाहे जितनी तरकीबें निकल आई हों और राजनीति का चाहे जैसा अपराधीकरण हुआ हो हमारा लोकतंत्र अभी इतना बेकार नहीं हुआ है कि लोगों की मर्जी के खिलाफ कोई जनादेश आ सके। यह सच्चाई तो मुलायम सिंह जैसे चतुर और धन, बल से लैस वास्तविक राजनेता भी जानते हैं। विधानसभा चुनाव से मुलायम सिंह ज्यादा से ज्यादा यही उम्मीद कर सकते हैं कि उनका एक शक्तिशाली गुट चुनकर आ जाए तो उठा-पटक और तोड़-फोड़ की राजनीति के जरिये वे अपना पेशा चला सकें। यही मुलायम सिंह की असली हैसियत है।

[10 अप्रैल, 1991]

इस दानिशमन्द ने भी एक पेच डाल दिया है

आपको कभी लगा था पंजाब इस मध्यावधि चुनाव का बड़ा मुद्दा हो जाएगा? लेकिन हो गया है। चन्द्रशेखर, मुख्य चुनाव आयुक्त शेषन और राजीव गांधी ने मिलकर इस विकट समस्या को वोटों के लिए फिर दुही जा सकने वाली गाय बना लिया है। चन्द्रशेखर ने अभी कल शिकायत की थी कि पंजाब की गुत्थी को समझदारों ने जान बूझकर कुछ इस तरह उलझाया है कि उसे सुलझाना असम्भव हो जाए। लेकिन वहाँ चुनाव करवाने को अपनी भावी राजनीति और असाध्य समस्याओं को सुलझाने में लगे दुस्साहसी राजनेता की छवि से जोड़कर चन्द्रशेखर ने भी उसमें अपना एक बड़ा पेच लगा दिया है।

पिछले चुनाव के बाद पंजाब का समाधान जितना मुश्किल था इस चुनाव के बाद उससे कहीं ज्यादा विकट हो जाएगा। इसमें राजीव गांधी का योगदान भी चन्द्रशेखर से कोई कम नहीं होगा। लेकिन अगर नेताओं को दोष देकर सन्तुष्ट और निश्चिन्त हो जाने वाले भारतीय आप नहीं हैं तो पंजाब को लेकर आपकी चिन्ता बढ़नी चाहिए और सरोकार और गहराना चाहिए। शासन चलाने में अपने को बार-बार नाकाबिल साबित करने वाले अकाली सिखों में प्रचार करते रहे हैं कि दिल्ली दरबार पंजाब में लोकतांत्रिक पंथिक सरकार नहीं चलने देना चाहता। कांग्रेस और दूसरी पार्टियों के नेता इसीलिए पंजाब में चुनाव नहीं होने देना चाहते क्योंकि वहाँ उन्हें सत्ता मिलने की कोई उम्मीद नहीं है। सिखों को अपनी सरकार चुनने के लोकतांत्रिक अधिकार से भी वंचित रखा जा रहा है क्योंकि यहाँ अकालियों या खाड़कुओं की खालसा सरकार बन जाएगी। खालिस्तान बनने का हौवा इसीलिए दिखाया जाता है कि—पंजाब को दिल्ली का उपनिवेश बनाकर रखा जा सके। सिखों की देशभक्ति और लोकतांत्रिकता में दिल्ली को जब इतना अविश्वास है तो फिर वे अलग ही क्यों न हो जाएँ। सिमरनजीत सिंह मान ने इन तमाम दलीलों को सिखों के आत्मनिर्णय के अधिकार में समेटकर इन चुनावों को जनमतसंग्रह में बदलने की कोशिश की है। अब बादल या दूसरे नरमपंथी अकाली चाहें भी तो इससे नीचे की बात नहीं कर सकते।

जरूरी नहीं कि मान के बना देने से ये चुनाव खालिस्तान पर जनमत संग्रह हो ही जाएँगे। लेकिन इसमें सचमुच कोई शक नहीं कि अकाली दलों और उग्रवादी

संगठनों से कोई ठोस बातचीत और संविधान के दायरे में समझौता या समझदारी बनाए बिना चुनाव करवाना एक तरफ से अँधेरे में साँप की पिटारी खोल देना है। मान को पारम्परिक अकाली नेताओं ने अपना एकमात्र प्रतिनिधि नेता इसीलिए बनाया था कि उग्रवादी उनके पीछे थे और उनके जरिये केन्द्र से बातचीत करके राजनीतिक प्रक्रिया फिर शुरू की जा सकती थी। मान बात करने दिल्ली आए भी और चन्द्रशेखर ने उनका ज्ञापन लिया भी। लेकिन एक तो मान ने अपनी माँगें बड़े ऊँचे भाव पर चढ़ा कर रखीं और दूसरे देश की सभी पार्टियों और नेताओं ने चन्द्रशेखर की इस पहल को सन्देह से देखा और प्रचारित किया। फिर शायद चन्द्रशेखर को लगता था कि प्रधानमंत्री के नाते उन्हें कुछ समय और मिलेगा और चुनाव इतनी जल्दी नहीं होंगे। बहरहाल मान से बातचीत कोई सिरे नहीं चढ़ी।

चन्द्रशेखर अब दावा कर रहे हैं कि उग्रवादियों, आतंकवादियों और अलगाववादियों से उनकी बातचीत चल रही है और जल्दी ही उसके बेहतर नतीजे सामने आएँगे। लेकिन उन्होंने बातचीत होने की बात का कई बार खंडन करने के बाद सार्वजनिक रूप से मंजूर किया कि बात हो रही है। अप्रैल के तीसरे सप्ताह में कुछ लोग प्रधानमंत्री से मिलकर गए हैं और दूसरे उग्रवादी पाकिस्तान तक से बातचीत करने आने को तैयार हैं यह खबर सरकारी सूत्रों ने ही अखबारों में छपवाई थी। बाद में शायद चन्द्रशेखर और सुबोधकान्त सहाय को लगा कि यह 'पब्लिसिटी' दिल्ली बात करने आने वालों को पंजाब में बदनाम और 'पतित' बना देगी इसलिए खंडन किया गया। अब जब चन्द्रशेखर ने इसे मंजूर भी किया तो इस लंगड़ी के साथ कि दूसरी पार्टियों को इसलिए शामिल नहीं किया गया कि इससे बातचीत में पलीता लग सकता है।

चन्द्रशेखर अनुभवी राजनीतिक हैं। किसी को उन्हें समझाने की जरूरत नहीं है कि इस एलान का उन पार्टियों पर क्या असर होगा जो पहले ही गुपचुप बातचीत के जरिये उग्रवादियों, आतंकवादियों को सत्ता सौंपने का आरोप उन पर लगा चुकी हैं। पलीता लगाने के आरोप में बातचीत से अलग रखी गई पार्टियाँ अब इस प्रक्रिया को देश के साथ चन्द्रशेखर की धोखाधड़ी बताएँगी। चूँकि चन्द्रशेखर ने ही (जनता दल को छोड़कर) सभी पार्टियों और चुनाव आयोग और राष्ट्रपति तक की राय और विरोध को परे सरका कर पंजाब में चुनाव पर जोर दिया इसलिए वहाँ के चुनावों को देश के विखंडन की शुरुआत कहा जाएगा। कांग्रेस तो इसी कारण चुनाव से बाहर हो गई है। दूसरी पार्टियों को भी अब सोचना पड़ेगा कि वे चन्द्रशेखर के बयान का क्या जवाब दें।

सही है कि पंजाब की जैसी स्थिति है उसमें उसके समाधान पर कोई खुली गोलमेज परिषद तो नहीं हो सकती। रास्ता तो आखिर गुपचुप बातचीत और आपसी समझदारी से ही निकाला जा सकता है। लेकिन ऐसी बातचीत चुनाव के दौरान नहीं

हो सकती, न ऐसा प्रधानमंत्री बात कर सकता है जो अपने दम पर कभी सत्ता में नहीं था और अब तो बिलकुल कामचलाऊ है और जिसके फिर प्रधानमंत्री बनने की कोई सम्भावना नहीं है। चन्द्रशेखर पंजाब को अपने और उग्रवादियों-आतंकवादियों के बीच की द्विपक्षीय समस्या बनाकर तो हल नहीं निकाल सकते। देश को साथ लिये बिना कोई समाधान हो भी नहीं सकता। चन्द्रशेखर कह नहीं सकते कि उन्हें दूसरी पार्टियों और नेताओं की कोई फिकर नहीं है क्योंकि जनता उनके साथ है। जनादेश उनके पास कभी नहीं था और पंजाब पर तो राष्ट्रीय सहमति भी उनके साथ नहीं है। चुनाव की घोषणा होने और अखाड़ा खुल जाने के बाद पंजाब जैसे नाजुक और अहम मसले पर उग्रवादियों-आतंकवादियों से गुपचुप बात सफल नहीं हो सकती। क्योंकि एक बार चन्द्रशेखर की नीयत में शक न भी किया जाए तो दूसरी पार्टियाँ पंजाब को चन्द्रशेखर का चुनावी हथकंडा या नारा क्यों बना रहने देंगी? चन्द्रशेखर अगर इसका इस्तेमाल चुनाव में कर रहे हैं तो कांग्रेस और दूसरी पार्टियाँ भी करेंगी। इस होड़ से पंजाब फिर पार्टी हितों का अखाड़ा हो जाएगा। इतने साल का अनुभव तो यही है कि इससे समस्या और उलझती है।

मान लें कि देश के और दूसरे भलेमानसों की तरह चन्द्रशेखर भी मानते हैं कि पंजाब के समाधान का रास्ता वहाँ लोकसभा और विधानसभा चुनावों से ही निकल सकता है। ऐसा विश्वास राजनीतिक नफे-नुकसान के हिसाब के बिना भी हो सकता है। लेकिन इसके लिए राष्ट्रीय सहमति अनिवार्य है क्योंकि एक कामचलाऊ प्रधानमंत्री ऐसा फैसला न तो देश के गले उतार सकता है, न उसके सिर पर थोप सकता है। पंजाब में लोकसभा-विधानसभा चुनाव बाकी देश के साथ करवाने के मामले में चन्द्रशेखर सिवाय जनता दल और अकाली गुटों के और किसी को भी अपने साथ नहीं कर सके। पार्टियाँ ही नहीं, चुनाव आयोग और राष्ट्रपति भी उनसे सहमत नहीं थे। इसीलिए चन्द्रशेखर मंत्रिमंडल का प्रस्ताव राष्ट्रपति ने फिर से विचार के लिए भेजा। जब उसी पर चन्द्रशेखर ने फिर जोर दिया तो जो चुनाव आयोग पहले खुद ही पंजाब और असम के लिए अलग चुनाव कार्यक्रम बनाने की घोषणा कर चुका था उसी ने (शायद खुन्नस में) ऐसी तारीख पंजाब के मतदान के लिए तय कर दी जिस पर केन्द्र सरकार सुरक्षा के लिए जरूरी अर्ध सैनिक बल नहीं तैनात कर सकती थी। अपने ही जाल में फँसकर चन्द्रशेखर को दूसरी तारीखों की माँग करनी पड़ी और इससे उनकी हठ के और धुर्रे बिखरे। साबित हुआ कि सुरक्षा का पक्का इन्तजाम किये बिना पंजाब में चुनाव नहीं करवाए जा सकते। यह वास्तविकता खुद चन्द्रशेखर ने मानी है जो कि वहाँ चुनाव करवाने की गैरजिम्मेदाराना (राष्ट्र विरोधी) हठ पर अड़े हुए हैं।

कांग्रेस को यह अच्छा मौका मिला और उसने पंजाब में चुनावों से अपने को अलग करके और भी गैरजिम्मेदाराना काम किया। कांग्रेस की यह दलील सभी के

गले उतरती है कि पंजाब में कानून और व्यवस्था की हालत सुधरी नहीं है। वहाँ हत्याएँ उतनी ही हो रही हैं जितनी राष्ट्रपति शासन बढ़वाने के वक्त हो रही थीं। राष्ट्रपति शासन इन्हीं चन्द्रशेखर ने सभी पार्टियों के सहयोग से संविधान में संशोधन करके बढ़वाया था। अगर तबसे हालत सुधरी नहीं है तो वहाँ चुनाव निष्पक्ष और स्वतंत्र कैसे हो सकते हैं? अकाली दलों और खाड़कू जत्थेबन्दियों ने इन चुनावों को खालिस्तान के लिए जनमतसंग्रह बना दिया है। बन्दूक के आतंक से वहाँ अलगाववादी-अलग राष्ट्र का जनादेश ले लेंगे। ऐसी प्रक्रिया में शामिल होकर कांग्रेस पंजाब के अलग होने में पार्टी नहीं बन सकती। और कांग्रेस का राज आया तो वह चुनाव पर फिर विचार करेगी। मुख्य चुनाव आयुक्त ने कह दिया है कि कानून और व्यवस्था खराब होने के कारण कोई सरकार चुनाव आगे बढ़वाने की माँग करे तो चुनाव आयोग विचार कर सकता है। यानी राजीव गांधी की समरनीति अब यह होगी कि पंजाब को खालिस्तान बनने से रोकना है तो कांग्रेस की सरकार बनवाओ।

सही है कि यह कांग्रेस का चुनावी खेल ही है। ऐसा अनिवार्य नहीं है कि पंजाब के चुनावों से अलगाव का आतंकित जनादेश ही निकलेगा। बल्कि चुनाव लड़ते अकाली गुटों, चुनाव पर विभाजित पंथिक कमेटियों और खाड़कू जत्थेबन्दियों की आपसी होड़ और झगड़ों के कारण कोई एक आतंकित जनादेश निकले ही नहीं। लेकिन दिनोदिन बढ़ती हिंसा के कारण राजीव गांधी का यह प्रचार लोगों के गले उतरेगा कि पंजाब में चुनाव टाले जाने चाहिए। लोगों को कांग्रेस की यह दलील भी ज्यादा समझ में आएगी कि पंजाब में चुनाव करवाने ओर आतंकवादी-अलगाववादियों से चुपचाप बातचीत करके चन्द्रशेखर देश की एकता के साथ खिलवाड़ कर रहे हैं। कांग्रेस चन्द्रशेखर को अपनी ओछी राजनीति के लिए पंजाब को अलग होने का 'लोकतांत्रिक अवसर' देने वाला राष्ट्रदोही कहेगी। पंजाब में चन्द्रशेखर की लोकतांत्रिकता लोगों को उतनी अपील नहीं करेगी जितनी उसको लेकर राजीव गांधी की राष्ट्रीयता। राजीव गांधी ने अलगाववादियों से चन्द्रशेखर की साँठगाँठ का प्रचार भी शुरू कर दिया है। स्थिरता के साथ राष्ट्रीय एकता और अखंडता के मुद्दे जोड़ने का मौका और औचित्य चन्द्रशेखर ने कांग्रेस को दे दिया है।

कांग्रेस के बहिष्कार और राजीव गांधी और शेषन की बातों से पंजाब के चुनावों पर पहले ही अनिश्चितता के बादल मंडरा रहे हैं। अब अगर वहाँ की हालत और बिगड़ती है और कांग्रेस का प्रचार जोर पकड़ता है और चुनाव के बाद कांग्रेस खुद या वामपंथियों के साथ गठबन्धन में सरकार बनाती है तो उसे पंजाब में चुनाव आगे बढ़ाने या स्थगित करने ही पड़ेंगे। इसका पंजाब पर बहुत बुरा असर पड़ेगा क्योंकि वहाँ के बहुसंख्यक सिख चुनाव चाहते हैं और अल्पमत हिन्दू चाहते हैं कि चुनाव अभी न हों। यह ध्रुवीकरण आने वाले दिनों में और तेज होगा। फिर अगर कांग्रेस या दूसरी पार्टियों ने भी चुनाव स्थगित करवाए तो अकाली और अलगाववादी

सिखों को कहेंगे कि हिन्दू सरकार आपको अपनी सरकार चुनने का भी मौका नहीं देती। उससे सिखों के वास्तविक और काल्पनिक घाव और हरे होंगे और पंजाब में अलगाववादियों को समर्थन बढ़ जाएगा जो कि वहाँ की हालत को और मुश्किल कर देगा। और अगर चुनाव हुए और उसमें से सचमुच ही अलगाववादियों की सरकार बनी और उन्होंने अलग होने का प्रस्ताव पास कर दिया और वह विधानसभा केन्द्र को भंग करनी पड़ी और सैनिक कार्रवाई अनिवार्य हुई तो भी पंजाब की हालत आज से खराब ही होगी।

चुनाव के पहले उग्रवादियों, आतंकवादियों और अलगाववादियों से कोई समझौता किये बिना राष्ट्रीय सहमति के खिलाफ पंजाब में चुनाव करवा के चन्द्रशेखर जैसे दानिशमन्द ने खूब उलझी हुई गुत्थी में एक पेच और जोड़ दिया है। कांग्रेस को एक असरदार मुद्दा भी लगे हाथ थमा दिया है।

[4 मई, 1991]

लोगों ने भी आखिर कुछ तो देखा होगा

ज्योतिषियों से लेकर तो कम्प्यूटर की मदद से चुनाव विश्लेषण करने वाले विशेषज्ञ तक कह चुके हैं कि अगली संसद में भी किसी एक पार्टी का बहुमत नहीं होगा। त्रिशंकु संसद के आते प्रकोप से सभी पीड़ित दिखाई देते हैं। लेकिन न तो पिछली संसद त्रिशंकु थी, न मुझे लगता है कि अगली संसद होगी। अपनी पार्टी या मोर्चे की सरकार बनने का दावा राजीव गांधी, वीपी सिंह और लालकृष्ण आडवाणी ने ही नहीं, चन्द्रशेखर तक ने कर रखा है और कर रहे हैं। इन्हें लगता भी होगा कि अपनी सरकार नहीं बनने वाली है फिर भी वे कहते रहेंगे कि बहुमत उन्हें मिल रहा है। चुनाव लड़ते समय कोई सच नहीं बोलता। लेकिन इनकी मजबूरी किस्मत से मेरी मजबूरी नहीं है। फिर भी मुझ लग रहा है कि इस देश के लोग किसी एक पार्टी या मोर्चे को राज करने का जनादेश देंगे। अपना विश्वास इन पार्टियों के दावों में नहीं लोगों की समझदारी में है। नेता लोग राज करने की जिम्मेदारी से चाहे जैसे खेल करें इस देश के लोग शासन चलाने के साथ खिलवाड़ नहीं करते। पिछली बार भी उन्होंने नहीं किया था।

पार्टी के ठप्पे से ही देखें तो सही है कि पिछली संसद में कांग्रेस सबसे बड़ी पार्टी थी और जिसने सरकार बनाई वहीं जनता दल नम्बर दो पर था। लेकिन एक तो सरकार जनता दल की नहीं, राष्ट्रीय मोर्चे की थी और मोर्चे में तेलुगुदेशम, द्रमुक, अगप जैसी क्षेत्रीय पार्टियाँ शामिल थीं। चुनाव राष्ट्रीय मोर्चे ने लड़ा था और जनता दल उस मोर्चे की एक पार्टी था। लेकिन राष्ट्रीय मोर्चा भी कांग्रेस से अकेले नहीं लड़ा था। उसने दाईं तरफ से भारतीय जनता पार्टी का हाथ पकड़ा था और बाईं ओर से वामपंथी मोर्चे का। वामपंथी मोर्चे में भी चार-पाँच रंगों की कम्युनिस्ट पार्टियाँ शामिल थीं। भाजपा और वाम मोर्चे ने भले ही राष्ट्रीय मोर्चे के साथ मिलकर कोई साझा कार्यक्रम और घोषणा पत्र न बनाया हो लेकिन देश भर के मतदाता जानते थे कि वे सब मिलकर चुनाव लड़ रहे हैं।

कांग्रेस के खिलाफ एक होकर लड़ने का सबूत यह था कि मोटे तौर पर सब जगह कांग्रेस के उम्मीदवार के खिलाफ एक गैर कांग्रेसी उम्मीदवार था। फिर वह चाहे जनता दल का रहा हो, भाजपा का या तेलुगुदेशम का या किसी वामपंथी पार्टी

का। मतदाता के सामने साफ था कि राष्ट्रीय मोर्चा, भाजपा और वामपंथी मोर्चा कांग्रेस के खिलाफ लगभग सभी पार्टियों का एक राष्ट्रीय मोर्चा है। इसलिए पिछले चुनाव में भाजपा को मिला वोट भी उतना ही केन्द्र में गैर कांग्रेसी सरकार बनाने के लिए था जितना पश्चिम बंगाल में माकपा को मिला वोट या आंध्र में तेलुगुदेशम को मिला मत। तब कांग्रेस एक तरफ थी और दूसरी लगभग सभी बड़ी पार्टियाँ दूसरी तरफ। इसलिए पिछले चुनाव में या तो वोट कांग्रेस को दिया गया या उसके खिलाफ खड़ी पार्टियों के मोर्चे को। यह कतई जरूरी नहीं है कि वह वोट कांग्रेस के खिलाफ था। वह वोट गैर कांग्रेसी गठबन्धन के लिए भी था। सकारात्मक और नकारात्मक वोट की बात करने वाले अक्सर कांग्रेस को सरकार और उसके खिलाफ खड़ी किसी भी पार्टी को नकारा मान लेते हैं। यह रवैया कांग्रेसियों का है कि सिर्फ वही हैं और दूसरे जो हैं वे नहीं हैं। अगर आप इस कांग्रेसी आत्मकेन्द्रिकता के शिकार नहीं हैं तो मानेंगे कि कांग्रेस को न दिया गया वोट किसी को दिया गया सकारात्मक वोट है।

तो पिछली बार इस देश के लोगों ने कांग्रेस के सामने खड़े जिस मोर्चे को वोट दिया था उसको बहुमत मिला था। राष्ट्रीय मोर्चा, वामपंथी मोर्चा और भाजपा तीनों के ही सांसद मिला लें तो उनकी गिनती दो सौ अस्सी से ज्यादा थी और यह उस संसद में साफ बहुमत था। भाजपा और वामपंथी मोर्चा राष्ट्रीय मोर्चे के साथ सरकार में शामिल नहीं हुए लेकिन चुनाव तो वे मिलकर कांग्रेस के खिलाफ लड़े थे। इसलिए 1989 का जनादेश भी गैर कांग्रेसी मोर्चे की सरकार का जनादेश था। उस मोर्चे को सरकार चलाने के लिए ठीक-ठाक बहुमत भी जनता ने दिया था। अगर राष्ट्रीय और वामपंथी मोर्चे और भाजपा ने मिलकर सरकार नहीं बनाई तो यह दोष जनादेश का नहीं था। भाजपा और वाम मोर्चे ने बाहर से मदद करके राष्ट्रीय मोर्चे की अल्पमत सरकार बनाई तो इसका भी कारण जनादेश नहीं था। कांग्रेस के खिलाफ एक होकर चुनाव में वोट माँगने वालों ने चुनाव के बाद एक होकर सरकार नहीं बनाई और चलाई तो यह व्यवस्था और दोष इन पार्टियों और मोर्चे का था। जनादेश तो साफ गैर कांग्रेसी सरकार बनाने का था और गैर कांग्रेसी गठबन्धन को जनता ने बाकायदा ठीक बहुमत दिया था। अगर जनता दल या राष्ट्रीय मोर्चा भाजपा और वामपंथी मोर्चे के साथ तालमेल किये बिना चुनाव लड़ता तो कहा जा सकता था कि जनता ने किसी को स्पष्ट बहुमत नहीं दिया। राजीव गांधी ने जब राष्ट्रपति को कहा कि जनता ने हमें सरकार बनाने का आदेश नहीं दिया है इसलिए हम नहीं बनाएँगे—तो वे सिर्फ एक सच्चाई पर ही जोर दे रहे थे जिसे आमतौर पर स्वीकार नहीं किया जाता। पिछले चुनाव में कांग्रेस को जनादेश और स्पष्ट बहुमत नहीं था लेकिन गैर कांग्रेसी गठबन्धन को स्पष्ट बहुमत के साथ सरकार बनाने का जनादेश था। देश के लोगों ने अब तक किसी चुनाव के बाद त्रिशंकु संसद नहीं बनाई है।

यह भी कहना सही नहीं है कि सत्ता में रहते हुए सिर्फ गैर कांग्रेसी पार्टियाँ या सरकारें ही टूटी हैं। सन् 1969 में जिसे इन्दिरा गांधी ने तोड़ा था वह पार्टी कांग्रेस थी। केन्द्र में पहली बार जो अल्पमत सरकार बनी वह राष्ट्रीय मोर्चे की वीपी सरकार नहीं, इन्दिरा गांधी की कांग्रेसी सरकार थी और वह भी कम्युनिस्टों के बाहर से दिये गए समर्थन पर ही कोई डेढ़ साल चली थी। यह ठीक है कि कांग्रेस की फूट से तब भी इन्दिरा सरकार गिरी नहीं थी और जब दिसम्बर 1970 में इन्दिरा गांधी ने मध्यावधि कराए थे तो इसलिए नहीं कि कम्युनिस्टों ने समर्थन वापस ले लिया था। लेकिन चूँकि कांग्रेस आजादी के बाद से ज्यादातर समय राज करती रही है इसलिए आमतौर पर मान लिया जाता है कि सरकार में आने पर गैर कांग्रेसी पार्टियाँ ही टूटती हैं। जबकि सच्चाई यह है कि 1967 के चुनाव के बाद जितनी संविद सरकारें बनीं वे कांग्रेस के टूटने से ही बनी थीं। इसलिए टूट और अल्पमत सरकार को सिर्फ गैर कांग्रेसी चलन ही नहीं मान लिया जाना चाहिए। एक रहने के जनादेश को जनता पार्टी या फिर राष्ट्रीय मोर्चे, वाम मोर्चे और भाजपा ने ही नहीं तोड़ा है। सबसे पहले तो कांग्रेस ने ही तोड़ा था।

तो, जो हो, इस देश की पार्टियाँ चाहे जो करती हों लोग तो स्पष्ट बहुमत ही देते रहे हैं। इस बार यह नामुमकिन इसलिए लग रहा है कि पिछली बार की तरह कोई एक पार्टी, मोर्चा या मुद्दा ऐसा नहीं है कि जिसके लिए या जिसके खिलाफ बाकी सब एक हो जाएँ। कांग्रेस की तरफ या उसके खिलाफ एक हो जाने की सुविधा इस बार नहीं है। कांग्रेस है तो सब तरफ लेकिन पूरे देश में वह ऐसी ताकतवर नहीं दिखाई देती कि लोग उसे अच्छा बहुमत देकर भेज दें। भाजपा उत्तर भारत में मजबूत और पश्चिम में ठीक-ठाक है लेकिन पूर्व ओर दक्षिण में कहीं भी उसके पाँव ऐसे मजबूत नहीं हैं कि अकेले दम पर बहुमत ले आए। राष्ट्रीय मोर्चा और वामपंथी मोर्चा फिर मिलकर लड़ रहे हैं। राष्ट्रीय मोर्चा के तेलुगुदेशम आंध्र में, द्रमुक तमिलनाडु में और जनता दल कर्नाटक में पिछली बार से बेहतर हालत में हैं और केरल और पश्चिम बंगाल में वाम मोर्चा भी जमा हुआ है। लेकिन ओड़ीशा, राजस्थान, मध्यप्रदेश और गुजरात में जनता दल पिछली बार से बहुत कमजोर है। अगर भाजपा को तमिलनाडु, केरल, आंध्र और कर्नाटक में कोई उम्मीद नहीं दिखाई देती तो जनता दल गुजरात, मध्यप्रदेश और राजस्थान में खाता खोलता भी नहीं दिखता। इस तरह कांग्रेस जो अखिल भारतीय है वह किसी भी राज्य में बेहद ताकतवर या सभी राज्यों में लगभग समान रूप से शक्तिशाली नहीं है। भाजपा जो उत्तर में बहुत शक्तिशाली और पश्चिम में अच्छी हालत में दिख रही है उसे पूर्व और दक्षिण से कुछ पल्ले पड़ना नहीं है। राष्ट्रीय मोर्चे और उसके सहयोगी मोर्चे की हालत भी भाजपा की तरह कहीं बहुत ताकतवर तो कहीं लगभग लापता जैसी ही है।

इसलिए अपने स्पष्ट बहुमत का जोरदार और बेलाग दावा करते रहने के बावजूद कांग्रेस ने कहीं कहा कि वह वामपंथी मोर्चे के साथ सरकार बना सकती है। कहीं भाजपा ने कहा कि वह कांग्रेस के साथ सरकार बनाने से परहेज नहीं करेगी। हालाँकि दोनों ने बाद में इससे इनकार भी कर दिया। राष्ट्रीय मोर्चे में तो कई पार्टियाँ हैं और वह गठबन्धन ही है। लेकिन भाजपा जैसी अपने रास्ते पर अकेली चलने वाली पार्टी के नेता लालकृष्ण आडवाणी ने भी कहा है कि छुआछूत की राजनीति उनके खिलाफ दूसरी पार्टियाँ करती रही हैं। वे खुद तो किसी को अछूत नहीं मानते। नोट करने लायक बात है कि लालकृष्ण आडवाणी ही वे नेता हैं जिन्होंने भाजपा को और सब पार्टियों से अलग करके तीखी धार वाली साफ पहचान दी है। वे अब भी कहते यही हैं कि उनकी पार्टी को स्पष्ट बहुमत मिलेगा लेकिन वे छुआछूत की राजनीति नहीं करना चाहते। यानी चुनाव के बाद वे सब पार्टियों को अछूत नहीं मानेंगे। क्षेत्रीय पार्टियों की मदद से सरकार बनाने लायक सीटें उन्हें मिल जाएँ तो वे मिली-जुली सरकार बना सकते हैं। मतलब यह कि सत्ता के सभी दावेदार मिली-जुली सरकार की भी तैयारी में हैं। लेकिन ऐसा गठबन्धन वे चुनाव के पहले करके वोटर का काम आसान नहीं करना चाहते। राष्ट्रपति ने गणतंत्र दिवस के भाषण में कहा था कि एक पार्टी वर्चस्व के दिन गए और अब मिली-जुली सरकारों के दिन आ गए हैं। लेकिन अपने चुनावी इतिहास में पहली बार दो पार्टियाँ स्पष्ट बहुमत के लिए जोर लगा रही हैं—कांग्रेस और भाजपा।

लेकिन इस देश के जिन लोगों ने सत्ता के लिए बनते और टूटते गठबन्धनों और समीकरणों को पिछले पन्द्रह महीनों में भुगता है क्या वे फिर ऐसी संसद चुनकर भेजेंगे जिसे सरकार बनाने के लिए पार्टियाँ अपनी घोड़ामंडी बना लें? जो दो पार्टियाँ आज सत्ता की दावेदार हैं और स्थिर सरकार बनाने का वादा कर रही हैं वे दोनों ही इन महीनों में एक-एक सरकार बनवा और गिरा चुकी हैं। भाजपा के छियासी सांसदों के समर्थन के बिना राष्ट्रीय मोर्चे की सरकार बन नहीं सकती थी। भाजपा समर्थन वापस नहीं लेती तो वह सरकार गिर नहीं सकती थी। कांग्रेस की मदद के बिना चन्द्रशेखर सरकार की कल्पना भी नहीं की जा सकती थी। उसी कांग्रेस ने अपने ऊपर बिलकुल निर्भर एक पिछलग्गु सरकार को गिरा दिया था। सरकार बनाने और गिराने में सिर्फ जनता दल और समाजवादी जनता दल का ही हाथ नहीं रहा है। स्थिरता और पार्टी अनुशासन का दावा करने वाली दोनों ही पार्टियों ने—दूसरी पार्टियों और उनकी सरकारों को बनवा कर तोड़ा है। लोगों के सामने इस तरह सभी पार्टियों के सभी नेताओं का एक जैसा सत्ता का खेल उजागर हुआ है।

देश के लोग नहीं चाहेंगे कि इस चुनाव के बाद वे फिर इसी तरह का कुर्सी का खेल देखें। लेकिन इसलिए जरूरी नहीं है कि वे किसी एक पार्टी को ही अच्छा बहुमत दें। वे किसी मोर्चे को भी बहुमत दे सकते हैं। यह मानना कांग्रेसी गलतफहमी

है कि लोग सिर्फ एक पार्टी पर ही भरोसा करते हैं और उन्हें गठबन्धन पसन्द नहीं है क्योंकि गठबन्धनों की सरकारें चलती नहीं हैं। 1977 में जब जनता पार्टी को राज मिला तब वह एक पार्टी नहीं थी। वह कई पार्टियों का गठबन्धन था। उसे सत्ता तो मार्च के आखिरी सप्ताह में मिल गई थी, जनता पार्टी तो बनी मई 1977 में। उस प्रयोग के विफल होने के बाद माना जाता था कि देश गैर कांग्रेसी पार्टियों को कोई मौका नहीं देगा। लेकिन बारह साल बाद उसने और भी बड़े गठबन्धन को मौका दिया। वह भी फेल हो गया। लेकिन मिली-जुली सरकारें पश्चिम बंगाल और केरल में तो कई साल से चल रही हैं। इसलिए मान नहीं लेना चाहिए कि देश के लोग इस बार कोई प्रयोग करेंगे ही नहीं।

फिर इस बार लोग सिर्फ एक सरकार नहीं चुनने वाले हैं। वे कुछ यक्ष प्रश्नों का उत्तर भी देने वाले हैं। जैसे इस बार दो पार्टियाँ आमने-सामने हैं और अपने पार्टी होने पर बहुत गर्व करती हैं और गठबन्धनों के बजाय पार्टी की सरकार को ही बेहतर मानती हैं। लोग इनमें से किसी एक को बहुमत देकर दूसरी को इतने सांसद दे सकते हैं कि वह ताकतवर विपक्ष का काम कर सके। इस तरह वह दो पार्टी प्रणाली जो हमें अब तक मृगतृष्णा लगती रही है इस बार असलियत हो सकती है। लेकिन इस चुनाव में लोग राष्ट्रपति रामस्वामी वेंकटरामन जैसे दृष्टिवान लोगों की धारणा को भी सही साबित कर सकते हैं कि एक पार्टी वर्चस्व के दिन गए और गठबन्धन की सरकारों का जमाना आ गया है। राष्ट्रीय-वामपंथी मोर्चे के गठबन्धन को अगर बहुमत मिलता है तो मान लेना चाहिए कि दो पार्टी प्रणाली के वेस्टमिस्टर मॉडल के बजाय देश आम सहमति के गठबन्धन की राजनीति चाहता है। बहरहाल इस देश के लोग त्रिशंकु संसद चुनकर क्या यह बताएँगे कि उन्होंने पन्द्रह महीनों का खेल देखकर कोई भी निर्णय नहीं लिया है? हमारी पार्टियों को न ही इस देश को स्थिर शासन का अच्छा-खासा अनुभव है। कुछ हजार साल का।

[15 मई, 1991]

एक सफेद आँचल में दुबकना

इसके बावजूद कांग्रेसी नेताओं को शर्म नहीं है। सोनिया गांधी के कांग्रेस अध्यक्ष बनने से इनकार करने के बाद प्रणब मुखर्जी से किसी अखबार वाले ने पूछा—'अब आप राहुल गांधी को कब अध्यक्ष बना रहे है?' किसी और ने पूछा—'प्रियंका के लिए संविधान में संशोधन कब करेंगे? वे पच्चीस की नहीं हैं।'

अपने देश की प्रेस इतनी संवेदनहीन तो नहीं है कि राहुल और प्रियंका को लेकर प्रणब बाबू से ऐसी मजाक करे। राजीव गांधी की हत्या के हफ्ते भर बाद तक देश भर के अखबारों की आँखों में आँसू छलक रहे हैं। फिर जब कांग्रेस मुख्यालय के पास ही तीन मूर्ति भवन में उनका पार्थिव शरीर रखा हुआ था तब अखबारवालों ने ये फब्तियाँ क्यों कसीं? क्योंकि कांग्रेस कार्यकारिणी एक चौकड़ी के डर से मखौल की हद तक वंशवादिता से चिपकी हुई है। सोनिया गांधी एक नहीं, दो बार इनकार कर चुकी हैं। लेकिन प्रणब मुखर्जी जिनके प्रवक्ता हैं वे अब भी सोनिया गांधी को मनाने और उन पर दबाव डालने के सारे हथकंडे चला रहे हैं। देश और दुनिया से बहरे और अंधे हुए इन निपट स्वार्थी लोगों को अपनी टुच्ची अवसरवादिता पर शर्म नहीं है। लेकिन देश के ज्यादातर लोग इनकी करतूत से शर्मिन्दा हैं। इन तमाम लोगों के मन में नेहरू खानदान की बहुत इज्जत है और ये सोनिया गांधी, प्रियंका और राहुल के दुख से दुखी और उसमें शामिल हैं।

लेकिन परजीवी दरबारियों की चौकड़ी जिस तरह सोनिया गांधी के सामने घिघिया रही है, उससे माफ कीजिए देश के लोग अपमानित महसूस कर रहे हैं और उनका स्वाभिमान आहत हुआ है। मैं जानता हूँ कि इस भावना को ये तथाकथित कांग्रेसी भाजपाई कहेंगे। लेकिन इस देश के लोगों ने अपनी पारम्परिक समझदारी और आत्मसम्मान का ठेका कोई भाजपा को नहीं दे रखा है। न कांग्रेस इस देश के लोगों की परमेश्वरी पंचायत है, न भाजपा। राजीव गांधी की हत्या को भुनाने और उसके चुनावी असर से अपने को बचाने की फूहड़ कोशिशें जैसी कांग्रेस ने की हैं वैसी ही भाजपा ने। तात्कालिक राजनीतिक लाभों के लिए इन दोनों ही पार्टियों ने भारतीय परम्परा का कोई गरिमामय संस्कार नहीं दिखाया है। राजीव गांधी की हत्या के कारण इस देश के सार्वजनिक जीवन और लोकतंत्र का सिर यों भी शर्म

से झुका हुआ है। उसके राजनीतिकरण की ये भगदड़ी और बेशर्म कोशिशें घाव में नमक डालती नहीं, बुरी तरह से रगड़ती हैं।

राजीव गांधी की हत्या के सुन्न कर देने वाले हादसे के दो घंटे बाद ही सोनिया जी को लाने का नारा शुरू हो गया था। बीस घंटे बाद जब कांग्रेस कार्यकारिणी ने सोनिया गांधी की मन:स्थिति का ध्यान रखे बिना उन्हें सर्वसम्मति से अध्यक्ष बनाने का फैसला सुनाया तो यही लोग तालियाँ पीटने, सीटियाँ बजाने और नाचने लगे। राजीव गांधी की मृत्यु के साथ किये गए इस फूहड़पन को रोकने की न तो किसी ने हिम्मत दिखाई न जरूरत समझी। सोनिया गांधी की भावनाओं पर इस नौटंकी का क्या असर होगा यह भी किसी ने सोचा नहीं। वे तब अपने पति की क्षत-विक्षत देह के पास तीन मूर्ति भवन में बैठी थीं। अर्जुन सिंह अब कह रहे हैं कि सोनिया गांधी जो भी निर्णय करें हमें सम्मानपूर्वक स्वीकार कर लेना चाहिए। लेकिन ये वही दरबारी हैं जिन्होंने सोनिया गांधी को अध्यक्ष बनाने का प्रस्ताव रखा था और जिसे कार्यकारिणी ने अपनी सामूहिक बुद्धिमानी में बिना किसी विचार के सर्वसम्मति से स्वीकार कर लिया था। तब किसी को भी नहीं लगा कि सोनिया जी पर क्या गुजरेगी? उनके ना करने और उस पर टिके रहने के बाद ही कार्यकारिणी के विवेकवान बुद्धिमानों की चेतना जाग्रत हुई।

इस प्रकरण में अपने को विदूषक बना चुके प्रणब मुखर्जी का कहना है कि कांग्रेस कार्यकारिणी चाहे जिसे अपना अध्यक्ष चुने। किसी को इस पर एतराज करने का क्या हक है? प्रणब मुखर्जी भारतीय राष्ट्रीय कांग्रेस के प्रवक्ता हैं या किसी प्राइवेट लिमिटेड कम्पनी के जनसम्पर्क अधिकारी? कांग्रेस कार्यकारिणी अगर अपने फैसले के लिए इस देश के प्रति जिम्मेदार नहीं है तो वह किससे वोट माँग रहे हैं? क्या यह वही एक सौ छह साल पुरानी कांग्रेस है जो देश की आजादी का सबसे जबरदस्त आन्दोलन थी और जो स्वतंत्रता के बाद से राज चलाकर देश की 'सेवा' कर रही है। सार्वजनिक लोकतांत्रिक संस्था होने के अपने ऐतिहासिक दायित्व से कांग्रेस क्या इसलिए मुँह चुरा लेगी कि बाईस साल से वह नेहरू खानदान की चेरी हो गई है? सोनिया गांधी के जरिये अगर उसे राजीव गांधी की हत्या को भुनाना भी है तो जाना तो पड़ेगा देश के लोगों के सामने ही। तब भी क्या वह कहेगी कि हमें जिसे बनाना था उसे हमने अपना नेता बना लिया। देशवासियो, अब आपको वोट तो देना ही पड़ेगा। नहीं दोगे तो देश टूट-फूट कर रसातल में चला जाएगा। कांग्रेस देश की मालकिन नहीं है, सेविका है। मालिक तो लोग ही हैं। उनके सामने जवाबदेह हुए बिना क्या कांग्रेस टिकी रह सकती है?

देश के लोगों ने इन्दिरा जी को खूब प्यार और सम्मान दिया। दो बार सत्ता भी सौंपी। लेकिन एक बार उन्हें सत्ता से उतारा भी। राजीव गांधी को तो देश ने और भी खुल कर प्यार और समर्थन दिया। लेकिन उन्होंने भी जब लोगों की शंकाओं

का समाधान नहीं किया तो गद्दी से उतार दिया। जो नेता लोगों के प्रति उत्तरदायी नहीं होता वह नेता रह नहीं सकता। जो पार्टी अपने फैसले का औचित्य जनता को समझा नहीं सकती उसमें लोग विश्वास नहीं करते। कांग्रेस ने जब भी भरोसा तोड़ा लोगों ने उसे पटिये पर बैठा दिया। आखिर यह लोकतांत्रिक देश इन्दिरा गांधी और राजीव गांधी द्वारा मनोनीत किया गया कांग्रेस संगठन नहीं है। कांग्रेसी चौकड़ी की तरह इस देश के लोगों का अस्तित्व नेहरू खानदान पर निर्भर नहीं करता। अगर सोनिया गांधी पहले अध्यक्ष और फिर प्रधानमंत्री नहीं बनीं तो यह देश मिट नहीं जाएगा। इस देश ने कई खानदानों को आते-जाते देखा है। कई खानदानियों को गद्दी पर बैठाया और उतारा है।

लेकिन प्रणब मुखर्जी ने जो कहा और कार्यकारिणी ने जो किया उससे साफ है कि कांग्रेस को नहीं लगता कि सोनिया गांधी पर यह देश उससे सवाल पूछेगा। कांग्रेस कम से कम बाईस साल से तो अपने को देश के प्रति नहीं, इन्दिरा गांधी, संजय गांधी और राजीव गांधी के प्रति उत्तरदायी मानती आ रही है अब अचानक कोई उससे कहे कि उसे देश को जवाब देना पड़ेगा तो उसकी जबान ही नहीं खुलती। देश और विदेश के अखबारों ने कांग्रेस कार्यकारिणी के सर्वसम्मत फैसले को हद दर्जे की अवसरवादिता, बुद्धिहीनता और कायरता कहा है। लेकिन ऐसे कांग्रेसी आपको मिल जाएँगे जो चिढ़ कर कहेंगे कि अखबार क्या जनमत है? ये दफ्तरों में बैठे जड़हीन बुद्धिजीवी क्या जानते हैं कि जनता क्या सोचती है? इन्हें मालूम क्या है कि पार्टियाँ कैसे चलती हैं और नाजुक मौकों पर क्या करना पड़ता है? ये अखबारों को कांग्रेस विरोधी और देशद्रोही कहने में भी नहीं हिचकेंगे। जनता की नब्ज पर उँगली रखने और उसकी इच्छा समझकर पूरी करने का हुनर सिर्फ इन्हीं लोगों के पास है जो कभी नेहरू खानदान के अर्दली, चौकीदार, चपरासी और स्टेनोग्राफर रहे हैं।

ये कांग्रेसी सचमुच नहीं सोचते कि देश पूछेगा कि क्या सोनिया गांधी को राजनीति या सार्वजनिक काम का कोई अनुभव है? इटली में पैदा हुई रोम कैथेलिक सोनिया मैनो जब इस देश में राजीव गांधी से विवाह करने आई तो उस उमर के पार हो गई थी जब अपनी मिट्टी, पानी और हवा से वह सब सीखा जाता है जिसे कोई पढ़ाता नहीं, न किताब से सीखता है। अपनी मिट्टी से जन्मने वाले का गर्भनाल का सम्बन्ध होता है। कोई अपनाने की कितनी ही कोशिश करे लेकिन वह ज्यादा से ज्यादा गोद लिया जा सकता है। कोख से जन्मे और गोद लिये का फर्क हर माता जानती है। भारतमाता भी जानती है। हमारे अखबारों ने तो राजीव गांधी की हत्या के कारण लिखा नहीं लेकिन बाहर के बल्कि इटली के अखबारों ने भी लिखा कि सोनिया गांधी को भारत के लोग विदेशी मानते हैं। सिर्फ नागरिकता ले लेने से कोई उस देश की सन्तान नहीं हो जाता। कितने भारतीयों ने ब्रिटेन, अमेरिका और

कनाडा की नागरिकता ले रखी है। कुछ तो वहाँ दो-तीन पीढ़ियों से हैं। लेकिन वे अब भी वहाँ बाहरी लोग ही माने जाते हैं।

फिर सोनिया गांधी को राजीव गांधी ने पत्नी बनाया और शुरुआती हिचक के बाद इन्दिरा जी ने भी उन्हें मन से अपने घर की बहू मान लिया। इन्दिरा गांधी ने जीते जी राजीव गांधी को राजनीति में उतार लिया था और वे न सिर्फ कांग्रेस के महासचिव बना दिये गए थे बल्कि अमेठी से चुनकर सांसद भी हो गए थे। तीन साल तक वे संसद, कांग्रेस पार्टी और देश के सार्वजनिक जीवन में सक्रिय रहने के बाद एक वज्रपात के कारण प्रधानमंत्री हुए। इन्दिरा गांधी के बड़े पुत्र होने के अलावा भी देश उन्हें जान चुका था।

वे एक निहायत निजी जीवन जीने वाली गृहिणी हैं। बहुत समर्पित पत्नी और ममतामयी माँ हैं। उन्हें अपना निजी और पारिवारिक जीवन अच्छा लगता है। राजनीति में रुचि रखने वाले सब लोग जानते हैं कि सोनिया गांधी को राजनीति बिलकुल पसन्द नहीं और राजनीतिकों से उन्हें छड़क पड़ती है। वे तो राजीव गांधी को भी एक पायलट की निजी और पारिवारिक जिन्दगी छोड़कर राजनीति में नहीं जाने देना चाहती थीं। खुद राजीव गांधी ने पत्नी की इस इच्छा की सार्वजनिक पुष्टि की थी। जब दरबारियों और भक्तों ने सोनिया गांधी को कांग्रेस अध्यक्ष बनाने की माँग की थी तो राजीव गांधी ने साफ कहा था कि वे तो कांग्रेस की प्राथमिक सदस्य भी नहीं हैं। इन्दिरा गांधी की हत्या और राजीव गांधी के प्रधानमंत्री बनने के बाद वे अक्सर उनके साथ बाहर आती-जाती रही हैं और पति के चुनाव क्षेत्र अमेठी की देखभाल भी करती रही हैं। लेकिन सार्वजनिक जीवन में उनका ऐसा कोई इतिहास, कोई ट्रैक रिकॉर्ड नहीं रहा है कि जिससे देश के लोग उन्हें जान सकें। बिना जाने कोई लोकतांत्रिक देश किसी में भरोसा क्यों करेगा?

कोई ये न कहे कि ऐसे दकियानूसी सवाल इस पिछड़े देश के पुराणपंथी लोग ही पूछ सकते हैं। अमेरिकी लोकतंत्र या ब्रिटिश या फ्रांसीसी लोकतंत्र सभी में पूछा जाता है कि फलां नेता अथवा नेत्री में भरोसा किस तरह और क्यों किया जाए? अपना राजपाट सौंपने के पहले हर देश उस नेता को आर-पार देख और समझ लेना चाहता है जो उससे वोट माँगता है। यह देश सोनिया गांधी में सिर्फ इसलिए भरोसा कर ले कि वह नेहरू की बेटी के बेटे की पत्नी हैं? अच्छी बहू, अच्छी पत्नी और माँ होने के कारण क्या कोई किसी पार्टी की अध्यक्ष और देश की प्रधानमंत्री होने के लायक हो जाती है? नेहरू खानदान को दैविक मानने वालों के लिए सोनिया गांधी होना ही सबकुछ होने के समान होगा लेकिन देश भी ऐसा ही मान लेगा यह गलतफहमी कांग्रेसियों में क्यों है?

लेकिन वे सिर्फ गलतफहमी में नहीं हैं। अभी कांग्रेस को लगता है कि उसे कोई एक रख सकता है तो ऐसा कोई टोटका ही रख सकता है जो नेहरू खानदान

का हो। अपने टूटने-बिखरने के भूत को भगाने के लिए कांग्रेस ऐसी सोनिया गांधी के पीछे आँख मूँद कर चलने को तैयार है जो उसे नेतृत्व देना नहीं चाहतीं। अपने में से किसी नेता को चुनकर कांग्रेस फिर एक जीवन्त और खुली लोकतांत्रिक पार्टी नहीं होना चाहती, क्योंकि खुली हवा में साँस लिये उसे बाईस साल हो गए। एक भयानक वज्रपात ने उसे अपने पाँवों पर खड़े होने, अपने पंखों पर उड़ने और अपना क्षितिज खुद देखने के लिए मजबूर किया है। लेकिन कांग्रेस दुबककर फिर एक वंश के दड़बे में छुप जाना चाहती है। अगर कांग्रेस इस बार भी खुले आसमान के नीचे आकर सूरज से आँखें नहीं मिलाएगी तो सोनिया गांधी उसे बचा नहीं पाएँगी। कांग्रेस के आत्म साक्षात्कार की घड़ी आ गई है। सोनिया गांधी के आँचल में वह अपने को छुपाएगी तो देश ने जो ऐतिहासिक भूमिका उसे दे रखी है वह भी उसके हाथ से निकल जाएगी। कांग्रेस सोनिया गांधी के साथ ज्यादती करते हुए अपने साथ भी अन्याय कर रही है।

[29 मई, 1991]

उनका या हमारा? यानी यह देश

प्रणब मुखर्जी तो बेचारे दया के पात्र हैं। प्रेस ने नहीं, उनकी पार्टी ने ही उनकी ऐसी दुर्गति की है कि उन्हें बार-बार थूक कर चाटना पड़ता है। सोनिया गांधी को सर्वसम्मति से अध्यक्ष बनाए जाने का कार्यकारिणी का फैसला उन्होंने प्रेस को सुनाया। फिर जब सोनियाजी ने इनकार कर दिया तो प्रेस के सामने अपमानजनक स्थिति का सामना कार्यकारिणी को नहीं, उन्हीं को करना पड़ा।

अब सोनिया गांधी की चिट्ठी में 'उनके' और 'हमारे' विवाद पर पार्टी ने फिर उन्हें बना दिया है। आप थोड़ा भी ध्यान दें तो साफ हो जाएगा कि उनके प्रेस के लिए जारी करने के बाद ही चिट्ठी में 'हिज' की जगह 'अवर' किया गया और इसकी सूचना भी बेचारे बंगाली बाबू को देना जरूरी नहीं समझा गया। इसीलिए मंगलवार को प्रेस वालों के सामने उन्होंने खम ठोंक कर कहा कि जिसमें 'हिज़ बिलवेड कंट्री' कहा गया है वही आधिकारिक पत्र है। होना भी चाहिए क्योंकि *नेशनल हेराल्ड* जैसे सर्वमान्य और आधिकारिक कांग्रेसी अखबार में भी वही छपा है। सिर्फ *टाइम्स ऑफ इंडिया* में ही हिज़ की जगह अवर है। इस अखबार में भी खबर के पहले पैरे में चिट्ठी का जो उद्धरण है उसमें भी अवर नहीं हिज़ ही है। चिट्ठी की फोटो कॉपी के अवर का *मेल टाइम्स* की खबर में भी चौथे पैरे की दूसरी लाइन के उद्धरण में है। यानी सुधार करवाने वाले *नेशनल हेराल्ड* को नहीं *टाइम्स* को ही अपना अखबार मानते हैं। इसलिए हिज़ का अवर सिर्फ उसी में करवाया गया और वहाँ भी यह हेराफेरी ठीक से नहीं हो सकी। चिट्ठी की फोटो कॉपी के बाएँ छपी खबर की चौथी लाइन में हिज़ रह गया।

लेकिन खम ठोंकने के कुछ ही घंटों बाद प्रणब मुखर्जी ने बयान बदल दिया कि हां एक छोटा सुधार चिट्ठी जारी करने के बाद किया गया था। सुधारी गई चिट्ठी सिर्फ *टाइम्स* में ही छप सकी क्योंकि दूसरे अखबारों से सम्पर्क नहीं हो सका। यानी प्रेस कॉन्फ्रेंस के बाद प्रणब मुखर्जी को बताया गया कि उन्होंने क्या गज़ब कर दिया है और उन्हें किस तरह से ठीक करना होगा। दूसरे दिन फजीहत फिर उन्हीं की हुई। वे बता नहीं सके कि हिज़ का अवर किसने करवाया, क्यों करवाया और यह सुधार सिर्फ एक ही अखबार में क्यों छपा? किन-किन अखबारों

और समाचार एजेंसियों से सम्पर्क करने की कोशिश की गई? आड़े हाथों लिये जाने के बाद प्रणब मुखर्जी ने कहा कि प्रेस चाहे तो उनके खिलाफ जालसाजी और गुमराह करने के लिए मुकदमा दायर कर सकती है। जो प्रेस को चिट्ठी की सुधारी गई प्रतियाँ तक नहीं दे सके उन बेचारे प्रणब मुखर्जी के खिलाफ कौन मुकदमा करेगा? वे तो रोज ही पिट रहे हैं।

बहरहाल इतना तय है कि जिस किसी ने *टाइम्स* में हिज़ का अवर करवाया वह न ठीक से अंग्रेजी जानता है, न हिन्दी। अंग्रेजी के सही चलन में 'हिज़ बिलवेड कंट्री' ही होगा। हिन्दी में भी इसका सही अनुवाद 'अपने प्यारे देश' होगा—उनके प्यारे देश नहीं। अगर अंग्रेजी और हिन्दी दोनों में ही 'अपने' होता है तो हिज़ की जगह अवर करवाने की क्या जरूरत थी? यह सिर्फ अंग्रेजी न जानने के कारण ही नहीं हुआ है। जिस किसी ने यह शब्द बदलवाया उसके मन में चोर है कि इस देश के लोग 'हिज़' का मतलब यह निकाल लेंगे कि सोनिया गांधी भारत को राजीव गांधी का देश मानती हैं, अपना नहीं। इस निष्कर्ष पर कांग्रेसी उठ खड़े होंगे कि यह तो आरएसएस और भाजपा का प्रचार है। लेकिन सोनिया गांधी की चिट्ठी में हिज़ का अवर किसी कांग्रेसी और सोनिया विरोधी ने नहीं किया है। कोई नहीं जानता कि हिज़ का अवर सोनिया गांधी ने करवाया या किसी और ने। इटली से कैम्ब्रिज सोनियाजी अंग्रेजी सीखने ही गई थीं और उन्हें इतना तो मालूम होगा ही कि सही शब्द और वाक्य क्या है। जो हो, सुधार किसी या कुछ कांग्रेसियों ने करवाया है और पार्टी ने उस पर मंजूरी की मुहर लगाई है। इसलिए सोनिया गांधी को बदनाम करने और उनके एक शब्द में गलत मतलब भरने का आरोप कांग्रेस के लोग दूसरों पर नहीं लगा सकते।

शब्द बदलवाकर कांग्रेस के कुछ कर्ताधर्ताओं ने अपने मन के चोर को ही जगजाहिर किया है। सम्मान की भाषा में कहें तो ऐसा करके कांग्रेसी नेताओं ने अपने मन की इस शंका को उजागर किया है कि देश के लोग सोनिया गांधी को विदेशी मानते हैं। इसलिए बहुत सावधान रहना चाहिए कि कहीं किसी शब्द से कोई ऐसा सन्देश न चला जाए जो इस आशंका की पुष्टि कर दे। सोनिया गांधी को आगे बढ़ाकर कांग्रेस अध्यक्ष और देश की प्रधानमंत्री बनाने की कोशिश में लगे कांग्रेसियों में अगर देश के लोगों की राय का ऐसा डर है तो ठीक ही है।

जिसे कांग्रेसी प्रेस नोट की तरह दूसरे अखबारों को छापने के लिए भेजना पड़े, *टाइम्स* के करवाए 'मार्ग' के उस सर्वे को छोड़िए। *टाइम्स* में क्या करवाया जा सकता है यह हिज़ के अवर होने से साफ ही है। अगर देश में जाकर आपने लोगों से बात की है तो आपको मालूम होगा कि उनके गले यह बात नहीं उतरती कि सोनिया गांधी ही कांग्रेस को एक रखकर देश की प्रधानमंत्री हो सकती हैं। बल्कि काफी लोगों को तो भारतीय होने के नाते यह अपमानजनक लगता है कि

जिस गृहिणी की देश के सामाजिक और राजनीतिक जीवन में उपस्थिति तक नहीं है उसे सिर्फ इसलिए अध्यक्ष और प्रधानमंत्री बना दिया जाए कि वे राजीव गांधी की पत्नी हैं। इन लोगों को सोनिया गांधी, प्रियंका और राहुल से सहानुभूति है और ये मानते हैं कि कांग्रेसियों को इस परिवार को ऐसी थुक्का फजीहत में नहीं डालने चाहिए। सोनिया गांधी के पत्र को लेकर जो किया गया है उससे तो स्पष्ट है कि कुछ कांग्रेसी उनके बारे में क्या सोचते हैं और उनका इस्तेमाल करने में किस हद तक जा सकते हैं।

बार-बार कहा और माना जा रहा है कि यह सब राजीव गांधी को घेरे रखने वाली चांडाल चौकड़ी करवा रही है। चौकड़ी के लोगों का राजनीतिक अस्तित्व खतरे में पड़ गया है और अगर वे सोनिया गांधी को आगे नहीं करेंगे या उन्हें कांग्रेस पर तलवार की तरह लटकाए नहीं रखेंगे तो उनके पल्ले बचेगा क्या? हमारे जैसे इस देश के ओछे लोगों ने ही नहीं, विदेशी अखबारों ने भी लिखा है कि जो लोग सोनिया गांधी को आगे कर रहे हैं वे ऐसा उन्हें पीछे से चाबी करते रहने और उनसे अपनी वाली करवाने की उम्मीद से कर रहे हैं। लेकिन चलिए हम सद्भाव से मान लें कि जिन्हें सारे अखबार चांडाल चौकड़ी कह रहे हैं वे सब—आदरणीय, प्रतिष्ठित, सच्चे और ईमानदार लोग हैं। वे मात्र कांग्रेस और देश के भले से प्रेरित हैं। उन्हें सचमुच लगता है कि नेहरू खानदान का कोई व्यक्ति नेतृत्व नहीं करेगा तो कांग्रेस टूट जाएगी और देश बिखर जाएगा।

इन माननीय लोगों का यह डर सही भी हो सकता है। क्योंकि जो कांग्रेस देश को आजादी दिलाने की माध्यम थी और जो सेवा की कांग्रेस थी उसे तो महात्मा गांधी ने विसर्जित करने को कह ही दिया था। आजादी के बाद जो सत्ता में आई वह कांग्रेस नेहरू की थी। मई '64 से जुलाई '69 तक वह नेहरू की छाया कांग्रेस थी। उसके बाद वह इन्दिरा गांधी की कांग्रेस हुई और नवम्बर '84 में राजीव गांधी की। अब नेहरू खानदान के बिना वह कैसे चलेगी इस डर को निराधार नहीं मानना चाहिए। जिन्हें यह डर है वे जरूरी नहीं कि अपनी जड़विहीनता और शिखर पर उठा-पटक करने की महारत के कारण ही संकट में हैं। जड़ों वाले कई पुराने कांग्रेसी नेताओं को अपने साथियों की महत्त्वाकांक्षाओं से भी डर है। इन्हें लगता है कि नेतृत्व के संघर्ष में कहीं पार्टी न टूट जाए। जिस पार्टी में बयालीस साल से लोकतांत्रिक प्रक्रिया को खुलकर खेलने का अभ्यास न हो उसमें नेता के चुनाव को आत्मघाती संघर्ष माना जा रहा हो तो अचरज नहीं होना चाहिए, न इस भावना को निपट तिरस्कार से देखना चाहिए। राजीव गांधी की हत्या से अगर कांग्रेस का हाल खतरा दिखते ही अपने काँटों के नीचे सिमट जाने वाली साही जैसा हो रहा है तो इसे भी समझना चाहिए। वंशवादिता के पिंजरे में कांग्रेसी चिड़िया इतने साल गुजार चुकी है कि अब एक वज्रपात से टूटे पिंजरे के बाहर बैठते हुए उसे डर लग

रहा है कि कहीं कोई बाज झपट्टा न मार दे। उसके पंख हैं लेकिन उनसे सात आसमान नापने का आत्मविश्वास उसमें नहीं है। ऐसी चिड़िया अगर अपनी सुरक्षा के लिए पिंजरे को फिर बनाना चाहती हो तो आप उसकी आत्मसुरक्षा की इच्छा का मखौल मत उड़ाइए। आखिर इस देश के लोकतंत्र के लिए वंशवादिता से मुक्त लोकतांत्रिक कांग्रेस किसी और पार्टी से कोई कम जरूरी नहीं है। लेकिन यह भी सही है खुले आसमान के डर से अगर कांग्रेस सोनिया गांधी के आँचल में बंध गई तो फिर उसका कोई निस्तार भी नहीं है।

मजबूरी में ही सही लेकिन कांग्रेस के काफी लोग कोशिश कर रहे हैं कि वे अपनी पार्टी को वंशवादिता के चंगुल से बाहर निकाल लें। ये लोग भी सोनिया गांधी को फूट और बिखराव रोकने के अन्तिम उपाय की तरह बनाए रखना चाहते हैं। जो चिट्ठी जारी की गई वैसी ही कोई अपील सोनिया गांधी से करवाने की कोशिशें उसी दिन से चल रही थीं जब उन्होंने कांग्रेस के लिए चुनाव प्रचार करने से भी इनकार कर दिया था। कोई नहीं जानता कि सोनिया गांधी की अपील वाले पोस्टर उनकी सहमति के बाद छपवाए गए हैं। या प्रियंका गांधी की अपील सचमुच उन्हीं ने रिकॉर्ड करवाई है। जब कांग्रेस कार्यकारिणी सोनिया गांधी से पूछे बिना उन्हें अध्यक्ष चुन सकती है तो उम्मीदवार तो सहानुभूति को भुनवाने में कुछ भी कर सकते हैं। यानी सोनिया गांधी या नेहरू खानदान की इन्दिरा शाखा के किसी भी सदस्य को आगे दोनों तरह के कांग्रेसी किये हुए हैं। वे भी जो वंशवादिता के बिना अपना और कांग्रेस का कोई भविष्य नहीं देखते और वे भी जो वंशवादिता के चंगुल से पार्टी को निकालना चाहते हैं। कांग्रेसी मानस की इस ऐतिहासिक मजबूरी को समझा जा सकता है।

लेकिन जिसे समझा जा सकता है उसे जरूरी नहीं कि आप ठीक भी मानें। पहले सोनिया गांधी को अध्यक्ष बनाकर और फिर नरसिंह राव के नाम लिखवाई गई चिट्ठी में फेरबदल करवाकर कांग्रेस के वर्तमान कर्ताधर्ताओं ने बता दिया है कि राजीव गांधी के अचानक अलोप हो जाने से वे किस कदर बदहवास हो गए हैं। उनकी बदहवासी देश और पार्टी के साथ तो ज्यादती है ही सोनिया गांधी के साथ भी यह अन्याय है। वे अपने पति के क्षत-विक्षत शरीर के पास बैठी हैं और उन्हें कांग्रेस का अध्यक्ष बना दिया गया। पूछना तो दूर उनकी हालत को भी किसी भले आदमी ने समझने की कोशिश नहीं की। वे कांग्रेस के लिए और उसे चुनाव में जिताने के लिए चाहे जितनी जरूरी हों लेकिन उनके दुख और उनके रुझान की ऐसी बेशर्म अनदेखी नहीं की जानी चाहिए थी। और अब उनकी चिट्ठी में फेरबदल करके देश के मन में उनके प्रति जो शंका हो सकती है उसे खुद ही कबूल करके ये कांग्रेसी क्या सोनिया गांधी को अपनी भक्ति बता रहे हैं?

ऐसी ही ज्यादती प्रियंका के साथ हो रही है। उन्होंने अपने पिता की ऐसी पगला देने वाली हत्या के बावजूद गजब का संयम, शक्ति, समझदारी और साहस

दिखाया। लेकिन एक *न्यूयार्क टाइम्स* को प्रियंका गांधी में इन्दिरा गांधी की छवि दिख गई तो भाई लोग राजीव गांधी की बेटी में ऐसे-ऐसे गुण और प्रतिभा देख रहे हैं जिनका कभी जिक्र तक नहीं हुआ। लंदन के *टाइम्स* ने तो उनमें नेहरू खानदान की रानी झांसी देख ली जो अमेठी की सीट और प्रधानमंत्री की गद्‌दी को छोड़ेंगी नहीं। युवा कांग्रेस के अध्यक्ष ने उन्हें नेतृत्व के लिए निमंत्रित कर दिया। और अब कहा जा रहा है कि न सही सोनिया गांधी, पाँच साल में प्रियंका गांधी कांग्रेस और गद्‌दी पर अपना दावा करने आ जाएँगी। भारत की विदेशी अखबारों की समझ पर तो तरस खाया जा सकता है। लेकिन अपने कांग्रेसी भाइयों का क्या करें जो प्रियंका में इन्दिरा गांधी देख रहे हैं।

मैंने भी इन्दिरा गांधी की छवि एक लड़की में देखी हैं उपवास पर लेटे महात्मा गांधी के पास बैठी लड़की इन्दिरा का फोटो आपने देखा होगा। गांधी शताब्दी के दौरान वह फोटो हमने खूब छापा और छपवाया और हर प्रदर्शनी और फिल्म में दिखवाया। उस फोटो में इन्दिरा गांधी जैसी दिखती हैं ठीक वैसी ही बचपन में ऋतु दिखती थी—हमारे रज्जू बाबू (*नवभारत टाइम्स* के हाल ही गए सम्पादक राजेन्द्र माथुर) की बड़ी बेटी। मेरी पत्नी और परिवारियों का कहना है कि रज्जू बाबू की मृत्यु पर दुबली-पतली और छोटी-सी ऋतु ने गजब का साहस और संयम और समझदारी दिखाई। प्रियंका गांधी को जो सुविधा और ढाढस हो सकती थी वह ऋतु माथुर को नहीं था। लेकिन इस बेटी ने वह सब कुछ किया जो प्रियंका का किया, बताया और छापा गया है। लेकिन क्या इस कारण *टाइम्स ऑफ इंडिया* वाले ऋतु को प्रधान सम्पादक बना सकते हैं? प्रियंका गांधी में इन्दिरा गांधी के गुण हैं कि नहीं मुझे नहीं मालूम। लेकिन ऋतु माथुर की अंग्रेजी *टाइम्स* में कई सम्पादकों से बेहतर है। क्या आप सुन रहे हैं गिरिलाल जैन?

[15 जून, 1991]

इस राजनीतिक विधवा रोदन से परे

यह तो सचमुच हद है पिछली संसद के आखिरी दिन चन्द्रशेखर ने अहलुवालिया को गुस्से में कह दिया होगा कि इस इलेक्शन के बाद न तो तुम्हारे नेता का पता चलेगा, न पार्टी का। अब अहलुवालिया ने इसे राजीव गांधी की हत्या से जोड़कर चन्द्रशेखर पर जिम्मेदारी ठोक दी है और यह आरोप उन्होंने किसी चौराहे पर बहस करते हुए गुस्से में नहीं लगाया। राज्यसभा में लगाया है। कांग्रेस के हुल्लड़ ब्रिगेड के नेता से भी ऐसी वाहियात घटिया बात और ऐसे टुच्चेपन का अन्देशा आपको नहीं रहा होगा। लेकिन यही हमारे राजनीतिक जीवन की सच्चाई है। छोटे और ओछे लोगों की भीड़ हुल्लड़ मचाकर उस आम मानवीय संवेदना को भी कुचल रही है जिसके बिना अवसरवादी राजनीति तक नहीं चल सकती।

राजीव गांधी की हत्या के तुरन्त बाद से कोशिशें हो रही हैं कि कैसे इस हादसे को भुनाया जाए। कांग्रेस के किसी भी हलके ने कोई कसर नहीं छोड़ी है। अहलुवालिया और रत्नाकर पांडे हुल्लड़ से जो कर या कह रहे हैं दूसरे गम्भीर नेता उसे सभ्यता और संस्कृति में लपेट कर दिखा रहे हैं। लेकिन टेक वही है। राजीव गांधी की हत्या के षड्यंत्र में वे सभी लोग शामिल हैं जो उनके आलोचक और विरोधी रहे हैं। यानी जिस असहमति की बेहिचक अभिव्यक्ति और उसके सम्मान के बिना लोकतंत्र बेमानी हो जाता है—उसी को हत्या की साजिश बताकर गटर में रगड़ा जा रहा है। राजनीतिक प्रतिद्वंद्वी—चन्द्रशेखर, वीपी सिंह और लालकृष्ण आडवाणी ही नहीं, जिन पत्रकारों ने राजीव गांधी के धतकरमों का भंडाफोड़ किया और जो उनकी नीतियों और रवैये की आलोचना करते रहे हैं वे भी इस जघन्य हत्याकांड के दोषी बताए जा रहे हैं।

यह कुत्सित अभियान आतंकवादियों की बन्दूकों और अलगाववादियों के जहर से भी ज्यादा घातक है क्योंकि इससे तो वातावरण की वह ऑक्सीजन ही खत्म हो जाएगी जो लोकतंत्र को जिंदा रखती है। अगर असहमति की बेबाक अभिव्यक्ति और अपने मत का निर्द्वंद्व प्रचार अपने प्रतिद्वंद्वी की हत्या का षड्यंत्र मान लिया गया तो फिर ऐसा बचेगा क्या जिसे आप सभ्य और सुसंस्कृत कहेंगे? फिर तो बन्दूकों और बमों से ही मामले निपटाए जाएँगे और वही होगा जो इन्दिरा गांधी और राजीव गांधी के साथ हुआ है।

आतंकवाद और अलगाववाद के असली और भयंकर प्रचारक पंजाब, कश्मीर, असम और तमिलनाडु में नहीं, हमारी लोकतांत्रिक मानी जाने वाली राजनीति में हैं। अचरज नहीं कि इन लोगों की भरमार उस वंशवादी कांग्रेस में ही है जिसमें कल तक सर्वोच्च नेता से असहमति उसके खिलाफ साजिश मानी जाती थी और उसके विरोध की सजा राजनीतिक फाँसी होती थी। यह भी अचरज की बात नहीं है कि जिन नेताओं को सर्वोच्च बनाए रखने के लिए चांडाल चौकड़ियों ने असहमतियों को निर्वस्त्र करके सरेआम बेइज्जत किया उन्हीं नेताओं को गोलियों और बमों से उड़ा दिया गया। कोई भी राजनीतिक और सैनिक सुरक्षा व्यवस्था उनके काम नहीं आई। इन्दिरा गांधी प्रधानमंत्री थीं। उनकी सुरक्षा उनकी सरकार जैसी भी चाहती कर सकती थी, की भी थी। लेकिन उन्हें उन्हीं के घर में उन्हीं के अंगरक्षकों ने गोलियों से छलनी कर दिया। इन्दिरा गांधी को कांग्रेसी नेताओं की पहुँच और विश्वास से ऊपर उठा देने वाले आर.के. धवन उस सुबह उनके पीछे थे। वे गोली खाने आगे नहीं आए। कोई भी इन्दिरा गांधी को नहीं बचा सका।

इन्दिरा गांधी राजीव की तरह तमिलनाडु के मुक्ति चीता ग्रस्त क्षेत्र के चुनावी दौरे पर नहीं थीं। वे रात को किसी ऐसी सभा में बोलने नहीं जा रही थीं जहाँ सौ टंच सुरक्षा प्रबन्ध नहीं थे। वे सुरक्षा नियमों को ताक पर रख के लोगों से घुल-मिल भी नहीं रही थीं। वे अपने समय के सबसे चुस्त चौकस सुरक्षा घेरे में अपने घर से निकलकर आँगन पार कर रही थीं। जिस बेअन्त सिंह ने उन पर गोलियाँ चलाईं उसे उन्होंने जानबूझ कर अपनी अंगरक्षा में वापस बुलाया था। इन्दिरा गांधी की हत्या से भारत में भी यह अमेरिकी विश्वास सच साबित हुआ कि दृढ़ निश्चयी हत्यारे के सामने कोई भी सुरक्षा व्यवस्था सौ टंच सुरक्षित नहीं होती। इन्दिरा गांधी विपक्ष में नहीं थीं, न उनकी सुरक्षा व्यवस्था प्रतिशोधी और लापरवाह सरकारों के जिम्मे थी। फिर कैसे और क्यों ये कांग्रेसी राजीव गांधी की हत्या की रात से ही चन्द्रशेखर, वीपी सिंह और आडवाणी को दोष दे रहे हैं?

उसी रात से सीआईए के साथ चन्द्रशेखर का नाम जोड़ा जा रहा है। हर कोई कांग्रेसी कह रहा है कि 'गद्दार' वीपी सिंह विशेष सुरक्षा बल-एसपीजी को राजीव गांधी की रक्षा से नहीं हटाते तो वे इस तरह नहीं मारे जाते। चन्द्रशेखर सरकार अगर राजीव गांधी की रक्षा में कोई कोताही नहीं करती तो वे बच सकते थे। जिन लोगों ने देश को जाति और धर्म में बाँटकर जातीय और साम्प्रदायिक हिंसा का वातावरण बनाया है वही राजीव गांधी की हत्या के लिए जिम्मेदार हैं। यानी मंडल रपट मानने वाले जनता दल के वीपी सिंह और अयोध्या में राम मन्दिर बनाने निकले भाजपा के लालकृष्ण आडवाणी। राजीव गांधी की जगह जो भी प्रधानमंत्री बन सकते थे वे सभी नेता और कांग्रेस को जो भी चुनाव में हरा सकती थीं वे सभी पार्टियाँ राजीव गांधी की जघन्य हत्या की अपराधी हैं। उन सब पत्रकारों, लेखकों

और सम्पादकों की कलमों पर भी राजीव गांधी का खून लगा हुआ है जिन्होंने राजीव गांधी की आलोचना की थी।

कांग्रेसी क्यों चाहते हैं कि सर्वोच्च-न्यायालय के एक न्यायमूर्ति के तहत एक आयोग राजीव गांधी की हत्या की जाँच करे और जाँच का दायरा बहुत बड़ा हो? हत्या होते ही तो वे प्रचार करने लग गए थे कि राजीव गांधी को किन-किन ने मारा है। राजीव गांधी की हत्या उनके राजनीतिक प्रतिद्वंद्वियों और कांग्रेस विरोधी पार्टियों ने मिलकर की है इसलिए चुनाव के बाकी दो दौरों में कांग्रेस को जिताकर देश इन हत्यारों को सजा दे। यही कांग्रेस के नेता चाहते हैं। इसीलिए अपने सर्वोच्च नेता की मृत्यु का दुख और सदमा उन्हें गरिमा के साथ बरताव करने की इजाजत नहीं देता। अपनी कमर में बम की पेटी बाँधकर जिस औरत ने अपने साथ राजीव गांधी को ध्वस्त किया उसने वंशवादी कांग्रेसियों के हाथ जो राजनीतिक हथियार थमा दिया है उसे वे अंधाधुंध चला रहे हैं। इस हथियार से कोई घायल हो या न हो विवेक, समझदारी और सच्चाई जरूर मारी जा रही है।

जो कांग्रेसी आज एसपीजी को राजीव गांधी की सुरक्षा से हटाने का रोना रो रहे हैं वही तीन साल पहले संसद में साफ-साफ कह रहे थे कि यह सुरक्षा दस्ता सिर्फ प्रधानमंत्री और उनके परिवार की रक्षा के लिए है। मई 1988 में राजीव सरकार संसद में विधेयक पास करके उस सुरक्षा दस्ते को कानूनी रूप दे रही थी जिसे राजीव गांधी की सुरक्षा के लिए 1984 से तैयार किया गया था। तब विपक्ष के कई सांसदों ने कहा था कि इस सुरक्षा दस्ते को राष्ट्रपति-उपराष्ट्रपति और दूसरे बहुत महत्त्वपूर्ण व्यक्तियों की रक्षा में तैनात करने का भी प्रावधान किया जाए। लेकिन कांग्रेस सरकार ने किसी की नहीं सुनी। साफ कहा गया कि सुरक्षा दस्ता राजीव गांधी की नहीं—प्रधानमंत्री की कुर्सी पर बैठने वाले व्यक्ति की सुरक्षा के लिए है, इसलिए उसे कहीं और नहीं लगाया जाए। तब शायद ये कांग्रेसी मानते थे कि राजीव गांधी आजीवन प्रधानमंत्री बने रहेंगे।

लेकिन जब वे नवम्बर 1989 के चुनाव के बाद विपक्ष के नेता हो गए और राष्ट्रीय मोर्चे की सरकार ने तीन महीने बाद विशेष सुरक्षा दस्ते को राजीव गांधी की रक्षा से हटाकर दूसरा इन्तजाम किया तो कांग्रेसियों ने हल्ला मचाना शुरू किया। इसका मकसद राजीव गांधी की सुरक्षा नहीं, वीपी सिंह को बदनाम करना था। प्रचारित करना था कि वीपी सिंह राजनीतिक बदला निकलने के लिए राजीव गांधी की रक्षा के इन्तजाम में लगे विशेष लोगों को हटाकर उनकी जान को खतरे में डाल रहे हैं। अगर कांग्रेसियों का विश्वास था कि एसपीजी के अलावा और कोई राजीव गांधी की रक्षा नहीं कर सकता और अपने नेता की जान उन्हें बहुत प्यारी थी तो उन्होंने संसद में विधेयक रखकर कानून में संशोधन की पहल क्यों नहीं की? वे अगर विधेयक लाते तो राजीव गांधी की रक्षा में एसपीजी को तैनात करने पर

दूसरे सांसद भी राजी होते और वह निर्विरोध पास हो जाता। लेकिन ग्यारह महीने के राष्ट्रीय मोर्चा शासन में कांग्रेस ने ऐसा कोई संशोधन विचार के लिए भी देश और संसद के सामने नहीं रखा।

फिर नवम्बर 1990 में तो कांग्रेस ने ही चन्द्रशेखर की सूक्ष्म मत सरकार बनवाई। यह सरकार ऐसी कोई भी कांग्रेसी इच्छा पूरी करने को तैयार थी जो उसके बने रहने का इन्तजाम कर सके। कांग्रेसियों और राजीव गांधी को अगर वीपी सिंह सरकार से एसपीजी की सुरक्षा बाकायदा माँगने में शर्म आती थी तो वे अपनी कठपुतली सरकार से तो यह काम ऐसे करवा सकते थे मानो उसे करने देकर वे चन्द्रशेखर सरकार पर उपकार कर रहे हों। अपने आत्म सम्मान के सचेत रक्षक चन्द्रशेखर ने ऐसा हर काम अपना किया हुआ घोषित किया है जो कांग्रेस या राजीव गांधी करवाना चाहते थे। फिर चाहे वह तमिलनाडु में राष्ट्रपति शासन लगाना हो या बजट की जगह लेखानुदान पेश करना हो। चन्द्रशेखर को कानून-वानून की ज्यादा फिकर नहीं होती है। उन्हें चुपचाप कह भी दिया जाता तो कानून में फेरबदल किये बिना ही वे एसपीजी को राजीव गांधी की सुरक्षा में लगा देते। लेकिन कांग्रेस चाहती थी कि चन्द्रशेखर खुद राजीव गांधी से प्रधानमंत्री की तरह बरताव करें। चन्द्रशेखर ऐसे खड़ाऊँबाज दरबारी नहीं निकले।

अगर यह राजनीतिक विधवा रोदन नहीं है तो कांग्रेस जब भी चाहती एसपीजी का सुरक्षा घेरा राजीव गांधी को मिल सकता था। अब जो लोग कह रहे हैं कि एसपीजी का दस्ता होता तो राजीव गांधी की हत्या नहीं होती उन्होंने क्यों कभी इस बारे में बाकायदा पहल नहीं की? पहले मंत्री रहे कांग्रेसी कहते हैं कि खुफिया एजेंसियों की रपटें सिर्फ सरकार को मिली हैं। इसलिए सिर्फ सरकारी लोग ही जानते हैं कि किसकी सुरक्षा को कहाँ कितना खतरा है। और चूँकि सुरक्षा की जिम्मेदारी सरकार की ही है इसलिए उसी को फैसला करना था कि राजीव गांधी की सुरक्षा कैसे की जाए। यानी राजीव गांधी और उनके कांग्रेसी साथियों को उनकी सुरक्षा की न तो कोई चिन्ता करनी थी, न कोई जिम्मेदारी माननी थी। उनका काम तो सुरक्षा नियमों को तोड़ना और सुरक्षा की कमी बताकर हल्ला मचाना था। यह रवैया सबसे दुखद लेकिन स्पष्ट रूप से तब दिखा जब राजीव गांधी का पार्थिव शरीर ठीक से जला नहीं और उसे दुबारा जलाना पड़ा। प्रणब मुखर्जी से पूछा गया कि ऐसा क्यों हुआ तो पहले तो उन्होंने कहा कि उन्हें मालूम नहीं। लेकिन फिर कहा कि वह राजकीय अन्त्येष्टि थी और शव पूरी तरह जला कि नहीं यह देखना सरकार की जिम्मेदारी थी। ऐसा तो इन लोगों का राजीव गांधी से लगाव था।

सब जानते हैं कि राजीव गांधी प्रधानमंत्री होते हुए भी सुरक्षा नियमों को जब जी चाहा तोड़ते थे। उनका रवैया यह था कि किसी भी हालत में सुरक्षा करना-सुरक्षा में लगे लोगों की जिम्मेदारी है। इस जिम्मेदारी के कारण वे अपनी मनमर्जी करने

से क्यों हिचकें? इस चुनाव के पहले तो उनके इस रवैये के साथ एक और जरूरत जुड़ गई थी—शायद सबसे बड़ी जरूरत! अगर वे सुरक्षा घेरों को तोड़कर लोगों से सीधे और खुलकर नहीं मिलते तो लोगों से वह सम्बन्ध नहीं बना सकते थे जो चुनाव जीतने के लिए जरूरी था। इसलिए इस चुनाव अभियान में उन्होंने अपनी सुरक्षा और उसके खतरों की कोई परवाह नहीं की और इस तरह चुनाव प्रचार में लगे रहे मानो कहीं कोई खतरा हो ही नहीं।

इस रवैये के खिलाफ उनको बार-बार चेतावनी दी गई थी। कांग्रेस और राज्य सरकारों को भी बता दिया गया था कि उन्हें कहाँ-कहाँ और किन-किन लोगों और संगठनों से खतरा है। जिन चन्द्रशेखर को अहलुवालिया ने भरी राज्यसभा में हत्यारा कहा वे एक नहीं चार बार राजीव गांधी को लिख चुके थे कि सुरक्षा नियमों और सावधानियों का कृपया इस तरह उल्लंघन मत कीजिए। खुफिया एजेंसियाँ आखिर प्रधानमंत्री को ही सूचित करती हैं और वही अपनी जिम्मेदारी के कारण राजीव गांधी को लिख सकते थे। लेकिन राजीव गांधी ने चन्द्रशेखर और खुफिया एजेंसियों की एक नहीं सुनी। इसके पहले राष्ट्रीय मोर्चा की सरकार के गृहमंत्री मुफ्ती मोहम्मद सईद उन्हें तीन बार और दोनों सरकारों में गृह राज्य मंत्री रहे सुबोध कान्त सहाय दो बार लिख चुके थे। प्रधानमंत्री, गृहमंत्री और गृह राज्यमंत्री तीनों ने कुल मिलाकर नौ बार राजीव गांधी को लिखित रूप से सावधान किया था लेकिन उन्होंने खुद अपनी सुरक्षा में सहयोगी होने की अनिवार्यता नहीं समझी। सच है कि सुरक्षा घेरे में लोगों से दूर रहकर तो राजीव गांधी चुनाव के जरिये सत्ता में नहीं लौट सकते थे। एक नपातुला खतरा तो उन्हें लेना ही था। लेकिन इसके बावजूद वे अपनी रक्षा में सहयोगी हो सकते थे। जो रवैया उन्होंने अपना रखा था उसके चलते तो एसपीजी और ब्लैक कैट कमांडो और सभी सुरक्षा दस्ते भी मिल जाते तो भी उनकी रक्षा नहीं हो सकती थी क्योंकि उनकी जान को खतरे कई तरफ से और कई तरह के थे।

फिर किसने सोचा था कि इन्दिरा गांधी को उनके घर में उन्हीं के अंगरक्षक मार देंगे? लेकिन अनहोनी हुई। इसी तरह आज तक दुनिया में किसी भी नेता को मारने के लिए एक महिला का बम के नाते इस्तेमाल नहीं किया गया था। राजीव गांधी को मारने वालों ने यही किया। जो अपनी जान गंवाने की हद तक दृढ़ निश्चयी होकर निकला है उस हत्यारे या हत्यारिन से कोई भी सुरक्षा व्यवस्था किसी को बचा नहीं सकती। इस सत्य को दुनिया की सब सरकारें जानती हैं। सुरक्षा के पक्के से पक्के इन्तजाम करते हुए भी दुनिया भर के प्रशासन अनजाने खतरों से इनकार नहीं करते। मारने वाले से बचाने वाला तभी बड़ा होता है जब वह भगवान होता है। इसका क्या किया जाए कि सभी सुरक्षा व्यवस्थाएँ मानवीय हैं और उनसे ऐसी कोई चूक हो ही जाती है जो सब किये धरे पर पानी फेर देती है।

यह भाग्यवादी दर्शनशास्त्र नहीं है। यह सुरक्षा व्यवस्थाओं का प्रथम और अन्तिम सत्य है। इसे राजनीतिक लाभ के लिए अनदेखा किया जाएगा तो आतंकवाद बढ़ेगा और जितनी चुस्त सुरक्षा व्यवस्थाएँ की जाएँगी हत्यारे उतने ही अनोखे और अनजाने उपाय करेंगे। इन्दिरा गांधी और राजीव गांधी की हत्याओं से यह सिद्ध हो गया है। जिस किसी को राजीव गांधी से सच्चा प्यार और उनकी राजनीति का सच्चा सम्मान होगा वह तात्कालिक और फूहड़ राजनीतिक फायदे उठाने की टुच्ची कोशिशें करने के बजाय समझने की कोशिश करेगा कि आखिर कोई महिला जीती-जागती बम बनकर राजीव गांधी जैसे शालीन, सुकुमार और सुन्दर पुरुष को ध्वस्त करने क्यों आई? तमिल मुक्ति चीतों ने उसे क्यों भेजा? विश्वासपात्र अंगरक्षक बेअन्त सिंह ने एक महिला प्रधानमंत्री पर ऐसा विश्वासघाती हमला क्यों किया? चुनाव तो आएँगे और चले जाएँगे लेकिन उन्हें जीतने की कोशिश में अगर हम लोकतंत्र को ही मार देंगे तो फिर कोई चुनाव होगा?

[8 जून, 1991]

मजबूरी नहीं, अवसर है साझा सरकार

जो संसद कल गठित हुई उसे त्रिशंकु कहने से पहले देख लेना चाहिए कि अपने इस पौराणिक पात्र का नाम आजकल इतने चलन में क्यों है और उससे लोग इस कदर चिन्तित हैं तो क्यों?

त्रिशंकु का असली नाम सत्यव्रत था। अयोध्या के इस सूर्यवंशी राजा ने अपने गुरु वशिष्ठ से प्रार्थना की कि वे उसे सशरीर स्वर्ग पहुँचा दें। वशिष्ठ ने विनती नहीं मानी तो सत्यव्रत नाराज होकर विश्वामित्र के पास पहुँचा जिन्होंने उसे सशरीर स्वर्ग भेज दिया। इंद्र को यह बर्दाश्त नहीं हुआ। स्वर्ग के राजा ने सत्यव्रत को वापस पृथ्वी पर ढकेल दिया। विश्वामित्र इससे गुस्से में आ गए। अपने तपोबल से उन्होंने सत्यव्रत को बीच में ही रोका और इंद्र को सबक सिखाने के लिए वहीं स्वर्ग बनाने लगे। देवताओं को सत्यव्रत के आसपास और एक स्वर्ग खतरनाक लगा और उन्होंने इंद्र और विश्वामित्र का समझौता करवा दिया। सत्यव्रत तभी से सिर नीचा किये अधर में लटका हुआ है और इसीलिए त्रिशंकु कहलाता है। धरती और आसमान के बीच लटका हुआ तभी से मुहावरे में त्रिशंकु माना जाता है।

किसी एक पार्टी के बहुमत न मिलने से क्या हमारी संसद धरती और आसमान के बीच लटकी हुई त्रिशंकु कही जानी चाहिए? एक पार्टी बहुमत क्या स्वर्ग है जिसके बिना संसद को लोकतंत्र का इंद्र वापस धरती पर भेज देता है और संवैधानिक व्यवस्था के विश्वामित्र उसे औंधे मुँह आसमान में लटका देते हैं? किसी एक पार्टी के बहुमत के बिना संसद को त्रिशंकु कहने का मतलब यह है कि वह न स्वर्ग में है, न धरती पर। इसलिए बेकार है। उससे बहुत गड़बड़ हो सकती है। यह अवधारणा और भय दो पार्टी प्रणाली में स्थिर हुए मानस की उपज है। कुछ तो अंग्रेजों से एक सौ नब्बे साल की अपनी मुठभेड़ और कुछ आजादी के बाद की अपनी पश्चिमपरस्ती के कारण वेस्टमिंस्टर मॉडल का अपना दुराग्रह कायम है और उसी के भय से हम ग्रस्त हैं। और इसीलिए जिसमें एक पार्टी को बहुमत न हो उसे त्रिशंकु कहने लगे हैं। यह न तो अपने देश की राजनीतिक वास्तविकता की सही समझ है, न पौराणिक मुहावरे की।

वेस्टमिंस्टर संसदीय प्रणाली हमारी आदर्श भले ही रही हो लेकिन 1992 से 1979 तक हमारे यहाँ जो रहा वह एक पार्टी वर्चस्व था। इस खुले लोकतंत्र में

सभी पार्टियों को छूट थी कि वे सत्ता के लिए होड़ करते हुए चुनाव लड़ें। लेकिन जनता किसी एक पार्टी को इतनी सत्ता थमा देती थी कि वास्तविकता में वह पाँच साल पहले के कम्युनिस्ट देशों जैसी एक पार्टी व्यवस्था ही हो जाती थी। कम्युनिस्ट देशों में तो दूसरी पार्टियों को समान अवसर वाला लोकतंत्र था ही नहीं। हमारे यहाँ होते हुए भी जनता ने स्वेच्छा से पूरे देश की आम सहमति को स्वीकार और अभिव्यक्त करने वाली पार्टी को चुना। यह पार्टी यानी कांग्रेस आजादी के आन्दोलन की लोकगंगा थी जिसमें कई धाराएँ आकर मिल जाती थीं। कुछ नदियाँ नहीं भी मिलती थीं और दूसरी नदियों से मिलकर या खुद ही सीधे समुद्र में मिलती थीं। लेकिन इसके बावजूद कांग्रेस लोकगंगा बनी रही। जमुना भी थी और सरस्वती और गोदावरी और नर्मदा भी और गुप्त सरस्वती थी। लेकिन लोगों ने किसी को भी गंगा जैसा सम्मान नहीं दिया।

इन्दिरा गांधी अगर लोगों की इच्छा का सम्मान करतीं और उनकी क्षिप्रा, नर्मदा, ब्रह्मपुत्र, सतलज, कृष्णा, गोदावरी और कावेरी पर गंगा को जबरदस्ती नहीं थोपतीं तो कांग्रेस फिर भी लोकगंगा बनी रहती। क्षेत्रीय पार्टियों को बर्दाश्त न करने की उनकी जिद ने ही गंगा का पनढाल और सम्मान घटाया। लेकिन उनकी हत्या के बाद देश के राजीव गांधी को फिर एक जबरदस्त लोकगंगा पर तैरा दिया। दिसम्बर 1984 में हमारी एक पार्टी प्रणाली अपने शिखर पर पहुँची। कांग्रेस को चार सौ पन्द्रह सीटें मिलीं जो पहले कभी उसे नहीं मिली थीं। पिचासी के साल में राजीव गांधी ने क्षेत्रीय पार्टियों के साथ ससम्मान सहअस्तित्व का जो रवैया अपनाया वह उनको मिला जनादेश भी था। लेकिन नवम्बर नवासी में जो हुआ वह देश की आमसहमति की चिन्ता न करने और उसे जबरदस्ती तोड़ने की राजीव गांधी की गलती का परिणाम था। राजीव गांधी एक पार्टी वर्चस्व के शिखर पर गए और उनके साथ ही अपनी वह अनौपचारिक प्रणाली बिखर गई। लोकगंगा कई नदियों में बँट गई।

नवासी में लोगों ने किसी एक पार्टी को बहुमत नहीं दिया और अब इस मध्यावधि में भी नहीं। एक पार्टी वर्चस्व प्रणाली के बाद हम बहुपार्टी मेल-जोल के जमाने में आ गए हैं। दो पार्टी प्रणाली की ओर क्यों नहीं गए, यह अलग विचार का विषय है। लेकिन देश के लोगों ने कोई एक बार गलती कर दी हो ऐसा नहीं है। बहुपार्टी मेल-जोल से बनी एक अल्पमत और दूसरी सूक्ष्ममत और एक गैर कांग्रेसी और दूसरी कांग्रेसी समर्थन से बनी सरकारों को पन्द्रह महीने भुगतने के बाद भी देश ने एक पार्टी को बहुमत नहीं दिया। मार्च में तय हो गया था कि मध्यावधि होंगे। यानी कोई हड़बड़ी में देश के लोगों ने नया जनादेश नहीं दिया है। तीन महीने उनके पास सोचने-समझने के लिए थे। फिर भी उन्होंने ऐसी परिस्थिति संसद में पैदा की कि कुछ पार्टियों की साझा सरकार के बिना काम नहीं चल सकता। अब दो पार्टी प्रणाली और एक पार्टी राज में विश्वास करने वाली चाहे तो इस देश के

भाग्यविधाताओं को नासमझ कहकर कोस सकते हैं। लेकिन जिसमें लोग और उनका आदेश सर्वोपरि न हो वह लोकतंत्र नहीं हो सकता। इस देश को लोकतंत्र बनाए रखना है तो जनादेश को सरमाथे रखकर प्रयोग में लग जाना चाहिए। लोग बड़े हैं या उधार की पूर्व निश्चित मान्यताएं?

यह दलील कांग्रेस की रही है कि उसकी विरोधी पार्टियों की खिचड़ी सरकार न सिर्फ चल नहीं सकती बल्कि देश को रसातल में ले जाती है। भाजपा और वाममोर्चे के समर्थन की राष्ट्रीय मोर्चा सरकार ने देश की हालत जितनी बिगाड़ी उससे ज्यादा तो कांग्रेस के हथेली लगाने से बनी और चली समाजवादी जनता दल की सरकार ने तबाही की है। चालीस साल बनाम चार महीने का नारा इस माने में बिलकुल सही है कि चार महीने में समाजवादी जनता दल की सरकार ने देश का जो कबाड़ा किया वैसा दूसरी सरकारें चालीस साल में भी नहीं कर पाई थीं। पता नहीं लंदन के जिस *फाइनेंशियल टाइम्स* ने चन्द्रशेखर को नेहरू के बाद भारत का सबसे अच्छा प्रधानमंत्री कहा था वह पिछले सात महीनों का क्या करेगा। लेकिन इतना सच है कि भाजपा और वामपंथी पार्टियों की मदद से चली अल्पमत सरकार उतनी बुरी नहीं थी जितनी कांग्रेस के समर्थन से चली चन्द्रशेखर की सूक्ष्ममत सरकार।

अब इसी कांग्रेस को जनादेश है कि या तो दूसरी पार्टियों की मदद से अल्पमत सरकार चलाओ या उनका सहयोग लेकर साझा सरकार बनाओ। इस बार कांग्रेस कह नहीं रही कि उसे स्पष्ट जनादेश नहीं है इसलिए वह सरकार नहीं बनाएगी हालाँकि नवासी की तुलना में उसे कोई छब्बीस-सत्ताईस सीटें ही ज्यादा मिली हैं और स्पष्ट बहुमत से वह तीस-पैंतीस सीटें कम हैं। अगले चुनाव में प्रचंड बहुमत की आशा में कांग्रेस ने अल्पमत या खिचड़ी सरकार बनाने से इनकार नहीं किया हैं यानी उसने मान लिया है कि साझा सरकारों का जमाना अभी चलने वाला है। और सिर्फ हमीं सरकार चला सकते हैं इस दावे को छोड़कर उसे दूसरी पार्टियों के साथ राज में भागेदारी करने से कोई एतराज नहीं है।

यह शुभ संकेत है। देश की सबसे पुरानी और बड़ी पार्टी ने सत्ता में साझेदारी करना मंजूर करके इस बेकार की धारणा को तोड़ा है कि साझा सरकारें नहीं चल सकतीं। यह धारणा भी दो पार्टी प्रणाली के दुराग्रह से ही निकली थी और इसी कारण जिसमें एक पार्टी का बहुमत नहीं वह संसद त्रिशंकु कही जा रही है। त्रिशंकु कोई सम्मानजनक और सकारात्मक मुहावरा नहीं है। अगर साझा सरकारों के प्रति हम यही रवैया रखेंगे तो अगली सरकार तो ठीक से नहीं ही चलेगी। हम खुले और सकारात्मक मन से वह प्रयोग भी नहीं करेंगे जिसका आदेश देश के लोगों ने हमारी राजनीतिक पार्टियों को दिया है। जरूरी नहीं कि हम कुछ पश्चिमी लोकतंत्रों में चलती साझा सरकारों को फिर मॉडल के नाते अपने सामने रखें। हमारे अपने पश्चिम बंगाल में ही वामपंथी मोर्चे की साझा सरकारें चौदह साल से बन और

चल रही हैं। न इन्दिरा गांधी की आंधी उन्हें उखाड़ पाई, न राजीव गांधी की लहर। दिल्ली में दो-तीन साझा सरकारों की विफलता भी पश्चिम बंगाल के मतदाताओं को अपने प्रयोग को शंका से देखने पर मजबूर नहीं कर पाई।

अगर आप इस क्षेत्रीय दंभ को छोड़ भी दें कि बंगाल आज जो करता है बाकी का देश कल उसे करेगा तो भी इतना तो इस देश में भी साबित है कि साझा लोकतांत्रिक सरकार चल सकती है फिर दिल्ली में कांग्रेस की अगुआई में अब जो साझा सरकार बनेगी उसके प्रति झिझक और शंका क्यों रखी जाए? हमें मान लेना चाहिए कि अनगिनत विविधताओं के हमारे इस देश में जितने विरोधाभास हैं उतनी ही उन्हें सँभालने और सँजोने की अन्दरूनी ताकत है। प्राचीन और अनुभवी संस्कृतियों में विरोधाभासों को पचाने और विविधताओं को एक चौखट में समरसता के साथ बैठाने की गजब की खूबी होती है। आजादी के आन्दोलन में गांधीजी ने देश की इस अन्दरूनी ताकत और खूबी को एक सकारात्मक लक्ष्य की ओर प्रेरित किया और इससे कांग्रेस देश की आमसहमति वाली लोक गंगा बनी। कांग्रेस में सभी विरोधाभासों, अन्तर्विरोधों और विविधताओं के लिए न सिर्फ जगह थी बल्कि उनकी अभिव्यक्ति के सम्मानजनक अवसर भी थे। अगर वह कॉडर वाली एक निश्चित सिद्धान्त की दुराग्रही पार्टी हो जाती तो न तो आजादी की माध्यम बनती, न इतने साल अकेले राज कर पाती।

लेकिन पहले इन्दिरा गांधी और फिर राजीव गांधी के एक व्यक्ति शासन ने उसे आमसहमति की सर्वग्राही पार्टी नहीं रहने दिया। जब क्षेत्रीय आकांक्षाओं और बदलती हुई मैदानी वास्तविकताओं को समेटने-सजाने में कांग्रेस विफल होने लगी तो क्षेत्रीय पार्टियों का जन्म हुआ और वे जमीन पकड़ने लगीं। कांग्रेस के वर्चस्व को किसी राष्ट्रीय पार्टी ने चुनौती नहीं दी। उसे राज्यों में क्षेत्रीय पार्टियों ने उखाड़ कर केन्द्र में कमजोर किया। वामपंथी पार्टियाँ अपने को विचारधारा के नाते भले ही राष्ट्रीय क्या अन्तरराष्ट्रीय कहें पर वे हैं क्षेत्रीय पार्टियाँ ही। इसी तरह भाजपा और जनता दल भी उत्तर भारत की क्षेत्रीय पार्टियाँ हैं। अभी आप देखें तो पाँच राज्यों में कांग्रेस, चार राज्यों में भाजपा, दो में जनता दल, एक में वाममोर्चा, एक में अन्नाद्रमुक, एक में लोकतांत्रिक मोर्चा और एक राज्य में कांग्रेस समर्थित जनता दल की सरकार होगी। पंजाब में किसी अकाली दल या सिख छात्र महासंघ की सरकार बन सकती है। यानी राज्यों में जो विविधता है वह साफ बताती है कि किसी एक पार्टी का राज दिल्ली में देश भर के रंगों, रुझानों और आकांक्षाओं का राज नहीं हो सकता। लोकतंत्र में गतिशीलता नीचे से ऊपर की ओर होती है। यानी आज की परिस्थिति में केन्द्र में एक पार्टी राज देश का प्रतिनिधित्व नहीं कर सकता इसलिए वह खरा और सच्चा भी नहीं हो सकता। देश भर का वास्तविक समर्थन आज केन्द्र में साझा सरकार को ही मिल सकता है।

दो पार्टी प्रणाली और एक पार्टी वर्चस्व के दुराग्रहों से जो स्थिति मजबूरी की दिख रही है उसे हम अपने लोगों की समझदारी में सहज आत्म विश्वास से एक नये अवसर में बदल सकते हैं। गैर कांग्रेसवाद के नकारात्मक मंच पर बनी साझा सरकारें चलने और काम करने में मान लिया कि विफल हुईं लेकिन जरूरी नहीं कि कांग्रेस की अगुआई में एक तय कार्यक्रम पर बनने वाली साझा सरकार भी इसी तरह नाकामयाब हो। हम सब जानते हैं कि पंजाब, कश्मीर और असम की समस्याएँ पार्टीबाजी के कारण विकट हुईं। पार्टीबाजी के कारण ही शाहबानो के मामले में सुप्रीम कोर्ट को किनारे करके कांग्रेस ने मुसलिम कट्टरवाद के सामने घुटने टेके और फिर अयोध्या में रामलला के मन्दिर के ताले खोलकर हिन्दू कट्टरवाद को हवा दी। मंडल और मन्दिर के मुद्दे पार्टियों के वोट बैंक बनाने की होड़ की कोख से जन्मे। और तो और, देश को पहले अस्थिर किया गया ताकि स्थिरता के नारे पर अपनी पार्टी चुनाव जीत सके। हमारा आर्थिक संकट भी पार्टीबाजी में राजनीति पर ज्यादा ध्यान देने और अर्थव्यवस्था को राजनीति की सेवा में लगाने का दुर्भाग्यपूर्ण नतीजा है। छुटभैया पार्टीबाजी को छोड़ने और टकराव के बजाय मेलमिलाप से काम करने के अलावा कोई रास्ता नहीं है। साझा सरकार की मजबूरी को देश का शासन चलाने और फिर उसके पुनर्निर्माण के ऐतिहासिक अवसर में बदला जा सकता है। जरूरत एक सकारात्मक और नये पार्टीपार रवैये की है।

[21 जून, 1991]

पहल तो कांग्रेस को ही करनी है

नरसिंह राव सरकार में शामिल होने या उसे बाहर से समर्थन देने या उसके साथ मुद्दा दर मुद्दा सहयोग करने का वचन भी राष्ट्रीय और वाम मोर्चा देने को तैयार नहीं हैं। इस मोर्चे को कांग्रेस के बाद सबसे ज्यादा सीटें मिली हैं। चुनाव नतीजों के आने के दौरान वाम मोर्चे और जनता दल ने सहयोग के संकेत दिये थे। तब ऐसा भी लगा था कि कांग्रेस अगर ठीक से पहल करे तो जनता दल उसे सरकार बनाने में मदद भी कर सकता है। बीजू पटनायक और अजित सिंह ही नहीं, वीपी सिंह की बातों से भी ऐसा आभास मिलता था। लेकिन कांग्रेस के सीधे जाकर सरकार बनाने ओर उसके बाद सहयोग और तालमेल के लिए दूसरी पार्टियों से बात करने के रवैये ने वाम और राष्ट्रीय मोर्चे को ही नहीं, जनता दल को भी एक कदम पीछे लेकर अपनी जगह पर खड़ा कर दिया है। जयपाल रेड्डी अब रचनात्मक पार्टीपार रवैये की बात कर रहे हैं। उनका मोर्चा सरकार की टाँग नहीं खींचेगा लेकिन सहयोग भी कैसे करेगा यह बताने को रेड्डी तैयार नहीं हैं।

इसका मतलब यह नहीं कि इस मोर्चे या इसकी पार्टियों ने कांग्रेस सरकार का विरोध करते रहने का फैसला कर लिया है। देश की समस्याओं के समाधान और आम लोगों की हालत बेहतर करने के हर कार्यक्रम और प्रस्ताव पर वह 'रचनात्मक रवैया' अपनाएगा। मोर्चे को न तो कांग्रेस की तरफ से कोई बुलावा आया है, न वह किसी निमंत्रण की प्रतीक्षा कर रहा है। सम्भव है कि कांग्रेस पहल करके और कोई साझा कार्यक्रम तैयार करे तो मोर्चा सहयोग कर सकता है। कम से कम इतना तो मोर्चे ने साफ कर ही दिया है कि न वह और न इस देश के लोग फिर चुनाव चाहते हैं। इसलिए कांग्रेस की अल्पमत सरकार को गिराने की कोशिश नहीं की जाएगी।

लेकिन सरकार न गिराने का मतलब यह भी नहीं है कि उसे चलाने में सक्रिय रचनात्मक सहयोग दिया जाएगा। गिराने को तो कांग्रेस ने भी चन्द्रशेखर की सरकार नहीं गिराई। राजीव गांधी तो अप्रैल तक कहते रहे कि समाजवादी जनता दल की सरकार गिराने की तोहमत उनकी पार्टी पर नहीं है। हमने समर्थन वापस नहीं लिया था। इस्तीफा देने का फैसला चन्द्रशेखर का अपना और एकतरफा है। तथ्यों पर जाएँ तो यह दावा गलत भी नहीं है लेकिन सारा देश जानता है कि समर्थन वापस

लिए बिना भी कांग्रेस ने खुद अपनी बनाई सरकार की क्या गत की थी। अगर कोई सरकार दिहाड़ी पर चली है तो वह चन्द्रशेखर की ही सरकार है। कहने को चन्द्रशेखर कुछ भी कहें लेकिन राजीव गांधी ने उनकी सरकार को दिहाड़ी पर ही बनाया था। चन्द्रशेखर गद्दी पर बैठने के बाद कुछ कर दिखाने को चाहे जितने उत्सुक रहे हों कांग्रेस का मकसद एक और विपक्षी नेता को सरकार तोडू और निकम्मा और एक और विपक्षी सरकार को नाकारा साबित करना था। वह उसने किया भी। अगर विपक्ष तय कर ले तो राष्ट्रीय हित की लप्पेबाजी करते हुए भी वह कांग्रेस सरकार को इस कदर नाकारा और निरर्थक साबित कर सकता है कि चन्द्रशेखर का हिसाब चुकता हो जाए।

लेकिन विपक्ष ऐसा करेगा नहीं। वह कांग्रेस को वैसा ही मौका देना चाहता है जैसा कि जनता ने उसे दिया है। यानी कसौटी पर चढ़ा दिया है। राष्ट्रीय और वाम मोर्चे के विपक्ष में बैठने के निश्चय के और भी कारण हैं। राष्ट्रीय मोर्चे में ऐसी क्षेत्रीय पार्टियाँ हैं जिनका अपने-अपने राज्य में कांग्रेस से सीधा मुकाबला है। तमिलनाडु में तो अन्नाद्रमुक ने कांग्रेस का जो आधार हथिया लिया है उसे राज्य में उसी के पास रहने देने का फैसला कांग्रेस कर चुकी है। चूँकि अन्नाद्रमुक द्रमुक को तोड़ने के लिए इन्दिरा गांधी द्वारा उकसाए गए गुट से बनी पार्टी है इसलिए उनमें परस्पर सहयोग सम्भव है। कांग्रेस ने तमिलनाडु उसके भरोसे छोड़ दिया है और वह दिल्ली में कांग्रेस का समर्थन करती है। लेकिन यही व्यवस्था आंध्र में तेलुगुदेशम के साथ नहीं हो सकती। तेलुगुदेशम इन्दिरा गांधी के महारानी रवैये के खिलाफ आंध्र के आत्म सम्मान में बनी पार्टी है। कांग्रेस से सहयोग-समझौता करके तो वह समाप्त ही हो जाएगी। केरल और पश्चिम बंगाल में भी वाममोर्चे की सीधी टक्कर कांग्रेस से है। केरल में तो वे एक-दूसरे को पटखनी देते भी रहते हैं। लेकिन बंगाल में तो लाख कोशिश करने के बाद भी कांग्रेस वाममोर्चे का बाल बांका नहीं कर पाई है। फिर भी कांग्रेस ने माकपा से वैसा कोई इन्तजाम करने की कभी नहीं सोची जैसा कि तमिलनाडु में अन्नाद्रमुक से किया है।

राजीव गांधी तो खैर नहीं लेकिन इन्दिरा गांधी तो वामपंथ की ओर झुकने को भी तैयार थीं। दरअसल अपने जीवन की सबसे बड़ी राजनीतिक लड़ाई सिंडीकेट के खिलाफ उन्होंने वामपंथियों की मदद से ही लड़ी। नेहरू और इन्दिरा गांधी दोनों ही वामपंथ की ओर झुके केन्द्र की राजनीति करते रहे। वह तो 1980 में दुबारा सत्ता में आने के बाद इन्दिरा गांधी ने वामपंथ का झुकाव छोड़ा और राजीव गांधी तो खैर कभी उसके रुझान में भी नहीं रहे। कांग्रेस जानती है कि वामपंथियों की महत्त्वाकांक्षा सिर्फ बंगाल और केरल तक ही सीमित नहीं है। भाजपा देश भर को केसरिया रंग से रंग देना चाहती है तो वामपंथियों ने यूरोप में पिटने के बाद भी भारत को लाल कर देने का सपना नहीं छोड़ा है। इसलिए माकपा बंगाल में कांग्रेस

की अन्नाद्रमुक नहीं हो सकती। इसलिए वाम मोर्चा का कांग्रेसी सरकार में शामिल होने या बाहर से समर्थन देने का सवाल नहीं उठता।

फिर वाम मोर्चे की नजर में कांग्रेस के साथ सरकार बनाना उतना खतरनाक नहीं है जितना विपक्ष का मंच भाजपा के लिए छोड़ देना। भाजपा का दूसरी सबसे बड़ी पार्टी के रूप में उभरना और हिन्दुत्व को अपना आधार बनाकर देश के बहुसंख्यक हिन्दुओं की पार्टी बनने का सपना देखना वाममोर्चे के लिए सबसे बड़ी चुनौती है। भारतीय कम्युनिस्ट कांग्रेस में आकर या उससे सहयोग करके उस पर कब्जा करने की रणनीति तो फिर भी बनाकर उस पर अमल भी कर सकते थे हालाँकि इसमें भी वे बार-बार गच्चा खा गए। लेकिन भाजपा से तो उन्हें आमने-सामने की सीधी लड़ाई में ही निपटना होगा। यूरोप में कम्युनिस्ट राज्य के विखंडन और एक सपने के नाते साम्यवाद की हवा निकलने के बावजूद भारतीय कम्युनिस्ट अपनी पुरानी लकीर पकड़े हुए हैं। इसका कारण यह नहीं कि वे समझते नहीं कि यूरोप में क्या हो गया है और इस ऐतिहासिक परिवर्तन का असर भारत पर क्या पड़ेगा। लेकिन यूरोप में बदल कर भी कम्युनिस्ट सत्ता में रह सकते हैं। येल्तसिन कोई टोरी या रिपब्लिकन पार्टी तो रूस में नहीं बनाने जा रहे हैं। पूर्वी यूरोप में दूसरी पार्टियों से अलग दिखकर और रहकर कम्युनिस्ट पार्टी को सत्ता की दावेदारी नहीं करनी है। उन्हें उस राज्य और समाज को बिखरने से बचाना है जिसे उन्होंने खुद बनाया है।

गोर्बाचेव के रास्ते पर भाकपा और माकपा चल निकलें तो भारत में उनमें और कांग्रेस में कोई फर्क नहीं रह जाएगा। यानी पुरानी और शास्त्रीय साम्यवादी लाइन पर जमे रहना भारत में कम्युनिस्टों के अलग अस्तित्व और पहचान के लिए अनिवार्य है। हम चाहें तो भारतीय कम्युनिस्टों को वैचारिक आधार पर पिछड़े और पुरानपंथी कह सकते हैं। लेकिन वास्तविक सत्ता राजनीति की मजबूरियाँ उन्हें उस उदारवाद को स्वीकार नहीं करने देंगी जो यूरोपीय कम्युनिस्ट पार्टियाँ कर चुकी हैं। भाजपा जिस तरह अपने ढंग के हिन्दुत्व के रथ पर चढ़ कर सत्ता में पहुँचना चाहती हैं क्योंकि उदार पारम्परिक और सर्वग्राही हिन्दुत्व उसके राजनीतिक काम का नहीं है। उसी तरह उदार और नया साम्यवाद वाममोर्चे को सत्ता में नहीं पहुँचा सकता इसलिए कम्युनिस्ट पार्टियाँ शास्त्रीय और पुराने साम्यवाद को ही पकड़े रहेंगी। इस जरूरत को समझते हुए वामपंथियों को सरकार में बैठकर भाजपा के लिए विपक्ष का मंच छोड़ देना सम्भव नहीं है। नम्बूदिरीपाद ने कांग्रेस अध्यक्ष बनने के बाद नरसिंह राव को भले ही चिट्ठी लिखकर कहा हो कि कांग्रेस को वामपंथ के प्रति अपना दृष्टिकोण बदलना चाहिए लेकिन माकपा कांग्रेस की बगल बच्ची नहीं हो सकती।

दूसरे सिरे पर है भाजपा। उसकी ओर से किसी ने नहीं कहा कि वह बाहर से कांग्रेस सरकार का समर्थन कर सकती है। उसके अध्यक्ष मुरली मनोहर जोशी ज्यादा से ज्यादा युद्ध की स्थिति में सरकार को सहयोग दे सकते हैं। लेकिन बाकी

के राष्ट्रीय संकट वाले मामलों को भी वह गुण-दोष के आधार पर जाँचेगी और तय करेगी कि सहयोग देना चाहिए या नहीं। वह कांग्रेस को अपनी मुख्य प्रतिद्वंद्वी पार्टी मानती है। जिसकी जगह आप लेने को कटिबद्ध हैं उसके साथ सहयोग करके सरकार नहीं चलाते। विपक्ष में बैठकर और चार राज्यों में अपनी सरकार चलाते हुए भाजपा इस सेमी फाइनल के बाद अगले चुनाव का फाइनल जीतना चाहती है। देसी मॉडल और भारतीय चिन्तन की वह चाहे जितनी बात करे दो पार्टी प्रणाली में भाजपा का विश्वास कांग्रेस से कहीं ज्यादा ठस है। जब तक वह देश की सबसे बड़ी पार्टी नहीं हो जाती तब तक कांग्रेस के साथ सहयोग-वहयोग और सर्वानुमति की राजनीति में वह नहीं पड़ेगी। अपनी तीखी और सबसे अलग पहचान बनाकर वह दो से छियासी और सवा सौ सीट तक पहुँची है। अपने अकेले दम पर सत्ता में आने के पहले अपने हिन्दुत्व को वह भोथरा और पनीला नहीं होने देगी। उत्तर प्रदेश में सरकार बनाने और वहाँ अयोध्या के मामले का सामना करने की जिम्मेदारी जरूर उसके लिए मुश्किलें खड़ी करेगी। लेकिन पार्टीबाजी से अपनी पहचान को और तीखी और आक्रामक बनाए रखने का कोई अवसर वह नहीं खोएगी।

भाजपा और माकपा के ये राजनीतिक आग्रह उन्हें पार्टी पार रवैये पर सच्चा रचनात्मक सहयोग अपनाने को कोई बहुत प्रेरित नहीं करेंगे। इन परस्पर विरोधी पार्टियों के सहयोग से सरकार चलाने की उम्मीद नरसिंह राव नहीं कर सकते। ये पार्टियाँ सरकार को गिराएँगी भी नहीं क्योंकि अभी साल-दो साल में चुनाव लड़कर वे सत्ता में नहीं आ सकतीं। ऐसा भी नहीं कि राष्ट्रीय मामलों में वे सरकार का विरोध करके नाहक बदनामी मोल लेंगी। लेकिन जैसे अन्तर्राष्ट्रीय मुद्रा कोष से कर्ज लेने की अनिवार्यता दोनों मानेंगी। लेकिन माकपा का रवैया भाजपा से भिन्न होगा। अर्थव्यवस्था को खुले बाजार की और राज्य नियंत्रणहीन करने के सवाल पर भी वामपंथियों और भाजपाइयों में बहुत मतभेद होंगे। अन्तर्राष्ट्रीय मामलों में भी दोनों के आकलन और रवैए में फर्क है। कश्मीर, पंजाब, असम, तमिलनाडु, नक्सली आदि समस्याओं पर एक मोटी आम सहमति हो सकती है लेकिन इसमें भी पार्टी हितों को कुर्बान करने को ये दोनों पार्टियाँ तैयार होंगी या नहीं अभी देखना है।

इस तरह नरसिंह राव की सरकार से सहयोग के लिए बच रहता है जनता दल। समाजवादी जनता पार्टी सहयोग देने को तैयार है लेकिन उसके पाँच सांसद कांग्रेस को क्या हथेली लगा देंगे? और फिर कांग्रेस वाले चन्द्रशेखर से एक तरह की दुश्मनी की दूरी बनाए रखना चाहते हैं। जनता दल के पास पचास से ज्यादा सांसद हैं और उसके बीजू पटनायक और अजित सिंह को कांग्रेस से कोई छड़क भी नहीं है। लेकिन उनमें लालू प्रसाद यादव और रामविलास पासवान भी हैं जिनसे सहयोग लेना कांग्रेस को रास नहीं आएगा न पिछड़ों के इन नेताओं की कांग्रेस से पटेगी। वीपी सिंह को भी कांग्रेस पचा नहीं सकती। फिर जिस राष्ट्रीय मोर्चे और वाम

मोर्चे के साथ मिलकर जनता दल ने चुनाव लड़ा उन्हें छोड़कर वह उस कांग्रेस के साथ कैसे हो सकता है जिसका विरोध वह लगातार करता आ रहा है। यह सही है कि जिस उत्तर प्रदेश और बिहार से कांग्रेस का सफाया हो गया है वहाँ भाजपा के साथ जनता दल ही ताकत है। दिल्ली की सरकार यूपी और बिहार के समर्थन के बिना स्थिर नहीं रह सकती। जनता दल यह समर्थन ला सकता है लेकिन कांग्रेस के साथ वह आ कैसे सकता है?

नरसिंह राव को पार्टियों की इस स्थिति को समझकर उनका सहयोग लेने की पहल करनी पड़ेगी। इन्दिरा से राजीव तक के टकराव और प्रतिरोधी रवैए से तो पार्टीबाजी बढ़ेगी और सरकार भले ही न गिरे वह एक समस्या हल नहीं कर पाएगी। इस माने में नरसिंह राव को कांग्रेस और अपनी सरकार के रवैए में लगभग बुनियादी बदलाव लाना होगा। कांग्रेस अब देश की अकेली पार्टी और सबसे बड़ी ताकत नहीं है। वह विपक्ष की गैर जिम्मेदार पार्टी भी नहीं है। कांग्रेस वैसे पहले कई पार्टियों और गुटों की मिली-जुली पार्टी हुआ करती थी। और इस साझा पार्टी को चलाने का उसके नेताओं को अच्छा-खासा अनुभव भी था। लेकिन उसमें अब वे लोग रह नहीं गए हैं, न उसके पास वह ढाँचा है जो सबको समो कर उनकी खींचतान के बावजूद टूटे नहीं। और अब उसे देश की दूसरी पार्टियों को अपने गुट मानने और उन्हें साथ चलाने की जरूरत आन पड़ी है। कांग्रेस से यह बने या न बने पहल तो उसी को करनी है। अगर वह इस क्रम में रहेगी कि चुनाव टालने के लिए सब पार्टियों को झक मार के उसको सहयोग देना पड़ेगा तो उसकी अल्पमत या साझा सरकार का भी वही हाल होगा जो ऐसी विपक्षी सरकारों का हुआ है।

[22 जून, 1991]

जिस हाशिये पर थे वहीं फिर आ गए

समाजवादी जनता पार्टी और चन्द्रशेखर पंजाब के चुनाव टाले जाने पर आगबबूला हैं। लेकिन पूर्व सत्तारूढ़ पार्टी और अभूतपूर्व प्रधानमंत्री की इतनी भी हैसियत नहीं बची है कि कोई उनकी आवाज सुने। लालकृष्ण आडवाणी और अटल बिहारी वाजपेयी चाहें तो नोट कर सकते हैं कि चन्द्रशेखर फिर वहीं पहुँच गए हैं जहाँ से भाजपा और कांग्रेस ने उन्हें उठाकर प्रधानमंत्री की गद्दी पर बैठा दिया था। यानी हाशिए पर। उनके साथ यह अन्याय हमारे जैसे पूर्वग्रही प्रेस वालों या वीपी समर्थक राजनीतिकों ने नहीं किया है। चन्द्रशेखर को उनकी सही जगह पर देश की जनता ने पहुँचाया है। उम्मीद है आडवाणी जी इस देश की जनता को पूर्वग्रही और अन्यायी नहीं कहेंगे।

चन्द्रशेखर का तो खैर यही होना था लेकिन भाजपा नेता जिन्हें साहसिक निर्णय लेने वाला ऐतिहासिक और नेकनीयत प्रधानमंत्री बताते नहीं अघाते थे उन्होंने पंजाब में कोई कम रापट टोला नहीं किया है। अपने चार दिन के प्रधानमंत्रित्व पर आत्ममुग्ध रहने वाले चन्द्रशेखर ने पंजाब में जो साहसिक कदम उठाया वह शेषन के अद्‌भुत फैसले को टक्कर का ही है और उसका खामियाजा पंजाब और देश को बरसों भुगतना पड़ेगा। शेषन के पीछे तो सभी पड़े हैं लेकिन चन्द्रशेखर की 'नेकनीयती और साहसिकता' पर जैसे लोगों को भाजपाई विश्वास है।

चन्द्रशेखर अपने को राजनीतिक फायर ब्रिगेड मानते थे जिसने देश में लपलपाती जातीय और साम्प्रदायिक हिंसा की लपटों को बुझाया। वे लगातार राष्ट्रीय पुनर्मिलाप, मेल-जोल और आम सहमति की बात भी करते रहे। इन्हीं से कश्मीर, पंजाब, असम, मन्दिर-मसजिद आदि समस्याओं का हल निकालने का दावा भी किया। उनके फिर हाशिए पर पहुँच जाने के बाद ये समस्याएँ कहाँ हैं, बताने की जरूरत नहीं है। लेकिन इतना तय है कि पंजाब में न तो उन्होंने पुनर्मिलाप का कोई रास्ता पकड़ा, न देश की आम सहमति की और ध्यान दिया। पंजाब में चुनाव करवाना उनकी लगभग निजी जिद हो गई थी। अगर वे मानते भी थे कि चुनाव ही पंजाब को देश के साथ लाने का एकमात्र तरीका है तो वे यह भी जानते थे कि दूसरी पार्टियाँ और पंजाब की परिस्थिति अगर साथ नहीं देगी तो चुनाव से कुछ निकलेगा नहीं। आखिर वे कुल जमा चौवन सांसदों के गुट की कामचलाऊ सरकार के प्रधानमंत्री थे। उनके पास

कोई जनादेश नहीं था। जिस कांग्रेस ने उन्हें सत्ता में बैठाया था उससे भी झगड़ कर वे इस्तीफा दे चुके थे। राष्ट्रपति ने उन्हें अगली सरकार बनने तक काम चलाने के लिए कहा था। ऐसे प्रधानमंत्री ने लगभग सभी पार्टियों, राष्ट्रपति और मुख्य चुनाव आयुक्त के विरोध को धता बता कर चुनाव करवाने का फैसला किया।

चन्द्रशेखर ने उन रिटायर जनरल ओमप्रकाश मलहोत्रा की भी नहीं सुनी जिन्हें वे खुद ही राज्यपाल बनाकर लाए थे। जनरल मलहोत्रा निश्चित ही लोकतांत्रिक प्रक्रिया को पंजाब में बहाल करने में लगे हुए थे। लेकिन वे पहले पंचायत के फिर नगर पालिका और नगर निगम के चुनाव करवाना चाहते थे। इन चुनावों में आतंक और हिंसा की ताकतों को परखने और उनसे निपटने के बाद वे शिरोमणि गुरद्धारा प्रबन्धन कमेटी के चुनाव भी करवाना चाहते थे। लोकतांत्रिक प्रक्रिया को इस तरह बिलकुल जड़ों से चलाकर फिर विधानसभा और लोकसभा तक पहुँचाने वाले थे। उनके कैलेंडर से विधानसभा चुनाव सितम्बर में होने चाहिए थे। लेकिन मध्यावधि आ गए और चन्द्रशेखर ने जोर दिया कि नहीं पंजाब में भी चुनाव बाकी देश के साथ होने चाहिए। जनरल मलहोत्रा प्रधानमंत्री की जिद की अनदेखी नहीं कर सकते थे इसलिए उन्होंने सुरक्षा व्यवस्था के लिए अर्ध सैनिक जवानों और सेना को तैनात करना जरूरी बताया। उन्हें गृह मंत्रालय से आश्वस्त किया गया कि जितनी भी कम्पनियाँ चाहिए, दी जाएँगी। लेकिन ये कम्पनियाँ तभी मिल सकती थीं जब देश के दूसरे भागों से उन्हें हटाया जा सके। यानी सुरक्षा इन्तजाम के कारणों से पंजाब में मतदान उन्हीं तारीखों पर नहीं हो सकता था जिन पर बाकी देश में होता। पंजाब के चुनाव को बाकी देश से अलग करना जरूरी था।

मुख्य चुनाव आयुक्त शेषन चन्द्रशेखर की जिद और मजबूरी दोनों जानते थे। वे शुरू से पंजाब में चुनाव करवाने के खिलाफ थे लेकिन भले ही वह कामचलाऊ हो सरकार के फैसले के खिलाफ नहीं जा सकते थे। चुनाव कार्यक्रम की अपनी पहली घोषणा में उन्होंने कश्मीर और असम के साथ पंजाब को भी बाहर रखा था। लेकिन जब सरकार ने पंजाब और असम पर जोर दिया तो खुंदक में शेषन ने इन राज्यों में भी मतदान उन्हीं तारीखों पर रख दिया जिन पर बाकी देश में होना था। शेषन जानते थे कि सरकार ऐसा नहीं करवा सकती। और कुछ घंटे बाद ही सरकार को चुनाव आयोग से कहना भी पड़ा कि पंजाब को बाकी देश से अलग करो। सरकार से बदला निकालने का यह खांटी आईएएसी तरीका था।

फिर जब राजीव गांधी की हत्या के कारण मतदान ने बाकी दो दौर कोई तीन हफ्ते आगे बढ़ाए गए तो उसी हिसाब से पंजाब में मतदान आगे बढ़ाने को शेषन तैयार नहीं हुए। बल्कि बाईस जून से तीस जून कर देने के राज्यपाल मलहोत्रा के आग्रह को भी उन्होंने नहीं माना। जनरल मलहोत्रा ने सप्ताह भर का समय सुरक्षा व्यवस्था के लिए ही माँगा था। शेषन जानते थे कि यह व्यवस्था करना तो राज्य

प्रशासन की ही जिम्मेदारी है। लेकिन पंजाब जहाँ शान्ति और व्यवस्था ही चुनाव करवाने या न करवाने का सबसे बड़ा मुद्दा रहा है वहीं के प्रशासन की शेषन ने नहीं सुनी। यह भी शेषन का राज्यपाल जनरल मलहोत्रा से निपटने का तरीका था। शेषन जानते थे कि राज्यपाल मलहोत्रा अभी पंजाब में चुनाव के हक में नहीं थे। लेकिन चन्द्रशेखर के दबाव में उन्होंने उचित सुरक्षा व्यवस्था हो जाने पर स्थिति चुनाव के लायक बताई थी। अब जैसे शेषन राज्यपाल को बताना चाहते थे कि हां भारी है तो निपटो।

शुरू से लेकर चुनाव टालने तक शेषन का व्यवहार मुख्य चुनाव आयुक्त के पद और कर्तव्य के खिलाफ था। लेकिन पंजाब के चुनाव को पार्टियों की होड़ और चुनावी अखाड़े का मुद्दा चन्द्रशेखर ने ही बनाया था। राष्ट्रपति और चुनाव आयोग के विरोध को चन्द्रशेखर ने ही रद्द किया था। राज्यपाल पर भी उन्होंने दबाव डाला था। वे एक कामचलाऊ प्रधानमंत्री थे और उनके पास न जनादेश था, न नैतिक अधिकार। कानूनी अधिकार उनकी सरकार को जरूर था लेकिन उसका इस्तेमाल वे बाकी सब लोगों की राय के खिलाफ कर रहे थे। राष्ट्रीय सहमति से देश की तमाम समस्याओं को निपटाने पर रोज-रोज और लगातार जोर देने वाले चन्द्रशेखर को इसकी चिन्ता नहीं थी कि पंजाब में चुनाव करवाने पर देश में आम सहमति नहीं है। पंजाब पिछले दस साल से देश की सबसे बड़ी समस्याओं में से एक है। राजनीतिक और प्रशासनिक आम सहमति को पंजाब के मामले में ऐसी बुरी तरह तोड़कर क्या चन्द्रशेखर इस समस्या को हल कर सकते थे? फिर भी वहाँ उन्होंने चुनाव को अपनी प्रतिष्ठा का सवाल बना लिया और इसीलिए उसके पीछे पड़ गए। एक ऐतिहासिक प्रधानमंत्री का यह साहसिक और नेकनीयत निर्णय क्या पंजाब समस्या के हल का ईमानदार और समझदार प्रयत्न था? चुनाव से क्या निकलता और उसके बाद क्या होता इस पर विचार न भी किया जाए तो भी चुनाव के पहले जो कुछ हुआ वह पंजाब समस्या को और उलझा देने के लिए काफी था। पंजाब में चुनाव टालने का असर ऑपरेशन ब्लू स्टार जैसा हो सकता है। लेकिन इसी तर्क से चन्द्रशेखर का पंजाब में चुनाव करवाना क्या इन्दिरा गांधी की जिद की तरह नहीं था?

पंजाब में दूसरा काम भी चन्द्रशेखर ने इन्दिरा गांधी जैसा ही किया है। आतंकवादी, उग्रवादी गुटों से कोई समझौता किये या समझदारी बनाए बिना पंजाब में चुनाव का कोई मतलब नहीं था। पिछले कई सालों से यह साफ है कि वहाँ समस्या के कारक पारम्परिक अकाली दल और नेता नहीं बल्कि खाड़कू जत्थेबन्दियाँ हैं। उनके आतंक और उनकी हिंसा ने अकाली राजनीति को अप्रासंगिक कर रखा है। फिर ये नेता तो लोकतांत्रिक प्रक्रिया में शामिल होने को कभी भी तैयार थे। खास काम तो उन जवानों को लोकतांत्रिक प्रक्रिया के जरिये व्यवस्था में जिम्मेदारी सौंपना

है जो किन्हीं कारणों से छिटक कर एके 47 के रास्ते निकल पड़े हैं। इन जवानों को वापस रास्ते पर लाए बिना न पंजाब में लोकतांत्रिक शासन चल सकता है, न समस्या का समाधान हो सकता है। इसलिए चन्द्रशेखर के लिए अनिवार्य था कि वे अकालियों और खाड़कू जत्थेबन्दियों से बातचीत करें और चुनाव में उनके शामिल होने के लिए संविधान और राष्ट्र की एकता और अखंडता के दायरे में उन्हें लाएँ। चन्द्रशेखर ऐसी बातचीत के लिए बहुत उपयुक्त राजनेता थे क्योंकि उन्होंने ऑपरेशन ब्लू स्टार का विरोध किया था और इस कारण खाड़कू जत्थेबन्दियाँ उनका सम्मान करती थीं। पारम्परिक अकाली नेताओं से तो उनकी दोस्ती पुरानी और गहरी थी ही।

उनका काम आसान करने के लिए सभी अकाली धड़ों ने मिलकर सिमरजीत सिंह मान को अपना प्रतिनिधि बनाकर बातचीत के लिए अधिकृत किया था। पारम्परिक अकाली नेता तो अपने धड़ों की ऐंठ छोड़कर फिर भी एक हो सकते थे और एक प्रतिनिधि भी बातचीत के लिए भेज सकते थे। लेकिन उग्रवादी-आतंकवादी गुटों में इस तरह की मजबूरी की एकता भी न तब सम्भव थी, न अब सम्भव है। इसलिए मान से बात करके और उनके जरिये जितनी भी खाड़कू जत्थेबन्दियों को बातचीत और चुनाव में शामिल किया जा सकता था, करना चाहिए था। इसके बावजूद कुछ आतंकवादी गुट अलग रहते और वे बातचीत और चुनाव में पलीता लगाने की पूरी कोशिश भी करते। पाकिस्तान या अपनी ही खालिस्तानी जिद के कारण अलग रहने वाले इन संगठनों से तो बन्दूकों से ही निपटना पड़ता क्योंकि वे बोली में नहीं गोली में विश्वास करते हैं।

सिमरनजीत सिंह मान दिल्ली बातचीत करने आए भी और बात हुई भी लेकिन बात बनी नहीं। बिलकुल सम्भव है कि मान के माँग पत्र या ज्ञापन में ऐसी कई बातें होंगी जो हमारे संविधान और एकता-अखंडता की जरूरतों से मेल नहीं खाती होंगी। लेकिन एक बार की बातचीत के बाद मामला आगे नहीं बढ़ा। चन्द्रशेखर चुनाव करवाने की ऐसी जल्दी में थे कि ऐसी बातचीत के सिरे लगने के जिस धीरज, चतुराई और वाक् कुशलता की जरूरत होती है उसके लिए उनके पास वक्त नहीं था। मान से बातचीत के बाद सरकार ने फेडरेशन और दूसरे संगठनों से भी बातचीत की। इससे मान का सन्देह फिर जागा कि दिल्ली वाले उन्हें बातचीत में उलझाकर दूसरों से भी बात कर रहे हैं ताकि सम्भव हो तो मान को परे सरकाया जा सके। बादल के साथ वीपी सरकार की बातचीत से भी मान को ऐसा ही लगा था। जैसी वीपी सरकार से टूटी थी वैसे ही मान की चन्द्रशेखर से भी टूटी और चंडीगढ़ में तो एक बार दोनों की तनातनी भी हुई।

चन्द्रशेखर सरकार ने उग्रवादी संगठनों में से आखिर फेडरेशन से कोई बात बना ली। फेडरेशन के मंजीत गुट को मनोचहल की पंथक कमेटी और दमदमी टकसाल का भी समर्थन है। लेकिन पंजाब में बातचीत करके आइए तो साफ लगता

कि फेडरेशन और मान को आपस में भिड़वाने का काम सरकार ने किया था। लोगों और संगठनों को तोड़कर आपस में लड़ा देना और दोनों के झगड़े से अपना उल्लू सीधा करना इन्दिरा गांधी की जानी-मानी और अक्सर आजमाई गई समरनीति थी। फेडरेशन और मान के साथ चन्द्रशेखर ने भी यही इन्दिरा गांधी खेल खेला। मान को जिन लोगों और संगठनों से समर्थन की आशा थी वही उनके खिलाफ हो गए। मान को चुनाव न लड़ने का फैसला करना पड़ा। उनका अकाली दल जरूर मैदान में रहा लेकिन उसके उम्मीदवारों का मारा जाना कम से कम इतना तो स्पष्ट करता ही है कि खाड़कू जत्थेबन्दियाँ चुनाव को लेकर एक-दूसरे के पीछे पड़ गईं। उनमें एकता न पहले थी, न अब होनी थी लेकिन चन्द्रशेखर सरकार का उन्हें लड़ाते दिखना कोई नेकनीयती नहीं थी।

वामपंथियों ने तो खैर साफ-साफ आरोप लगाए हैं कि चन्द्रशेखर की फेडरेशन से मिलीभगत थी और सरकार ने उसकी धन और हथियारों से पूरी मदद की है। लेकिन अकाली दलों में भी ऐसे कई जिम्मेदार नेता हैं जो चन्द्रशेखर से दोस्ती का दावा करते रहे हैं और चन्द्रशेखर उनसे। यही नेता अब आपको शिकायत करते मिलेंगे कि चन्द्रशेखर जो लोकतांत्रिक प्रक्रिया बहाल करने की इतनी बातें करते थे उन्होंने भी आखिर मदद फेडरेशन को ही दी। अगर दिल्ली की कोई भी सरकार पारम्परिक अकाली दलों को सहयोग देकर पंजाब में लोकतंत्र का रास्ता साफ नहीं करना चाहती और हमेशा किसी उग्रवादी संगठन या नेता को ही खड़ा करना चाहती है तो फिर लोकतंत्र का नाटक क्यों? पुराने अकाली नेता और कुछ उग्रवादी संगठनों का आरोप है कि उन्हें तोड़ने और भिड़ाने में चन्द्रशेखर ने भी वही किया है जो इन्दिरा गांधी किया करती थीं। इन्दिरा गांधी की राजनीति टकराव और तनाव की थी और चन्द्रशेखर प्रधानमंत्री बनने के दिन से राष्ट्रीय आम सहमति और पुनर्मिलाप की माला जपते आ रहे थे। लालकृष्ण आडवाणी और अटल बिहारी वाजपेयी को चन्द्रशेखर के बारे में खुशफहमियाँ थीं। जनता को कोई गलतफहमी नहीं थी। इसलिए एक दुर्घटना के संयोग से मंच के बीच पहुँचे चन्द्रशेखर को देश के लोगों ने फिर हाशिए पर पहुँचा दिया है। पंजाब को अगर उदाहरण माने तो साफ हो जाएगा कि जनता ने चन्द्रशेखर के साथ ऐसा क्यों किया।

[5 जुलाई, 1991]

सच्चाई से झपकती आँखें

धीरे-धीरे नरसिंह राव वास्तविकता को मंजूर कर रहे हैं। जैसे विश्वास मत पर हुई बहस के जवाब में उन्होंने माना कि तीन सौ सीट पाने वाली सत्तारूढ़ पार्टी भी देश की नाजुक और खतरनाक हालत से अकेले पार नहीं पा सकती। देश की समस्याओं का समाधान किसी अकेली पार्टी के बस में नहीं रह गया है। किसी एक पार्टी के प्रचंड बहुमत का जमाना अब गया। लोग चाहते हैं कि कांग्रेस सरकार चलाए लेकिन उन्होंने कांग्रेस को 'चेतावनी' भी दी है कि वह विपक्ष की उपेक्षा नहीं कर सकती।

नरसिंह राव ने मई-जून के चुनाव के जनादेश का यह जो मतलब निकाला है उस पर अपन थोडी देर में आते हैं। फिलहाल उन्हीं की बातें आगे बढ़ाएँ। प्रधानमंत्री लोगों की इस चेतावनी को समझकर ही आम सहमति के रास्ते पर चलना चाहते हैं उनका अपना स्वभाव भी आम सहमति से काम करने का है। सभी पार्टियाँ मानती हैं कि लोग नहीं चाहते कि वे जल्द ही फिर उनके पास आदेश के लिए जाएँ। लोगों ने सभी पार्टियों से कहा है कि समाधान के लिए मुँह बाए खड़ी समस्याओं पर एक होकर काम करें। संसद में अलग-अलग पार्टियों की ताकत का गणित ही ऐसा है कि सरकार चाहे भी तो इस या उस या दो-तीन पार्टियों की मदद के लिए बिना बड़ा काम नहीं कर सकती। इसलिए प्रधानमंत्री कोशिश कर रहे हैं कि पार्टियों के आपसी मतभेदों को परे सरका कर सहमति की जमीन को बोया जाए।

प्रधानमंत्री और उनके वित्तमंत्री ने दूसरी पार्टियों के नेताओं से बातचीत भले ही की हो लेकिन न तो सहमति की जमीन का खेत नापा गया है, न नाजुक मुद्दों पर राय-मशविरे से कोई आम सहमति बनाई गई है। माकपा के सांसद सैफुद्दीन चौधरी ने गलत नहीं कहा है कि नरसिंह राव की अल्पमत सरकार ऐसे फैसले ले रही है जैसे उसके पास तीन-चौथाई बहुमत हो। भाजपा की भी शिकायत है कि उल्फा के आतंकवादियों को आम माफी देने के रुपये के अवमूल्यन तक पर उससे कोई सलाह नहीं ली गई। माकपा और भाजपा अपनी राजनीति के दो विरोधी सिरे हैं और दोनों की ही एक जैसी शिकायत है। बीच की पार्टियों का भी कहना है कि संसद में विश्वास का मत और उनकी राय जाने बिना ही सरकार ने बहुत बड़े

दूरगामी फैसले कर लिये हैं। अपना स्पीकर बनवाने के लिए कांग्रेस ने भाजपा की मदद जरूर ली। लेकिन यह तो लेन-देन का सौदा है। दो पार्टियों की सौदेबाजी को कोई गलती से भी आम सहमति नहीं कह सकता। अगर आम सहमति से काम करना नरसिंह राव का स्वभाव है और आम सहमति प्राप्त करके उसके अनुसार काम करने को ही वे जनादेश मानते हैं तो न तो अब तक उन्होंने अपने स्वभाव से काम किया है, न जनादेश का पालन किया है।

अब तक कांग्रेस की अल्पमत सरकार ने जो किया और जैसे किया है उसके लगता है कि वह अपने को बने रहने देने की दूसरी पार्टियों की मजबूरी का फायदा उठा रही है। उसके मुख पर आम सहमति है लेकिन बगल में है मनमाने फैसले करने की छुरी। उसने जो वित्तीय और राजनीतिक फैसले लिये हैं उनका न सिर्फ दूरगामी असर होगा बल्कि वे हमारे आर्थिक ढाँचे में बुनियादी फेरबदल कर देंगे। कांग्रेस भाजपा से वैचारिक दूरी दिखाने की चाहे जितनी कोशिश करे उसकी अल्पमत सरकार ने जो आर्थिक कदम उठाए हैं वे घोर दक्षिणपंथी हैं। उसने जो राजनीतिक कदम उठाए हैं वे देश को कमजोर करके आतंकवाद के सामने घुटने टिका सकते हैं। यह सब उसने परिस्थिति की मजबूरी के नाम पर किया है। संसद में पार्टियों की ताकत से उत्पन्न अनिवार्यता का जिक्र तो प्रधानमंत्री ने जरूर किया है लेकिन उसकी निपट अनदेखी करने का कोई कारण या मजबूरी नहीं बताई। कहने को तो उन्होंने कहा कि जनता की चेतावनी है कि सरकार विपक्ष की उपेक्षा करके अपनी वाली नहीं कर सकती। लेकिन क्यों किसी पार्टी को नहीं लगता कि उसे विश्वास में लिया गया है? क्योंकि सरकार ने अपने फैसले सचमुच खुद लिये हैं। वह किसी को विश्वास में नहीं लेना चाहती।

कथनी और करनी का यह फर्क इसलिए है कि नरसिंह राव ने जनादेश का अपना कांग्रेसी मतलब निकाल रखा है। जब वे कहते हैं कि जनता ने कांग्रेस को राज करने को कहा है लेकिन चेतावनी भी दी है कि विपक्ष की उपेक्षा मत करना तो इसका मतलब है कि सरकार तो कांग्रेस की रहेगी उसके पास बहुमत हो या नहीं। लेकिन कांग्रेस विपक्ष की उपेक्षा नहीं करेगी। इसके बदले में विपक्ष का यह कर्तव्य होगा कि वह कांग्रेस की अल्पमत सरकार को बनाए रखे। यानी 1991 के चुनाव का जनादेश यह है कि सभी गैर कांग्रेसी पार्टियाँ मिलकर कांग्रेस की अल्पमत सरकार को चलाएँ। इस अल्पमत सरकार को जब जिसकी जरूरत होगी उसके कंधों पर अपनी पालकी रख देगी। आम सहमति के नाम पर वह दूसरी पार्टियों से बात भी करेगी लेकिन फैसले खुद लेगी। वह अपना घोषणा पत्र लागू करेगी। दूसरी पार्टियाँ अपने-अपने घोषणा पत्र और अपनी नीतियों की फोंगली बनाकर रख लें। जो भी पार्टियाँ कांग्रेस की इस अल्पमत सरकार को गिराएँगी कि वे जनादेश के उल्लंघन का पातक करेंगी।

राष्ट्रपति ने पिछले गणतंत्र दिवस पर राष्ट्र के नाम सन्देश में जो कुछ कहा था नरसिंह राव उसका आधा मानने को तैयार हैं। यानी वे मानते हैं कि एक पार्टी वर्चस्व या बहुमत का जमाना गया। लेकिन वे नहीं मानते कि मिली-जुली साझा सरकारों का जमाना आ गया है। वे मानते हैं कि सभी पार्टियाँ मिल-जुल कर राष्ट्रीय समस्याओं का समाधान निकालें। लेकिन वे नहीं चाहते कि सब मिलकर उन पर फैसले भी करें। प्रधानमंत्री मानते हैं कि आम सहमति के बिना कोई चारा नहीं है। लेकिन आम सहमति को वे एक आम बातचीत से आगे नहीं ले जाना चाहते। वे चाहते हैं कि दूसरी सभी पार्टियाँ अपने पार्टी हितों और पार्टी विचारों से ऊपर उठें। लेकिन इसलिए कि कांग्रेस के हितों और विचारों का समर्थन कर सकें। अल्पमत में होने की कीमत कांग्रेस सिर्फ यह देगी कि विपक्ष से बातचीत करे। विपक्षी पार्टियों की राय ले ले। लेकिन इस राय और बातचीत के अनुसार फैसले करने पर वह बाध्य नहीं है। जब वह बहुमत में थी तो उसकी सरकार विपक्ष से बातचीत करना भी जरूरी नहीं मानती थी। इसलिए आम सहमति की बात करना और विपक्ष को बुलाकर बातचीत करना ही उसकी राय में कोई कम बड़ी रियायत नहीं है। विपक्ष को इसी पर सन्तोष करना चाहिए और राष्ट्रहित में कांग्रेस को राज करने देना चाहिए।

कांग्रेस यह रियायत भी इसलिए दे रही है कि स्पष्ट और सादे बहुमत से वह सिर्फ दस-बीस सीट पीछे रह गई है। उसे मालूम है कि जल्द ही फिर चुनाव नहीं हो सकते। अभी साल दो साल कोई भी पार्टी नये जनादेश के लिए लोगों के पास नहीं जा सकती। इस संसदीय मजबूरी का फायदा उठाकर वह अपनी अल्पमत सरकार को तब तक चलाए रख सकती है जब तक कि नये चुनाव का सही वक्त न आ जाए। नरसिंह राव ने भले ही कहा हो कि अब किसी पार्टी को प्रचंड बहुमत नहीं मिलेगा। लेकिन वे इस आशा में अल्पमत सरकार चला रहे हैं कि ऐसा वक्त और मौका आएगा कि जब कांग्रेस लोकसभा को भंग करवा के चुनाव करवाए और भारी बहुमत से सत्ता में लौटे। उनके सामने इन्दिरा गांधी का उदाहरण भी है। कांग्रेस को तोड़कर जुलाई उनहत्तर से दिसम्बर सत्तर तक इन्दिराजी ने कम्युनिस्टों की मदद से अल्पमत सरकार चलाई थी। फिर जो चुनाव करवाए उनमें शानदार बहुमत लेकर सत्ता में वापस आई थीं।

कांग्रेस की पहली अल्पमत सरकार अगर कोई डेढ़ साल तक चली तो दूसरी सरकार दो साल तक क्यों नहीं चल सकती? इन्दिरा ने विपक्ष की फूट का फायदा लेने और एक पार्टी को दूसरी से भिड़ा देने का अच्छा अनुभव पार्टी को धरोहर में दिया है। नरसिंह राव उसका इस्तेमाल क्यों नहीं करें? भाजपा विपक्ष की सबसे बड़ी पार्टी बनकर आई है। लेकिन विपक्ष का मंच उसके लिए खाली छोड़ देने का खतरा वाम और राष्ट्रीय मोर्चा नहीं लेना चाहता। विपक्ष में हैं लेकिन भाजपा, राष्ट्रीय मोर्चा और वाम मोर्चा संसद में विपक्ष का एक मोर्चा बनने को तैयार नहीं हैं। कांग्रेस के

साथ हो जाना विपक्ष के इन तीनों धड़ों को राजनीतिक रूप से नुकसानदेह लगता है। इसलिए साफ सुथरे और ईमानदार गठबन्धन को टालकर वे अपनी सुविधा के अनुसार छोटे-मोटे सौदे करते हुए कांग्रेस की अल्पमत सरकार को चलने दे सकते हैं। अध्यक्ष बनाने पर भाजपा ने कांग्रेस की मदद कर दी और कांग्रेस की सरकार न गिरने देने के लिए राष्ट्रीय और वाम मोर्चे ने विश्वास मत के मतदान में भाग नहीं लिया। कांग्रेस इसी तरह विपक्ष को बाँटे रखकर उसकी फूट से अपनी सरकार को चलाए रख सकती है।

इसे नरसिंह राव ने मुद्दा आधारित समर्थन कहा है। पहले वीपी सिंह भी मूल्य आधारित और फिर मुद्दा आधारित राजनीति की बातें कहा करते थे। लेकिन राष्ट्रीय मोर्चे की सरकार बनने के बाद मूल्य और मुद्दे मखौल के विषय बन गए। मुद्दा आधारित समर्थन मखौल का नहीं खतरे का कारण बन सकता है। कांग्रेस की अल्पमत सरकार ने देश की बीमार आर्थिक व्यवस्था को ऑपरेशन टेबल पर लिटाकर नश्तरों से खोल दिया है। मरीज को ऑक्सीजन की जरूरत है तो वह भाजपा से सिलेंडर माँग लेती है। बेहोशी का इंजेक्शन देना है तो जनता दल के केमिस्ट से ले लेगी। सलाइन चढ़ानी है तो वाम मोर्चे की सुई ले लेगी। ऑपरेशन का साज सामान उसके पास अपना है। लेकिन यह ऑपरेशन कामयाब तो तभी होगा जब ऑक्सीजन, सलाइन आदि सब एक साथ चलें। अगर एक बार ऑक्सीजन लेकर निकाल दी, फिर सलाइन चढ़ाकर उतार दी और एक-एक करके बारी-बारी से जीवनदायी दवाएँ दीं और बन्द कर दी गईं तो मरीज तो मर जाएगा। मुद्दा आधारित समर्थन लेकर कांग्रेस की अल्पमत सरकार क्या देश की ऐसी ही गति नहीं करेगी?

मुद्दा आधारित समर्थन अनिश्चितता बनाए रखेगा और केन्द्र में अस्थिरता बनी रहेगी। अगर नरसिंह राव सचमुच मानते हैं कि सभी पार्टियों के साथ हुए बिना देश की समस्याओं का समाधान नहीं हो सकता तो वे पहले इस अनिश्चितता और अस्थिरता को दूर क्यों नहीं करते? आखिर स्थिरता का ढिंढोरा कांग्रेस ने पीटा है और उसी ने स्थिरता सरकार का वादा किया है। उसके बाद नम्बर भाजपा का है। लेकिन इन दोनों ही पार्टियों को साझा सरकार से परहेज है। स्थिरता के इनके नारे का मतलब है कि जब सिर्फ उन्हीं की पार्टी अपने बहुमत से सरकार बनाएगी तो वह स्थिर होगी। इसलिए भाजपा ने गए साल राष्ट्रीय मोर्चे की सरकार से समर्थन वापस लेकर उसे अस्थिर किया और कांग्रेस ने चन्द्रशेखर को मदद देकर उसे गिरवा दिया। फिर खुद कांग्रेस ने एक सरकार बनवाई दिहाड़ी पर। अपने चुनाव जीतने का उपयुक्त अवसर आने तक उस सरकार को लगातार अस्थिर बनाए रखा। क्या भाजपा और कांग्रेस ने राष्ट्रहित में सत्ता में भागीदारी इन दोनों पार्टियों को नामंजूर है। राष्ट्रीय और वाम मोर्चे को फिर भी बरी रखा जा सकता है क्योंकि स्थिरता की बात वे कांग्रेस और भाजपा की तरह नहीं करते।

कांग्रेस और सभी पार्टियाँ मानती हैं कि देश का आर्थिक संकट अभूतपूर्व है और इसे टालने के लिए जो भी करना अनिवार्य है वह सम्पूर्ण राष्ट्रीय सहमति और सहयोग के बिना नहीं हो सकता। लेकिन कांग्रेस जो कर रही है उस पर पार्टियों में गहरे मतभेद हैं। भाजपा तो एक बार फिर भी दक्षिणपंथी उपायों का समर्थन कर दे लेकिन वाम और राष्ट्रीय मोर्चा उन्हें सही मानकर समर्थन नहीं देगा। भाजपा भी सभी उपायों को सही नहीं मानती। इसलिए आर्थिक संकट के निराकरण के लिए सम्पूर्ण राष्ट्रीय सहमति और सहयोग नहीं मिल सकता। अगर इन्हीं मतभेदों के कारण सरकार गिर गई तो कांग्रेस किस मुँह से जनादेश माँगने के लिए जनता के पास जाएगी? एक निश्चित कार्यक्रम पर कांग्रेस किसी के साथ साझा सरकार क्यों नहीं बना सकती? क्योंकि बावजूद ऐसे घनघोर संकटों के न कांग्रेस अपने पार्टी हितों से ऊपर उठना चाहती है, न दूसरी पार्टियाँ। वे आज की राजनीतिक वास्तविकता को समझने और जनादेश का पालन करने में आधी दूर तक जाने को तैयार हैं। अर्धसत्य बोली हैं और उसी को स्वीकारती हैं। साझा सरकार या राष्ट्रीय सरकार स्थिरता और असरदार प्रशासकीय उपायों के लिए अनिवार्य है। लेकिन इस वस्तुपरक सत्य को कांग्रेस अपने अर्धसत्य से झुठलाना चाहती है। कब तक झुठलाएगी? और देश को इसकी कितनी कीमत चुकानी होगी? इस बार प्रधानमंत्री जब आपको सम्बोधित करें तो पूछना।

[8 जुलाई, 1991]

ईमानदारी से कहो हम गलत थे

मनमोहनसिंह का बजट तो अब तक के बजटों में कोई करिश्मा नहीं है लेकिन उनकी औद्योगिक नीति निश्चित ही अपनी अर्थव्यवस्था के ढाँचे को पुरजा-पुरजा खोल देने और उसकी जगह नया ढाँचा खड़ा करने की कोशिश है। आजादी के बाद देश की अर्थव्यवस्था को जवाहरलाल नेहरू और इन्दिरा गांधी ने जो दिशा दी थी उससे उलटी तरफ उसे ले जाया जा रहा है। छह साल पहले इसकी शुरुआत राजीव गांधी ने ही की थी। इसलिए मनमोहनसिंह का बजट सचमुच राजीव गांधी को दी गई श्रद्धांजलि है। लेकिन कांग्रेस और नरसिंह राव सरकार की वैचारिक ईमानदारी देखिए कि वह अब भी अपने को नेहरू और इन्दिरा गांधी के रास्ते पर ही छलाँगें लेती बता रही है। समाजवादी समाज रचना और आत्म निर्भरता का सपना छोड़ दिया गया है। लेकिन कहीं कोई बहस नहीं है। आर्थिक संकट से कहीं गहरा संकट विचारहीनता का है। लेकिन उस पर आपने किसी को चिन्तित देखा है?

मनमोहनसिंह अपने को शुद्ध अर्थशास्त्री मानते हैं। इसलिए चाहते हैं कि आप अपनी वैचारिकता के रंग का चश्मा उतार दें। अर्थव्यवस्था की वास्तविकता को खुली आँखों से देखें। जो कुछ वे कर रहे हैं उसका समर्थन कर देश को इस अभूतपूर्व संकट से निकलने में उनका सहयोग करें। उनकी नेकनीयती और ईमानदारी में शायद ही किसी को कोई शक हो।

लेकिन हम सब जानते हैं कि देश की अर्थव्यवस्था को बनाने, सुधारने और बिगाड़ने की कोशिशों में वे कोई आज नहीं लगे हैं। वे इस देश के वित्त सचिव, रिजर्व बैंक के गवर्नर, योजना आयोग के उपाध्यक्ष और दो प्रधानमंत्रियों के मुख्य आर्थिक सलाहकार रह चुकने के बाद अब वित्तमंत्री बने हैं। इतने वर्षों में उन्होंने वह सब न कहा, न किया जो अब कह और कर रहे हैं। वे भी और दूसरे सब लोग भी कहते हैं कि जिस अभूतपूर्व आर्थिक संकट में आज हम हैं वह बरसों से घुमड़ रहा था। जिस खाई में आज हम गिरे हैं उसमें हमारी आर्थिक नीतियों ने ही हमें पहुँचाया है। इन नीतियों से मनमोहनसिंह ने पहले कुछ क्यों नहीं किया? आज जो संकट है उसकी अपनी भी कुछ जिम्मेदारी वे क्यों नहीं मानते? क्यों नहीं कहते कि जवाहरलाल नेहरू ने जो समाजवाद अपनाया और इन्दिरा गांधी ने उसे लाने के

लिए जो आर्थिक नीतियाँ अपनाईं उन्हीं से यह संकट पैदा हुआ है। उन्हें छोड़े बिना देश संकट से नहीं उबर सकता। परिस्थितियाँ बदल जाएँ तो नीतियाँ भी बदलनी पड़ती हैं—ऐसी व्यावहारिक और ईमानदार आत्म स्वीकृति में कोई खराबी नहीं है। लेकिन मनमोहनसिंह जैसे शुद्ध अर्थशास्त्री भी ऐसी आत्म स्वीकृति नहीं कर सकते।

यह मनमोहनसिंह को रगड़ने की कोशिश नहीं है। सिर्फ इतना बताना है कि न तो शुद्ध अर्थशास्त्र होता है, न शुद्ध अर्थशास्त्री। राजनीति तय करती है कि अर्थव्यवस्था कैसी होनी चाहिए। मनमोहनसिंह भी इसे निश्चित ही जानते हैं क्योंकि राजनीति में भले ही नये हों लेकिन राजनेताओं से तो बरसों से बरत ही रहे हैं। उन्हें जब प्रधानमंत्री नरसिंह राव ने कहा कि उनका कोई वैचारिक आग्रह-दुराग्रह नहीं है। राष्ट्र का हित ही सबसे ऊपर है और उसे साधने के लिए जो भी जरूरी हो किया जाना चाहिए तभी तो वे ये नई आर्थिक, वित्तीय, औद्योगिक और व्यापार नीतियाँ बना सके। इसलिए जब मनमोहनसिंह कहते हैं कि आप अपनी वैचारिकता का रंगीन चश्मा उतार कर देश की अर्थव्यवस्था की वास्तविकता को देखिए तो उनका मतलब होता है कि समाजवादी विचारधारा की कसौटियाँ लागू मत कीजिए। देश को संकट से उबारने के लिए हमें वैचारिक आग्रह छोड़ने होंगे।

लेकिन औद्योगिक नीति में जो उदारता लाई जा रही है और निजी उद्योग को प्रोत्साहन ही नहीं, सार्वजनिक क्षेत्र के उद्योगों का भी जो निजीकरण किया जा रहा है क्या यह शुद्ध आर्थिक कदम है? इसके पीछे भी आखिर एक विचारधारा है, मुक्त बाजार अर्थव्यवस्था की पूँजीवादी विचारधारा। लेकिन कोई नहीं कहता कि रूसी मॉडल पर जवाहरलाल नेहरू ने जो समाजवादी अर्थव्यवस्था बनाई थी और जिसका इस्तेमाल इन्दिरा गांधी ने अपनी राजनीति के लिए किया उसे हम छोड़ रहे हैं। क्योंकि उससे देश संकट में फँस गया है। राजीव गांधी को बजट श्रद्धांजलि देने वाले मनमोहनसिंह भी जानते हैं कि कर्ज के जिस जाल में देश फँसा हुआ है उसका फंदा 1985 से ही बुना जा रहा है। राजीव गांधी यूरोप की नकल में उदार आर्थिक नीतियाँ लागू करना चाहते थे लेकिन राजनीतिक मजबूरियों के कारण आधे-अधूरे कदम ही उठा सके। नतीजा यह हुआ कि उपभोक्ता सामग्रियों के आयात ने पश्चिमीकृत मध्य वर्ग को तो खुश कर दिया लेकिन विदेशी मुद्रा भुगतान की हालत बिगड़ती गई। खाड़ी के युद्ध ने इसे घनघोर संकट में बदल दिया क्योंकि तेल के दाम में एक डॉलर प्रति बैरल की बढ़ोत्तरी हो तो देश पर चार सौ करोड़ का बोझ बढ़ जाता है। खाड़ी संकट में खनिज तेल अठारह से चालीस डॉलर चढ़ा। और खाड़ी संकट और युद्ध के लिए न वीपी सिंह को जिम्मेदार ठहराया जा सकता है, न चन्द्रशेखर को।

इसलिए आज जिस आर्थिक संकट में हम हैं वह समाजवाद लाने के रूसी तरीके और उसे छोड़ने की आधी अधूरी और बेईमान कोशिश का नतीजा है। राजीव गांधी मार्गरेट थैचर और रोनाल्ड रेगन जैसे आर्थिक कदम उठाकर देश की

अर्थव्यवस्था में नई जान डालना चाहते थे। उनके पास चार सौ पन्द्रह सांसदों का प्रचंड बहुमत की ताकत थी। लेकिन उनमें साफ-साफ कहने की राजनीतिक और वैचारिक हिम्मत नहीं थी कि समाजवाद के नेहरू मॉडल और इन्दिराई तरीकों को छोड़े बिना काम नहीं चलेगा। वे उदार आर्थिक और औद्योगिक नीति पर भी नहीं चल सकते थे। समाजवाद, नेहरू और इन्दिरा गांधी को सार्वजनिक नमस्कार से विदा करके राजीव गांधी और कांग्रेस सत्ता में नहीं रह सकते थे। निजी उद्योग को काफी हद तक मुक्त करने और विदेशी पूँजी के निवेश के लिए कायदे-कानून छोड़कर पलक पाँवड़े बिछाने वाले नरसिंह राव और मनमोहनसिंह भी नेहरू मॉडल और समाजवाद की आरती उतार रहे हैं। आर्थिक स्तर पर जो करना जरूरी है उसे राजनीतिक रूप से मंजूर करना खतरनाक है क्योंकि जिन राजनीतिक मंत्रों, देवताओं और प्रतिज्ञात स्वर्ग को देश ने आम सहमति से स्वीकार कर रखा हो उसे छोड़कर राजनीति नहीं की जा सकती।

आजादी के आन्दोलन की शुरुआत से ही समता, आर्थिक विकास और सत्ता में सबकी भागीदारी के सपने देश के सामने रखे गए। साम्राज्यवादी और पूँजीवादी शोषण और उससे बनी सामाजिक, आर्थिक और राजनीतिक खाई को पाटने के लिए स्वराज्य की लड़ाई लड़ी गई। इसलिए संसदीय लोकतांत्रिक शासन व्यवस्था अनिवार्य थी। आर्थिक विकास का ऐसा ढाँचा भी स्वतंत्र भारत के लिए जरूरी था जो अमीर-गरीब की खाई मिटा सके और सबके लिए खुशहाली ला सके। ऐसे आर्थिक विकास का एक देसी मॉडल गांधीजी ने विकसित किया था। लेकिन नेहरू में न तो ऐसी राजनीतिक साहसिकता थी कि दुनिया से निराला कोई रास्ता देश के लिए निकाल सकें, न उनकी गांधीजी के देसी मॉडल में आस्था थी। बोल्शेविक क्रान्ति के बाद पहले लेनिन और फिर स्तालिन का बनाया कम्युनिस्ट राज्य उन्होंने देखा था। हालाँकि उनका फेबियन समाजवाद लेनिन और स्तालिन के लाल समाजवाद की तुलना में बहुत हल्का गुलाबी था फिर भी राज्य को केन्द्र में रखकर समाजवादी समाज की रचना का सपना उन्होंने देश के सामने रखा।

राज्य के जरिये देश के संसाधनों का दोहन और उत्पादन के साधनों पर नियंत्रण करके सम्पदा के न्यायपूर्ण वितरण से समता लाने के लिए ही सार्वजनिक क्षेत्र में भारी उद्योग लगाए गए। विकास का ढाँचा खड़ा किया गया। निजी उद्योगों को मनमानी छूट नहीं दी गई क्योंकि पूँजीपति-उद्योगपति अपना मुनाफा सकल समाज के कल्याणकारी काम करने में लगाने को तैयार नहीं हो सकते। अंग्रेजी शासन में पनपे निजी औद्योगिक क्षेत्र को राज्य पूरी तरह अपने कब्जे में तो नहीं कर सकता था जैसे कि रूस और दूसरे साम्यवादी देशों में किया गया था। लेकिन अंग्रेजी साम्राज्य के शोषण को हमारी सामूहिक यादगार में पूँजीवादी औद्योगिक शोषण का स्थान मिल गया था। इसलिए साम्राज्यवादी-पूँजीवादी शोषण के खिलाफ

एक जबरदस्त भावना आजाद और लोकतांत्रिक भारत के चेतन-अवचेतन मन में थी और अब भी है। अपनी मिश्रित अर्थव्यवस्था हमारी साम्राज्यवादी धरोहर और समाजवादी सपने में पनपी है।

अब कोई यह कहे कि समाजवादी समाज नेहरू और इन्दिरा गांधी के रास्ते नहीं से बनेगा और राज्य देश के संसाधनों और उत्पादन के साधनों पर नियंत्रण भले ही रख ले उसे खुशहाल नहीं कर सकता तो आमतौर पर लोग भरोसा नहीं करेंगे। लाइसेंस-परमिट राज के खिलाफ आवाज तो आखिर पचास के दशक में ही लगने लगी थी लेकिन स्वतंत्र पार्टी के इस नारे को कांग्रेस से माना नब्बे के दशक में। रूसी मॉडल से इतनी सम्पदा ही पैदा नहीं होगी जिसे बराबरी से बाँटकर पूरे समाज को सुखी और सम्पन्न बनाया जा सके—ऐसा निष्कर्ष भी चालीस साल पहले निकल चुका था। लेकिन हमने माना तभी जब गोर्बाचेव ने रूस में पेरेस्त्रोइका और ग्लासनोस्त के बाद आर्थिक विकास की पूँजीवादी तकनीकों और तरकीबों को जरूरी माना। गोर्बाचेव ने तो फिर भी सार्वजनिक रूप से माना कि रूस की नीतियाँ गलत थीं। राजीव गांधी सत्ता और नेतृत्व के सर्वोच्च सिंहासन पर बैठे हुए भी कह नहीं सके कि मेरे नाना और माता की नीतियाँ गलत थीं। रेगन और थैचर के तरीके अपनाए बिना देश की अर्थव्यवस्था स्वस्थ और मजबूत नहीं होगी। नरसिंह राव की अल्पमत सरकार तो ऐसी कोई ईमानदार और सार्वजनिक घोषणा करके सत्ता में बनी रहने की सोच तक नहीं सकती।

निरन्तरता के साथ परिवर्तन की बात करने वालों की सलाह है कि मनमोहनसिंह काम तो ठीक कर रहे हैं ना! फिर क्या फर्क पड़ता है कि वे और उनके प्रधानमंत्री नरसिंह राव आरती उतारें नेहरू मॉडल की या इन्दिराई तरीकों की। आरती उतारना अगर उनकी राजनीतिक मजबूरी है तो हमें उसे समझकर चुपचाप उन्हें काम करने देना चाहिए। बल्कि मनमोहनसिंह भी यही कहते हैं कि वैचारिक चश्मों से देश के आर्थिक संकट और उससे उबरने के उपायों को मत देखिए। यानी अगर हम समाजवाद के नेहरू मॉडल को टाटा कर रहे हैं तो इसका कृपया शोर मत मचाइए। पहले हमें देश की अर्थव्यवस्था सुधार लेने दीजिए। अब जिन लोगों के कोई समाजवादी दुराग्रह न हों और जो नियंत्रणों से अर्थव्यवस्था की मुक्ति में देश की खुशहाली देखते हों वे भले ही इस बेईमानी को राजनीतिक मजबूरी मानकर चुप रह जाएँ लेकिन इस चुप्पी से बात बनेगी नहीं।

समाजवाद के नाम पर अगर आप खुले बाजार की अर्थव्यवस्था को चलाएँगे तो इससे समाजवाद तो निश्चित ही नहीं आएगा खुले बाजार की अर्थव्यवस्था के लाभ भी देश को नहीं मिलेंगे। जिन मंत्रों का आप लगातार जाप करते हैं और जिन देवताओं की आरती उतारते हैं और जिस स्वर्ग में देश को पहुँचाने की बात करते हैं उन्हीं से वे राजनीतिक मजबूरियाँ पैदा होती हैं जो कुलिया में गुड़ फुड़वाती हैं यानी

आधे-अधूरे उपाय करवाती हैं। कथनी और करनी के फर्क को अगर हम पाखंड कहते हैं तो इसीलिए कि जो किया है वही कहेंगे तो उसका सही असर होगा और सही असर होने से किया हुआ काम और भी कारगर होगा। अगर नरसिंह राव और मनमोहनसिंह मानते हैं कि नेहरू मॉडल मर चुका है तो उसकी लाश से चिपके रह कर आप नया मॉडल नहीं बना सकते। हमारे यहाँ मरे हुए की अन्त्येष्टि के बाद उसका श्राद्ध करना इसलिए जरूरी माना जाता है कि उससे प्रेत मुक्ति होती है। प्रेत को देवता बताकर आरती उतारते रहेंगे तो निरन्तरता के साथ परिवर्तन नहीं होगा। प्रेत मुक्ति के बिना आत्मा नये शरीर में नहीं जाती। इस देश में नई अर्थव्यवस्था बनाना है तो पुरानी और बेकार व्यवस्था का श्राद्ध करके मनमोहनसिंह को बैठाकर पगड़ी की रस्म करनी होगी। मनमोहनसिंह जो कर रहे हैं उससे देश खुशहाल होगा या गुलाम यह अलग बात है।

[27 जुलाई, 1991]

नंगे खड़े बाजार में

अब एक नये सरकारी मंत्र का जाप शुरू हो गया है। बीस साल पहले इन्दिरा गांधी सिंडीकेट के पूँजीवादी, एकाधिकारवादी मुनाफाखोर और गरीबों का खून चूसने वाले दादाओं को समाजवादी तरकश के तीरों से एक-एक कर मार गिरा रही थीं। तब राष्ट्रीयकरण को मंच बना दिया गया था और संसद, नार्थ ब्लॉक-साउथ ब्लॉक से लेकर हर गली-मुहल्ले और चौराहे पर इसका जाप होता था। अब राष्ट्रीयकरण एक भद्दी गाली है। आज का नया मंत्र है—उदारीकरण। टाटा, बिड़ला तो खुशी-खुशी इसका जाप कर ही रहे हैं, उन तमाम प्रगतिशील पंडितों के होंठों पर भी यही मंत्र है जो बीस-पच्चीस साल पहले सार्वजनिक क्षेत्र को समाजवाद का पुण्य क्षेत्र और निजी क्षेत्र को भयंकर नरक मानते और बताते थे।

तब आर्थिक विकास के हर क्षेत्र में राज्य के नियमन और नियंत्रण को गैर बराबरी मिटाने और सामाजिक न्याय देने के लिए जरूरी माना जाता था। अब जिसे देखो वही कहता है कि इन नियंत्रणों से उद्योग और व्यापार का ऐसा दम घुट रहा था कि वे इतनी सम्पदा ही पैदा नहीं कर पाए कि जिसे बाँटा जा सके। इन लोगों की अगुआई भी वही लोग कर रहे हैं जिन्होंने तब नियंत्रणों और नियंत्रणों को समाजवादी समाज रचना के लिए अनिवार्य बताया था। तब स्वदेशी और आत्मनिर्भरता का ऐसा आग्रह था कि जो भी विदेशी पूँजी लेता या लाता था वह पूँजीवाद का टट्टू और सीआईए एजेंट हो जाता था और देश को गिरवी रखने से बचाने के लिए उसे कोढ़ी कहना पड़ता था। तब बाजार की शक्तियों के चलाए चलने को गुलाम बन कर बिकने की अधमाई माना जाता था। अब हम विदेशी पूँजी के लिए पलक पाँवड़े बिछाए हार-फूल लिये खड़े हैं। अन्तरराष्ट्रीय बाजार से देश की अर्थव्यवस्था को जोड़े बिना इसके स्वस्थ होने का कोई तरीका नहीं देखते। समाजवाद लाने के चालीस सालों में मुनाफा कमाना पाप और बचत करना जमाखोरी था। अब मुनाफा सबसे बड़ा पुण्य और बचत अर्थव्यवस्था की नींव मानी जा रही है।

मजा देखिए कि प्रधानमंत्री नरसिंह राव और वित्तमंत्री मनमोहनसिंह कहते हैं कि नेहरूजी ने जो मॉडल बनाया था और इन्दिराजी ने जिसे चलाया था वह इतना

लचीला है कि उसमें तमाम नियमन और नियंत्रण भी लगाए जा सकते थे और अब जो उदार और आजाद रवैया अपनाया जा रहा है वह भी उसी में समा सकता है। टाटा और बिड़ला हमें कह रहे हैं कि आप लोग नेहरूजी को जानते नहीं हैं। वे होते तो आज जो नई उद्योग, व्यापार और वित्तीय नीतियाँ बनाई जा रही हैं वे खुद बनाते और इनसे नई अर्थव्यवस्था खड़ी करते। नेहरू की चीन-नीति फेल हो गई और चीन ने हमला करके हमारी हजारों मील जमीन पर कब्जा कर लिया। चीन की इस धोखाधड़ी से दुखी, उदास और ध्वस्त जवाहरलाल ने तब कहा था कि हम भद्दी वास्तविकताओं से दूर अपने बनाए संसार में रह रहे थे। कोई है माई का लाल जो आज कह सके कि रूसी मॉडल की नकल करने में हमने दुनिया से अपने को काटकर अलग कर लिया था। अब चूँकि हमारा आदर्श मॉडल ही टूट कर चूर हो गया है तो पश्चिम की बाजार अर्थव्यवस्था से जुड़ने के अलावा हमारे पास कोई चारा नहीं है।

समझदार अर्थशास्त्रियों का कहना है कि आर्थिक संकट से पार पाने के लिए जो भी जरूरी हो किया जाना चाहिए। अर्थव्यवस्था के मामले में वैचारिक और नैतिक आग्रहों के लिए गुंजाइश नहीं होती। व्यावहारिक और पेशेवर रवैये के बिना देश की माली हालत सुधारी नहीं जा सकती। नरसिंह राव और मनमोहनसिंह ऐसा कर रहे हैं तो उनके नेहरू मॉडल और इन्दिराजी के समाजवादी तरीकों को छोड़ने के सवाल नहीं उठाना चाहिए क्योंकि इस आलोचना का इस्तेमाल करके उनके राजनीतिक विरोधी उन्हें अर्थव्यवस्था को पतन के भँवर से निकलने के सही और निष्ठावान रास्ते से हटा देंगे। इन लोगों की तरह नरसिंह राव और मनमोहनसिंह भी मानते हैं कि नेहरू, इन्दिरा और राजीव की पूजा किये और आरती उतारे बिना राजनीति नहीं की जा सकती। मनमोहनसिंह तो बार-बार बेचारे गांधी को भी बीच में ले आते हैं। गरीबों की आँखों से आँसू पोंछने और उद्योगों को ट्रस्टीशिप में बदलने की बातें हमारे वित्तमंत्री ऐसे कहते हैं मानो डेढ़ महीने से वे गांधीवाद के साथ नये प्रयोग कर रहे हों।

पिछले चौवालीस साल गवाह हैं कि गांधी की पूजा करने और आरती उतारने से गांधीवाद नहीं आता। समाजवाद का लगातार जाप करने और उसे जाग्रत करने के लिए तंत्र साधना में लोगों और साधनों की बलि नहीं चढ़ानी पड़ती। हम समाजवादी समाज से आज भी उतने ही दूर हैं जितने चालीस साल पहले थे। खुद जवाहरलाल ने कहा था कि आर्थिक लक्ष्य और उन्हें साधने की नीतियाँ राजनीतिक लक्ष्य और राजनीति से तय होती हैं। कोई भी समाज अपने जो सामाजिक, आर्थिक और राजनीतिक लक्ष्य तय करता है वे उसकी जीवन पद्धति और मूल्य व्यवस्था से विकसित और नियंत्रित होते हैं। जब हम जो कर रहे हैं उसे अपनी जीवन पद्धति और मूल्य व्यवस्था में देखकर निष्ठा और ईमानदारी से बताते नहीं तो किया तो

अनकिया होता ही है हमारे मूल्य भी विकृत होते हैं। इसका असर कुल समाज की ऊर्जा और जीनियस के सकारात्मक उपक्रम पर पड़ता है।

इन्दिरा और राजीव गांधी ने लोन मेले लगाकर और राष्ट्रीय मोर्चे ने किसानों के कर्ज माफ करके देश को बताया कि पैसा आसानी से मिलता है और कर्ज चुकाने की जरूरत नहीं है। इसने हमारे और किसी भी स्वस्थ समाज की इस धारणा को बेकार किया कि पैसा कड़ी मेहनत से कमाना पड़ता है और कर्जे की एक-एक पाई चुकाए बिना आप अपने गौरव की रक्षा नहीं कर सकते। देश में सस्ती और झूठी लोकप्रियता पाने के लिए हमारे शासकों ने अर्थव्यवस्था की महत्त्वपूर्ण संस्था बैंकिंग प्रणाली को तहस-नहस कर दिया। लेकिन जो उन्होंने देश के लोगों के साथ किया और उन्हें जो सिखाया अन्तरराष्ट्रीय मुद्रा संस्थाओं और बैंकों ने उसे स्वीकार नहीं किया। हमारे पास तो सम्पदा थी नहीं। हमने उधार लिया और आज हमारे ऊपर एक लाख करोड़ का विदेश और कोई चालीस लाख करोड़ का देसी कर्ज है। देश के देसी-विदेशी कर्जदार अगर अपना पैसा माँगने आ जाएँ तो हमारी पूरी वार्षिक आय से भी वह चुकता नहीं होगा। देश को साल भर भूखों रहकर बेगार करनी होगी। हमें सोना बेचना और गिरवी रखना पड़ा क्योंकि अगर विदेशी कर्ज चुकाने में एक दिन की भी देरी हो जाती तो निकम्मे और दिवालिए साबित हो जाते। तब दुनिया में न हमारी साख बचती, न हमें कोई उधार देता। मुद्रा कोष से फिर बड़ा कर्ज लिये बिना हम अपने आर्थिक संकट को टाल नहीं सकते। इसलिए हमने सोना बेचा, गिरवी रखा, अपने रुपये का अवमूल्यन किया और अन्तरराष्ट्रीय मुद्रा कोष ने कर्ज लेने की साख जमाने के लिए जो भी कहा, किया। क्या लोन मेले और कर्ज माफी से इन्हीं आर्थिक मूल्यों को हमने अपने देश में विकृत और क्षत-विक्षत नहीं किया है?

सार्वजनिक क्षेत्र के उद्योगों को आज जो देखो लतिया रहा है। अगर इन बुनियादी और भारी उद्योगों को खड़ा करके राज्य अर्थव्यवस्था का बुनियादी ढाँचा नहीं खड़ा करता तो भारत पश्चिम के उद्योगों को कच्चा माल देने और उनके बाजार से नत्थी होने वाला देश होता। अगर सार्वजनिक क्षेत्र के ये उद्योग आज निकम्मे और लगातार घाटा खाने वाले हो गए हैं तो इसलिए नहीं कि ये जन्म से ही संसाधनभक्षी राक्षस हैं। हम इन्हें देश की जरूरत से ज्यादा उत्पादन करके देश को सम्पन्न और बाहर से सम्पदा लाने वाला नहीं बनाना चाहते थे। सार्वजनिक क्षेत्र राजनीतिकों के लिए अपने लोगों को नौकरी पर लगाने और निजी क्षेत्र पर काबू रखने के लिए खड़ा किया गया है। रोजगार देना हमारा राष्ट्रीय वचन है। लेकिन नौकरी और रोजगार में बुनियादी फर्क है। नौकरी बिना कोई उपयोगी और उत्पादक कार्य किये बिना भी हो सकती है। रोजगार का मतलब है कि उत्पादक और समाज उपयोगी कार्य। रोजगार का मतलब है जितना आप लेते हैं उससे ज्यादा उत्पादन करें ताकि रोजगार बढ़

सके। लेकिन सार्वजनिक क्षेत्र के उद्योगों से लेकर दिनोदिन बढ़ते सरकारी और अर्ध सरकारी तंत्र में हमने नौकरियाँ दीं। उत्पादक कार्य नहीं करवाया। नतीजा सामने है।

समाजवाद लूट का तंत्र नहीं है। समाजवाद, उत्पादक साधनों पर सामाजिक नियंत्रण और सम्पदा के सामाजिक न्यायपूर्ण वितरण का नाम है। हमारे यहाँ मुनाफा पाप माना गया और सरकारी यानी सार्वजनिक साधनों के साथ हरामखोरी क्रान्तिकारिता की फैशन। जनता के पैसों और देश के संसाधनों के साथ यह लूट और बेईमानी पूँजीवादी शोषण और मुनाफाखोरी से भी गई बीती और ज्यादा खतरनाक साबित हुई है। हमारे राजनीतिकों ने उद्योगपतियों और पूँजीपतियों को सार्वजनिक रूप से धिक्कारा और जनता को बताया कि यह उनके समाजवादी और गरीब नवाज होने का सबूत है। लेकिन समाजवाद के नाम पर ऐसे नियम, कानून और नियंत्रण लगाए कि कोई भी उद्योगपति और पूँजीपति राजनीतिकों को भोग चढ़ाए बिना कुछ भी न कर सके। ये नियंत्रण इसलिए थे कि राज्य संसाधनों और उत्पादों का इस्तेमाल जनता की गरीबी दूर करने में करे। लेकिन इनका असल इस्तेमाल राजनीतिकों और राजनीति और नौकरशाही ने किया। सुनहरी लक्ष्मी को काली चंडालिका बनाने में राजनीतिकों और नौकरशाहों की भूमिका पूँजीपतियों से ज्यादा बड़ी और खतरनाक है। इस नापाक मिलीभगत ने समाजवाद के साथ धोखाधड़ी की और पूँजीवाद को भी स्वास्थ्य के साथ पनपने नहीं दिया।

यह राष्ट्रीय बेईमानी और धोखाधड़ी अब समाजवाद के नाम पर नहीं चल सकती थी क्योंकि उसी के कारण पैदा हुआ आर्थिक संकट इसका भंडाफोड़ कर रहा था। इसलिए भंडे पर ढक्कन लगाकर नरसिंह राव और मनमोहनसिंह की संकट मोचक जोड़ी लीपापोती में लगी हुई है। राष्ट्रीयकरण की जगह लेने वाला वशीकरण मंत्र उदारीकरण अपने जाप में फिर उन मूल्यों को तोड़ रहा है जिनके बिना न समाज चल सकता है, न बाजार की खुली अर्थव्यवस्था। सरकार के सामने दो बड़ी समस्याएँ हैं—देश के अन्दरूनी वित्तीय घाटे को पाटना और विदेशी मुद्रा भुगतान के असन्तुलन को थोड़ा ठीक करना। इसके लिए काली चंडालिका बनी लक्ष्मी को फिर सुनहरी होने का मौका देने, विदेशी बाजार के साथ भागकर स्विस बैंकों में भेस बदलकर बैठी अपनी पूँजी को वापस लाने और डॉलर दे सकने वाले अनिवासी भारतीयों और बहुराष्ट्रीय कम्पनियों को पलक-पाँवड़े बिछाकर पधारो म्हारा राज गाते हुए बुनाने के तरीके अपनाए गए हैं।

देश में कोई एक लाख करोड़ का काला धन है। इसे निकालने की पहले भी छह कोशिशें हो चुकी हैं। 1946 और 1978 में विमुद्राकरण किया गया। मुश्किल से ढाई सौ करोड़ रुपये बाहर आए। तीन बार स्वैच्छिक घोषणा योजनाएँ चलाई गईं। कुल जमा साढ़े अठारह सौ करोड़ रुपये बाहर आए। 1981 में विशेष धारक बांड चलाए गए। यानी अब तक कुल कोई तीन हजार करोड़ का काला धन निकला

है। काले धन का सिर्फ तीन प्रतिशत। अब इस काले धन को गन्दी बस्तियाँ साफ करने और गरीबों के लिए मकान बनाने के पुण्य कार्य में लगाने की राष्ट्रीय आवास बैंक बनाने की योजना है। इसमें तीस नवम्बर तक जमा किये गए धन के बारे में कोई सवाल नहीं पूछा जाएगा। जमा धन का चालीस प्रतिशत बैंक में रह जाएगा। बाकी साठ प्रतिशत टैक्स देकर बैंक से निकाला जा सकता है। मनमोहनसिंह कहते हैं कि यह जीवन में सिर्फ एक बार और अन्तिम बार मिली छूट है। जबकि छूट छह बार पहले मिल चुकी है। यह चम्बल के डाकुओं से समर्पण करवाने और उन्हें सजा न देने से भी खतरनाक है। काला धन आखिर आर्थिक अपराधों से बना है और बनाने वालों ने देश की समाजवादी अर्थव्यवस्था को फेल करते हुए बनाया है। इस आर्थिक और राष्ट्रीय अपराध की कोई सजा नहीं क्योंकि हमें पूँजी चाहिए।

इसी तरह स्विस बैंकों में जो हजारों करोड़ रुपया जमा है वह भी इस देश के सारे नीति-नियमों और कानूनों को गच्चा देकर बनाया गया है। अब इस पैसे को देश में लाने वाले से कोई सवाल नहीं पूछा जाएगा, कोई टैक्स नहीं लिया जाएगा, इस पर ब्याज अलग मिलेगा और देश में सम्पत्ति खरीदी जा सकेगी, धड़ल्ले से उद्योग लगाए जा सकेंगे। देश से बाहर जाकर बसे लोग भी अपना पैसा भेजने के लिए सादर आमंत्रित हैं। उन पर भी कोई टैक्स नहीं—न सम्पदा कर, न आय कर। उलट ब्याज ज्यादा। विदेश के खुले वातावरण में पूँजी बनाने वालों के साथ तो ऐसा दामाद जैसा बरताव लेकिन इतने नियंत्रणों और दिक्कतों के बावजूद पूँजी बनाने वाले देसी लोगों को करों में यह छूट नहीं होगी। हमारी पूँजी पश्चिम के बाजार में भाग गई और वहाँ उसने अवैध कन्याओं को जन्म दिया। इन अवैध कन्याओं को हम अपनी बहू बनाने को मरे जा रहे हैं लेकिन घर की बेटी पर सारी बेड़ियाँ और पाबन्दियाँ हैं। हमें डॉलर चाहिए। हमें काला धन चाहिए। लेकिन इसके लिए क्या हम अपने सभी सामाजिक, नैतिक मूल्यों को भुला देंगे? पाप की कमाई का क्या होता है इसे हमारा देश नहीं जानता क्या? फिर नरसिंह राव और मनमोहनसिंह क्यों झाँसा दे रहे हैं? क्या हमारी अर्थव्यवस्था हमारे खून-पसीने की मेहनत से पुनर्जीवित नहीं हो सकती? उसे पाप का बीमार खून ही क्यों चढ़ाया जाना चाहिए?

[3 अगस्त, 1991]

अब बाजीगरी से काम नहीं बनेगा

बाकी तो जो जहाँ थे वहीं हैं। इन उपचुनावों में से अगर किसी की कद काठी बड़ी होकर निकली है तो नरसिंह राव की। उनकी भलमनसाहत में लोगों का भरोसा देखिए कि नान्दयाल में रिकॉर्ड तोड़ जीत दिलवाने के लिए कांग्रेसियों ने चुनाव प्रक्रिया के साथ जो आपराधिक खिलवाड़ की उसकी नैतिक जिम्मेदारी भी नरसिंह राव पर नहीं डाली जा रही।

कोई उम्मीद नहीं करता कि नान्दयाल में हुई धाँधलियों और गड़गड़ियों की नैतिक जिम्मेदारी लेकर नरसिंह राव उस सीट पर इस्तीफा दें और फिर चुनाव जीतकर प्रधानमंत्री बने रहने का अधिकार प्राप्त करें। आखिर नान्दयाल में प्रधानमंत्री उम्मीदवार थे और अगर उनका चुनाव भी बूथ कब्जे और फर्जी मतदान से लथपथ हो जाए तो लोकतंत्र के लिए देश में क्या कसौटी और मिसाल रह जाएगी? लालू यादव और उनकी सेनाओं ने बिहार में चुनाव को वोटों की लूटपाट और जबरदस्ती का अखाड़ा बना दिया है। जिसकी लाठी उसकी वोट। अगर हम इसे लोकतंत्र का कबीलाई मखौल मानते हैं तो नान्दयाल में कांग्रेसियों ने जो किया उसकी अनदेखी कैसे की जा सकती है? हम बिहार को सभ्य और प्रतिष्ठित लोकतंत्र के रास्ते पर नहीं ला सकते अगर नरसिंह राव जैसे प्रधानमंत्री का चुनाव भी धाँधली की शंका से परे न हो। जिस राजनीति से नरसिंह राव को जोड़ा जाता है वह वोटों की लूटपाट और सत्ता की छीनाझपटी में सात खून माफ की राजनीति नहीं है। अगर देश के प्रधानमंत्री से भी ऐसी सार्वजनिक नैतिकता की उम्मीद न की जाए तो किससे की जाए? देवीलाल से?

नान्दयाल में जो हुआ उसके लिए नरसिंह राव निजी रूप से जिम्मेदार नहीं हैं। वे नान्दयाल से जीतते भले ही ऐसे रिकॉर्ड तोड़ वोट उन्हें नहीं मिलते। इस उपचुनाव में वे कहीं से भी खड़े हो जाते तो जीत जाते। इसलिए उन्हें रिकॉर्ड तोड़ जीत दिलवाने के लिए कांग्रेसियों ने जो किया वह और भी गैर जरूरी था। लेकिन एक चुनावी रिकॉर्ड बनाने के लिए गैर गम्भीर उम्मीदवारों को निकाल भगाना, ट्रकों में भर कर बाहर से वोट देने वाले लाना और बूथों पर कब्जा करके मत पत्रों पर ठप्पे लगाना और वह भी प्रधानमंत्री के चुनाव में—सिर्फ यही बताता है कि चुनावी दुराचार के

तरीके सबके वही हैं। चुनाव चाहे आंध्र में प्रधानमंत्री का हो या माफिया सरदार का बिहार में। दुराचार किसी भी कीमत पर जीतने के लिए हो चाहे रिकॉर्ड बनाने के लिए वोटरों के अपमान में कोई फर्क नहीं पड़ता। नान्दयाल में नरसिंह राव के लिए भी यही किये जाने का मतलब है कि ऐसे दुराचार को हमने मंजूर कर लिया है। चुनाव आयोग भी बिहार के दुराचार पर तो कार्रवाई करता है लेकिन नान्दयाल में हुए दुराचार का नोटिस तक नहीं लेता। चुनाव की जिस प्रक्रिया पर लोकतंत्र का सत्व कायम है उसकी प्रतिष्ठा के लिए प्रधानमंत्री भी अगर कोई कार्रवाई नहीं करते तो फिर हमें लालू यादव को कोसने की कोई जरूरत नहीं होनी चाहिए। नरसिंह राव गांधी नहीं हैं। लेकिन वे लाल बहादुर शास्त्री की तरह बनने लगते हैं। कोई माँग करे या न करे नान्दयाल में हुए दुराचार का निराकरण नरसिंह राव को करना चाहिए।

मैं जानता हूँ कि इस तरह की नैतिक अपेक्षाएँ रखना आजकल पागलपन माना जाता है। लेकिन नान्दयाल के पाँवों को ध्यान में रखे बिना नरसिंह राव के मुकुट को देखना और उसमें जड़े हीरे-मोतियों की वाहवाह करना अपराध होगा। छह महीने पहले नरसिंह राव कहीं गिनती में नहीं थे और उनसे कोई लम्बी-चौड़ी उम्मीद किसी को नहीं थी। स्वास्थ्य के कारण वे खुद मध्यावधि से हट गए थे। उन्हें खुद ही अपने राजनीतिक भविष्य से कोई आशाएँ नहीं थीं। एक भयंकर हादसे ने उन्हें अचानक राजपथ पर खींचा और प्रधानमंत्री बना दिया। इसमें कोई शक नहीं कि नरसिंह राव ने इन छह महीनों में जिस समझदारी से सरकार चलाई और कांग्रेस पार्टी को सँभाला उसी का नतीजा है कि देश के लोग चाहते हैं कि वही प्रधानमंत्री बने रहें और सरकार चलाएँ। मध्यावधि में न नरसिंह राव को कोई जनादेश मिला था, न कांग्रेस को। लेकिन इन उपचुनावों का जनादेश निश्चित ही नरसिंह राव के लिए है।

आम सहमति और सामाजिक पुनर्मिलाप की दुहाई तो विश्वनाथ प्रताप सिंह और चन्द्रशेखर ने भी बहुत दी थी। लेकिन वे राजनीतिक-सामाजिक तनावों को दूर नहीं कर सके। बल्कि दोनों के कारण तनाव और बढ़े। आम सहमति को जिस तरह नरसिंह राव ने साधा वैसे तो लालबहादुर शास्त्री ही कर पाए थे। राजनीतिक प्रबन्ध के उस्ताद माने जाने वाले चन्द्रशेखर भी परस्पर विरोधी ताकतों और व्यक्तियों को सन्तुलित करने और सबको अपने साथ झुमाए रखने में उतने माहिर कभी नहीं दिखे जैसे पिछले छह महीनों में नरसिंह राव दिखे हैं। नरसिंह राव की एक ताकत तो यह थी कि उनसे वीपी सिंह की तरह लोगों को उम्मीदें नहीं थीं और दूसरा यह कि चन्द्रशेखर की तरह उनके दुश्मनों की फौज नहीं थी। लेकिन उन्हें न सिर्फ और लम्बे त्रिशूल लिये लोकसभा में लौटी भाजपा और उसके खिलाफ तलवार लिये आए जनता दल और वामपंथियों को साथ लेना था बल्कि अपनी पार्टी से भी निपटना था जो नेहरू खानदान के बिना जीने की सोच तक नहीं सकती थी। सोनिया गांधी को उनके सिर पर तलवार की तरह लटकाने वाली राजीव गांधी की दूसरी अनेक

विधवाएँ भी लगातार छाती माथा कूट रही थीं। और उनकी पार्टी भी उन्हें सोनिया या प्रियंका या दोनों के आने तक गद्दी सँभाले बैठे एवजी की तरह देख रही थीं।

दरअसल, नरसिंह राव की असली समस्याएँ अन्दर से थीं क्योंकि कोई भी कांग्रेसी उन्हें नेहरू, इन्दिरा और राजीव को धरोहर का उत्तराधिकारी मानने को तैयार नहीं था। नेहरू खानदान के वारिस के बिना कांग्रेस को सम्पट नहीं बँध रही थी। इस कांग्रेस को सँभालना जन्मजात विघ्न सन्तोषियों को जनता दल को साथ रखने से कहीं अधिक कठिन था। नरसिंह राव ने विभाजित और एक-दूसरे के खिलाफ तलवार ताने खड़े विपक्ष को तो साधा ही, राजीव गांधी की हत्या से राजनीतिक रूप से अपने को विधवा हुई मानने वाली कांग्रेस को भी विश्वास दिलाया कि सर्वेसर्वा पति के बाद भी जीवन है। ऐसा करते हुए उन्होंने न किसी के पर कुतरे न किसी का पाँव कुचला। परिस्थिति में निहित मजबूरी और अवसर का उन्होंने बखूबी इस्तेमाल किया। आज वे अपने पाँवों पर खड़े होकर सबसे ऊँचे दिख रहे हैं तो यह किसी कट आउट का कमाल नहीं है। सिर को कंधों के बीच सन्तुलित रखना और इसी प्रयत्न में गुम हुए बिना तनी हुई रस्सी पर चलना अभ्यास से जितना सधता है स्वभाव से उतना ही सहज हो जाता है। नरसिंह राव का स्वभाव तो है ही अभ्यास भी कोई कम नहीं है। अन्तरविरोधों में सन्तुलन साधने की बात करते-करते वीपी सिंह उनके शिकार हो गए। नरसिंह राव इस कला के सिद्ध साधक बनकर उभरे हैं।

लेकिन एक तरफ विपक्ष और दूसरी तरफ कांग्रेस को सन्तुलित करते हुए तनी हुई रस्सी पर चलकर एक सिरे से दूसरे पर पहुँचने और फिर लौटने और फिर चलने का खेल ही अगर नरसिंह राव दिखाते रहे तो कोई बात बनेगी नहीं। देश के सामने जो समस्याएँ हैं उन्हें राजनीतिक बाजीगरी से निपटाया नहीं जा सकता। मान लिया कि इन उपचुनावों के बाद कांग्रेस में नरसिंह राव को तंग नहीं किया जाएगा। वे अब और आसानी से मान्य होंगे और उनका दबदबा भी बढ़ेगा। सोनिया गांधी का इस्तेमाल अब उन्हें नचाने में नहीं किया जा सकेगा। प्रियंका गांधी को 'मैं अपनी झांसी नहीं दूँगी' जैसी घोषणा के लिए तैयार करने वाले भी चार साल तक उधम नहीं कर पाएँगे। शरद पवार और अर्जुन सिंह पुराने कांग्रेसी और काँइयाँ हैं और उन्हें मालूम है कि नरसिंह राव को ललकारने का वक्त अभी निकल गया है और फिर कब आएगा अभी कोई नहीं कह सकता। लेकिन कांग्रेस जैसी है, उसे वैसी ही रखकर नरसिंह राव एक मात्र नेता तो बने रह सकते हैं कुछ कर-धर नहीं सकते। कांग्रेस को फिर व्यक्तिगत सत्ता की औजार बनाना आसान है क्योंकि ऐसी वह बरसों से रही है। उसे जमीन में जड़ों से ऊपर उठे जैविक संगठन वाली लोकतांत्रिक पार्टी बनाना बहुत मुश्किल है। लेकिन नियति ने यही मुश्किल काम नरसिंह राव को सौंपा है। अगर वे यह नहीं कर पाए तो निजी और खानदानी सत्ता के दावेदार तो कई हैं। वे उन्हें न सिर्फ सत्ता से उतार देंगे। वे नरसिंह राव के प्रधानमंत्री होने

को ही अनकिया कर देंगे। यह किसी प्रधानमंत्री को मेटना नहीं होगा। यह देश की सबसे पुरानी और बड़ी पार्टी को लोकतांत्रिक बनाने के ऐतिहासिक अवसर को गटरगंगा में बहा देना होगा। ठीक से लोकतांत्रिक हुए बिना कांग्रेस दूसरों के साथ सत्ता में भागेदारी करना भी नहीं सीखेगी और ऐसा नहीं करेगी तो उसका भविष्य नहीं होगा क्योंकि देश के लोकतंत्र का मिजाज बदल गया है।

यह भी सही है कि विपक्ष इसी तरह बल्कि और भी विभाजित रहेगा। भाजपा को विश्वास हो चला है कि अगर वह अपने धार्मिक पत्ते ठीक से खेले तो अगला चुनाव उसे दिल्ली की गद्दी पर बैठा सकता है। यह विश्वास या गलतफहमी भाजपा को जनता दल या वामपंथियों से सहयोग नहीं करने देगी। चूँकि भाजपा कांग्रेस की जगह लेना चाहती है इसलिए सत्ता के बाहर बैठकर वह कांग्रेस की सत्ता को जमने में मदद नहीं देगी। एक माने में भाजपा उपाध्यक्ष मलकानी का कहना सही है कि सब पार्टियाँ भाजपा को हराने/रोकने में लगी हुई हैं। लेकिन इसलिए नहीं कि वह भारतीय राजनीति की धुरी हो गई है बल्कि इसलिए कि भाजपा जैसी राजनीति करके सिर्फ वही सफल हो सकती है इसलिए उस राजनीति को रोकने में सभी लगे हैं। भाजपा अछूत तो अब भी है। दूसरे राजनीतिक उसे छूने के बजाय अपने को उसके स्पर्श से बचाने के लिए ज्यादा चिन्तित हैं। यह हालत भाजपा को किसी पार्टी की सहज सहयोगी नहीं बनने देगी। इसलिए विपक्ष तो विभाजित रहेगा ही कांग्रेस से उसके मेल-जोल की भी सम्भावनाएँ नहीं हैं। यानी विपक्ष से नरसिंह राव सरकार को कोई खतरा नहीं है। थोड़ी-बहुत राजनीतिक चतुराई से भी जब जैसी जरूरत हो किसी न किसी पार्टी का सहयोग सुलभ रहेगा।

ऐसी परिस्थिति में अल्पमत सरकार चलाते रहना पिछले छह महीनों से ज्यादा आसान होगा। लेकिन राजनीतिक बाजीगरी से एक अल्पमत सरकार चलाते रहना यानी तनी हुई रस्सी पर चलते रहना ही क्या नरसिंह राव के प्रधानमंत्री होने और उनकी सरकार के चलने की सार्थकता है? क्या ऐसा करके वह देश का अहित नहीं करेगी क्योंकि कश्मीर, पंजाब, असम, अयोध्या जैसी समस्याओं को लटकाए रखना हालत को और बिगाड़ना है और देश कई जगह टूट के कगार पर है। फिर जिन उपायों से नरसिंह राव की सरकार देश की अर्थव्यवस्था को पटरी पर लाना चाहती है उनके शुभ और अशुभ परिणाम अभी सामने आए नहीं हैं। महंगाई बढ़ी है और पूर्वी यूरोप ही नहीं, पूरा सोवियत संघ भी उन देशों और संगठनों से मदद की उम्मीद में है जिन पर आँख लगाए हम बैठे हुए हैं। एक माने में पूरा देश सरकार को मौका दिये हुए है और नतीजों की उम्मीद में है। जिस तरह नारों से पेट नहीं भरता उसी तरह बाजीगरी से समस्याएँ हल नहीं होतीं।

अब तक अन्तरविरोधों को साधते हुए नरसिंह राव कलाकारी दिखा रहे थे। अब उन्हें समस्याओं के समाधान में कोई गम्भीर और दूरगामी कदम उठाने होंगे,

उन्हें न सिर्फ सबको साथ लेना होगा बल्कि इतनी ठोस ताकत भी लगानी होगी जो परिस्थिति को बेहतरी के लिए बदल सके। अभी जो पार्टियाँ इस सरकार को चलने दे रही हैं वे उसे वहीं तक बर्दाश्त करेंगी जहाँ तक यथास्थिति में कोई बड़ा परिवर्तन नहीं होता। जिस दिन नरसिंह राव यथास्थिति की मजबूरी में जमी हुई बर्फ को तोड़ेंगे उस दिन उन्हें बनाए रखने का सन्तुलन भी टूटेगा। तब नये जनादेश के लिए जाने के बजाय क्या यह बेहतर और राष्ट्रहित में नहीं है कि तनी हुई रस्सी छोड़कर वे आम सहमति का ही नहीं आम सक्रिय सहयोग का रास्ता अपनाएँ। नरसिंह राव कोशिश करें तो पाएँगे कि उनके हाथ में हाथ मिलाकर चलने के लिए काफी लोग आ सकते हैं।

[23 नवम्बर, 1991]

कश्मीर से क्यों नहीं, कन्याकुमारी से क्यों?

फालतू की बहस में पड़ने के बजाय कुछ बातें पहले साफ कर लेनी चाहिए। भारतीय जनता पार्टी कोई रचनात्मक संस्था नहीं है। वह एक राजनीतिक पार्टी है और किसी भी दूसरी पार्टी की तरह निरन्तर सत्ता की तलाश में है। वह भी वोट की राजनीति करती है क्योंकि सार्वभौमिक वयस्क मताधिकार पर टिके जिस संसदीय लोकतंत्र को हमने स्वीकार किया है वह वोट से ही चलता है। इस लोकतंत्र में सभी पार्टियाँ वोट की राजनीति कर रही हैं इसलिए भाजपा को न इसके लिए कोसा जा सकता है, न उसकी राजनीति को बड़े ऊँचे राष्ट्रीय और नैतिक लक्ष्यों से महिमामंडित किया जा सकता है। भाजपा के उपाध्यक्ष सिकन्दर बख्त ने खुद ही कह दिया है कि उनके अध्यक्ष मुरली मनोहर जोशी की कन्याकुमारी से कश्मीर तक की 'एकता यात्रा', जी हाँ, राजनीतिक है। हिमाचल के मुख्यमंत्री शान्ता कुमार ने भी कहा कि आडवाणी की रथयात्रा रोकी गई तो उत्तर प्रदेश में सत्ता कांग्रेस के हाथ से निकल गई। अब जोशी की यात्रा रोकी तो दिल्ली छीन जाएगी।

एकता यात्रा का उद्देश्य समझने के लिए वैसे भी सिकन्दर बख्त और शान्ता कुमार की घोषणाओं की जरूरत नहीं है। वीपी सिंह का एलान भी कोई रहस्य नहीं खोलता कि इस एकता यात्रा का देश की एकता-अखंडता से कोई सम्बन्ध नहीं। यह भाजपाई राजनीति की वोट यात्रा है। और इसीलिए सभी पार्टियाँ इसे कोस रही हैं और कुछ पार्टियाँ चाहती हैं कि इसे रोक दिया जाए। दरअसल ये पार्टियाँ इस यात्रा के अन्देशे में दुबली होती हुई इसका ऐसा हव्वा खड़ा नहीं करतीं तो इसे इतनी पब्लिसिटी भी नहीं मिलती। आडवाणी की सोमनाथ से अयोध्या की यात्रा जरूर एक विवादित मसजिद की जगह मन्दिर बनाने के लिए थी और इसलिए उसके औचित्य-अनौचित्य पर बवंडर उठना ही था। लेकिन मुरली मनोहर जोशी की एकता यात्रा तो कन्याकुमारी से कश्मीर पहुँचकर गणतंत्र दिवस पर श्रीनगर में तिरंगा फहराने के लिए है। जिस दिन देशभर में राष्ट्रीय झंडा फहराया जाता है उस दिन श्रीनगर में भाजपा के अध्यक्ष तिरंगा लहराएँ तो किसी को कोई एतराज क्यों होना चाहिए? आखिर कश्मीर भारत का अविभाज्य अंग है और उसकी राजधानी में छब्बीस जनवरी पर भारत का झंडा लहराए तो यह विवाद का कारण नहीं हो सकता।

कोई नहीं कह सकता कि वह भारत की एकता और अखंडता नहीं चाहता। श्रीनगर के लाल चौक पर तिरंगा लहराना कोई राष्ट्रविरोधी कार्रवाई नहीं है कि मुरली मनोहर जोशी को ऐसा करने से रोका जाए। फिर भी सभी पार्टियाँ इसके खिलाफ हैं और उन्हें डर है कि इससे साम्प्रदायिक तनाव बढ़ेगा तो इसका कारण भी सिर्फ उनके पार्टी हित नहीं हैं। इन पार्टियों और राजनीतिक रूप से सजग नागरिकों का भय निर्मूल नहीं है। भारतीय जनता पार्टी और उसके सहयोगी संगठनों—विश्व हिन्दू परिषद और बजरंग दल—ने अपने को इतना हिन्दू और ऐसी साम्प्रदायिक पृष्ठभूमि में हिन्दू बना लिया है कि उनकी किसी भी हरकत से मुसलमान एकदम चौकन्ने और परेशान होने की हद तक चिन्तित हो जाते हैं। आखिर वे भी उस राजनीति के शिकार हैं जिसकी कोख से जनसंघ का भाजपा के रूप में अवतार हुआ है और विश्व हिन्दू परिषद और बजरंग दल जैसे प्रतिक्रियात्मक संगठन उदार और विशाल हिन्दू समाज की तरफ से बोलने और कार्रवाई करने की जुर्रत करते हैं। अंग्रेजों की अल्पसंख्यक बनाम बहुसंख्यक राजनीति से कोई सौ साल से चले आ रहे वैमनस्य, धर्म के आधार पर राष्ट्र होने की अवधारणा, साम्प्रदायिक दंगों से बार-बार फैले जहर और फिर विभाजन को किसी करिश्मे से देश की स्मृति से मेट दिया जाए तो ही 'एकता यात्रा' शुद्ध सात्विक और रचनात्मक राष्ट्रीयता की वाहक मानी जा सकती है। इस यात्रा का हव्वा खड़ा करने वाले और इसे तीर्थ यात्रा कहने वाले अपने-अपने ढंग से यथार्थ को जानबूझ कर अनदेखा करने की कोशिश कर रहे हैं।

आडवाणी की तरह हर पार्टी दावा कर सकती है कि देश की एकता और अखंडता उसके लिए निष्ठा का मामला है। चीन की समर्थक रही मार्क्सवादी कम्युनिस्ट पार्टी ने भी नहीं कहा कि वह भारत को कई टुकड़ों में बँटा हुआ देखना चाहती है। और तो और, पंथिक कमेटी से आतंकित कोई अकाली धड़ा भी नहीं कहता कि वह देश को तोड़कर खालिस्तान बनाना चाहता है। आप सर्वमान्य लोकतांत्रिक राजनीति नहीं कर सकते अगर देश की एकता और अखंडता की जीभ से भी पूजा न करें। फिर भी जब कांग्रेसी या कम्युनिस्ट दुहाई देते हैं तो उससे वैसे सुर नहीं निकलते जैसे भाजपाई बाजे से निकलते हैं। भाजपा के लोगों की राष्ट्रभक्ति में शायद ही किसी को सन्देह हो लेकिन अल्पसंख्यकों के प्रति उसके रवैए पर आमतौर से आश्वस्ति का भाव नहीं निकलता। कांग्रेस, कम्युनिस्ट और जनता दल जैसी पार्टियों ने अल्पसंख्यकवाद को अगर हिन्दू विरोध की हद तक खींच दिया है तो भाजपा ने भी बहुसंख्यकवाद पर कुछ ऐसा जोर दिया है कि जैसे हिन्दू ही इस देश का नैसर्गिक और असली नागरिक है और दूसरा कोई अपने को जब तक हिन्दू नहीं कहता उसके भारतीय होने में शंका हो।

मुसलिम तुष्टीकरण तक गए अल्पसंख्यकवाद की प्रतिक्रिया में भाजपा ने जिस बहुसंख्यकवाद का झंडा उठाया है वही एकता यात्रा पर लहरा रहा है। इसलिए जो

लोग कहते हैं कि यह 'हिन्दू' एकता यात्रा है तो कोई गलत नहीं कहते। आखिर भाजपा ने देश के हिन्दू समाज को एक और संगठित करने का बीड़ा उठाया हुआ है। मंडल के जरिये वीपी सिंह अगर देश के समाज को अगड़ी और पिछड़ी जातियों में बाँट कर अपना वोट बैंक बनाना चाहते थे तो आडवाणी ने भी राम के जरिये इस समाज में अपना हिन्दू वोट बैंक बनाने के लिए ही रथयात्रा निकाली थी। जातिवाद और धर्म अब तक सशक्त अन्तरधाराओं की तरह हमारी राजनीति को प्रभावित करते थे। पिछले साल ये दोनों न सिर्फ नदी बनकर सतह पर आ गए बल्कि इनमें ऐसी बाढ़ आई कि पुरानी तमाम धाराएँ इन्हीं में समा गईं। लोगों ने भले ही किसी एक को आम सहमति की लोक गंगा न बनाया हो लेकिन उफनती यही नदी रही हैं। अल्पसंख्यकों और हरिजनों के जोड़ से कांग्रेस जिस तरह सत्ता में आती रही है उस तरह तो बहुसंख्यकवाद ने भाजपा को सिंहासन पर नहीं चढ़ाया। लेकिन हिन्दू हित की छत पर खड़ी होकर भाजपा अगर राम को नहीं टेरती तो आज चार राज्यों में राज करती हुई संसद में मुख्य विपक्षी पार्टी नहीं होती।

जो लोग अब तक अल्पसंख्यवाद की राजनीति करते रहे हैं वही बहुसंख्यकवाद की राजनीति से चिन्तित हैं। उन्हीं को मुरली मनोहर जोशी की एकता यात्रा में हिन्दुओं को भाजपा के वोटर बनाने की कोशिश साफ दिखाई दे रही है। पहले राम के नाम पर हिन्दू वोट जुटाने की जो कोशिश की गई थी उसी का विस्तार देश की एकता और अखंडता के नाम पर एकता यात्रा में किया गया है। आतंकवाद और अलगाववाद का खतरा कोई हाल-फिलहाल में नहीं बढ़ा है। पंजाब में यह कोई दस साल से चल रहा है और कश्मीर में अलगाव तो और भी पहले से हो रहा था लेकिन आतंक के साथ फूटा वह दो-ढाई साल पहले। भाजपा ने पहले एकता यात्रा नहीं निकाली। गए साल जब आडवाणी राम रथयात्रा पर निकले थे तब भी आतंकवाद और अलगाववाद के खतरे इसी तरह मंडरा रहे थे। लेकिन तब अयोध्या में बाबरी मसजिद के ढाँचे की जगह राम मन्दिर बनाने को ही सबसे बड़ा कार्य समझा गया। उस यात्रा और उससे भी ज्यादा मुलायम सिंह के रवैये ने भाजपा को उत्तर प्रदेश के सिंहासन पर बैठा दिया। लेकिन दिल्ली के सिंहासन पर आए बिना लखनऊ में बैठी भाजपा सरकार बाबरी मसजिद को हटाने या गिराने में ज्यादा कुछ नहीं कर सकती। मुसलमानों की राजी-मरजी के बिना मन्दिर वहीं बनाएँगे वाली प्रतिज्ञा पूरी नहीं हो सकती। सत्ता में होने की अपनी जिम्मेदारियाँ और मजबूरियाँ होती हैं। अयोध्या में मन्दिर वहीं बनाने के लिए भाजपा अब उत्तर प्रदेश में वैसा ही आन्दोलन नहीं चला सकती जैसा कि विपक्ष में बैठे हुए कर सकती थी।

लेकिन अगर मन्दिर वहीं जल्दी नहीं बन सकता तो वह राम लहर उतर जाएगी जिसने भाजपा को उत्तर प्रदेश में सत्तारूढ़ किया है। मन्दिर जल्दी नहीं बना तो विश्व हिन्दू परिषद संकट में पड़ जाएगी। बजरंग दल के लोग अपने त्रिशूल कहाँ

चमकाएँगे? और मन्दिर बने बिना ही अगर चुनाव आ गए तो भाजपा को लोग फिर क्यों आजमाएँगे? इसलिए जरूरी था कि मन्दिर वहीं बनाने की कोशिश जारी रखते हुए ऐसा कुछ किया जाए कि लहर बनी रहे। कार्यकर्ता और समर्थक मन्दिर की नींव की ओर देखते रहने और निराश होने के बजाय कहीं और आशा से भविष्य में देख सकें इसलिए नये अभियान की जरूरत थी। देश की एकता-अखंडता और उसे आतंकवाद और अलगाववाद के खतरे एकता यात्रा में साथ लिये जा सकते हैं। ले लिए गए हैं और यात्रा हो रही है।

कहावत या नारे में देश कश्मीर से कन्याकुमारी तक एक है। एकता की शुरुआत कश्मीर से है और वह कन्याकुमारी में सम्पन्न होती है। लेकिन मुरली मनोहर जोशी की एकता यात्रा कन्याकुमारी से कश्मीर की तरफ हो रही है। उनकी एकता कश्मीर से शुरू नहीं हुई क्योंकि कश्मीर तो यात्रा का राजनीतिक क्लाइमैक्स है। अगर वहीं पहले चले गए और श्रीनगर में झंडा फहराने के बाद कन्याकुमारी तक गए तो वोटों की एकता का वातावरण नहीं बनेगा। यात्रा का लक्ष्य एकता हो या न हो, कश्मीर में तिरंगा फहराने पर फोकस करना निश्चित है क्योंकि भाजपा बताना चाहती है कि भारत सरकार वहाँ तिरंगे की लाज नहीं रख रही है। यह लाज भाजपा ही रख सकती है इसलिए उसके अध्यक्ष कन्याकुमारी से चल कर श्रीनगर पहुँचे और 'लाल चौक' पर झंडा फहराने का गौरव प्रधानमंत्री को प्रदान करेंगे। केन्द्र में सरकार कांग्रेस की है और श्रीनगर में तिरंगा गाड़ना केन्द्र की जिम्मेदारी है। जो यह जिम्मेदारी पूरा कर सकता है उसी को दिल्ली में करने का अधिकार मिलना चाहिए। इस साल अप्रैल में विश्व हिन्दू परिषद नारा दिया था 'जो हिन्दू हित की बात करेगा वही देश पर राज करेगा।' कहते हैं आडवाणी जी ने लोकतांत्रिक लोकलाज में हिन्दू हित को राष्ट्रहित बना दिया था। राम मन्दिर हिन्दू हित है तो कश्मीर में तिरंगा राष्ट्रहित में बदला जा रहा है।

आतंकवाद और अलगाववाद के खिलाफ एकता यात्रा अमृतसर से श्रीनगर तक भी हो सकती थी। लेकिन पिछले दस साल में भाजपा पंजाब में आतंकवाद की शिकार जरूर हुई है। अपने कट्टर राष्ट्रवाद के बावजूद उसके खिलाफ मैदानी लड़ाई उसने नहीं लड़ी। हिन्दुओं और सिखों को आतंकवाद और अलगाववाद के खिलाफ एकजुट करके उसने पंजाब में पदयात्रा नहीं निकाली। कांग्रेस ने भी आतंकवाद के खिलाफ कोई मैदानी लड़ाई पंजाब में नहीं लड़ी। भारतीय कम्युनिस्ट पार्टी को छोड़कर किसी भी राजनीतिक पार्टी ने धर्मान्धता और आतंकवाद से लोहा नहीं लिया। भाकपा ने भी जो संघर्ष किया वह अपने प्रखर राष्ट्रवाद के कारण नहीं। एक तो धर्म से प्रेरित आतंकवाद से भाकपा को सैद्धान्तिक आपत्ति है और फिर उसे पाकिस्तानी हाथ के पीछे अमेरिकी हाथ दिखता रहा है। फिर भी उसके नेताओं और कार्यकर्ताओं ने आतंकवाद, अलगाववाद और धर्मान्धता के खिलाफ

आवाज उठाई और कई ने जान गंवाई। मारे तो गए हैं भाजपाई भी लेकिन पंजाब में आतंकवाद और अलगाववाद के खिलाफ भाजपा को आवाज उतनी तीखी नहीं होती जितनी कश्मीर में होती है।

कश्मीर कहते है भारत की धर्मनिरपेक्षता की कसौटी है लेकिन भाजपा के लिए कश्मीर में बहुसंख्यकवाद की अग्नि परीक्षा है। इसलिए कन्याकुमारी से कश्मीर है, कश्मीर से कन्याकुमारी नहीं। कन्याकुमारी से अम्बाला तक अपने दम पर एकता यात्रा की जा सकती है। उड़ती धूल को वोट में बदला जा सकता है। उसके बाद पंजाब में और श्रीनगर तक यात्रियों की रक्षा करना केन्द्र सरकार की जिम्मेदारी है। रक्षा के लिए वह यात्रा रोक दे तो भी इसकी कीमत कांग्रेस सरकार को हो चुकानी होगी। भाजपा एक राजनीतिक पार्टी है और चित भी मेरी पट भी मेरी और बँटा मेरे बाप का करना सीख गई है। किसी और पार्टी में इतनी भी समझ चतुराई और कल्पनाशीलता नहीं दिखती। एकता यात्रा के खिलाफ शोर मचाकर भाजपा को ही मजबूत करेंगे। यात्रा को निकल जाने देना चाहिए।

[14 दिसम्बर, 1991]

जात न पूछो राष्ट्रपति की

राष्ट्रपति पद के लिए नाम तो एक शंकरदयाल शर्मा का ही चल रहा है और राजनीतिक हो चाहे आम आदमी देश की आम राय भी उन्हीं पर है। लेकिन वीपी सिंह चूँकि अनुसूचित जातियों और अनुसूचित जनजातियों के मसीहा हैं इसलिए एक विवाद उछाल दिया है कि अगला राष्ट्रपति कोई दलित क्यों नहीं होना चाहिए। वीपी सिंह की राजनीति अर्जुन सिंह से अलग है। लेकिन अर्जुन सिंह भी बूटासिंह के जरिये अनुसूचित जातियों और जनजातियों के सांसदों और विधायकों का पहला राष्ट्रीय सम्मेलन करवा रहे हैं। यह सम्मेलन आज के भारत में अनुसूचित जातियों और अनुसूचित जनजातियों की सामाजिक, आर्थिक और राजनीतिक हैसियत पर विचार करेगा।

सम्मेलन का विषय ही बताता है कि इस आसमान जैसी खुली और अनिश्चित छतरी के नीचे किसी भी बात पर बहस हो सकती है। मकसद तो है जमावड़ा। तिरुपति में कार्यसमिति के चुनाव के बाद नरसिंह राव ने क्षोभ प्रकट किया था कि पिछड़ी जातियों, दलितों और महिलाओं में से कोई क्यों नहीं चुना गया? जीतने वालों पर तोहमत डाली गई थी, कि पैनल बनाने वालों ने इसका ध्यान क्यों नहीं रखा तो अब लीजिए तमाम अनुसूचित जातियों और जनजातियों के सांसदों और विधायकों का सम्मेलन हो रहा है और वे जो कहेंगे और मागेंगे उसे पूरा कीजिए। नरसिंह राव को उनके विकेट पर ही छकाने की यह अर्जुन सिंही तरकीब है। वीपी सिंह ने पूछा था कि इन दलित सांसदों में से क्या कोई भी राष्ट्रपति होने लायक नहीं है? सोलह-सत्रह जून को हो रहा सम्मेलन राष्ट्रपति पद के लिए कोई दलित उम्मीदवार तो शायद ही देश के सामने रख पाए लेकिन वह नरसिंह राव पर दबाव जरूर कई तरह के डाल सकता है।

राष्ट्रपति पद के लिए राजनीतिक खींचतान तो राजेन्द्र बाबू-राजाजी के वक्त से ही चलती आई है लेकिन वह विचार-विनिमय और पसन्दगी-नापसन्दगी के शालीन स्तर पर होती थी। उसका खुला राजनीतिकरण इन्दिराजी ने किया जब कांग्रेस के अधिकृत उम्मीदवार नीलम संजीव रेड्डी के खिलाफ उन्होंने वीवी गिरि को खड़ा किया और आत्मा की आवाज पर जितवाया। सांसदों और विधायकों की

आत्मा की इस आवाज पर अब उन्हीं के सुपुत्र द्वारा लगाई विप की सेंसरशिप है। दल बदल विरोधी कानून के तहत पार्टियाँ अगर विप जारी कर दें तो अब उनके अधिकृत उम्मीदवारों को ही वोट पड़ेंगे। आत्मा की आवाज के लिए अब भले ही गुंजाइश न बची हो लेकिन वीवी गिरि के बाद भी इन्दिराजी अपनी राजनीति को मुफीद आने वाले राष्ट्रपति ही बनवाती रही हैं। फखरुद्दीन अली अहमद और ज्ञानी जैलसिंह इन्दिराजी की राजनीति की नसैनी चढ़ कर ही राष्ट्रपति भवन पहुँचे हालाँकि ज्ञानीजी ने उन्हें और उनके जाने के बाद उनके बेटे राजीव गांधी ने वेंकटरामन को सिर्फ इसलिए राष्ट्रपति नहीं बनाया कि उस वक्त वही सबसे योग्य और हकदार उम्मीदवार थे। राजीव गांधी की भी अपनी राजनीति थी हालाँकि वह शालीनता से की गई। अपने को 'कॉपी बुक' यानी शास्त्र सम्मत राष्ट्रपति बताने वाले वेंकटरामन ने चौवन सांसदों वाले चन्द्रशेखर को प्रधानमंत्री पद की शपथ दिला कर राजीव गांधी का खेल पूरा किया।

इन्दिराजी के किये गए खुले राजनीतिकरण से राष्ट्रपति पद की गरिमा घटी और उस समय प्रतिष्ठावान राजनीतिक क्षेत्रों में जो सदमा बैठा था उसका अन्दाजा लगाना भी आज मुश्किल है। लेकिन वीपी सिंह ने राष्ट्रपति पद का मंडलीकरण करने की जो कोशिश की वह अगर सफल हो जाए तो इस सबसे बड़े पद का जो थोड़ा-बहुत सम्मान और गौरव बचा है उसका भी कबाड़ा हो जाएगा। मैं जानता हूँ कि वीपी सिंह और उनके जैसी क्षुद्र जातिवादी राजनीति करने वाले मेरी इस टिप्पणी में दलितों के प्रति घोर पूर्वग्रह देखेंगे और ब्राह्मणवाद की सड़ांध भी सूघेंगे। सन् 89 के चुनाव अभियान के दौरान ओमप्रकाश चौटाला मुझे एक पोस्टर की डिजाइन दिखाने ले गए जिसमें राजीव गांधी का सिर पामेला बोर्डेस जैसे शरीर पर चिपकाया गया था। पोस्टर मुझे भदेस और फूहड़ लगा और चौटाला ने उसे रिजेक्ट भी कर दिया। लेकिन उन्होंने कहा—'आप बामन बनियों की बेटियाँ कुछ भी कर लें, कुछ नहीं होता। हमारी एक बेटी ऐसी निकल गई तो सभी जगह वही आपको दिखती है।' मुझे पहली बार समझ आया कि पामेला बोर्डेस जाट लड़की है और मैं एक बामन एडीटर हूँ। मैं दंग रह गया। बाद में मुझे समझ आया कि इन्दिरा गांधी की राजनीति की कोख से जन्मे वीपी सिंह और चरण सिंह की धरोहर पर दावा करने वाले देवीलाल अपने जाति आधार को ही अपना जनाधार क्यों मानते हैं।

दलितों में से कोई योग्य और सर्वमान्य उम्मीदवार हो तो उसे जरूर राष्ट्रपति बनना चाहिए। लेकिन है कौन? एक अनुभवी और जानकार पत्रकार ने बताया कि जनता दल के वीपी सिंह और उनके जैसी राजनीति करने वालों ने भी बहुत मगज मारा तो जिस नाम पर सहमति हुई वह था पीयूष तिड़के का। आप बनाएँगे उन्हें राष्ट्रपति? फिर दलित राष्ट्रपति बनाने की माँग करने वाले ये लोग महात्मा गांधी की इच्छा और सपने का भी जिकर करते हैं। लेकिन महात्मा गांधी के चलाए और

राष्ट्रपति भवन के सन्दर्भ में कहे—हरिजन शब्द से उन्हें एतराज है। इसलिए कहते हैं कि महात्मा गांधी किसी सफाई कर्मचारी महिला या दलित को सर्वोच्च पद पर बैठाना चाहते थे। गांधीजी का यह मंडलीय इस्तेमाल गजब का है।

वीपी सिंह के सुझाव से वे वामपंथी भी नाराज हैं जिन्हें कभी उन्होंने अपने नैसर्गिक साथी बनाया था। राष्ट्रपति पद के इस मंडलीकरण से वामपंथियों को सख्त एतराज है क्योंकि जातिवादी आरक्षण को सर्वोच्च पद तक पहुँचाने की इस कोशिश को वे निन्दनीय मानते हैं। लेकिन वीपी सिंह को इस नंगई में कोई नंगापन नहीं दिखता। देश की नजरों में वीपी सिंह आज अगर कांशीराम से भी गए गुजरे हैं तो कोई अचरज की बात नहीं है। लेकिन जिस पद पर आम राय और सर्वमान्यता उसकी गरिमा और प्रतिष्ठा के लिए अनिवार्य है उसमें जातिवादी संकीर्णता घुसेड़ कर वीपी सिंह कोई पिछड़ों की सेवा नहीं कर रहे हैं। इन्दिरा गांधी को रेड्डी इसलिए नापसन्द थे कि वे उन्हें सिंडीकेट का उम्मीदवार मानती थीं। सिंडीकेटी दादाओं की अड़ंगेबाजी से वे यों भी तंग थीं और राष्ट्रपति चुनाव को हथियार बना कर उन्होंने सिंडीकेट पर हमला किया। उनकी राजनीति चल गई। वीपी सिंह ने अपनी पार्टी में ही दलितों को कितने पद दिये हैं? इसलिए वे भी राष्ट्रपति पद का मंडलीकरण अपनी राजनीति के लिए कर रहे हैं। वे जानते हैं कि यहाँ उनकी राजनीति नहीं चलेगी लेकिन मंडलीकरण के लाभ तो आखिर मिल ही सकते हैं। आखिर जगजीवन राम भी उंगलियों पर हीरों की अंगूठियाँ चढ़ाए शिकायत करते थे कि नहीं उन्हें प्रधानमंत्री नहीं बनाया गया क्योंकि हरिजन को उस पद पर कोई बर्दाश्त नहीं करता। गांधीजी के सपने की दुहाई भी इसी शिकवे के साथ दी जाती है।

जानने को तो वीपी सिंह भी जानते हैं कि राष्ट्रपति पद पर दलित के उनके प्रतीकवाद से दलित कोई शोषणमुक्त नहीं हो जाएँगे और समाज के मन में गहराई से बैठा दुराग्रह कोई एक पद पाने से दूर नहीं हो जाएगा। फिर भी उन्होंने इसे उछाला जैसा कि इन्दिराजी भी उछालती थीं। लेकिन फखरुद्दीन अली अहमद के राष्ट्रपति बनने से हिन्दू-मुसलिम दंगे बन्द नहीं हुए। ज्ञानी जैलसिंह तो रामगढ़िया हैं। रामगढ़िए सिख समाज में सुतार होते हैं और उन्हें जाट लोग नीची नजर से देखते हैं। ज्ञानीजी के पिछड़े सिख होने के दौरान सिख समस्या और उलझी दलितों पर अत्याचार भी बढ़े। इन्दिरा गांधी ने राष्ट्रपति पद की राजनीति जरूर चलाई लेकिन वहाँ जात नहीं चलाई। यह पुण्य कार्य वीपी सिंह कर रहे हैं।

अर्जुन सिंह चूँकि शंकर दयाल शर्मा को अपना उम्मीदवार नहीं मान सकते और उनके राष्ट्रपति हो जाने को नरसिंह राव का मजबूत होना मानेंगे इसलिए वीपी सिंह का खेल खेल सकते हैं। लेकिन क्या आप सोच सकते हैं कि अर्जुन सिंह राष्ट्रपति पद के चुनाव का इन्दिरा गांधी की तरह अपनी राजनीति के लिए इस्तेमाल कर सकते हैं? अर्जुन सिंह शंकर दयाल शर्मा को हराने के लिए क्या वीपी सिंह जनता

दल और तमाम अनुसूचित जातियों और जनजातियों के सांसदों और विधायकों से हाथ मिला सकते हैं? बेचारे देवीलाल भी साल दो साल पहले तमाम गाँव वाले और किसान सांसदों की सूची बनाकर बैठे थे कि उनके समर्थन से वे प्रधानमंत्री हो सकते हैं। पार्टी लाइनों को किसान सांसदों ने नहीं लाँघा तो देवीलाल दल बदल विरोधी कानून के ही विरोधी हो गए थे और उसे रद्द करवाना चाहते थे। अर्जुन सिंह देवीलाल की तरह भोले विश्वासों वाले आदमी नहीं हैं। लेकिन वे इन्दिरा गांधी की तरह दुस्साहसी राजनीतिक भी नहीं हैं। दरबारी षड्यंत्र कर सकते हैं। लेकिन खुले विद्रोह तो राजकुमार या सेनापति ही कर पाते हैं। अर्जुन सिंह से आप यह उम्मीद कतई मत कीजिए कि राष्ट्रपति चुनाव को वे नरसिंह राव को हटाने की मुहिम बना सकते हैं। शंकर दयाल शर्मा से उन्हें चाहे जितना एतराज हो और नरसिंह राव की जगह लेने की महत्त्वाकांक्षा चाहे जितनी लपलपाती हो अर्जुन सिंह कांग्रेस के वफादार सैनिक या मनसबदार बने रहेंगे।

लेकिन अर्जुन सिंह हेराफेरी से भी चूकने वाले नहीं हैं। अनुसूचित जातियों और जनजातियों और महिला और दूसरे वर्गों के नाम पर नरसिंह राव ने उनके चुनाव और राजनीतिक पौव्वे को बदनाम करने की कोशिश की है। अब इन वर्गों की माँगें उठा कर और वीपी सिंह से हाथ मिला कर वे नरसिंह राव पर इतना और ऐसा दबाव बना देंगे कि प्रधानमंत्री असुविधा और असमंजस में पड़ जाएँ। मुसलमानों और पिछड़ों में अपना आधार बनाने-बढ़ाने को अर्जुन सिंह भी उतने ही उत्सुक हैं जितने वीपी सिंह थे और अब भी हैं। इन्दिरा गांधी के फार्मूले को ये दोनों क्यों आजमाना चाहते हैं, मालूम नहीं। भाजपा के उदय से मैदानी वास्तविकताएँ बदल गई हैं। अल्पसंख्यकों और हरिजनों को सवर्ण हिन्दुओं के साथ मिला कर जीत का रसायन शास्त्र इन्दिरा गांधी इसलिए बना सकीं कि तब कोई पार्टी बहुसंख्यकों को समेटने वाली नहीं थी। अब इन्दिरा गांधी के फार्मूले को जितना आजमाया जाएगा उतना ही भाजपा को मजबूत किया जाएगा। वीपी सिंह और अर्जुन सिंह घोषित रूप से घनघोर भाजपा विरोधी हैं लेकिन प्रकारान्तर से ये दोनों ही उसकी ताकत बढ़ाने के दोषी हैं।

लेकिन राष्ट्रपति पद के चुनाव को कांग्रेस की अन्दरूनी राजनीति और जनता दल की बाहरी राजनीति के नजरिये से ही क्यों देखा जाए? अगर हम मानते हैं कि राष्ट्रपति को दलगत राजनीति, जातिवाद और साम्प्रदायिकता से ऊपर होना चाहिए तो फिर इसी आधार पर तलाश क्यों न करें? शंकर दयाल शर्मा को एक बार अलग भी हटा लें तो कौन और कितने नाम हैं जिन पर आम सहमति और सर्वमान्यता हो सकती है? राजनेताओं में चन्द्रशेखर हैं, अटल बिहारी वाजपेयी हैं, ज्योति बसु हैं, एनटी रामराव हैं, करुणानिधि हैं, रामकृष्ण हेगड़े हैं—जिन्हें वरिष्ठ माना जा सकता है। लेकिन इनमें से किस पर आम सहमति और सर्वमान्यता हो

सकती है और कौन-कौन सक्रिय राजनीति छोड़ने को तैयार होंगे? करने को तो राम जेठमलानी ने भी अपनी उम्मीदवारी घोषित कर दी है लेकिन उन्हें क्यों जीतने वाला उम्मीदवार नहीं माना जा रहा? यह सचमुच दुख की बात है कि हमारे सार्वजनिक और राजनीतिक जीवन में ऐसी ऊँचाई और सर्वमान्यता वाले गिनती के लोग भी नहीं हैं जिनके लिए राष्ट्रपति पद छोटा दिखे। ले-देकर एक शंकर दयाल शर्मा पर नजर जाती है लेकिन उनकी भी जात पूछी जा रही है।

[30 मई, 1992]

कृपया, गांधी का नाम मत लीजिए

विश्वनाथ प्रताप सिंह में निष्ठा की शक्ति और राजनीतिक पव्वा हो तो चाहे जिसे राष्ट्रपति बनवा दें लेकिन वे कृपया महात्मा गांधी का नाम न लें। यह नाम उनके मुँह से निकलता हुआ शोभा नहीं देता। उनमें इतनी तो ईमानदारी नहीं कि महात्मा गांधी ने जो कहा था उसे शब्द और आत्मा में ठीक-ठीक से कह दें।

महात्मा गांधी चाहते थे कि कोई हरिजन राष्ट्रपति बने। लेकिन दलितों के अपने मंडली मसीहा कहते हैं कि गांधी जी दलित वर्ग के किसी व्यक्ति को देश के इस सर्वोच्च पद पर बैठाना चाहते थे। हरिजन शब्द गांधी जी का ही चलाया हुआ था—और मन, वचन और कर्म से खुद हरिजन कार्य करने और हरिजनों के उद्धार का देशव्यापी आन्दोलन चलाने के बाद यह शब्द वे चलन में लाए थे।

विश्वनाथ प्रताप सिंह का कविता में भी थोड़ा-बहुत दखल है तो वे निश्चित ही जानते हैं कि गांधी जी के 'हरिजन' और अम्बेडकरवादियों के 'दलित' में बहुत फर्क है। शूद्रों के साथ सदियों से हुए अत्याचार और दमन को गांधी जी खूब जानते थे। फिर भी उन्होंने दलित शब्द का इस्तेमाल नहीं किया, 'हरिजन' का किया। इस शब्द की कई ध्वनियाँ और अर्थ हैं।

लेकिन अपने को अम्बेडकरवादी कहने वालों को 'हरिजन' शब्द से एतराज है। यह उन्हें अपमानजनक लगता है इसलिए इसका इस्तेमाल वे कहीं होने नहीं देना चाहते। उन्हीं के मसीहा हैं वीपी सिंह इसलिए वे कहते नहीं कि महात्मा गांधी की आकांक्षा थी कि कोई हरिजन राष्ट्रपति बने। उन्हें गांधी जी की मंशा की फिकर नहीं है उनके राजनीतिक इस्तेमाल की है। इसलिए महात्मा गांधी की आकांक्षा तो बयानों में बार-बार दुहराई जाने लगी लेकिन 'हरिजन' शब्द गायब हो गया। विश्वनाथ प्रताप सिंह में इतना साहस तो कम से कम होना चाहिए कि कहें कि हम महात्मा गांधी की 'हरिजन' की अवधारणा से असहमत हैं लेकिन उनकी तरह चाहते हैं कि कोई दलित राष्ट्रपति बने।

लेकिन विश्वनाथ प्रताप सिंह जैसे पाखंड से खेलने वाले से ऐसे नैष्ठिक साहस की उम्मीद नहीं रखनी चाहिए। आज वे गांधी की आकांक्षा की दुहाई दे रहे हैं। लेकिन गए साल शुक्रवार पन्द्रह मार्च को दिल्ली में कांशीराम ने आम चुनाव की

तैयारी के लिए एक रैली बुलाई थी। उसमें आए कुछ सिरफिरे सबेरे-सबेरे राजघाट पर गांधी समाधि में घुस गए। वे हाथों में बसपा के झंडे लिये हुए थे। चौकीदारों को पीट-पुटा कर ये लोग जूतों समेत गांधी समाधि पर चढ़ गए। वहाँ जलती अखंड ज्योति बुझा दी। लोहे के दान पात्र उठाकर पत्थर के जाले पर मारे। टूटे हुए पत्थरों से समाधि को तोड़ने की कोशिश की। अखंड ज्योति पर लगे तांबे के ढक्कन को तोड़ा। गांधी के नाम पर अपमानजनक नारे लगाए। अम्बेडकर की जय बोली और माँग की कि वहाँ गांधी के बजाय अम्बेडकर की समाधि होनी चाहिए।

जिस तीस जनवरी को गोडसे ने गांधी को मारा था उस दिन भी शुक्रवार था। गांधी समाधि पर हुई इस तोड़-फोड़ से सारा देश सन्नाटे में रह गया। लेकिन वीपी सिंह ने इस शर्मनाक कार्रवाई की निन्दा में एक शब्द तक नहीं कहा। आज भी अगर कहीं उनके श्रीमुख से इस धतकरम की निन्दा का कोई बयान निकला हो तो कोई माई का लाल बताए। गांधी की समाधि अगर इतनी पवित्र नहीं है कि उसके साथ ऐसी अपमानजनक कार्रवाई न की जा सके तो उनकी आकांक्षा इतनी महत्त्वपूर्ण कैसे हो गई कि उसे पूरा किये बिना सामाजिक न्याय नहीं हो सकता? हद है पाखंड की!

फिर सामाजिक न्याय के लिए सामाजिक परिवर्तन की भी गांधी की अवधारणा वीपी सिंह की बकवास से बिलकुल अलग थी। गांधी जी भारत में आकर आजादी के आन्दोलन में शामिल हुए तब तक लेनिन रूस में बोल्शेविक क्रान्ति कर चुके थे। गांधी जी को वर्ग संघर्ष की मार्क्सीय अवधारणा की खूब जानकारी थी। लेकिन उन्होंने इसे रद्द किया और बताया कि जब तक परिवर्तन की प्रक्रिया में अत्याचार और दमन करने वाले लोगों को शामिल नहीं किया जाएगा तब तक कोई भी परिवर्तन टिकेगा नहीं, न उससे नया समाज बनेगा। रूस और पूरे पूर्वी यूरोप में साबित हो गया है कि वर्ग संघर्ष से जो परिवर्तन लाने और न्याय पर आधारित समाज बनाने की कोशिश की गई थी वह फेल हो गई है। इतिहास ने बता दिया है कि गांधी जी ने पचास-साठ साल पहले जो कहा वही सही था।

लेकिन भारतीय समाज में जाति के इस्पाती शिकंजे की जकड़न को समझने वाले मार्क्सवादियों ने भी अपने वर्ग संघर्ष को इस देश में जाति-संघर्ष बनाने की कोशिश नहीं की। सारे कम्युनिस्ट जानते हैं कि जातिवाद के कारण उनका वर्ग संघर्ष इस देश में नहीं चल पाया। कम्युनिस्टों को साध्य और साधन की एकता में विश्वास नहीं है। वे किसी भी समरनीति से अपने लक्ष्य पर पहुँचने में झिझकते नहीं। वे वर्ग शत्रुओं से भी समझौता कर सकते हैं अगर इससे उनका लक्ष्य सधता हो। संघर्ष और हिंसा से भी उन्हें कोई एतराज नहीं होता। फिर भी उन्होंने यह कोशिश कभी नहीं की कि नीची, पिछड़ी और दलित जातियों को एकजुट और लामबन्द करके बुर्जुवा लोगों की निहित स्वार्थी ऊँची जातियों से संघर्ष छेड़ दिया जाए। वर्ग

संघर्ष में आस्था रखने वालों को भी विश्वास नहीं रहा कि जाति संघर्ष से सामाजिक न्याय और बराबरी का समाज बन सकता है।

लेकिन विश्वनाथ प्रताप सिंह को विश्वास है कि जाति संघर्ष से ही इस देश में सामाजिक न्याय आ सकता है। इसीलिए वे दलितों की सेवा में विश्वास नहीं रखते। कहीं अगर दलित मारे जाएँ तो आँसू बहाने और एकजुटता दिखाने भी नहीं जाते। वे मानते हैं कि नीची जातियों को राजनीतिक सत्ता दे दीजिए न्याय अपने आप हो जाएगा। उनकी आस्था का उत्तम उदाहरण बिहार है जहाँ लूटपाट, अत्याचार और दमन करने वाली ऊँची जातियों की जगह नीची या मझौली जातियों ने ले ली है। लूटपाट, अत्याचार, अनाचार और हत्याएँ सब उसी तरह चल रही हैं—सिर्फ लूटने वालों, हत्यारों और दुराचारियों की जात बदल गई है। क्या यह वही बिहार है जिसके चम्पारण से महात्मा गांधी ने काम शुरू किया था, जहाँ विनोबा को भूदान में सबसे ज्यादा जमीन मिली थी और जहाँ के मुसहरी में नक्सली हिंसा के खिलाफ हड्डियाँ गलाने के लिए जयप्रकाश नारायण बैठ गए थे? बिहार में जो हो रहा है क्या वह विश्वनाथ प्रताप सिंह का 'सामाजिक न्याय' नहीं है?

नहीं, वीपी सिंह को गांधी के हरिजनों और गांधी के सामाजिक न्याय से कोई सरोकार नहीं है। गांधी जी की आकांक्षा उनकी पिछड़ों की राजनीति की एक तलवार है। वे देवीलाल की तरह हिसाब लगाए बैठे हैं कि अनुसूचित जातियों और जनजातियों के एक सौ छह सांसद जाति के मंच पर इकट्ठा हो किसी दलित को राष्ट्रपति बनाने लायक दबाव पैदा कर सकते हैं। देवीलाल के तीन सौ से ज्यादा किसान सांसद पार्टियाँ छोड़कर किसान नेता को प्रधानमंत्री बनाने नहीं आए। लेकिन मान लीजिए कि वीपी सिंह के एक सौ छह सांसद जातिवादी मंच पर आ भी गए तो अपने प्रतिनिधि को राष्ट्रपति बनवा सकते हैं? दूसरी जातियों का सहयोग लिये बिना तो यह सम्भव नहीं है। इसीलिए दूसरी जातियों के लोगों की चेतना और आत्मा से गांधी की आकांक्षा को पूरी करने की बात कही जा रही है। लेकिन चेतना और आत्मा क्या जाति संघर्ष से जागेगी?

गनीमत है कि जनता दल नाम की जो टूटी-फूटी नाव बची है उसमें बैठे लोग भी वीपी सिंह से सहमत नहीं हैं। वीपी सिंह के जातिवादी मंच से जनता दल के ही कई लोगों को सख्त एतराज है। वामपंथी पार्टियाँ तो साफ कह चुकी हैं। इसीलिए अकेले पड़े विश्वनाथ प्रताप सिंह धमकी दे रहे हैं कि उनके दल ने अगर दलित को उम्मीदवार नहीं बनाया तो वे लोकसभा से इस्तीफा दे देंगे। जरूर दे दें। उनकी गैरहाजिरी से लोकसभा का कोई नुकसान नहीं होगा। राष्ट्रपति किसे बनाना चाहिए देश यह जानता है। वहाँ वह जात नहीं पूछता।

[जून, 1992]

आम सहमति से जो होता राष्ट्रपति

जैसे विश्वनाथ प्रताप सिंह ने अभी कहा कि उनका दल दलित उम्मीदवार खड़ा नहीं करेगा तो वे लोकसभा से इस्तीफा दे देंगे वैसे ही जवाहरलाल नेहरू ने कोई बयालीस साल पहले कहा था कि उनकी पार्टी अगर चक्रवर्ती राजगोपालाचारी को राष्ट्रपति नहीं बनाएगी तो वे पार्टी नेता का पद छोड़ देंगे। तब कांग्रेस सीधे राष्ट्रपति बना सकती थी और अब जनता दल सिर्फ उम्मीदवार खड़ा कर सकता है। लेकिन इससे भी बड़ा फर्क यह आ गया है कि जवाहरलाल जैसे नेता ने पद छोड़ने की धमकी दी तो उनकी पार्टी में उन्हीं के दोस्तों ने कहा कि आप इस्तीफा देना चाहें तो दे दें हम नया नेता चुन लेंगे। राष्ट्रपति तो हम राजेन्द्र प्रसाद को बनाना चाहते हैं। लेकिन हठयोगी वीपी सिंह के दल में ही कई लोग उनके आत्मनिर्णय के खिलाफ थे लेकिन किसी ने नहीं कहा कि दे दो इस्तीफा। तब जवाहरलाल जैसे लोकतांत्रिक स्वभाव वाले व्यक्ति भी अपनी निजी पसन्द पर पार्टी को झुका नहीं सकते थे। कांग्रेस भी तब ऐसी लोकतांत्रिक पार्टी थी।

जिन जवाहरलाल नेहरू को राजेन्द्र बाबू का राष्ट्रपति होना इसलिए पसन्द नहीं आया था कि चक्रवर्ती राजगोपालाचारी की तुलना में वे गावदी, देहाती और पारम्परिक लगते और थे उन्हीं ने भारत के प्रथम राष्ट्रपति को दूसरा कार्यकाल भी लेने दिया। जवाहरलाल और राजेन्द्र बाबू के मतभेद थे और जगजाहिर थे। लेकिन राजीव गांधी और ज्ञानी जैलसिंह ने जो भिंडी बाजार पाँच साल पहले लगाया था उसकी तो तीस-चालीस साल पहले कोई कल्पना भी नहीं कर सकता था। राष्ट्रपति पद की गरिमा जितनी राजीव गांधी और ज्ञानी जैलसिंह ने गिराई, उतनी हे लोकतंत्र के देवता! किसी प्रधानमंत्री और राष्ट्रपति को गिराने मत देना। इन्दिरा गांधी ने ज्ञानी जी को राष्ट्रपति इसलिए बनाया था कि पंजाब के बढ़ते प्रपंच के कारण वे उनका गैरराजनीतिकरण करना चाहती थीं। लेकिन राष्ट्रपति पद का जैसा बाजारू राजनीतिकरण ज्ञानी जैलसिंह ने किया वह इन्दिरा के लिए अच्छा-खासा सबक हो सकता था। नियति ने इन्दिरा को अपने किये का नतीजा देखने के लिए जीवित नहीं रखा। ज्ञानी जी इन्दिरा जी के जाने के बाद ही अपनी वाली पर आए और बड़े बेआबरू होकर राष्ट्रपति भवन से निकले।

कांग्रेस ने चालीस साल पहले जवाहरलाल नेहरू की नहीं सुनी और उन्होंने

इस्तीफा देने की धमकी दी तो कहा कि हम दूसरा नेता चुन लेंगे। जवाहरलाल राजेन्द्र बाबू के बजाय राजगोपालाचारी को इसलिए चाहते थे कि भारत के प्रथम गवर्नर जनरल के नाते उन्होंने माउंटबेटनों, विदेशी नेताओं और राजदूतों को अपनी ज्ञान गरिमा से बड़ा प्रभावित किया था। दुनिया में भारत के राष्ट्रपति की जो छवि राजाजी बना सकते थे वह नेहरू की राय में राजेन्द्र बाबू नहीं बना सकते थे। राजाजी के राष्ट्रपति न बन पाने का एक कारण वे खुद भी यही मानते थे कि नेहरू ने उनके लिए बहुत खुला और जोरदार अभियान चलाया था। उस वक्त की किताबें देखें और पुराने लोगों से किस्से सुनें तो कोई शक रहता ही नहीं कि जवाहरलाल ने राजाजी को राष्ट्रपति बनाने के लिए अपना प्रधानमंत्रित्व तक दाँव पर लगा दिया था। लेकिन जब उन्होंने देखा कि पार्टी और उसके कई बड़े नेता राजाजी को इसलिए राष्ट्रपति नहीं बनाना चाहते कि वे भारत छोड़ो आन्दोलन से अलग रहे थे तो जवाहरलाल ने इसे प्रतिष्ठा का प्रश्न नहीं बनाया और पार्टी की बात गरिमा और सम्मान से मान ली। सरदार पटेल और उनके साथियों को अनुदार दक्षिणपंथी करार देकर नेहरू ने अपनी प्रगतिशीलता के झंडे नहीं गाड़े। उन्होंने नहीं कहा कि उनकी पार्टी में एक दक्षिणपंथी सिंडीकेट है जो उन्हें समाजवादी कदम उठाने नहीं देता।

राजेन बाबू, राधाकृष्णन और जाकिर साहब को लेकर कांग्रेस में अन्दरूनी राजनीति कोई कम नहीं चली थी लेकिन उस राजनीति ने राष्ट्रपति पद को राजनीतिक चौराहे पर उछाला नहीं। यह श्रेय जवाहरलाल की बेटी इन्दिरा गांधी को जाता है। जो उनके पिता आसानी से कर सकते थे लेकिन नहीं किया उसे बेटी ने सरेआम कर दिखाया। राजेन्द्र बाबू जवाहरलाल के उम्मीदवार नहीं थे इसे सारा देश जानता है। राजेन्द्र बाबू को सरदार पटेल और उनके साथी राष्ट्रपति बनाना चाहते थे और उनके साथ पार्टी का बहुमत था। लेकिन आज भी क्या आप सोच सकते हैं कि जवाहरलाल राजेन्द्र बाबू को हराने के लिए राजाजी को मैदान में उतारते और उन्हें राष्ट्रपति बनाकर उस पार्टी पर अपना पूरा वर्चस्व कायम कर लेते जो उनकी सुनने को तैयार थी, न उनकी धमकी में आ रही थी।

लेकिन इन्दिरा गांधी जो प्रधानमंत्री थी और जवाहरलाल जी की बेटी थीं उन्होंने कांग्रेस के अधिकृत उम्मीदवार नीलम संजीव रेड्डी को 1969 में हरवाकर अपने और विपक्ष के उम्मीदवार वराहगिरि वेंकटगिरि को जितवाया। इन्दिराजी मान चुकी थीं कि रेड्डी उस सिंडीकेट के उम्मीदवार हैं जो उन्हें गूंगी गुड़िया बनाए रखने में लगा है और जिसे ध्वस्त किये बिना वे एकछत्र राज नहीं कर सकती थीं। उन्होंने न सिर्फ अपनी पार्टी को तोड़ा बल्कि राष्ट्रपति के उस पद को भी राजनीति के दलदल में लपोड़ दिया जिसे कमल की तरह ऊपर माना जाता रहा है। सत्तारूढ़ दल की तरफ से खड़े किये गए अधिकृत उम्मीदवार की इस पहली पराजय ने राष्ट्रपति को प्रधानमंत्री की मर्जी पर इस तरह टिका दिया जैसे कि पहले के राष्ट्रपति कभी नहीं थे।

न सिर्फ गिरि बल्कि पूरा देश जानता था कि वे अकेली इन्दिरा गांधी के बनाए राष्ट्रपति हैं और देश के सर्वोच्च पद पर बैठाए जाने के इस अहसान का कर्ज चुकाते रहेंगे।

राष्ट्रपति को रबर स्टाम्प बनाने का करिश्मा इन्दिरा गांधी ने किया। राजेन बाबू, डॉ. राधाकृष्णन और जाकिर हुसैन साहिब का कद इतना ऊँचा और हैसियत इतनी बड़ी थी कि राष्ट्रपति पद पर बैठे हुए वे पद से बड़े लगते थे। अपने समय के प्रधानमंत्रियों से भी अगर वे ऊँचे नहीं तो बराबरी के तो थे ही। संविधान की व्यवस्थाओं के अनुसार वे जो भी काम करते उसे कोई अँगूठा लगाना नहीं कह सकता था। अगर वे अपनी निजी राय या मंत्रिमंडल से मतभेद भी प्रकट करते तो कोई नहीं मानता कि वे प्रधानमंत्री या मंत्रिमंडल से खुंदक निकाल रहे हैं। उनका कद और उनकी हैसियत उन्हें एक ऐसी गरिमा, प्रतिष्ठा और प्रभामंडल देती थी जिससे उनका पद प्रधानमंत्री का अनुचर न था, न किसी को लगता था। लेकिन इन्दिरा जी ने जिस तरह गिरि को उस पर बैठाया उससे खुद इन्दिरा गांधी और वराहगिरि बेंकटगिरि का कद तो छोटा हुआ ही, राष्ट्रपति का पद भी लुटियन के टीले पर बने राष्ट्रपति भवन से कई फुट नीचे गिर कर एक सफदरजंग रोड (या जहाँ भी इन्दिरा जी रहती थी) लोटने लगा। फिर फखरुद्दीन अली अहमद ने इमरजेंसी की घोषणा पर बिना पूछे कि क्या इसे मंत्रिमंडल ने बाकायदा विचार करके मंजूर किया है दस्तखत कर दिये। रबर स्टाम्प राष्ट्रपतित्व का श्रेष्ठ दिन था।

इसे ऐतिहासिक न्याय ही कहना चाहिए कि जो नीलम संजीव रेड्डी कांग्रेस के उम्मीदवार बनकर राष्ट्रपति न हो सके वे सर्वानुमति से आठ साल बाद उसी पद पर बैठे। उनका राष्ट्रपति होना इन्दिरा गांधी राजनीति का एक तरह से पराभव था। लेकिन इन्दिराजी ने देश की पार्टी व्यवस्था, राजतंत्र और राष्ट्रपति पद को जो सांस्थानिक नुकसान पहुँचाया उसकी भरपाई अभी तक नहीं हो सकी है। आज अगर पार्टियों में अन्दरूनी लोकतंत्र नहीं है और कोई भी नेता अपनी पार्टी को घुड़का कर अपनी वाली चला लेता है और न चले तो अपनी पुछल्ली पार्टी अलग बना लेता है और लोकतांत्रिक सरकारें चलाने वाली पार्टियों में ही लोकतंत्र नहीं है तो इसकी जिम्मेदारी इन्दिरा गांधी की है। उनके पराक्रम का परिणाम इस बार राष्ट्रपति पद के लिए उम्मीदवार तय करने और समर्थन देने में साफ दिखाई दिया। न वाम मोर्चा फूट से बचा, न राष्ट्रीय मोर्चा और भाजपा ऐसा काम कर बैठी जो न उसकी छवि को सुधारेगा, न राजनीति को आगे बढ़ाएगा। प्रधानमंत्री को उम्मीदवार तय करने का अधिकार देकर कांग्रेस ने भी इन्दिरावाद की परम्परा ही निभाई है।

कहना मुश्किल है कि राष्ट्रपति पद पर गिरि को बैठाकर इन्दिराजी ने राष्ट्रपतित्व को ज्यादा नुकसान पहुँचाया या ज्ञानी जैलसिंह को बैठाकर। गिरि भी इन्दिराजी की राजनीति के हथियार और औजार थे और ज्ञानी जैलसिंह भी। गिरि के जरिये इन्दिराजी ने सिंडीकेट और तथाकथित दक्षिणपंथियों को किनारे लगाया था। ज्ञानी जी को वे

गृहमंत्री पद से ऊपर उठाकर राष्ट्रपति पद पर इसलिए लाई थी कि वे पंजाब की दिनोदिन उलझती समस्या को ज्ञानी जी के पेचों से बचा सकें। कोई रास्ता उन्हें सूझ नहीं रहा था, ज्ञानीजी को हाशिए पर उतारने का और वे जानती थीं कि ज्ञानीजी दरबारासिंह प्रतिद्वंद्विता उन्हें पंजाब में कोई नई पहल करने नहीं देगी। वे ज्ञानीजी को ऊँचे पद पर बैठाकर उन्हें राजनीति से अलग करना चाहती थीं। ज्ञानीजी को राष्ट्रपति बनाने के साल भर बाद उन्होंने दरबारासिंह की सरकार को भी बर्खास्त करके पंजाब में राष्ट्रपति शासन लगा दिया जो ज्ञानजी का नहीं, गृहमंत्रालय का शासन था। ऑपरेशन ब्लू स्टार में एक सिख के राष्ट्रपति होने का इन्दिराजी को कोई राजनीतिक-कूटनीतिक लाभ मिला हो या नहीं, उनके जाने के बाद ज्ञानीजी और राजीव गांधी के बीच जो हुआ वह राष्ट्रपतित्व के और अवमूल्यन के लिए पर्याप्त था।

वेंकटरामन अपने को शास्त्रसम्मत राष्ट्रपति या बोलचाल में कहें तो लकीर का फकीर बताते रहे। लेकिन जिस तरह देश चरण सिंह को प्रधानमंत्री बनाने के लिए नीलम संजीव रेड्डी को याद करेगा उसी तरह वेंकटरामन को चन्द्रशेखर की चार दिन की चांदनी के लिए याद रखेगा। राष्ट्रपति को भले ही इस देश में कोई सीधी सत्ता प्राप्त न हो और वह प्रतीक पुरुष ही हो लेकिन संकट में और अस्थिरता के दौर में वह निश्चित ही बहुत निर्णायक भूमिका में होता है। 1971 और 1990 में जैसी परिस्थितियाँ पैदा हुई वैसी अल्पमत सरकार और बहुमत-विहीन संसद के कारण आगे भी आ सकती हैं। इसीलिए कांग्रेस राष्ट्रपति और उपराष्ट्रपति पदों पर फूँक-फूँक कर सोचती रही। विपक्ष अगर कुछ और जिम्मेदारी से काम लेता तो सर्वानुमति से नया राष्ट्रपति बन सकता था जिसके फैसले का संकट के समय सभी सम्मान करते। लेकिन कांग्रेस भी पार्टी से ऊपर नहीं उठ सकती थी, न विपक्षी पार्टियाँ। इसलिए सब पार्टियाँ किसी एक उम्मीदवार के परचे भरती इसके बजाय एक उम्मीदवार का समर्थन करने वाली दो पार्टियों ने भी उसके परचे अलग-अलग दाखिल किये।

पिछले बयालीस साल में अगर किसी समय सभी पार्टियों के एक उम्मीदवार के राष्ट्रपति बनाए जाने की जरूरत थी तो इस बार। किसी दौर में राष्ट्रपति पद को पार्टीगत राजनीति से ऊपर उठाने की जरूरत थी तो इस बार। लेकिन यही बार है कि पूरा विपक्ष भी एक उम्मीदवार के साथ नहीं है। इसे अपने राजनीतिक ढाँचे का बिखराव कहिए या भविष्य में थोड़ी दूर भी देख न पाने की अपने राजनीतिकों की इच्छा कि सौदेबाजी और ड्रामेबाजी तो चल सकती है लेकिन दूरंदाजी नहीं चल सकती। भारत के नौवें राष्ट्रपति को अचानक कई जिम्मेदारियाँ उठानी पड़ सकती हैं। हम उम्मीद करें कि जो भी उस पद पर बैठे वह उन्हें निभाने के योग्य हो और उसे सभी पार्टियों का सहयोग और सम्मान मिले। आशा न करें तो देश भी अपने नेताओं की तरह भविष्य में दूर तक देख नहीं पाएगा।

[5 जुलाई, 1992]

झूठ और धोखाधड़ी पर बनेगा मर्यादा के पुरुषोत्तम राम का मन्दिर?

जिन भगवान राम ने राज्य की मर्यादा के लिए सती सीता को बनवास दिया उन्हीं का नाम लेकर चुनाव की वैतरणी पार करके आई भारतीय जनता पार्टी और उसकी राज्य सरकार उन्हीं के जन्मस्थान पर उन्हीं का मन्दिर बनवाने के लिए झूठ और धोखाधड़ी पर चल रही है।

विश्व हिन्दू परिषद के अशोक सिंघल और बजरंग दल के विनय कटियार की तलवारबाजी की अनदेखी फिर भी की जा सकती है क्योंकि ये लोग हिन्दू समाज के भिंडरावाले सम्प्रदाय के इने-गिने और सिरफिरे लोग हैं। लेकिन लालकृष्ण आडवाणी, मुरली मनोहर जोशी और मुख्यमंत्री कल्याण सिंह का क्या किया जाए जो संविधान और न्यायालयों के आदेशों की दुहाई देते हुए चुनाव में मिले जनादेश को पूरा करने का दावा कर रहे हैं? इनसे बार-बार पूछा गया है कि उत्तर प्रदेश सरकार ने यात्रियों और भक्तों की सुविधा के लिए जिस 2.77 एकड़ भूमि का पिछले साल अक्टूबर में अपने पर्यटन विभाग के लिए अधिग्रहण किया था क्या उसी के हिस्से पर अभी खुदाई और उसकी भराई नहीं हो रही है? मुख्यमंत्री ने जवाब दिया कि वे इसकी पड़ताल करवाएँगे। भाजपा अध्यक्ष जोशी कहते हैं कि निर्माण शिलान्यास स्थल के पास चल रहा है।

संसद में विपक्ष के नेता लालकृष्ण आडवाणी, भारतीय जनता पार्टी के अध्यक्ष मुरली मनोहर जोशी और उत्तर प्रदेश के मुख्यमंत्री कल्याण सिंह—तीनों जानते हैं कि जहाँ सिंह द्वार और नृत्य मंडप के लिए नींव खोदी और भरी जा रही है वह निश्चित ही इस 2.77 एकड़ और विवादित भूमि पर ही है और इसके विवाद पर कोर्ट ने अन्तिम निर्णय नहीं दिया है। उत्तर प्रदेश के मुख्य सचिव विजय कृष्ण सक्सेना ने सुप्रीम कोर्ट के न्यायमूर्ति वेंकटचलैया को एक हलफनामे में बताया है कि अधिग्रहीत की गई 2.77 एकड़ भूमि सरकार के पास है और वह किसी को दी नहीं गई हैं। इलाहाबाद हाईकोर्ट ने गए साल पच्चीस अक्टूबर को आदेश दिया था कि 'अधिग्रहीत भूमि का न तो हस्तान्तरण और न ही अन्य संक्रमण किया जाएगा।' यह कब्जा न्यायालय के अगले आदेशों के अध्यधीन होगा। रिट याचिकाओं पर भी लागू होगा।

अब अगर यह 2.77 एकड़ भूमि उत्तर प्रदेश सरकार के पास है और आडवाणी कहते हैं कि न्यायालय के किसी आदेश का उल्लंघन नहीं हुआ है तो विश्व हिन्दू परिषद और बजरंग दल या राम जन्मभूमि न्यास इस पर काबिज कैसे हो गया? सरकार की इस जमीन पर उसने इतनी लम्बी-चौड़ी नींवें कैसे खुदवा लीं और इतनी तेजी से उनमें सीमेंट-कंक्रीट कैसे भरा जा रहा है? विश्व हिन्दू परिषद और बजरंग दल ने कोई चोरी छुपे जमीन नहीं हथियाई है। ऐसा भी नहीं हुआ कि वहाँ उन्होंने चोरी छुपे निर्माण कार्य कर लिया हो। बाकायदा ढोल-नगाड़े बजाकर और मुहूर्त निकलवाकर बड़े धार्मिक तामझाम के साथ मन्दिर निर्माण कार्य शुरू किया। और अब वे कह रहे हैं कि दुनिया की कोई ताकत उन्हें मन्दिर बनाने से रोक नहीं सकती। केन्द्र रोकेगा तो खून की नदियाँ बह जाएँगी। राज्य सरकार ने अड़ंगा लगाया तो कार सेवा गर्भ गृह यानी विवादित ढाँचे से शुरू कर दी जाएगी।

सवाल ये है कि क्या विश्व हिन्दू परिषद—उत्तर प्रदेश का पर्यटन विभाग है? और सिंह द्वार और नृत्य मंडप के लिए जो नींव खोदी और भरी जा रही है क्या वह उत्तर प्रदेश सरकार के पर्यटन विभाग की स्वीकृत योजना के अनुसार है और खुद विभाग करवा रहा है? अगर नहीं है तो उत्तर प्रदेश सरकार ने अधिग्रहीत भूमि पर किसी का कब्जा क्यों होने दिया? कब्जे को खाली करवाने के लिए क्या कार्रवाई की? और जो निर्माण कार्य वहाँ हो रहा है उसे रुकवाने के लिए उसने क्या किया? इलाहाबाद हाईकोर्ट के आदेश के अनुसार उत्तर प्रदेश सरकार अधिग्रहीत 2.77 एकड़ भूमि का न तो हस्तान्तरण कर सकती है, न उस पर अन्य संक्रमण होने दिया जा सकता है। जबकि विश्व हिन्दू परिषद और उसका राम जन्मभूमि न्यास पूरी तरह गैर सरकारी और धार्मिक संगठन है और उसने उस अधिग्रहीत भूमि का संक्रमण किया है। क्या यह इलाहाबाद हाईकोर्ट के आदेश का सरासर और निर्लज्ज उल्लंघन नहीं है? विश्व हिन्दू परिषद और बजरंग दल डंके की चोट पर कह रहे हैं कि हम मन्दिर बनवा रहे हैं और हमें कोई नहीं रोक सकता। कहाँ है संविधान? कहाँ हैं हाईकोर्ट के आदेश और कहाँ है कानून का राज? अशोक सिंघल और विनय कटियार के लिए ये सवाल नहीं हैं क्योंकि उनके लिए तो संविधान और कानून उनका अपना प्रतिक्रियावादी और कट्टर तथाकथित हिन्दुत्व ही सबकुछ है। सवाल भारतीय जनता पार्टी के नेताओं और उत्तर प्रदेश सरकार के लिए हैं जो संविधान और न्यायालयों के आदेश मानने को वचनबद्ध हैं। और जो दावा कर रहे हैं कि उन्हें पिछले साल के चुनाव में राम मन्दिर बनाने का जनादेश मिला है? यह जनादेश आखिर एक लोकतांत्रिक पद्धति और उसके संविधान का ही नतीजा है। क्या जनादेश कानून और संविधान का उल्लंघन करके पूरा किया जाता है?

उत्तर प्रदेश के वकील ने सुप्रीम कोर्ट के न्यायमूर्ति वेंकटचलैया के सामने कहा कि अधिग्रहीत भूमि को बराबर करने और उसका मैदान बनाने का काम किया जा

रहा है। उस पर न तो कोई स्थायी निर्माण हो रहा है, न होने दिया जाएगा। उत्तर प्रदेश सरकार की ओर से सुप्रीम कोर्ट में यह भी दर्ज करवाया गया कि शंका निराधार है कि अधिग्रहीत भूमि पर ताबड़तोड़ मन्दिर बनवा दिया जाए क्योंकि एक बार वह बन गया तो उसे कौन तोड़ सकता है। उत्तर प्रदेश सरकार का दावा है कि ऐसा कोई भी कार्य अयोध्या में नहीं किया जा रहा है।

अब आप-हम जैसे साधारण सोच-समझ वाले लोग भी जानते हैं कि अधिग्रहीत की गई भूमि को बराबर करना और उसका मैदान बनाना क्या होता है। राम जन्मभूमि-बाबरी मसजिद के सामने वाली इस भूमि को बराबर करने और उसका मैदान बनाने का काम काफी पहले कर लिया गया है। खुद उत्तर प्रदेश सरकार ने माना है कि समतलीकरण में साक्षी गोपाल के मूर्ति वाले कमरे और उससे लगा एक कमरा छोड़कर शेष भवन यानी चौदह कमरे गिरा दिये गए हैं। सुमित्रा भवन हटा दिया गया है। गोपाल भवन गिरा दिया गया है। लोमेश आश्रम की झोपड़ी हटा दी गई है। कुछ और ढाँचों के अलावा संकट मोचन हनुमान का मन्दिर भी हटा दिया गया है 'क्योंकि उसकी मूर्ति से भावनात्मक लगाव होने के कारण महन्त राम आसरे उसे खुद ही ले गए हैं। अधिग्रहीत भूमि पर हुआ यह समतलीकरण तो फिर भी समतलीकरण कहा जा सकता है। लेकिन इस भूमि पर पन्द्रह फुट गहरी नींव खोदना, फिर उसे सीमेंट-कंक्रीट से भरना और वहाँ चबूतरा बनाना क्या समतलीकरण कहा जाएगा? यह नींव और इसकी भराई को राम जन्मभूमि-बाबरी मसजिद के विवादित ढाँचे के बीस फुट नजदीक तक ले जाना क्या समतलीकरण है? इतनी गहरी और पक्की नींव क्या मैदान तैयार करने के लिए खोदी और भरी जाती है? या उस पर भवन या मन्दिर बनाने के लिए? अगर वह मन्दिर की नींव नहीं है और उस पर कोई स्थायी निर्माण नहीं होना है तो सरकारी जमीन पर यह खुदाई और भराई क्यों होने दी जा रही है और वह भी ऐसे लोगों और संगठनों द्वारा जिनको वह भूमि न हस्तान्तरित की जा सकती है न वे उसका संक्रमण कर सकते हैं?

लालकृष्ण आडवाणी, मुरली मनोहर जोशी और मुख्यमंत्री कल्याण सिंह जानते हैं कि अधिग्रहीत भूमि पर विश्व हिन्दू परिषद और बजरंग दल ने जबरदस्ती और गैरकानूनी कब्जा कर लिया है। वे यह भी जानते हैं कि न तो ये संस्थाएँ उस भूमि का समतलीकरण करने के लिए अधिकृत हैं और न वे उसे समतल कर रही हैं। वहाँ सिंह द्वार और नृत्य मंडप की नींव खोदी गई है। ये सिंह द्वार और नृत्य मंडप उस मन्दिर के हैं जिसे भाजपा वाले कहते हैं कि उन्हें बनाने का जनादेश मिला है। अयोध्या में अधिग्रहीत भूमि पर जो हो रहा है वह खुलेआम और जाँघ ठोककर किया जा रहा है। फिर भी आडवाणी और जोशी कह रहे हैं कि यह न तो न्यायालय के आदेशों का उल्लंघन है, न संविधान के विरुद्ध है। इससे बड़ा झूठ और धोखाधड़ी कोई हो सकती है?

जनादेश मिला है तो जरूर उसे पूरा करो। लेकिन यह मर्यादा पुरुषोत्तम राम के मन्दिर का जनादेश है। राम अगर राज्य की मर्यादा के लिए सती सीता को बनवास दे सकते हैं तो क्या भाजपा लोकतांत्रिक और संवैधानिक मर्यादाओं को ताक पर रखकर अपना जनादेश विश्व हिन्दू परिषद और बजरंग दल के उच्छृंखल और उद्दंड हाथों में सौंप सकती है? जनता के सामने उत्तरदायी कौन है भाजपा या विश्व हिन्दू परिषद और बजरंग दल? और क्या राम का मन्दिर बनाने का जनादेश झूठ और धोखाधड़ी से पूरा किया जा सकता है?

[13 जुलाई, 1992]

इस चेहरे को गांधी के आईने में देखो

जो गांधीजी के आखिरी वसीयतनामे या आस्था पत्र के नाम से मशहूर हुआ वह दरअसल उनका लिखा कांग्रेस के संविधान का मसविदा था। उन्तीस जनवरी 1948 के दिन वे बहुत व्यस्त रहे। आभा से उन्होंने कहा—'मेरा सिर चकरा रहा है। लेकिन इसे तो मुझे पूरा करना ही होगा। देर तक जागना पड़ेगा।' रात देर तक जाग कर उन्होंने मसविदा लिखा। दूसरे दिन यानी तीस जनवरी की सुबह गांधीजी ने उस मसविदे को अन्तिम रूप दिया, फिर उसे ध्यान से देख लेने के लिए—प्यारेलालजी को दिया—'विचार में कुछ छूट गया हो तो ठीक कर लेना। मैंने इसे बड़े तनाव में लिखा है।' देख लेने और ठीक कर देने के बाद प्यारेलालजी जब फिर उसे बड़ी सावधानी से देखा, की गई घटत-बढ़त को जाँचा और पंचायतों की संख्या में आई गलती को ठीक किया। उसी दोपहर को वह अखिल भारतीय कांग्रेस कमेटी के महासचिव आचार्य जुगल किशोर को भेज दिया गया जो उन्होंने सात फरवरी को प्रेस के लिए जारी किया क्योंकि उसमें से थोड़ा-बहुत इधर-उधर छप चुका था।

आप जानते हैं कि यह उनका लिखा वही आखिरी दस्तावेज था जिसमें अखिल भारतीय कांग्रेस कमेटी को कांग्रेस के मौजूदा संगठन को विसर्जित करने का संकल्प लेना और उसे लोक सेवक संघ के रूप में विकसित करना था। गांधीजी इस निष्कर्ष पर पहुँचे थे कि विचार प्रचार और संसदीय संस्था के रूप में कांग्रेस की उपयोगिता आजादी मिलने के साथ समाप्त हो गई है। वे शहरों और कस्बों से अलग भारत के सात लाख गाँवों को सामाजिक, नैतिक और आर्थिक आजादी दिलाने को सबसे महत्त्वपूर्ण मानते थे। संसदीय लक्ष्य की ओर बढ़ते देश में वे सैनिक शक्ति पर नागरिक शक्ति के वर्चस्व के संघर्ष को आता देख रहे थे। वे कांग्रेस को दूसरी राजनीतिक पार्टियों और साम्प्रदायिक संगठनों की होड़ से बचाना चाहते थे। इसलिए स्वतंत्रता संग्राम के दौरान कमाई गई उसकी कीर्ति और पुण्याई को वे लोक सेवक संघ के रूप में प्रकट करना चाहते थे। संसदीय लक्ष्य की प्राप्ति और देश के सात लाख गाँवों की आर्थिक, सामाजिक और नैतिक आजादी के लिए वे राज्य सत्ता वाली राजनीतिक पार्टी के बजाय नागरिक शक्ति पर चलने वाले लोक सेवक संघ के जरिये काम करना चाहते थे। लोक शक्ति वाला नया संगठन बनाने के लिए वे

इतने उत्सुक थे कि थक जाने से माथा चकरा रहा था फिर भी देर रात तक मसविदा तैयार किया और दूसरे दिन उसे ठीक करके कांग्रेस महासचिव को भेज भी दिया। वे वर्धा जाने वाले थे और रचनात्मक कार्यकर्ताओं का सम्मेलन भी करने वाले थे।

क्या इसे स्वतंत्र भारत की पहली त्रासदी नहीं मानना चाहिए कि अपना आस्था पत्र और वसीयतनामा लिखने के बारह घंटे के भीतर एक पागल आदमी के हाथों वे महात्मा गांधी मारे गए जिनके पास भारत का अपना सपना, उस तक पहुँचने का अपना रास्ता, जनबल और आत्मबल था? गांधीजी के अलावा जवाहरलाल और सरदार पटेल की सरकार को कौन कह सकता था कि जिस पर तुम लोग देश को ले जा रहे हो वह भारत का रास्ता नहीं है, न उसे अपने गौरवशाली शिखर पर बैठाएगा? नई-नई मिली राज्यशक्ति को नियंत्रित और उत्तरदायी बनाने वाली लोकशक्ति को अहिंसक ब्रह्मास्त्र की तरह तो वही महात्मा गांधी चला सकता था। गांधीजी की हत्या के कारण देश सन्नाटे में आ गया। साम्प्रदायिकता से निपटने की तात्कालिक अनिवार्यता के कारण वह आत्म साक्षात्कार से खुलने वाले अपने रास्ते पर चलने और सचमुच नया और असली भारत बनाने के प्रयोग करने के बजाय पश्चिम के बने बनाए लोकतांत्रिक और समाजवादी ढर्रे पर चल निकला।

गांधीजी के इस तरह जाने से 'अनाथ' हुए जवाहरलाल नेहरू की वैसे भी देश की आर्थिक पुनर्रचना के गांधीय सपने में आस्था नहीं थी। जवाहरलाल ब्रिटिश किस्म के लोकतंत्र और रूसी किस्म के समाजवाद में विश्वास करते थे। गांधीजी इन दोनों को ही मूल अवधारणा और सपने में अभारतीय मानते थे। गांधीजी को अगर विश्वास होता कि दो पार्टी प्रणाली वाला लोकतंत्र वही होगा जो भारत की जीनियस और अस्मिता को निर्बाध और सबसे शक्तिशाली अभिव्यक्ति दे सकता है तो वे आजादी मिलने के पाँचवें महीने में कांग्रेस को विसर्जित करने के बजाय इसे एक सशक्त राजनीतिक पार्टी बनाते। कांग्रेस को एक जन आन्दोलन भी उन्हीं ने बनाया था। वे उसे स्वतंत्र भारत की पहली अच्छी और सबसे बड़ी राजनीतिक पार्टी भी बना सकते थे। यह तो सम्भव नहीं कि गांधीजी को मालूम नहीं था कि राजनीतिक पार्टियाँ ही सत्ता के लिए होड़ करके चुनाव में जनादेश पाएँगी और राज करेंगी। फिर वे क्यों चाहते थे कि कांग्रेस नाम के जन आन्दोलन को राजनीतिक पार्टियों और साम्प्रदायिक संगठनों से विकृत होड़ में नहीं पड़ने देना है। वे उसे एक ऐसे लोक सेवक संघ में क्यों बदल देना चाहते थे जिसका सेवक दूसरे रचनात्मक कार्यों के साथ यह भी करेगा कि हर बालिग का नाम मतदाताओं की सूची में हो।

चुनाव से सत्ता में आने वाली पार्टी को दूसरी पार्टी के जरिये नियंत्रण में और लोगों के प्रति उत्तरदायी बनाने के बजाय वे लोकशक्ति से नियमित और नियंत्रित क्यों करना चाहते थे? क्योंकि उन्हें दो पार्टी प्रणाली का संसदीय लोकतंत्र न तो भारत की जीनियस के अनुकूल लगता था, न वे मानते थे कि ऐसा लोकतंत्र भारत

में सफल हो सकता है। कहने की जरूरत नहीं कि वेस्टमिंस्टर मॉडल का लोकतंत्र हमारे यहाँ फलीभूत नहीं हुआ है, न दो पार्टी प्रणाली विकसित हुई है। भारतीय जनता पार्टी के जो पुरोधा आज समझ रहे हैं कि उनकी पार्टी के केन्द्र में उभरने से दो पार्टी प्रणाली विकसित हो रही है जरा इस देश के स्वभाव को समझें। आम सहमति वाला पंचायती मानस इक्यावन के खिलाफ उनपचास के गणित पर नहीं चलता। गांधीजी जानते थे कि इस देश में आम सहमति और अपने ढीले-ढाले लबादे में सबको समेट लेने वाली एक पार्टी का राज चलेगा और उसे दूसरी पार्टी नियंत्रण और सन्तुलन में नहीं रख पाएगी। यह जिम्मेदारी लोकशक्ति वाला संगठन ही निभा सकेगा। गांधीजी सत्ता ही होड़ में पड़ी पार्टियों की एक-दूसरे को नियंत्रित और सन्तुलित करने की अवस्था और व्यवस्था को भारत में विकसित होते और जमते नहीं देखते थे। वे दलगत राजनीति को रचनात्मक शक्ति नहीं मानते थे और चाहते थे कि सत्ता से लोकशक्ति अपनी दासी का काम ले। इसलिए वे स्वतंत्रता संग्राम में कीर्ति और पुण्याई अर्जित करने वाली कांग्रेस को राज्यशक्ति के बजाय लोकशक्ति की वाहक बनाना चाहते थे। गांधी की यह अवधारणा संसदीय लोकतंत्र के वेस्टमिंस्टर मॉडल से मूलतः भिन्न है।

लेकिन भारतीय लोकतंत्र के विकास में ही गांधीजी राज्यशक्ति को महत्त्वपूर्ण नहीं मानते थे। वे यह भी मानते थे और दृढ़ता से मानते थे कि केन्द्रीकृत राज्यशक्ति से भारत की आर्थिक, सामाजिक और नैतिक पुनर्रचना नहीं हो सकती। बुनियादी फेरबदल और नई समाज रचना के लिए भी वे स्वैच्छिक लोकशक्ति को ही कारक शक्ति मानते थे। समाजवाद का जो रूसी मॉडल जवाहरलाल नेहरू के सामने था और जिसे वे वेस्टमिंस्टर मॉडल के लोकतंत्र के साथ भारत में अपना रहे थे उसमें राज्यशक्ति ही बुनियादी फेरबदल और समाजवादी समाज रचना की प्रेरक और कारक शक्ति थी। जिस केन्द्रीकृत राज्यशक्ति को जवाहरलाल नेहरू समाजवादी समाज बनाने में लगाना चाहते थे उसे इन्दिरा गांधी ने अपनी निजी सत्ता को स्थापित करने और बनाए रखने में लगाया। भारतीय जीवन के हर क्षेत्र में राज्यशक्ति और राजनीति का दखल इन्दिरा गांधी ने जितना बढ़ाया उतना तो जवाहरलाल नेहरू भी नहीं चाहते थे, महात्मा गांधी तो खैर इसे घातक मानते ही थे। राजनीतिक पार्टियों और साम्प्रदायिक संगठनों की जिस विकृत होड़ का जिक्र गांधीजी ने अपने अन्तिम आस्था पत्र में किया था उसका परिणाम आज पूरा देश भुगत रहा है। सभी सोचने-समझने वाले मानते हैं कि इस राजनीति ने ही हमारे लोकतंत्र को सिर्फ नाम में लोकतंत्र रहने दिया है और सार्वजनिक जीवन के हर क्षेत्र की अवांछनीय और घातक प्रवृत्ति राजनीति ही है।

केन्द्रीकृत राज्यशक्ति से चलने वाली अर्थव्यवस्था और उसके आसपास घूमने वाली सामाजिक और नैतिक व्यवस्था सोवियत संघ में चरमरा कर गिर गई। भारत

में भी वह लगातार गिरती जा रही थी लेकिन उसकी विफलता की सार्वजनिक स्वीकृति इस देश में तभी उभरने लगी जब रूस में खड़ा हमारा आदर्श मॉडल चूर-चूर हो गया। अब खुले बाजार की उदार और दुनिया से जुड़ी अर्थव्यवस्था के जो झंडाबरदार हमारे इस देश में पाए जा रहे हैं वे नाम भले ही नेहरू और इन्दिरा गांधी का लें और चाहे जितना कहें कि देश अभी भी उन्हीं के रास्ते पर चल रहा है, आप-हम सब जानते हैं कि हम खुले बाजार की पूँजीवादी अर्थव्यवस्था में जा रहे हैं जिसका चेहरा टेक्नोलॉजी ने बदल दिया है। गांधीजी इस मॉडल को और रूसी मॉडल को पहले ही रद्द कर चुके थे। नेहरू और उनके बीच जो पत्र व्यवहार हुआ और इन दोनों के जो अलग-अलग सपने थे उन पर मधु लिमये ने चार भागों में बहुत अच्छी और विशाल पुस्तक लिखी है। गांधीजी के *हिन्द स्वराज* में अगर पूँजीवादी मॉडल का नकार है तो बाद में नेहरू को लिखे पत्रों में रूसी मॉडल को रद्द किया गया है।

भारतीय परम्परा और परिस्थिति के कारण वेस्टमिंस्टर मॉडल से जो विकृति आई वह इन्दिरा गांधी के राज और इमरजेंसी में प्रकट हुई। उसे ठीक करने का बीड़ा जयप्रकाश नारायण ने उठाया जो मार्क्सवाद और समाजवाद से शुरू करके जीवन के तीसरे पहर में गांधी की लोकशक्ति पर आ गए थे और इसलिए पार्टी विहीन लोकतंत्र जैसे प्रयोग देश के सामने रख रहे थे। वे भी गांधीजी की तरह लेकिन अलग रास्ते से इसी निष्कर्ष पर पहुँचे थे कि दलगत राजनीति इस देश का भला नहीं कर सकती क्योंकि सत्ता की होड़ में मूल्यों की कसौटी नहीं होती, समाज की घातक और पतनकारी प्रवृत्तियों का खतरनाक उपयोग होता है। अपनी राजनीति की प्रेरक और कारक शक्तियाँ आज क्षेत्रीयता, जातिवाद और साम्प्रदायिकता हैं और एक पार्टी नहीं है जिसे इनसे परहेज हो और जो इन्हें साधने की होड़ में न पड़ी हो। कोई पार्टी और नेता नहीं है जिसके लिए सत्ता जनसेवा और सामाजिक पुनर्रचना का माध्यम हो। सबके लिए सत्ता ही अपने आपमें अन्तिम लक्ष्य है। यह परिस्थिति राजनीतिक पार्टियों और साम्प्रदायिक संगठनों की विकृत होड़ के कारण ही पैदा हुई है। इमरजेंसी में इसके कारण हमारा लोकतंत्र ही खतरे में पड़ गया था।

गांधीजी ने अगर आजादी की लड़ाई का नेतृत्व किया था तो जेपी ने लोकतंत्र की लड़ाई में अगुआई की। जेपी भी सत्ता की होड़ में पड़ी पार्टियों से लोकतंत्र को मजबूत होता नहीं देखते थे। बल्कि एक ऐसी ही पार्टी की ऐसी ही सबसे शक्तिशाली महिला के चंगुल से लोकतंत्र को छुड़ाना चाहते थे। कोई चार साल उन्होंने संघर्ष किया और उनकी नैतिक शक्ति नहीं होती तो गैर कांग्रेसी पार्टियाँ मिलकर और एक होकर इन्दिरा गांधी को पराजित नहीं कर सकती थीं। 1947 से 1977 तक चली कांग्रेसी राजनीति उस कांग्रेस की राजनीति थी जिसे गांधीजी विसर्जित कर देना चाहते थे। इस राजनीति को 1977 में इन्दिरा गांधी की पराजय के साथ एक निर्णायक

और रचनात्मक मोड़ दिया जा सकता था। गांधीजी की तरह जेपी भी जानते थे कि जनता पार्टी इस मूल परिवर्तन की माध्यम नहीं हो सकेगी। इसलिए मार्च 1977 के जिस दिन जनता पार्टी की सरकार बनी उसी दिन जेपी ने आह्वान किया कि देश भर के मुहल्लों और गाँवों में लोक समितियाँ बनाई जाएँ। इन लोकसमितियों को वही करना था जो गांधी के लोक सेवक संघ की पंचायतों को करना था।

यह स्वतंत्र भारत की दूसरी त्रासदी है कि केन्द्र में पहली गैर-कांग्रेसी सरकार बनने के बाद—वैकल्पिक राज व्यवस्था खड़ी कर सकने वाले जेपी इस हालत में नहीं थे कि कोई नया प्रयोग कर सकें। महात्मा गांधी को एक पागल ने मार दिया था और जेपी को इमरजेंसी ने उनके गुर्दे समाप्त करके मार दिया था। हर गाँव और शहर के हर मुहल्ले में लोक समितियाँ बनाने का आह्वान ही जेपी कर सकते थे। देश में घूम-घूमकर लोक समितियाँ बनवाने और फिर उनकी महा लोकसमिति गठित करने और उसे सत्ता पर अंकुश लगाने और सत्ता से काम करवाने वाली संस्था बनवाने की शक्ति जेपी में नहीं रह गई थी। गांधीजी को जिस तरह कांग्रेस ने धोखा दिया जेपी से वैसी ही दगाबाजी जनता पार्टी ने की।

लेकिन स्वतंत्र भारत की तीसरी त्रासदी यह है कि जब रूसी मॉडल चरमरा कर गिरा और बहुत व्यावहारिक समझे जाने वाले मार्क्स फेल हुए और महात्मा और इसलिए धार्मिक-नैतिक यूटोपिया वाले गांधी सही साबित हुए तब उनकी धरोहर पर खड़े होकर कहने वाला कोई नहीं था कि चलो गांधी के रास्ते पर लौट चलें। रूसी मॉडल पर हमने जो भी बनाया था वह भारत को दीन-हीन बनाकर छोड़ गया है। अब एडम स्मिथ के रास्ते पर हम भिखारी की तरह जा रहे हैं। महात्मा गांधी को आज जब हम श्रद्धांजलि देंगे तब क्या राष्ट्र के मन में यह पछतावा होगा कि राष्ट्रपिता का रास्ता छोड़कर हम आज कहीं नहीं हैं। न आर्थिक शक्ति हैं, न सैनिक शक्ति, न नैतिक शक्ति। क्या हम अपने गुमनाम और पहचानहीन चेहरे को गांधी के आईने में देखेंगे? क्या हमें शर्म आएगी कि पिता को अस्वीकार करने वाला पुत्र कहीं नहीं पहुँचता? शर्म आनी चाहिए क्योंकि उसके बिना हम लौटकर अपने रास्ते नहीं आ सकेंगे।

[2 अक्टूबर, 1992]

जय और पराजय से परे है हमारी-विजयदशमी

जो देश हर साल विजयादशमी मनाता है उसके लिए जय और पराजय का क्या अर्थ है? क्या वह विजय को अन्तिम और पूर्ण सत्य मानता है और पराजय को इतनी निकृष्ट और गर्हित कि उसके बाद मृत्यु ही उसे वरेण्य लगे?

विजयादशमी मनाने वाले भारत के मानस को जीवन दर्शन के गहरे तल पर समझने की कोशिश सतह से शुरू करें। भारत में अगर कोई गतिविधि सबसे सतही समझी जाती है तो वह है खेलकूद। लोग समझते हैं कि खेल यों ही खेल खेल में हो जाते हैं और उनमें जीवन के गम्भीर और अर्थवान पहलू उजागर नहीं होते। लेकिन जय-पराजय का मतलब निकालने के लिए खेल से शुरू करना इसलिए भी ठीक है खेल में हार-जीत होती ही है। फिर खेल एक ऐसा लोकप्रिय अभिक्रम है जिसमें आम लोगों की भावनाएँ आसानी से और खुलकर प्रकट होती हैं।

अभी जुलाई-अगस्त में बार्सिलोना में ओलंपिक खेल हुए और पिछले कई ओलंपिकों की तरह इस बार भी भारत कोई कांसे का पदक भी जीत नहीं पाया। इससे फिर खूब छाती माथा कूटना हुआ और रोने-धोने की हिचकियों के बीच कहा गया कि छोटे-छोटे और पिछड़े हुए देश स्वर्ण पदक ले जाते हैं और अस्सी करोड़ के इस देश में माई का एक भी लाल क्यों नहीं है जो पदक जीत सके? यह शर्मनाक स्थिति लगभग एक रस्म की तरह इस माँग पर पहुँचती है कि हमें ओलंपिक में तब तक भाग नहीं लेना चाहिए जब तक हम पदक जीतने लायक खिलाड़ी पैदा न कर लें। इस माँग में पराजय इतनी असहनीय लगती है कि इसमें निहित आत्मघात दिखाई तक नहीं देता। अगर हमारे खिलाड़ी अन्तरराष्ट्रीय स्तर पर होड़ में शामिल नहीं होंगे तो वे पदक कैसे जीतेंगे? कितने वर्षों से हो रहा है कि जिसे हम अपना सर्वश्रेष्ठ समझते हैं वह दुनिया में फिसड्डी साबित होता है। फिर भी हर ओलंपिक या अन्तरराष्ट्रीय खेलकूद प्रतियोगिता के बाद यही माँग होती है कि हमें इनमें भाग लेना बन्द करके विश्व विजेता पैदा करने में लग जाना चाहिए। हम न विश्व विजेता पैदा कर पाते हैं, न ओलंपिक में भाग लेना बन्द करते हैं। पराजित और खाली हाथ लौटने का डंक जरूर हर बार और गहरा हो जाता है। राष्ट्रीय शोक कुछ ज्यादा व्यापक और ज्यादा सघन हो जाता है।

टेनिस में सबसे बड़ी प्रतियोगिता विंबलडन की मानी जाती है। ऐसी कि उन्हीं को 'द चैंपियनशिप्स' कहा जाता हैं एक सौ पन्द्रह साल पहले ये ब्रिटेन में शुरू हुई और दो महायुद्धों के दस सालों को छोड़कर एक सौ पाँच बार हो चुकी है। ब्रिटेन को विंबलडन पर बड़ा गर्व है और बड़ी शान, बान और आन से वह हर साल इसका आयोजन करता है। लेकिन दुनिया की इन सबसे प्रतिष्ठित और अन्तिम प्रतियोगिताओं में पिछले छप्पन साल से कोई अंग्रेज पुरुषों का मुकुट नहीं जीता है। महिलाओं का खिताब भी किसी अंग्रेज खिलाड़िन ने पन्द्रह साल पहले जीता था। फिर भी ब्रिटेन में यह माँग कभी नहीं उठी कि विंबलडन का आयोजन नहीं किया जाना चाहिए।

विश्व विजेता पैदा न कर पाने का दुख वहाँ भी है लेकिन इसकी शर्म नहीं है। बल्कि दो-दो बार विंबलडन और अमेरिकी ओपन जीतने वाले दुनिया के नम्बर एक खिलाड़ी स्वीडन के स्टीफान एडबर्ग के अंग्रेज कोच टोनी पिकॉर्ड से पूछा गया कि ब्रिटेन ने एडबर्ग जैसा चैंपियन पैदा क्यों नहीं किया? तो पिकॉर्ड ने कहा—'ऐसा कोई कानून नहीं है कि हर देश को एक चैंपियन पैदा करना ही होगा। हम विंबलडन का आयोजन करते हैं इसका मतलब यह नहीं कि हमें हर साल एक चैंपियन पैदा करना ही चाहिए। ये ऐसा आसान मामला नहीं है।' क्या आपने किसी भारतीय हॉकी कोच से सुना कि 'सिर्फ इसलिए कि हम कभी विश्व विजेता हुआ करते थे तो अब भी हों। दुनिया के देश बहुत आगे निकल गए और हममें दम नहीं है इसलिए फिसड्डी हो गए हैं और कब तक फिसड्डी रहेंगे कोई कह नहीं सकता। हारने पर फालतू रोने-धोने और झूठी उम्मीदें रखने का कोई मतलब नहीं है।' कोई कोच ऐसा कहे तो ठीक होगा लेकिन नहीं कहता और विश्व विजेता बनने के नुस्खे सब बताते रहते हैं।

देश से बाहर और वेस्टइंडीज से पहली बार टेस्ट और सीरीज भारत 1971 में जीता। उसी साल हमने इंग्लैंड में इंग्लैंड को पहली बार हराया और सीरीज जीती। घर आने पर हमारी टीमों का विश्व विजेताओं की तरह स्वागत हुआ और हम खुशी से पागल हो गए। इंदौर जहाँ होलकर क्रिकेट टीम का गौरवशाली इतिहास रहा है वहाँ भाई लोगों ने गर्व और उत्साह से सीमेंट का एक विशालकाय बल्ला मूर्ति की तरह खड़ा कर दिया और उस पर पूरी टीम के दस्तखत बनाए गए। अगले साल इंग्लैंड में वाडेकर की वही टीम बुरी तरह हारी। वाडेकर के घर बम्बई में पथराव हुआ। और संन्यास की घोषणा करके ही वे धूल धूसरित लौट सके। इंदौर में पराजय से लोग इतने दुखी और नाराज हुए कि विजय स्तम्भ की तरह खड़े विजय बल्ले की तोड़-फोड़ की और उस पर कालिख पोत आए। चार साल बाद इंग्लैंड की टीम इंदौर खेलने गई तो उसे विजय बल्ला दिखाने ले जाया गया। इंग्लैंड के विकेट कीपर एलन नौट ने उसे देखकर व्यंग्य में कहा कि हम हर जीत पर ऐसे बल्ले बनाते तो इंग्लैंड में जगह नहीं रह जाती।

व्यंग्य ठीक था लेकिन 1960 में वेस्टइंडीज और 1970 में भारत और पाकिस्तान के उदय के बाद से इंग्लैंड ज्यादातर हारता ही आ रहा है। वहीं वन डे क्रिकेट की शुरुआत हुई और सबसे ज्यादा वन डे प्रतियोगिताएँ वहीं होती हैं। लेकिन इंग्लैंड ने वन डे की कोई प्रतियोगिता नहीं जीती है। शारजाह में भी नहीं। तीन बार वह विश्व कप फाइनल में पहुँचा और तीनों बार हारा—पहले वेस्टइंडीज से, फिर आस्ट्रेलिया से और अब पाकिस्तान से। फुटबॉल भी वहाँ बहुत होता है। इतना कि वही उनका राष्ट्रीय खेल है लेकिन तीस साल हुए उसे विश्व कप जीते को। वहाँ माँग नहीं होती कि हमें टेनिस, क्रिकेट और फुटबॉल की अन्तरराष्ट्रीय प्रतियोगिताओं में भाग नहीं लेना चाहिए। वहाँ कोई नहीं कहता कि हमारे देश के खिलाड़ियों में किलर इंस्टिंक्ट नहीं है जैसा कि भारतीयों के बारे में भारत में ही कहा जाता है और समझदार लोग कहते हैं।

टेनिस के एबीसी में हमारे अमृतराज (विजय) ए कहे गए थे। लेकिन बी यानी बोर्ग और सी यानी कोनर्स टेनिस के दन्तकथा पुरुष हो गए और विजय अमृतराज ने एक बड़ा खिताब नहीं जीता। क्यों? क्योंकि हम कहते हैं कि उनमें किलर इंस्टिंक्ट नहीं है। किलर इंस्टिंक्ट यानी क्या? जीतने की अदम्य दुर्दांत और असाध्य इच्छा। इसे अक्सर शिकारी पशु की अपने शिकार का पीछा करने, उसे पकड़ने और मार डालने की नैसर्गिक क्रिया से जोड़ा जाता है। हममें यह पशुत्व नहीं है इसलिए हम नहीं जीतते। खेल में हमारे हारने का यह कोई सही और समुचित कारण और खुलासा नहीं है। अंग्रेज भी नहीं जीतते लेकिन उनके बारे में तो कोई नहीं कहता कि उनमें अब किलर इंस्टिंक्ट नहीं रही।

नहीं, हम जीतकर विजय को अपनी आदत नहीं बनाते और पराजित होने के बाद शर्म से ऐसे तड़पते नहीं रहते कि किसी भी सूरत में आगे हारें नहीं। किसी भी कीमत पर और चाहे जो हो जाए जीतना जरूरी है—ऐसा दृढ़ निश्चयी हमारा मन नहीं है। न पराजय ऐसी कोई सर्वनाशी और प्रलयंकारी स्थिति है जिसे हम हर कीमत पर टालेंगे ही चाहे जो हो जाए। अमेरिका की तरह भारत में विजय अन्तिम और पूर्ण मूल्य नहीं है और हमारी सभ्यता ऐसी नहीं है जिसमें सिर्फ विजेता और पराजित ही हों। विजय हमारा एक मात्र और अन्तिम लक्ष्य नहीं है जिसे हम किसी भी तरह प्राप्त करेंगे ही। हम जय और पराजय से परे देखने वाले लोग हैं। हमने इतना इतिहास और इतनी जय और पराजय देखी हैं कि हमारे अनुभव ने हममें उसके आर पार देखने की समझ विकसित कर दी है। हम विजेता हों तब भी पराजित हमारी नजर से कभी ओझल नहीं होता और जीत की खुशी में हम ऐसे पथरीले नहीं हो जाते कि पराजित से सहानुभूति और संवेदना न रख सकें। और जब पराजित होते हैं तो शर्म में धरती माता से ऐसी प्रार्थना नहीं करते कि वह फटे और हम उसमें समा जाएँ। हम हमारे विजेता का गुणगान भी कर सकते हैं और उसकी खुशी में शामिल

भी हो सकते हैं। हमारे यहाँ जीतना उतना महत्त्वपूर्ण नहीं है जितना खेलना। बल्कि हम इतना अच्छा खेलना चाहते हैं कि जीत-हार का कोई मतलब न रह जाए। यह अलग बात है कि इतना अच्छा नहीं खेल पाते लेकिन हमारा आदर्श और लक्ष्य अच्छा खेलना है किसी भी तरह जीतना नहीं। अच्छी तरह खेलते हुए हार जाने को हम जीतने के आसपास की स्थिति मानते हैं।

खेल में प्रकट होने वाला यह मानस हमारी सतह या ऊपरी चमड़ी नहीं है। यही हमारा मर्म है। क्योंकि युद्ध जैसे गम्भीर और जीवन मरण के अभिक्रम में भी यही मानस प्रकट होता है। *महाभारत* को हम पाँचवाँ वेद कहते हैं और ठीक ही कहा गया है कि जो दुनिया में है वह सब *महाभारत* में है और जो *महाभारत* में नहीं है वह कहीं नहीं है। *महाभारत* ने हम भारतीयों का मानस बनाया है और उसमें हमारी सभी जातीय स्मृतियाँ और अनुभव लिखे पड़े हैं। *महाभारत* भारतीयों के मानस को अपनी पूरी गहराई, व्यापकता और ऊँचाई में जिस तरह अभिव्यक्त करता है वैसा कोई ग्रंथ नहीं करता। *महाभारत* को जय आख्यान भी कहा गया है। एक महायुद्ध और जय का आख्यान है *महाभारत* लेकिन उसमें जय-पराजय मुख्य नहीं है। जिस श्लोक को महाभारत का निचोड़ या गायत्री मंत्र माना जाता है, वह है—

न जातु कामान्न भयान्न लोभाद् धर्म त्यजेज्जीविता स्यापि हेतोः।
नित्यो धर्मः सुखदुःखे त्वनित्ये नित्यो जीवो धातुरस्य त्वनित्यः॥

काम से, भय से, लोभ से अथवा प्राणों के लिए भी धर्म को छोड़ना उचित नहीं। धर्म नित्य है, सुख और दुख (जय और पराजय भी क्षणिक) हैं। जीव नित्य है और शरीर (धातु) अनित्य है।

महाभारत एक महायुद्ध का ग्रंथ है लेकिन उसका निचोड़ यह है कि धर्म सबसे बड़ा है। विजेता पांडवों के बड़े भाई युधिष्ठिर जीतने के बाद बहुत विह्वल हैं और मूर्च्छा खाकर गिर जाते हैं। उन्हें उठने के लिए कौन कहते हैं? धृतराष्ट्र—जिनके सभी पुत्रों को पांडवों ने मार दिया है।

उत्तिष्ठ कुरूशार्दूल कुरू कार्यमंतरम्।
क्षत्रधर्मेण कौंतेय जितेयमवनी स्वया॥

कुरुवंश के सिंह, उठो! और इसके बाद जो कार्य करना है उसे पूरा करो। तुमने क्षत्रिय धर्म के अनुसार इस पृथ्वी पर विजय पाई है।

जब तक सब मिलकर धर्मराज युधिष्ठिर को समझा नहीं देते कि उनकी जीत शोक, लज्जा और दुख का कारण नहीं है, क्षत्रिय धर्म की जीत है, तब तक वे अश्वमेध यज्ञ के लिए भी तैयार नहीं होते। कुरुक्षेत्र के मैदान पर वे जीते हुए खड़े हैं, लेकिन उन्हें दुर्योधन की आवाज (दिनकर के *कुरुक्षेत्र* में) सुनाई देती है—

आ गए हम पार, तुम उस पार हो
यह पराजय या कि जय किसकी हुई?
व्यंग्य, पश्चाताप, अन्तर्दाह का
अब विजय-उपहार भोगो चैन से।

फिर दिनकर जी कहते हैं—

हर्ष का स्वर घूमता निस्तार-सा
लड़खड़ाता मर रहा कुरुक्षेत्र में
और युधिष्ठिर सुन रहे अव्यक्त सा
एक रव मन का कि व्यापक शून्य का।

जो महायुद्ध युधिष्ठिर ने जीता उसके बारे में वे कहते हैं—

यह महाभारत वृथा, निष्फल हुआ,
उफ! ज्वलित कितना गरलमय व्यंग्य है?
पाँच ही असहिष्णु नर के द्वेष से,
हो गया संहार पूरे देश का।

जीत से युधिष्ठिर अपने को जितना व्यर्थ और लज्जित महसूस करते हैं उतना तो पराजित दुर्योधन भी नहीं करता है। युधिष्ठिर को अगर धर्म का सहारा नहीं होता तो वे *महाभारत* में अपनी जीत को सहन नहीं कर सकते थे। जीतने वाले युधिष्ठिर का आखिरी में यह हाल था लेकिन *महाभारत* के महायोद्धा अर्जुन तो कुरुक्षेत्र के रण में आते ही धनुष-बाण नीचे रखकर लड़ने से इनकार कर देते हैं। उनका विषाद कृष्ण दूर करते हैं लेकिन तभी लड़ने को तैयार होते हैं जब कृष्ण उन्हें गले उतार देते हैं कि वे जीत के लिए नहीं लड़ रहे हैं। वे दो श्लोक याद कीजिए जिसमें कृष्ण अर्जुन से कहते हैं कि मरोगे तो स्वर्ग में जाओगे और जीतोगे तो पृथ्वी को भोगोगे इसलिए निश्चयपूर्वक लड़ने को खड़े हो जाओ। सुख दुख, लाभ-हानि और जय-पराजय को समान भाव से देखकर युद्ध लड़ने में कोई पाप नहीं है। जैसा कि सभी जानते हैं—गीता का सन्देश है कर्म करना आपका अधिकार है उसके फल की इच्छा कभी नहीं करनी चाहिए। न अकर्म में पड़ना चाहिए, न कर्म की प्रेरणा उसका फल होना चाहिए। अर्जुन लड़ते हैं क्योंकि लड़ना उनका क्षात्रधर्म है। अपने धर्म में मरना श्रेयस्कर है।

युधिष्ठिर की तरह अर्जुन भी *महाभारत* इसीलिए लड़ते हैं कि वह उनका धर्म है। *महाभारत* में जय और पराजय का कोई महत्त्व नहीं है। महत्त्व है लड़ने का और वह भी धर्म के अनुसार है सिर्फ इसीलिए। मुख्य तो धर्म ही है। गौतम बुद्ध

भी जब राजकुमार थे तो सबसे अच्छी घुड़सवारी करते थे लेकिन घुड़दौड़ जीतने के बजाय रुककर अपने पीछे के घुड़सवार को जीत जाने देते थे। तीरन्दाजी में भी वे अर्जुन थे लेकिन प्रतियोगिता होती तो किसी और को जीत जाने देते। अचरज नहीं कि वे बुद्ध हुए और करुणा और अहिंसा के धर्म के संस्थापक। लेकिन अशोक तो न अपने भाई बन्धुओं से लड़े, न वे शुरू से वैराग्य में थे। वे सम्राट थे और युद्ध करके राज जीतते जा रहे थे। कलिंग में उन्होंने सबसे बड़ा युद्ध लड़ा और जीते लेकिन विजय की व्यर्थता वहीं उन्हें समझ आई और अहिंसा के रास्ते चल निकले। बौद्ध धर्म के अनुगामी हो गए। कृष्ण से लेकर अशोक तक हमारे सभी महानायक युद्ध लड़े और जीते और जीत की व्यर्थता को समझकर जय और पराजय के पार देखने लगे। इन सब महायोद्धाओं के लिए किसी भी कीमत पर और साधन से जीतना जरूरी नहीं रहा। साध्य और साधन की एकता समानता हमारे सारे धर्मों और आख्यानों में अनिवार्य मानी गई। *महाभारत* में होने को क्या नहीं हुआ। लेकिन वह धर्मयुद्ध था और धर्म के लिए लड़ा गया और सार भी यही है कि धर्म ही सबसे बड़ा है। धर्म के सामने जय और पराजय बराबर है बल्कि इन्हें समदृष्टि से देखेंगे तभी धर्म का सही पालन होगा और लड़ने में कोई पाप नहीं होगा।

जय और पराजय के प्रति यह दृष्टिकोण और धर्म की यह अवधारणा भारतीयों के लिए जीत को अन्तिम और पूर्ण लक्ष्य कभी बनने नहीं दे सकती। और इसी कारण हमारे यहाँ पराजय शर्म और अपमान की कारक नहीं है। शर्म, अपमान और पतन धर्म के अनुसार न लड़ने में है। इसलिए भागीदारी और अच्छी तरह खेलना जीतने से ज्यादा महत्त्वपूर्ण है। 'कर्मण्येवाधिकारस्ते मा फलेषु कदाचन'। जीत भी होती है तो हमेशा धर्म की और सत्य की होती है। महात्मा गांधी ने इसी परम्परा में सत्य को धर्म बना दिया। विजयादशमी दशरथ के बेटे राम की लंका के राजा रावण पर विजय का त्योहार नहीं है।

यह अच्छाई की बुराई पर, धर्म की अधर्म पर और सत्य की असत्य पर विजय का पर्व है। विजयादशमी जय और पराजय से परे अजेय तत्त्व के अस्तित्व का बोध कराती है। संसार को विजेताओं और पराजितों में बाँटना और किसी भी कीमत पर, और किसी भी तरीके से कैसे भी जीतना गलत है। जय पराजय के आरपार देखकर ही लड़ना चाहिए और खूब कुशलता से लेकिन निर्वैर वृति से लड़ना चाहिए। इस तरह लड़ते हुए पराजित होने में कोई शर्म नहीं है लेकिन जीतना भी अनिवार्य है। दूसरे महायुद्ध के बाद लिखे *कुरुक्षेत्र* में दिनकर जी ने युधिष्ठिर के जरिये जीत की व्यर्थता बताई है। लेकिन सन् बासठ में जब हम चीन से हिमालय पर हार रहे थे तब उन्हीं दिनकर जी ने *परशुराम की प्रतीक्षा* लिखी। इस विजयदशमी पर उसमें से ये पंक्तियाँ याद रखनी चाहिए—

सच है, छल की विजय, अन्त तक
विजय नहीं अभिशाप है।
किन्तु, भूल मत और पाप जितने घातक हों
समर हारने से बढ़कर घातक न दूसरा पाप है।

[4 अक्टूबर, 1992]

सुख्खा-जिन्दा की फाँसी का फलित

हत्यारे को मौत की सजा देना हत्या को रोकने का सही और सभ्य तरीका नहीं है। इसे समझ कर कई देशों ने मौत की सजा खत्म कर दी है। बीस साल पहले जब जेपी चम्बल के दुर्दान्त डाकुओं का समर्पण करवा रहे थे तो इसी आस्था से कि हत्यारों और लुटेरों को भी सुधरने का मौका देना चाहिए अगर उन्हें अपने किए का सचमुच पछतावा हो और उसकी कीमत चुकाते हुए वे सुधर कर सामान्य जीवन बिताना चाहते हों। तब जेपी ने डाकू सरदारों को वचन दिया था कि उनके अपने अपराध कबूल करने और क्षमा याचना के बावजूद अगर अदालत ने फाँसी की सजा दी और सरकार ने क्षमा याचना की अपील मंजूर नहीं की तो वे उपवास करके अपने प्राण त्याग देंगे।

जेपी प्रधानमंत्री इन्दिरा गांधी से भी कहने गए थे कि समर्पण करने वाले डाकुओं को अगर न्यायालय से मौत की सजा मिले तो सरकार राष्ट्रपति से निवेदन करके उसे उम्र कैद में बदल दे। इन्दिरा गांधी अदालत से तो कुछ भी कहने को तैयार नहीं थीं, न कह सकती थीं। लेकिन उन्होंने भरोसा दिलाया था कि न्यायिक प्रक्रिया पूरी होने के बाद पश्चाताप करने और नया जीवन जीने की इच्छा रखने वाले डाकुओं को क्षमा दान दिलाने की कोशिश करेंगी। जेपी ने अपराध और सजा के बारे में ज्यादा सभ्य और समझदार रवैया अपनाने की जरूरत बताई थी। इन्दिरा गांधी ने उनसे कहा था कि मौत की सजा समाप्त करने के लिए आप देश के जनमानस को तैयार करें। ऐसे प्रयोजनों को उठाने के लिए जेपी हमेशा ही तैयार रहते थे, सुझाव भले ही किसी ने दिया हो। डाकुओं के समर्पण और उसके बाद डकैती को समाप्त करने के इस प्रयोग को लेकर देश भर में जो उत्सुकता और उत्साह जगा था उसमें जेपी बार-बार मौत की सजा को समाप्त करने की बात कहते रहे। एक-दो सेमीनार-गोष्ठियाँ भी उन्होंने करवाईं। फिर बिहार आन्दोलन शुरू हुआ और इमरजेंसी और उसके बाद से तो देश को सभ्य बनाने के बजाय हिंसा और अपराधीकरण का ऐसा सिलसिला शुरू हुआ है कि अब मौत की सजा को हटाने पर कोई बात भी नहीं करता। हम दिनोंदिन एक और ज्यादा हिंसक, संवेदनहीन और पाशविक समाज होते जा रहे हैं।

जनरल वैद्य की हत्या करने वाले सुख्खा और जिन्दा को फाँसी न हो इसकी ऐन मौके पर कोशिश करने वाले अकाली दलों और पंथक संगठनों की दलील भी यह नहीं थी कि मौत की सजा ही गलत है क्योंकि इससे हत्या को रोकने का मकसद पूरा नहीं होगा। शायद वे यह दलील दे भी नहीं सकते थे क्योंकि सुख्खा और जिन्दा ने विशेष अदालत में कहा था कि हाँ हमने जनरल वैद्य को मारा है। लेकिन यह हमने सोच-समझकर योजना बनाकर—स्वर्ण मन्दिर पर 'सेना को हमला करने का आदेश देने की सजा' के नाते किया है। हमें इसका कोई पछतावा नहीं है बल्कि गर्व है कि हमने बदला लिया। हम मौत से नहीं डरते। सुख्खा-जिन्दा के इस बयान को पंजाब के अखबारों में एक पंथक कमेटी ने हत्या की धमकी से हू-ब-हू छपवाया था। सुख्खा-जिन्दा न क्षमा याचना करना चाहते थे और न चाहते थे कि उनकी तरफ से ऐसा कोई करे। वे अपने को स्वर्ण मन्दिर पर हमले का बदला लेकर जनरल वैद्य को सजा देने वाले पंथ के न्यायाधीश कहते थे।

ठंडे दिमाग से सोच और योजना बनाकर की गई हत्या का जिन हत्यारों को कोई पछतावा न हो और जो नये जीवन की शुरुआत की इच्छा न रखते हों उनके लिए क्षमा दान की अपील कैसे की जाए? देश के कानून में अगर मौत की सजा का प्रावधान ही नहीं होता तो सुख्खा-जिन्दा को फाँसी नहीं होती। लेकिन हत्या की सबसे बड़ी सजा देश की न्याय व्यवस्था में फाँसी ही है। पुणे की यरवदा जेल में बैठी विशेष अदालत के न्यायाधीश रूईकर ने पाया कि जनरल वैद्य की हत्या के इस अपराध की बड़ी से बड़ी सजा दी जानी चाहिए। जनरल वैद्य ने स्वर्ण मन्दिर में सैनिक कार्रवाई जनहित में दिये गए सरकार के आदेश के अनुसार की। स्थल सेनाध्यक्ष होने के नाते यह उनका कर्तव्य था, कोई निजी निर्णय नहीं। इस कार्रवाई का उद्देश्य भी अकाल तख्त को तोड़ना-फोड़ना नहीं था। सेना को कार्रवाई का आदेश देने के लिए बदले में उन्हें मारने का कोई औचित्य नहीं है। न्यायाधीश रूईकर के इस फैसले पर विचार करके सुप्रीम कोर्ट ने इसकी पुष्टि की। देश के लोग अगर इससे सहमत नहीं होते तो सुख्खा और जिन्दा को प्राणदान करने की अपील करने वाले और लोग भी होते सिर्फ अकाली दल और पंथक संगठन नहीं।

अकालियों के यह कहने में कोई दम नहीं है कि सुख्खा-जिन्दा को टाडा के तहत मौत की सजा दी गई और चूँकि टाडा की वैधता को ही सुप्रीम कोर्ट में चुनौती दी गई है, इसलिए फाँसी गैरकानूनी थी। सुख्खा-जिन्दा को देश की दंड संहिता की धारा 302 और 307 के तहत सजा दी गई। साल भर से ज्यादा मामला अदालत में चला। कोई तीन साल तक विशेष अदालत का फैसला सुप्रीम कोर्ट के विचार के लिए रहा। न्याय की प्रक्रिया पूरी करने के बाद ही सुप्रीम कोर्ट ने सजा की पुष्टि की। और उसके बाद भी अपील की सुनवाई हुई। 10 अगस्त, 1986 को जनरल वैद्य को मारने वाले सुख्खा और जिन्दा को छह साल और दो महीने के

बाद फाँसी हुई। इसमें न तो कोई जल्दबाजी की गई है, न न्याय की प्रक्रिया के साथ छेड़छाड़ करके मामले को आनन-फानन में निपटाया गया है। सही है कि मौत की सजा कानून के अनुसार की गई हत्या है। अवधारणा में देखें तो यह हत्या का सामाजिक, वैधानिक और कानूनी बदला भी है जिसे कोई व्यक्ति नहीं, समाज अपनी न्यायिक संस्था के जरिये लेता है।

लेकिन इससे उन अकालियों और उनके समर्थकों को एतराज क्यों होना चाहिए जो खून के बदले खून को अपने धर्म की परम्परा ही बता कर लोगों में खपा रहे हैं। गुरुओं ने शहादत दी और शहादत को एक उदात्त मूल्य के नाते सिख-समाज में स्थापित किया। लेकिन शहादत खुशी-खुशी बलिदान देना है या कायरता से हमला करके हत्या करना? बदला लेना शहादत नहीं है। बदले की जिस भावना को ये अकाली और पंथक संगठन शहादत बता रहे हैं वह दरअसल कबायलियों के दिल में जलने वाली आग है। वह सिख गुरुओं की परम्परा नहीं है। इन्दिरा गांधी की हत्या को स्वर्ण मन्दिर पर हमले का बदला मान कर इंग्लैंड में नाच करने वाले कबायली वहशी थे, ठीक वैसे ही जैसे कि इन्दिरा गांधी की हत्या का बदला दिल्ली के आम सिखों से लेने वाले लोग थे। अगर इन्दिरा गांधी और जनरल वैद्य की हत्या करना इसलिए 'पुण्य कार्य' है कि यह स्वर्ण मन्दिर पर हमले का बदला है तो इन हत्याओं का बदला लेने के लिए दूसरों ने जो किया उसे गलत क्या माना जाए? एक लोकतांत्रिक देश में बहुमत से निर्वाचित और संविधान से स्थापित सरकार ने देश की एकता और अखंडता की रक्षा के लिए जो फैसला किया और जिसे देश के अधिकांश लोगों का समर्थन था उसके लिए प्रधानमंत्री और सेनापति की हत्या करना क्यों पाप नहीं है? देश के संविधान और लोकतांत्रिक व्यवस्था में तो इन्दिरा गांधी के निर्णय का औचित्य लिखा हुआ है। सिखों के किस ग्रंथ और किस गुरु ने बदले की हिंसक कार्रवाई को धार्मिक मान्यता दी है?

बदले की अपनी कार्रवाई को जो लोग उचित ही नहीं, पुण्य कार्य मानते हैं वे बदले के सिद्धान्त के खिलाफ नहीं हो सकते। लेकिन जो लोग इस तरह के बदले को गलत मानते हैं उन्हें इन्दिरा गांधी की हत्या के बदले में की गई हिंसक कार्रवाई को भी गलत मानना चाहिए और उसके लिए दोषी पाए गए लोगों को देश की न्याय-व्यवस्था के अनुसार सजा मिलनी चाहिए। लेकिन जिन लोगों को एक जनरल वैद्य की हत्या के लिए दो को फाँसी दिये जाने और सिर्फ छह साल में दे दिये जाने से दुख है और जिसे वे इसलिए स्वीकार नहीं कर सकते कि इसके पहले नवम्बर, 84 के दंगों के दोषियों को सजा नहीं हुई है—वे जरा इन्दिरा गांधी की हत्या करने वाले बेअन्त और सतवन्त और जनरल वैद्य को मारने वाले सुख्खा और जिन्दा की हिंसा और साम्प्रदायिक दंगों की पागल हिंसा का फर्क भी समझें।

नवम्बर, '84 में सिखों के खिलाफ पहली बार कुछ शहरों में साम्प्रदायिक दंगे हुए लेकिन हिन्दू-मुसलमानों के बीच ऐसे दंगे तो कई और कई सालों से हो रहे हैं। ये दंगे किसने करवाए और इनके लिए कौन दोषी हैं इसके अन्दाज और उनका प्रचार भी काफी हुआ है। इन दंगों की न्यायिक जाँच भी हुई है। रपटें आई हैं और छपी हैं। इनमें मुसलमान नेता भी दोषी पाए गए हैं और हिन्दू भी। लेकिन उनके निजी रूप से शामिल होने या दंगे करवाने की योजना बनाने और साजिश करने के सबूत नहीं मिल पाते इसलिए अदालत से सजा नहीं हो पाती। साम्प्रदायिक दंगों का इतना लम्बा इतिहास देश में है लेकिन उनके दोषियों को सजा के इक्के-दुक्के उदाहरण ही मिलते हैं। ऐसा नहीं कि यह प्रशासनिक और न्यायिक अक्षमता स्वतंत्र भारत की 'हिन्दू' सरकार में ही है। अंग्रेजों के राज में भी साम्प्रदायिक दंगों और साम्प्रदायिक हिंसा में कितने लोगों के खिलाफ मुकदमे चले और कितनों को सजा हुई? साम्प्रदायिक दंगों और साम्प्रदायिक हिंसा का रूप ही ऐसा है कि वह सामूहिक पागलपन की तरह फैलती है। उसके लिए तीन-चार लोगों को निजी रूप से अपराधी साबित करना असम्भव होता है। इसीलिए इतने हल्ले और दबाव के बावजूद सज्जन कुमार, जगदीश टाइटलर और हरकिशन लाल भगत जैसे '84 के दंगों के दोषी कहे जाने वाले लोगों के खिलाफ सबूत मिल कर कुछ साबित नहीं होता। इसका मतलब यह कतई नहीं कि नवम्बर, '84 के दंगों में इन्दिरा गांधी की हत्या का बदला लेने की भावना से प्रेरित कांग्रेसी नेताओं का कोई हाथ नहीं था और उन्हें सजा नहीं होनी चाहिए। न्याय व्यवस्था में अपराध साबित होने या करने की प्रक्रिया है जो निजी हिंसा पर जितनी आसानी से काम करती है, उतनी सामूहिक पागलपन की हिंसा पर नहीं कर पाती। ऐसी व्यवस्था निश्चित ही विकसित की जानी चाहिए जो साम्प्रदायिक दंगों की सामूहिक हिंसा पर भी न्याय कर सके। दुनिया में ऐसी कोई प्रभावकारी व्यवस्था नहीं है लेकिन होनी चाहिए। लेकिन तब तक आप निजी तौर पर की गई हिंसा की सजा को अनुचित तो नहीं मान सकते?

दिल्ली की अनवर कौर का मामला सभी का दिल दहलाता है। लेकिन जिस पंजाब में पंथ और सिखों के हकों और आजादी के लिए बारह साल से संगठित आतंकवादी हिंसा चल रही है उसमें एक नहीं, हजारों अनवर कौर हैं। दिल्ली में अनुमान है कि दो हजार विधवाएँ हैं पंजाब में कितनी विधवाएँ हैं आप जानते हैं? कितने सालों से तो *पंजाब केसरी* धन इकट्ठा करके पंजाब की अनवर कौरों को सहायता दे रहा है। ये अनवर कौर तो किसी सज्जन कुमार के खिलाफ हलफनामा भी नहीं दे पातीं। पिछले बारह सालों में पंजाब में हजारों लोगों की पंथ और सिखों की आजादी के नाम पर हत्याएँ की गई हैं। सब आतंकवादियों ने नहीं की हैं। पुलिस और अर्धसैनिक बलों और सेना ने भी की हैं—शान्ति और व्यवस्था के नाम पर। पंजाब में तो न्याय-व्यवस्था का नाम भी नहीं है। मार दिये जाने के डर

से गवाह नहीं आते, हत्या के डर से मजिस्ट्रेट सुनवाई नहीं करते। न्याय प्रक्रिया पूरी होकर सजा होने का तो सवाल ही पैदा नहीं होता। न्यायिक प्रक्रिया को वहाँ पुलिस-प्रशासन और सरकार ने ठप्प नहीं किया है। आतंकवादियों ने किया है। चूँकि न्यायिक प्रक्रिया को वहाँ पुलिस-प्रशासन और सरकार ने ठप्प नहीं किया है। आतंकवादियों ने किया है। चूँकि न्यायिक प्रक्रिया से किसी को कोई सजा हो ही नहीं सकती इसलिए पुलिस वाले भी जिसे अपराधी मानते हैं उसे वैसे ही सजा दे देते हैं जैसी आतंकवादी देते हैं? पुलिस वाले कानून और संविधान से बंधे हैं इसलिए वैसा नहीं कर सकते जैसा कि आतंकवादी करते हैं। लेकिन पंजाब का पुलिस-प्रशासन आतंकवादी तरीकों से इनकार करके भी अगर उन्हीं का इस्तेमाल करता है तो इसलिए कि वह दबी जबान में कहता है कि वहाँ की परिस्थिति में कानून और संविधान को लागू नहीं किया जा सकता। यह गलत है और इसे स्वीकार नहीं किया जा सकता। लेकिन यह वहाँ की वास्तविकता है। इसे बदलने में कितने अकाली दल व पंथक संगठन मदद कर रहे हैं?

सुख्खा और जिन्दा को फाँसी देने के परिणामों से देश को आगाह करने वाले अकाली दल और पंथक संगठन तीन दिन का पंजाब 'बन्द' करवा के देख चुके हैं कि इस मामले में आम सिख उनके कितने साथ हैं। जिन आम लोगों ने बन्द नहीं किया वे मुख्यधारा में लौटना चाहते हैं और खालिस्तान बनाना नहीं चाहते। सिखों को मुख्यधारा में आने न देने और खालिस्तान बनाने में लगाने वाले ये अकाली दल और पंथक संगठन हैं इसलिए ये संत लोंगोवाल के तो आतंकवादियों के हाथों मारे-जाने पर भोग समारोह नहीं करते, सुख्खा-जिन्दा की फाँसी पर अकाल तख्त पर भोग डालना चाहते हैं। पंथक संगठनों ने प्रस्ताव पास करके उस लक्ष्य को अपना लक्ष्य माना है जिसके लिए सुख्खा-जिन्दा ने कुरबानी दी और जिसे पूरा करने के लिए वे काम करेंगे। सुख्खा-जिन्दा का तरीका था बदले की हिंसा और लक्ष्य था खालिस्तान। जो अकाली दल, पंथक संगठन और उनसे सहानुभूति रखने वाले समर्थक सुख्खा-जिन्दा और नवम्बर, '84 के दंगों के लिए न्याय चाहते हैं—वे जरा अपने दिल टटोलें कि सचमुच चाहते क्या हैं? फाँसी से हत्या नहीं रुकती। लेकिन आपराधिक हिंसा से भी राष्ट्र नहीं बनते, न धर्म और मानवता की सेवा होती है।

[16 अक्टूबर, 1992]

इच्छापूर्तियों में भारत

हम मेजबान थे इसलिए अपनी ओर से तो हमलावर रवैया नहीं ले सकते थे। लेकिन पाकिस्तान इतने मंचों पर और इतनी तरह से कश्मीर का मामला उठा चुका है कि हमें उससे हॉकी या क्रिकेट मैच खेते हुए भी होशियार रहना और तैयारी रखनी चाहिए। लेकिन इन्दिरा गांधी के चुस्त-चालाक राज में भी वह अपनी वाली दिखा जाता था और हम पसारा समेटते रह जाते थे। नरसिंह राव के राज में और वह भी मेजबान होते हुए अगर अन्तर संसदीय सम्मेलन में वह कश्मीर के पत्थर से खिड़की तोड़ गया और हम अपने घर में ही कांच बटोरते रहे तो कोई अनहोनी नहीं हुई। जवाब देने के अपने अधिकार का इस्तेमाल करके हमने कह भी दिया जो हमें कहना था। लेकिन समारोह की बन्दनवार नोचने और मेजबान से तू-तू, मैं-मैं करने की उसे हिम्मत कैसे हुई? क्या हमारा विदेश मंत्रालय कभी ऐसा सीधा-सादा सवाल अपने से पूछता है?

अपनी मेहमाननवाजी का फायदा गौहर अय्यूब ने भी उठाया जो सम्मेलन में पाकिस्तानी संसद के स्पीकर के नाते आए थे और अब राष्ट्रपति इसहाक खान द्वारा डिसमिस किये जाकर सुप्रीम कोर्ट में अर्जी दिये बैठे हैं। जब वे नई दिल्ली में कह रहे थे कि भारत में अंग्रेजों का चढ़ाया लोकतंत्र का सिर्फ मुलम्मा है तब राष्ट्रपति इसहाक खान पाकिस्तान की तीसरी निर्वाचित सरकार को हलाक करने की तैयारी कर रहे थे। अब साफ है कि पाकिस्तान में तो लोकतंत्र का मुलम्मा भी नहीं है। वहाँ शुरू से सेना की नौटंकी चल रही है जिसमें कठपुतलियाँ बनती-टूटती रहती हैं।

लेकिन पाकिस्तान से लोकतंत्र पर बात में भी क्यों पड़ा जाए? अपन तो गौहर अय्यूब के उच्च विचारों से भारत के प्रति वहाँ के शासकों का खाँटी पाकिस्तानी रवैया समझने की कोशिश करें। गौहर अय्यूब विभाजन के पहले भारत में पले-पनपे मुसलमान नहीं हैं जो उनमें कभी अपने विजेता शासक होने का घमंडी बड़बोलापन हो और जो अंग्रेजों की देखादेखी परवान चढ़ा हो। वे जिन्ना की उस लीगी राजनीति में नहीं रहे जो भारत और हिन्दुओं को हिकारत से डिसमिस करके घर लौटते अंग्रेजों से ज्यादा रियायतें लेने पर चलती थी। गौहर अय्यूब-जनरल अय्यूब के

बेटे हैं जो कभी पाकिस्तान के सैनिक तानाशाह हुआ करते थे और सन् पैंसठ में पंजाब के मैदानों में से अपने टैंक दौड़ाते हुए लाल किले से भारत पर राज करने का शेखचिल्लीपन कर बैठे थे।

अय्यूब तो अब खुदा को प्यारे हो गए लेकिन उनके बाद याह्या खां ने पूर्वी पाकिस्तान गंवा दिया। भारत से एक हजार साल लड़ने की कसम खाने वाले भुट्टो को अपने नब्बे हजार सिपाहियों को भारत की कैद से छुड़ाने के लिए शिमला समझौता करना पड़ा। फिर भुट्टो साहब को जनरल जिया ने गद्दी से उतारा और फाँसी पर चढ़वा दिया। फिर जनरल जिया को उन्हीं के लोगों ने आसमान में विमान तुड़वा कर मार डाला। फिर तीन सरकारों को राष्ट्रपति ने हलाक कर दिया। उन्हीं में से आखिरी सरकार के जमाने में गौहर अय्यूब भारत के खिलाफ राष्ट्र बनने की कोशिश में लगे अजूबे देश पाकिस्तान में पले पनपे हैं। लेकिन सोचते हैं अंग्रेजों के उचकाए और छू लगाए लीगी नेताओं की तरह। वे करेले और नीम चढ़े हैं। वे कह गए हैं कि कश्मीर से भारत का बिखरना शुरू होगा और वह सोवियत संघ की तरह टुकड़े-टुकड़े हो जाएगा।

जब आप किसी के खौफ में लगातार जीते हैं तो उससे पिंड छुड़ाने के लिए उसके हलाक हो जाने की मन्नत मानते हैं। मन के लड्डू फोड़ कर अपनी मुराद पूरी करते हैं और इस तरह असलियत में जो नहीं कर सकते उसे खयालों में बार-बार करते हैं। फंतासी की ऐसी दुनिया पाकिस्तान के हर हुक्मरान के पास रहती आई है। जिन्हें अपने वजूद का सबूत किसी के खिलाफ होने से मिलता है वे सामने दुश्मन न हो तो ताश के पत्तों की तरह बिखर जाएँगे। पाकिस्तान बना रहे इसलिए वहाँ के हर हुक्मरान को भारत का हौव्वा खड़ा करना पड़ता है। ऐसे देश में रहने वाले लोगों के ज़हन में खौफ जीने के लिए साँस लेने की तरह हो जाता है। उसे बने को अब छियालीस साल हो जाएँगे। लेकिन पाकिस्तान अपने बने रहने का औचित्य अपने अन्दर से नहीं पाता। उसमें अपने होने का सहज आत्मविश्वास नहीं है जो भूगोल, इतिहास, संस्कृति और परम्परा वाले देशों में अपने आप पनपा होता है।

सैंतालीस साल पहले पाकिस्तान नहीं था। वह भारत को काटकर बनाया गया है और उसके लोगों को लगता है कि मुख्य शरीर नहीं होगा तो हम कैसे रहेंगे। वे सहज होने के लिए या तो मुख्य शरीर से जुड़ जाना चाहते हैं या खुद ही वह शरीर हो जाना चाहते हैं। कोई पाकिस्तानी अभी नहीं कह सकता कि हम भारत में जुड़ जाना चाहते हैं इसलिए वे उसे तोड़ कर खुद हो जाना चाहते हैं। भारत पर राज करके उसे अपना बनाने का उदाहरण वे भारत के इतिहास से पा सकते हैं हालाँकि वे न मुगल हैं, न लोधी, न अफगान, न तुर्क, न अरब। उनका धर्म जरूर इसलाम है लेकिन वे लोग तो वही हैं जो भारत में हैं। इसलिए वे पीछे इतिहास में

अपने को उन हमलावरों और विजेताओं से जोड़ते हैं जो कभी बाहर से आए थे लेकिन भारतीय हो गए। हमलावर जब आए होंगे तब जैसे वे थे वैसे तो पाकिस्तानी शासक और मुसलमान नहीं हो सकते, वे कितनी ही कोशिश कर लें। जमीन के टुकड़े को तो अलग करके नकली राष्ट्र बनाया जा सकता है लेकिन खून और मन की बनावट ऐसे नहीं बदलती।

आज जो बांग्लादेश है वह बाईस साल पहले पूर्वी पाकिस्तान था। इसके भी सैंतालीस साल पहले भारत था। उसे पश्चिमी पाकिस्तान से मिलाकर अलग राष्ट्र बनाने वाले मुसलमानों ने ही उसे बांग्लादेश बनाया क्योंकि न तो वह पाकिस्तान से भूगोल से जुड़ा था, न इतिहास और सामाजिक-सांस्कृतिक परम्पराओं से, न जातीयता से। पूर्वी पाकिस्तान पश्चिमी पाकिस्तान से भी बड़ा अजूबा था। उसे टूट कर स्वतंत्र होने में चौबीस साल लगे। जिस आधार पर पाकिस्तान बनाया गया था इसलाम का वह आधार अब भी मौजूद है। लेकिन पाकिस्तान के पश्चिमी अंग को इसलाम पूर्वी अंग से नहीं जोड़ पाया। एक भी नहीं रख पाया। मुसलमान होते हुए और बने रह कर पूर्वी पाकिस्तान बांग्लादेश हो गया। बाईस साल से वह भी भारत विरोध पर जी रहा है लेकिन उसके लोगों को शरण भारत में ही मिलती है। वह पश्चिम बंगाल के लोगों से अपने को जितना नजदीक पाता है, उतना उसने पश्चिमी पाकिस्तान के पंजाबियों, सिंधियों, बलूचियों और पठानों से कभी नहीं पाया हालाँकि उन्हीं की तरह पूर्वी पाकिस्तान के बंगाली भी मुसलमान थे और हैं। पाकिस्तान के सिंधी भी मुसलमान हैं लेकिन मुसलमान पंजाबियों के दबदबे से अलग होने के लिए आजाद हो जाना चाहते हैं। उन्हें भी धर्म एक नहीं रख पा रहा है। पूर्वी पाकिस्तान के बांग्लादेश हो जाने ने साबित किया कि सिर्फ धर्म से राष्ट्र नहीं बनते।

इसके बावजूद गौहर अय्यूब को भारत तो टुकड़े-टुकड़े होता दिख रहा है लेकिन उन्हें पाकिस्तान की फिकर नहीं है। अगर भारत कश्मीर से अलग होते-होते सोवियत संघ की तरह पन्द्रह गणराज्यों में बिखर जाएगा तो पाकिस्तान के चार राष्ट्र क्यों नहीं बनेंगे? और यह पाकिस्तान ही नहीं रहेगा तो कश्मीर उसमें मिलकर क्या करेगा? वह भी स्वतंत्र राष्ट्र हो जाएगा। आखिर पाकिस्तान इसीलिए तो उस पर अपना अधिकार मानता है कि वह मुसलमान बहुमत वाला राज्य है। नहीं तो न तो उसके राजा हरि सिंह पाकिस्तान में मिलना चाहते थे, न वहाँ के कश्मीरी मुसलमान। बल्कि जब पाकिस्तान के भेजे कबायलियों ने कश्मीर पर हमला किया तो शेख अब्दुल्ला की अगुआई में कश्मीरी मुसलमान ही पाकिस्तानियों से लड़े थे भारतीय सेना तो बाद में पहुँची। फिर राजा हरि सिंह ने बाकायदा कश्मीर का भारत में विलय किया और शेख अब्दुल्ला ने उसका स्वागत किया। अगर कश्मीरी शेख अब्दुल्ला और फारूक अब्दुल्ला का कश्मीर से कोई मतलब नहीं तो गौहर अय्यूब का क्या लेना-देना है?

लेकिन नहीं, कश्मीर में आग लगाकर पाकिस्तान सपने देख रहा है कि वह भारत से अलग होगा और भारत सोवियत संघ की तरह बिखर जाएगा। पूर्वी पाकिस्तान जब बांग्लादेश हो गया तो कश्मीर कैसे पाकिस्तान में मिल जाएगा? और पाकिस्तान उसे स्वतंत्र रहने देगा? पाकिस्तान हड़पने की कोशिश करेगा तो भारत क्यों छोड़ देगा? आत्मनिर्णय क्या सिर्फ भारत में जुड़े कश्मीर के लोग करना चाहते हैं? पाकिस्तान के कब्जे के कश्मीर वाले लोग क्या अपनी किस्मत का फैसला कर चुके या उन्हें पाक फौज ने दबा रखा है? गौहर अय्यूब इन सवालों पर नहीं जाएँगे क्योंकि कश्मीर के अलग होने और भारत के छोटे और अच्छे राज्यों में बिखर जाने की असलियत, वास्तविकता या सम्भावना से उनका कोई वास्ता नहीं है। वे तो हर पाकिस्तानी शासक की फंतासी पूरी करना चाहते हैं। उनका शेखचिल्लीपन उन्हें मुबारक! अपने अस्तित्व के प्रश्नों से तो हमें खुद ही निपटना है।

लेकिन भारत के बिखराब में अपनी इच्छा पूर्ति देखने वाले सिर्फ पाकिस्तानी हुक्मरान नहीं हैं। जब सोवियत संघ बिखर गया तो उसके साथ इस देश के लाइलाज कम्युनिस्टों का भी सपना बिखर गया। सोवियत संघ जैसे हाल भारत के भी हो सकते हैं या होंगे ऐसी आशंका बल्कि उम्मीद कई कम्युनिस्टों ने प्रकट की। इस नियति से बचने के लिए उनका सुझाव था कि भारत तेजी से अपने राज्यों को ज्यादा से ज्यादा स्वायत्तता दे। केन्द्र अपने पास सिर्फ रक्षा, विदेशी मामले, मुद्रा और संचार-परिवहन जैसे क्षेत्र रखे। बाकी राज्यों को अपना काम चलाने की पूरी छूट हो। राज्यों को अधिक स्वायत्तता देने की माँग देश में पुरानी चली आ रही है। कम्युनिस्टों से ज्यादा तो समाजवादी और गांधीवादी लोग इसकी माँग उठाते रहे हैं। लेकिन सोवियत संघ के पन्द्रह गणराज्यों में अलग हो जाने के बाद कम्युनिस्टों ने यह बात नये सिरे से उठाई। अगर सोवियत संघ बिखर गया तो भारत कैसे एक रह सकता है? क्षेत्रीयता और जातीयता की ताकतें-विचारधारा, राष्ट्रवाद और महाबली राज्य से भी ज्यादा शक्तिशाली साबित हुई हैं। उन्होंने सोवियत संघ को तोड़ दिया तो भारत को कैसे एक रहने देंगी? नहीं रहने देंगी। नहीं रहने देना चाहिए।

भारत के विखंडन में इच्छापूर्ति का जैसा निहित स्वार्थ पाकिस्तानी शासकों का है वैसा ही सोवियत संघ के बिखरने से निराश और हताश हुए भारतीय कम्युनिस्टों का भी है। आप देख सकते हैं कि इन दोनों का भारत की वास्तविकता और अन्तरनिहित एकता से कोई असली वास्ता नहीं है। पाकिस्तानी शासकों को समझ नहीं आता कि जो भारत इसलाम के नाम पर हमला करने आए आक्रांताओं से भी पहले से हमलावरों और उसे तोड़ने आए तुर्रमखांओं को पचाता रहा उसकी एकता एक कश्मीर पर नहीं टिकी है। गौहर अय्यूब ने कहा कि अत्याचारी जाति व्यवस्था, छुआछूत और गैरबराबरी भारत को टिकने नहीं देगी। वे जानते हैं कि ये सब व्याधियाँ भारत में आज नहीं आई हैं। फिर भी उन्हें लगता है कि कश्मीर के

जरिये पाकिस्तान भारत को नहीं तोड़ पाया तो ये व्याधियाँ उसे तोड़ कर रख देंगी। भारत की एकता और उसके लोकतंत्र की जड़ें कहाँ हैं और कैसी हैं—यह खौफ में पले-पनपे गौहर अय्यूब को समझ नहीं पड़ता क्योंकि वे उसका विखंडन देखना चाहते हैं। जैसा वह है वैसा उसे देखने और समझने की कोशिश नहीं करना चाहते।

पुराने कम्युनिस्ट भी भारत को विदेशी नजर से देखते हैं। जैसा रूसी या सोवियत संघ के पुराने गणराज्य—अपने को देखते और समझते थे वैसा भी रूस को वे नहीं जानते थे। उनके लिए सोवियत संघ एक सपने का साकार रूप था। सोवियत संघ की वास्तविकता से उनका कोई वास्ता नहीं है। इसलिए पन्द्रह स्वतंत्र गणराज्यों में बँट कर पुराने सोवियत संघ के लोगों ने तो राहत और सन्तोष की साँस ली लेकिन भारत के पुराने कम्युनिस्ट सदमे में रहे और फिर निराशा में उतर गए। इन लोगों को समझ नहीं आता कि भारत को किसी राज्य ने जबरदस्ती एक नहीं किया है जैसा कि लेनिन और स्तालिन ने सोवियत संघ को किया था। बल्कि जिस भारत को अभी हम एक राष्ट्र मान कर बैठे हैं वह भी अलग-अलग सम्राटों के साम्राज्य में बिलकुल ऐसा ही नहीं था। कभी अफगानिस्तान, बर्मा, श्रीलंका भी उसमें थे और कभी बाहर। भारत की सांस्कृतिक, भौगोलिक और ऐतिहासिक सीमाएँ बदलती रही हैं। कभी उसमें छोटे-छोटे सार्वभौम राज्य रहे हैं और कभी वह पूरा एक साम्राज्य। लेकिन वह सनातन भारत फिर भी रहा है।

पाकिस्तानी शासकों और पुराने कम्युनिस्टों की इच्छा पूर्ति चूँकि भारत के विखंडन में होती है इसलिए उन्हें वे शक्तियाँ ही दिखाई देती हैं जो भारत को तोड़ सकती हैं। लेकिन जो भारत को एक और महाबली बनाने की बात करते हैं वे भी क्या उसकी एकता की शक्तियों को पहचानते हैं? कहा जाता है कि मंडल रपट चूँकि भारत को जातियों में बाँट कर उन्हें लड़ाते रहने और राज करते रहने की तरकीब के नाते लागू की जा रही थी इसलिए भारतीय (यानी हिन्दू) समाज को एक करने के लिए लालकृष्ण आडवाणी राम रथ लेकर दिग्विजय पर निकल पड़े। धर्म तो भारत को एक रख सकता है क्योंकि उसमें इसलाम, ईसाइयत, सिखी आदि सबके लिए जगह है। लेकिन इस धर्म को सम्प्रदाय बनाया और उसी से भारत की राष्ट्रीयता को परिभाषित करने की कोशिश की तो क्या उसके भी वही हाल नहीं होंगे जो धर्म के आधार पर बने पाकिस्तान के हुए? धर्म राष्ट्र नहीं बनाता यह हम अपनी आँखों से पिछले पचास साल में देख चुके हैं। भारत की एकता भी अगर हिन्दू सम्प्रदाय पर टिकी होती तो वह कभी का हिन्दू राष्ट्र हो गया होता या मुगलों और लोधियों के वक्त इसलामी राष्ट्र हो गया होता या अंग्रेजों का साम्राज्य बन कर ईसाई राष्ट्र हो जाता।

भारत में यह सब नहीं हुआ तो इसलिए कि उसने सम्प्रदायों, जातियों, बोलियों, जनपदों और तमाम तरह की विविधताओं को साधने का धर्म विकसित किया। अब

इस धर्म को सम्प्रदाय में दिखने और बाबरी मसजिद को गिरा कर देश के अस्सी प्रतिशत लोगों को एक करने का दावा करने वाले लोग इसे किस एकता में जोड़ेंगे। उनका भी भारत की वास्तविकता से क्या पाकिस्तानी शासकों और पुराने कम्युनिस्टों से ज्यादा वास्ता है? या यह इनकी इच्छा पूर्ति है?

[24 अप्रैल, 1993]

मनाने को मनौती भी नहीं है

जिस परिस्थिति में नरसिंह राव के कार्यकाल के दो साल पूरे हो रहे हैं उसमें यह कहना भी अजीब लगेगा कि वे अपने प्रधानमंत्रित्व की दूसरी वर्षगाँठ मना रहे हैं। मनाने को कुछ नहीं है सिवाय मनौती के और नरसिंह राव के पास ऐसे लोग गिनती के भी नहीं हैं जो खुद होकर उनके लिए मनौती मनाएँ। एक कांग्रेसी प्रधानमंत्री के लिए यह सचमुच दयनीय अनहोनी है।

जवाहरलाल नेहरू का सत्रह साल का कार्यकाल छोड़ दें तो भारत का हर प्रधानमंत्री अपना दूसरा साल पूरा करते-करते संकट में फँसा है। उसके चेहरे की चमक उतर गई है और जिस प्रभामंडल के साथ वह सत्ता में आया है उसकी जगह सन्देह के घेरे ने ले ली है। नरसिंह राव की दुखद और दयनीय स्थिति समझने के लिए इन्दिरा गांधी से शुरू करें। इन्दिराजी जनवरी 1966 में प्रधानमंत्री बनीं। सड़सठ में उनके प्रधानमंत्री होते हुए कांग्रेस ने चुनाव लड़ा और पहली बार पार्टी लोगों की नजर से उतरती दिखी। वे प्रधानमंत्री तो हो गईं लेकिन सड़सठ और अड़सठ के साल संविद सरकारों के बनने-बिगड़ने और गूंगी गुड़िया इन्दिरा गांधी के बिलकुल बेअसर साबित होने के रहे। दूसरा साल पूरा होते-होते कांग्रेस के सिंडीकेटी दादाओं का इरादा साफ हो गया था। जुलाई उनहत्तर यानी प्रधानमंत्री बनने से सवा दो साल में उन्हें पार्टी तोड़नी पड़ी।

इन्दिराजी कांग्रेसी महाभारत और मध्यावधि की जनता की अदालत से शानदार विजेता होकर निकलीं। दिसम्बर इकहत्तर में बांग्लादेश युद्ध और मार्च बहत्तर में राज्यों के सारे चुनाव जीतकर उन्होंने अपने चक्रवर्तित्व का डंका पीट दिया। लेकिन साल भर बाद वे भ्रष्टाचार की गंगोत्री बनी दिखीं। उत्तर प्रदेश और ओडीशा में विधानसभा चुनाव के लिए इकट्ठे किये गए कुछ करोड़ की बात पर जेपी उनसे दुखी हुए। गुजरात में छात्रों ने चिमनभाई पटेल को 'चिमन चोर' कहकर नवनिर्माण आन्दोलन शुरू किया। उससे प्रेरित होकर जेपी ने बिहार आन्दोलन छेड़ा।

सतहत्तर में इमरजेंसी के बाद मोरारजी प्रधानमंत्री हुए। मार्च उन्यासी तक वे गले-गले संकट में आए और जुलाई में उनकी सरकार गई। इन्दिरा गांधी दुबारा

अस्सी में आईं। तिरासी की शुरुआत में पंजाब ने उन्हें भी मुश्किल में डाल दिया। लेकिन दूसरे साल का संकट सबसे दर्शनीय है राजीव गांधी के मामले में। जनवरी पिच्चासी में जब वे प्रधानमंत्री हुए तो उनके पास चार सौ तेरह सांसदों का बहुमत था जो न जवाहरलाल को मिला था, न इन्दिरा गांधी को। पिच्चासी में वे जिसे छूते थे सोना हो जाता था। छियासी में उनकी कलई उतरने लगी। सत्तासी शुरू हुआ कि फेयरफैक्स, फिर जर्मन पनडुब्बी, फिर बोफोर्स, फिर जैलसिंह और फिर वीपी सिंह। राजीव गांधी संकट में पड़ गए। दिसम्बर नवासी में वे गए और वीपी सिंह प्रधानमंत्री हुए। उन्होंने एक साल भी पूरा नहीं किया। बीच में चरण सिंह और चन्द्रशेखर भी कुछ महीने प्रधानमंत्री रहे। फिर नरसिंह राव जून इक्यानवे में प्रधानमंत्री बने। उनके हाल आप देख ही रहे हैं।

सात में से चार प्रधानमंत्रियों ने दो साल पूरे किये। उनके तीसरे साल की शुरुआत में आप एक पेटर्न, एक बिसात साफ देख सकते हैं। लेकिन एक और पेटर्न है। इन्दिरा गांधी, मोरारजी देसाई, राजीव गांधी और नरसिंह राव चारों को ही चुनौती उनकी अपनी पार्टी बल्कि मंत्रिमंडल के साथियों से मिली। प्रधानमंत्री को हटाने के लिए जो निहित स्वार्थ और शक्तियाँ अपने-अपने कारणों से सक्रिय हुईं उन्हें पार्टी के नेताओं और मंत्रिमंडल के नम्बर दो-नम्बर तीन मंत्रियों में आगे करने वाले घोड़े मिले। मोरारजी देसाई सिंडीकेटी दादाओं और अमेरिकापरस्त आर्थिक निहित स्वार्थों के उम्मीदवार बने। मोरारजी के खिलाफ चरण सिंह और राजनारायण ने संजय गांधी और उनके साथ उभरते नये धनपति वर्ग से हाथ मिलाए। राजीव गांधी से उचटकर अलग हुए अरुण नेहरू और वीपी सिंह और उनके साथ हुए वे धनपति जो मिस्टर क्लीन का संरक्षण नहीं पा सके। नरसिंह राव का मामला तो बिलकुल आपके सामने है। हर्षद मेहता ने तो खुद कहा है कि उसे और उसके पूरे परिवार को सरकार ने बहुत तंग किया। राजनीतिक संरक्षण और आशीर्वाद नहीं मिला। उससे जानकारी लेने के लिए राजनीतिक संरक्षण देने की बात का असर तब हुआ जब शरद पवार और अर्जुन सिंह ने बयान दिये।

कांग्रेस वाले इस पेटर्न को साजिश कहते हैं—पार्टी और नेता के खिलाफ। देश इस रिकॉर्ड को घिसी सुई से बजते हुए इतनी बार सुन चुका है कि अब कोई इसे सुनने को उत्सुक नहीं रहता भरोसा करना तो खैर शायद ही कोई चाहता होगा। लेकिन मोरारजी का उदाहरण लें तो इसे कांग्रेस मार्का कथा-गीत कहना सही नहीं होगा। चरण सिंह और राजनारायण ने कांग्रेस के संजय गांधी आदि से हाथ मिलाया। वीपी सिंह की राष्ट्रीय मोर्चा सरकार भाजपा के समर्थन वापस लेने के बाद चल नहीं सकती थी लेकिन उसे भी तोड़ा तो जनता दल के उन बावन पत्तों ने जो राजीव गांधी के हाथों में खेले। इसलिए मोटे तौर पर निष्कर्ष निकालना सही होगा कि कार्यकाल का पहला साल प्रधानमंत्री का होता है। उसमें बाहर की

ताकतें अपनी गोटियाँ फिट करने की कोशिश करती हैं। अन्दर भी सत्ता समीकरण जमने लगते हैं। दूसरे साल में बाहर-भीतर की निराशा घुमड़ने लगती है और तीसरे साल में फूटने लगती है।

लेकिन भीतर-बाहर के महत्त्वाकांक्षियों और निहित स्वार्थों के इस गठबन्धन को साजिश मान लेने पर सबसे बड़ा एतराज यह है कि इसमें प्रधानमंत्री सत्ताकांक्षियों का निर्दोष शिकार बना कर दिखाया जाता है। जबकि यह होता है शुद्ध और स्पष्ट सत्ता संघर्ष। सत्ताकांक्षा के बिना कोई प्रधानमंत्री नहीं होता और जिसमें सत्ता में बने रहने की इच्छा और योग्यता नहीं होती वह प्रधानमंत्री बना नहीं रह सकता। कुल राजनीति का आखिर एक ही मकसद होता है—सत्ता पाना। जो सत्ता को सचमुच जनता की सेवा का औजार बना सकते हों उन्हें सत्ताकांक्षियों की चुनौती से निपटने में मुश्किल नहीं होती। जो सत्ता को भोग और लोगों की भलाई दोनों से जोड़ सकें वे थोड़ी सी कोशिश से भी सत्ता में होने को बाहर किसी बड़े प्रयोजन और उद्देश्य से जोड़ नहीं पाते उन्हें संघर्ष करना होता है। ऐसे संघर्ष में भी जीतता वही है जो अपने सत्ता में बने रहने को लोगों के सामने राष्ट्र हित में अनिवार्य बता और इस अनिवार्यता को लोगों के गले उतार सकता हो। सत्ता संघर्ष को उसकी पूरी और कुरूप नंगी वास्तविकता में देखकर साम, दाम, दंड, भेद के सारे हथकंडों के साथ चलाने से इसमें जीत पाई जा सकती है। इन्दिरा गांधी ने यही किया और सत्ता संघर्ष में से वही एक साबुत और विजयी निकलीं। लेकिन हमें यह भी देखना चाहिए कि स्वतंत्र और लोकतांत्रिक भारत के सत्ता संघर्ष की एक मात्र विजेता इन्दिरा गांधी ने भी ढाल-तलवार के रूप में गरीबी हटाओ और समाजवाद का इस्तेमाल किया। यह अलग बात है कि उन्होंने न गरीबी हटाई, न समाजवाद लाने की कोशिश की। लेकिन उनहत्तर से बहत्तर के साल याद कीजिए। देश के लोग चंडी बनकर लड़ती इन्दिरा गांधी के साथ थे।

जब लोगों ने देख लिया कि 'गरीबी हटाओ समाजवाद लाओ' आदि नारे तो सिर्फ सत्ता में बने रहने के बहाने हैं और इन्दिरा गांधी सर्वसत्तावादी निर्मम और स्वार्थी महिला हैं तो उन्होंने उन्हें सत्ता से हटा भी दिया। लेकिन सत्ता संघर्ष में जीतकर इन्दिरा गांधी ने यह भी बता दिया था कि उनमें लपलपाती सत्ताकांक्षा तो निश्चित है लेकिन सत्ता में बने रहने की योग्यता भी है जो उनके जमाने के किसी नेता में नहीं थी। इसलिए जब दोनों दावेदार सत्ता संघर्ष के शिकार हुए तो लोगों ने फिर इन्दिरा गांधी की सत्ता क्षमता में विश्वास प्रकट किया। अस्सी में जब इन्दिरा गांधी सत्ता में फिर लौटीं तो 'गरीबी हटाओ और समाजवाद लाओ' बेजान नारे भी नहीं बचे थे। लोग जानते थे कि इन्दिरा गांधी ने देश के गरीब और दुखी लोगों के साथ धोखा किया है। वे इन्दिरा गांधी की सत्ताकांक्षा की कीमत इमरजेंसी में चुका चुके थे। पर वे जानते थे कि सत्ता में रहकर राज चलाना भी कोई जानता है तो इन्दिरा गांधी।

इसलिए केन्द्र में पहली बार विकल्प को मौका देकर और उसके फेल हो जाने के बाद उन्होंने फिर इन्दिरा गांधी को सत्ता सौंपी। अस्सी का जनादेश राज चलाने का जनादेश था। देश बनाने का नहीं, देश बचाने का जनादेश था।

उनके बेटे में देश ने वही योग्यता नहीं पाई। इसलिए वीपी सिंह और चन्द्रशेखर के बाद लोग फिर राजीव गांधी को सत्ता सौंपने वाले नहीं थे। उनकी हत्या से जो सहानुभूति लहर उठी वह भी कांग्रेस को बहुमत नहीं दिला सकी। अगर श्रीपेरंबुदुर में राजीव गांधी बीच चुनाव में ऐसी बुरी तरह मारे नहीं जाते तो कांग्रेस को डेढ़ सौ सीटें भी नहीं मिलतीं। नेता की अकस्मात मृत्यु से प्रधानमंत्री बनने वाले नरसिंह राव पहले प्रधानमंत्री नहीं हैं। जनवरी छियासठ में लालबहादुर शास्त्री की ताशकंद में दिल के दौरे से मृत्यु हुई, इन्दिरा गांधी प्रधानमंत्री बनीं। अक्टूबर चौरासी में इन्दिरा गांधी अपने ही सिख अंगरक्षकों से मारी गईं, राजीव गांधी प्रधानमंत्री बने। और मई इक्यानवे में राजीव गांधी को एक बम ने ध्वस्त कर दिया—बीमारी और उपेक्षा से राजनीतिक हाशिये पर बैठे नरसिंह राव को सत्ता सौंपी गई।

ऐसा नहीं कि चन्द्रशेखर की तरह नरसिंह राव को सत्ता और प्रशासन का कोई अनुभव नहीं था। केन्द्र में मंत्री रहने के अलावा नरसिंह राव आंध्र के मुख्यमंत्री भी रह चुके थे। यह जरूर है कि नरसिंह राव के सारे सत्ता वर्ष इन्दिरा गांधी और राजीव गांधी की छाया में बीते। वे हमेशा किसी को सत्ता में लाने-रखने के औजार और राज चलाने के कारिन्दे रहे हैं। एक बार आंध्र में बीस हजारी मनसबदार जरूर रहे। लेकिन केन्द्र में तो हमेशा पन्द्रह की टीम में रहे। कभी कप्तान ने खेल में लिया नहीं तो बाहर बैठा दिया। खेले तो ऐसा कभी खेल नहीं सके कि टीम को अपने बलबूते पर जिता दिया। पर कोई यह भी नहीं कह सकता कि उनके कारण टीम हारी हो। वे जय या पराजय के कारण कभी नहीं रहे। इक्यान्बे का तो चुनाव भी उन्होंने नहीं लड़ा था। राजीव गांधी मारे नहीं जाते और कांग्रेस विपक्ष में बैठती या किसी से मिलकर सरकार बनाती तो नरसिंह राव हाशिए की उस तरफ बैठे एक बुजुर्ग होते जिनसे भलमनसाहत के छोटे-मोटे काम करवाए जाते।

प्रधानमंत्रित्व उनके भाग्य से छींके की तरह टूट कर गिरा। लेकिन ऐसा ही तो इन्दिरा और उनके बेटे राजीव गांधी के साथ हुआ था। इन्दिरा गांधी ने अपनी मजबूरी को अवसर में बदला और सत्ता संघर्ष को अपना जीवन संघर्ष बना लिया। राजीव गांधी ने अवसर गँवाया। नरसिंह राव अभी तक उसका कुछ भी नहीं कर पाए हैं। यह भी नहीं कह सकते कि उन्होंने सर्वोच्च सत्ता की चदरिया को ज्यों की त्यों रखा है। सत्ता की चदरिया ऐसी है कि उपयोग और दुरुपयोग से उतनी मैली नहीं होती जितनी अनुपयोग से होती है। भ्रष्टाचार के आरोप इन्दिरा गांधी और राजीव गांधी दोनों पर लगे हैं। जेपी जैसे जननेता ने इन्दिरा गांधी को भ्रष्टाचार की गंगोत्री कहा था और बोफोर्स में कमीशन राजीव गांधी ने खाया है ऐसा कई जिम्मेदार लोगों ने

कहा और आम लोगों ने माना है। हर्षद मेहता जैसे कई पैसे वालों ने इन्दिरा और राजीव गांधी को सैकड़ों करोड़ रुपये दिये होंगे। लेकिन उनमें से एक भी खड़ा होकर कहने की हिम्मत नहीं कर सका कि मैंने इतना पैसा दिया है। ऐसा भी नहीं कि पैसा देने वाले सभी धनपतियों से इन्दिरा और राजीव गांधी ने हमेशा अच्छा बरताव किया हो या उनके काम किये हों। बल्कि कई लोगों को तो सबकुछ करने-धरने के बावजूद तंग किया और फटकार लगाकर भगा दिया। लेकिन मजाल कि कोई कहता कि हमने धन दिया, ये डकार गए, उलटे हमें बरबाद कर रहे हैं।

हर्षद मेहता ने भरी प्रेस कॉन्फ्रेंस में कहा कि मैंने करोड़ रुपये दिये और अगर कोई कहेगा कि मैं झूठा हूँ तो बता दूँगा कि झूठा कौन है तो इसलिए नहीं कि नरसिंह राव ने सचमुच उससे चुनाव के लिए चन्दा लिया बल्कि इसलिए कि ये प्रधानमंत्री मेरा बिगाड़ क्या लेगा? हर्षद मेहता, उसके वकील राम जेठमलानी, कांग्रेस और उसके बाहर उसके मददगार सब मानते हैं कि नरसिंह राव का दबदबा इतना कम है और साख इतनी घटी हुई है कि लोग हर्षद मेहता का आरोप तो फिर भी मान लेंगे राव के खंडन में भरोसा नहीं करेंगे। ऐसा इसलिए नहीं हुआ है कि नरसिंह राव सबसे भ्रष्टाचारी प्रधानमंत्री हैं। ऐसा इसलिए हुआ कि सत्ता की दुधारी तलवार नरसिंह राव के हाथ में आकर काठ की हो गई है। मोरारजी देसाई और वीपी सिंह के हाथ में आने पर कम से कम वह एक तरफ से धारदार थी जिससे उन्होंने अपने को खत्म किया। काम चलाऊ प्रधानमंत्रियों में से चरण सिंह के हाथ में वह काठ की ही रही। चन्द्रशेखर के हाथ में भी काठ की थी लेकिन उन्होंने इस तरह उसके दाँव दिखाए कि लोग कहते हैं कि अगर वह सचमुच की तलवार होती तो चन्द्रशेखर मैदान जीत जाते। नरसिंह राव के हाथ में इस्पात की तलवार इस कारण काठ की हो गई कि वे उसका उपयोग न तो करना चाहते हैं, न करना जानते हैं। तलवार काठ की हो गई है इसीलिए तो हर्षद मेहता शेर बना दहाड़ रहा है।

अनुपयोग से सत्ता की इस्पाती और दुधारी तलवार काठ की हो गई है तो इसका सारा दोष और पूरी जिम्मेदारी नरसिंह राव की है। यह कहने का कोई मतलब नहीं कि अयोध्या कांड इसलिए हुआ कि संघ परिवार ने धोखा दिया। इसका भी कोई मतलब नहीं कि सरकार की साख और राव साहब का दबदबा इसलिए नहीं जमता कि जैसे ही वे उसे जमाने की कोशिश करते हैं अर्जुन सिंह उसे अन्दर से ठूँसा मार देते हैं या शरद पवार भी अपना खेल कर रहे हैं। सही है कि लोकतंत्र में साझी जिम्मेदारी मंत्रिपरिषद की होती है। लेकिन प्रधानमंत्री की शपथ जो भी लेता है अपने अकेले भरोसे पर लेता है। उस सिंहासन पर जो भी बैठता है अपने अकेले दम पर बैठता है। उसी की सत्ता बनी रहती है जो अपने अकेले दम पर उसकी रक्षा करना चाहता और जानता है। दिनकर जी ने *कुरुक्षेत्र*

में कहा है—*क्षमा सोहती उस भुजंग को जिसके पास गरल हो। उसको क्या जो दंतहीन विषहीन विनत सरल हो।* अगर क्षमा भी उसी सर्प को शोभा देती है जिसकी दाढ़ में जहर हो, तो सत्ता तो आखिर दुधारी तलवार है। जो उसका उपयोग करना नहीं जानता वह अपना तो कबाड़ा करता ही है, देश का भी सर्वनाश करता है। नरसिंह राव के अनुपयोग से प्रधानमंत्री के पद और देश का कैसे नुकसान हुआ है—यह अपन कल देखेंगे!

[21 जून, 1993]

उड़ा कीचड़ क्यों नहीं चिपके?

सत्ता की इस्पाती दुधारी तलवार नरसिंह राव के हाथों आकर किस तरह काठ की हो गई है इसका अयोध्या कांड से भी ज्यादा सटीक उदाहरण हर्षद मेहता प्रकरण है। चूँकि नरसिंह राव का दूसरा साल उसी के खग्रास ग्रहण में शुरू हुआ है इसलिए उसी से पड़ताल करते हुए पीछे चलते हैं। हर्षद मेहता और उसके वकीलों ने बड़े गाजे-बाजे के साथ सोलह जून को उसका हलफनामा बम्बई में मीडिया के लिए जारी किया जिसमें कहा गया कि एक करोड़ में से सड़सठ लाख उसने खुद चार नवम्बर इक्यान्बे को सुबह प्रधानमंत्री निवास में पौने ग्यारह बजे की मुलाकात में दिये। तीन दिन लगे सरकार की मशीनरी को खोद कर निकालने में कि उस दिन तो सुबह नौ बजे से दोपहर सवा बजे तक प्रधानमंत्री अपने निवास पर थे ही नहीं। वे ऐसे शासकीय कार्यक्रमों में थे जिनकी बाकायदा नोट होती है और जिनका ब्यौरा सरकारी रिकॉर्ड में कोई भी देख सकता है।

हर्षद मेहता का वह हलफनामा अचानक किसी बम की तरह नहीं फूटा था। हलफनामा उसने एक नोटरी के सामने बम्बई में चौबीस फरवरी तिरानवे को दर्ज करवाया था। इसके पहले उसके वकील महेश जेठमलानी सीबीआई के मुखिया को पत्र लिख चुके थे कि आप लोग पिच्चासी लाख की जिस रकम के हिसाब के बारे में पूछताछ कर रहे हैं वह बहुत नाजुक राजनीतिक जानकारी है। मेरा मुव्वकिल उसे तभी बता सकता है जब उसे राजनीतिक फजीहत से बचने के लिए संरक्षण मिल सके। बाद में सीबीआई ने हर्षद मेहता से पूछताछ भी की थी। सीबीआई प्रधानमंत्री के तहत एक जाँच एजेंसी है। उसने यह जानकारी नरसिंह राव को नहीं दी होगी ऐसा माना नहीं जा सकता। लेकिन मान लें कि सीबीआई क्या जाँच कर रही है और उसमें से क्या निकलकर आ रहा है उसकी कोई जानकारी प्रधानमंत्री नहीं लेते न वह बताती है क्योंकि नरसिंह राव किसी भी जाँच में कोई दखल नहीं देते। रुचि तक नहीं लेते ताकि जाँच किसी तरह प्रभावित न हो।

फिर भी हर्षद मेहता का हलफनामा कोई ऐसा रहस्य नहीं था जो बम्बई के समुद्र के नीचे बने किसी तहखाने में आणविक शक्ति से संचालित तिजोरी में रखा

हो। दिल्ली में उसकी प्रतियाँ न सिर्फ कुछ अखबार वालों के पास थीं बल्कि उसकी जानकारी राजनीतिक हलकों में हफ्तों से घूम रही थीं। यह भी लोग जानते हैं कि इस जानकारी के आधार पर नरसिंह राव और सीबीआई से रियायत पाने की कोशिशें भी की गईं। सवाल नरसिंह राव को बचाने का नहीं, प्रधानमंत्री पद की प्रतिष्ठा का भी था। क्या प्रधानमंत्री, उनका कार्यालय और जाँच एजेंसियाँ हलफनामे की जानकारी के आधार पर तथ्यों की छानबीन करके खंडन पहले से तैयार करके नहीं रख सकते थे? हर्षद मेहता के कथित ब्लैकमेल की सार्वजनिक रूप से हवा निकालने की रणनीति ही अगर प्रधानमंत्री और उनके सहयोगियों ने बनाई थी और हर्षद मेहता के जरिये उनके और कांग्रेस के खिलाफ की गई साजिश के वे बखिये उधेड़ देना चाहते थे तो इसकी क्या तैयारी की गई थी? चार नवम्बर को प्रधानमंत्री अपने सात रेस कोर्स निवास में सुबह नौ बजे से दोपहर सवा बजे तक थे ही नहीं—यह जानकारी अगर खंडन के साथ दी जाती तो उसका क्या असर होता यह बताने की जरूरत नहीं है। सच्चाई का एक तथ्य आरोपों के ढेर को उड़ा सकता है लेकिन वह सही समय पर दिया जाए।

अब प्रधानमंत्री और उनके सारे सहयोगी कह रहे हैं कि यह हर्षद मेहता, भाजपा और निहित स्वार्थों की साजिश है। अगर इस लाइन को मान भी लिया जाए तो साजिश की खिचड़ी कम से कम पाँच महीने से पक रही थी। वकील जेठमलानी की सीबीआई को लिखी चिट्ठी सत्रह फरवरी की है और हलफनामा चौबीस फरवरी का। वकील की चिट्ठी पढ़कर कोई भी समझ जाएगा कि वह मुव्वकिल हर्षद मेहता को संरक्षण दिलवाने के लिए नहीं लिखी गई है। चुनाव के लिए दिये गए कथित चन्दे की जानकारी का राजनीतिकरण किया जा रहा है। राम जेठमलानी देश के नामी वकील ही नहीं हैं। वे राजनीति में भी बरसों से हैं। वे निश्चित ही जानते हैं कि जाँच एजेंसियों से किसी को बचना हो तो या तो अदालत का संरक्षण लेना होता है या राजनीतिक। मामला कोर्ट में नहीं है। कोर्ट में जाकर जाँच एजेंसियों को अपने कानूनी दायरे में रहने के निर्देश दिलवाना आसान नहीं है। वे यह भी जानते हैं कि राजनीतिक संरक्षण चिट्ठी लिखने से नहीं मिलता।

सीबीआई को रोकने के लिए कानोंकान कहना और कहलवाना होता है। चिट्ठी सीबीआई की फाइल में जाने के बाद तो कोई उसे रोकना चाहे भी तो नहीं रोकेगा। राजनीतिक संरक्षण और आशीर्वाद के लिए प्रधानमंत्री को एक करोड़ का चन्दा देने का दावा करने वाले हर्षद मेहता ने मीडियावालों को साफ कहा कि उसने सभी को पैसा दिया है। पैसा कैसे दिया जाता है और आशीर्वाद कैसे बनाए रखा जाता है उसे हर्षद मेहता और उनके वकील निश्चित ही जानते हैं। इसलिए जब सत्रह फरवरी को हर्षद मेहता के वकील ने सीबीआई को चिट्ठी लिखी उसी वक्त तय था कि उसे राजनीतिक संरक्षण नहीं चाहिए। उसने, उसके वकीलों और

मददगारों ने मामले को राजनीतिकरण करने का फैसला कर लिया है और इसका जवाब राजनीति से ही दिया जा सकता है।

फरवरी से जून तक के चार महीनों में प्रधानमंत्री और उनके राजनीतिक मैनेजरों ने क्या किया? हर्षद मेहता के वकीलों और मददगारों ने न सिर्फ अखबार वालों को जानकारी दे देकर अपनी तरफ किया उन्होंने शेयर और प्रतिभूति घोटाले की जाँच कर रही संयुक्त संसदीय समिति के सदस्यों को भी बताया कि हर्षद मेहता ने अपने खातों में जो पिच्चासी लाख की रकम दो बैंकों की चार शाखाओं से निकाली हुई दिखाई है उसके बारे में वह बताने को तैयार है लेकिन न तो सीबीआई कुछ कर रही है, न उसने आप लोगों को बताया है कि हमने उसे चिट्ठी लिखी है। समिति के सदस्यों को यह भी चुपचाप कहा गया कि पैसा उसने प्रधानमंत्री को दिया है और ऐसे पर्याप्त परिस्थितिजन्य सबूत हैं जो स्थापित करते हैं कि पैसा प्रधानमंत्री को गया है। समिति के सदस्यों ने जब इसके बारे में पूछताछ शुरू की तभी अखबारों में छपने लगा। एक अखबार ने तो हलफनामे की जरूरी जानकारी छाप कर प्रधानमंत्री का इस्तीफा भी माँग लिया। कहा जा सकता है और ऐसा हो तो ठीक ही है कि प्रेस और संयुक्त संसदीय समिति के गैर कांग्रेसी सदस्यों पर सरकार और प्रधानमंत्री के राजनीतिक मैनेजरों का कोई बस नहीं है। लेकिन जिस तरह हर्षद मेहता के मददगारों ने इन लोगों को जानकारी दी उसकी जवाबी जानकारी तक देने की कोशिशें नहीं की गईं।

एक बार मान भी लें कि प्रधानमंत्री और उनके राजनीतिक मैनेजरों को झूठे प्रचार की कोई चिन्ता नहीं थी और विपक्षी राजनेताओं को वे हर्षद मेहता को संरक्षण देने का समर्थन करने से रोक नहीं सकते थे। यह भी ठीक है कि कांग्रेस के जिन तीन नाराज नेताओं ने इस माँग का समर्थन किया उन पर भी पार्टी का कोई जोर नहीं था। लेकिन शरद पवार तो अभी कुछ महीने पहले तक केन्द्रीय मंत्रिमंडल में रक्षा मंत्री थे और अब महाराष्ट्र के मुख्यमंत्री हैं। हर्षद मेहता को जो भी संरक्षण दिया जा सकता हो, दिया जाए ताकि वह जो भी बताना चाहता हो बता दे, ऐसा बयान जिस दिन शरद पवार ने दिया उस दिन से संरक्षण की माँग में एकदम वजन आ गया। शरद पवार ने ऐसा भले ही इसलिए कहा हो कि पैसे लेने वालों के सम्भावित नामों में उनका नाम भी कहीं जोड़ दिया गया था और वे उससे बचना चाहते थे। लेकिन उनके कहने से हवा बनी। फिर दूसरे दिन दिल्ली में यूनेस्को की प्रेस कॉन्फ्रेंस के लिए आए अर्जुन सिंह अपने साथ तैयार बयान लाए और अखबार वालों को पहले वही बाँटा गया। बयान मानव संसाधन विकास मंत्रालय के कार्यक्रम पर नहीं—हर्षद मेहता को संरक्षण देने के बारे में था। शरद पवार की तरह अर्जुन सिंह का नाम हर्षद मेहता से पैसे लेने वालों की सूची में जोड़ा नहीं गया था जो वे अपना नाम क्लियर कर रहे हों।

शरद पवार और अर्जुन सिंह के बयान से अखबारों के जरिये लोगों में सन्देश गया कि वे खुलकर प्रधानमंत्री के खिलाफ आ गए हैं। अखबारों में से पैसा लेने वाले नरसिंह राव निकलकर आ रहे थे। यह भी छप रहा था कि सीबीआई ने इसीलिए हर्षद मेहता को संरक्षण नहीं दिया और इसीलिए संयुक्त संसदीय समिति को भी नहीं बताया क्योंकि पैसा लेने वाला सर्वोच्च पद पर बैठा हुआ है। क्या प्रधानमंत्री और उनके राजनीतिक मैनेजर इस निष्कर्ष की राजनीतिक धूल के विकिरण को समझते नहीं थे? वे अखबार वालों को कहते रहे कि जो लोग हर्षद मेहता को संरक्षण देने की माँग कर रहे हैं वे देश का कानून नहीं जानते। विपक्षी नेता ऐसा न करें तो समझा जा सकता है कि वे अपनी राजनीति को अपनी कानूनी जानकारी से ऊपर मान रहे हैं। नाराज कांग्रेसी नेताओं का बयान भी इसी तरह समझाया जा सकता है। लेकिन शरद पवार और अर्जुन सिंह के बयानों का क्या कीजिएगा? अगर वे कानून नहीं जानते तो मुख्यमंत्री और केन्द्र में मानव संसाधन विकास मंत्री कैसे हैं? पार्टी ने उन्हें क्यों नहीं बताया कि कानून क्या है? उनके बयान पार्टी की ओर से जारी क्यों नहीं हुए? और अगर वे भी अपनी कानूनी जानकारी से अपनी राजनीति को ऊपर समझते हैं तो उनकी राजनीति का यह दाँव पार्टी को मजबूत करने और प्रधानमंत्री की मदद करने वाला तो नहीं था। बल्कि उनके बयानों से एक शेयर दलाल से सीधे पैसे लेने वाले व्यक्ति के रूप में प्रधानमंत्री और तेज फोकस में आए। प्रचार या कथित साजिश को अगर विश्वसनीयता मिली तो वह अर्जुन सिंह और शरद पवार के बयानों से मिली।

आप देखेंगे कि पाँच-छह महीनों में प्रधानमंत्री, उनके साथियों और राजनीतिक मैनेजरों ने हर्षद मेहता के आरोप या कथित साजिश को न तो विफल करने की कोशिश की, न उससे हो सकने वाले नुकसान को घटाने का इन्तजाम किया। तथाकथित धमाके का सामना करने की पूर्व तैयारी भी नहीं की गई थी। प्रधानमंत्री, पार्टी और सरकार को निश्चित ही यह भ्रम नहीं है कि नरसिंह राव जवाहलाल हैं और उन पर उछाला गया ऐसा कीचड़ कहीं नहीं चिपकेगा। इन्दिरा गांधी के जमाने से प्रधानमंत्री पद की प्रतिष्ठा लगातार गिरती आ रही है। चुनाव के पहले सभी पैसे लेते हैं। दूसरे काम करवाने के लिए भी पैसे दिये और लिए जाते हैं। यह लेन-देन ऊपर तक होता है इसकी जानकारी आम लोगों को है। इन्दिरा गांधी, मोरारजी देसाई और राजीव गांधी पर ऐसे आरोप लग चुके हैं। वीपी सिंह निजी तौर पर ईमानदार लेकिन इसलिए मूर्ख माने गए। चन्द्रशेखर की ख्याति भ्रष्टाचार को रोजमर्रा का आचार मानकर मंजूर करने लेकिन पैसे से कोई परहेज न करने वाले उस्ताद राजनेता की है। बोफोर्स से भले कुछ न निकला हो लेकिन उसके बादलों में से राजीव गांधी अकाल मृत्यु के बाद भी निकल नहीं पाए हैं। ऐसे माहौल में हर्षद मेहता के आरोप का कीचड़ चिपकेगा और विपक्ष ही नहीं, कांग्रेस के बड़े

नेता ही उसे तूल देंगे—ऐसा अनुमान लगाने के लिए किसी को राजनीति का उस्ताद खिलाड़ी होना जरूरी नहीं है। ऐसे माहौल में ऐसे आरोप से कैसे निपटा जाए यह बताने के लिए भी विशेषज्ञों की टीम नहीं चाहिए। राजनीति और प्रशासन की ये साधारण कार्रवाइयाँ भी नरसिंह राव ने नहीं कीं।

दाँव पर नरसिंह राव की नहीं, प्रधानमंत्री पद की प्रतिष्ठा है। नरसिंह राव तो आएँगे-जाएँगे, प्रधानमंत्री का पद तो जब तक देश में लोकतंत्र है बना रहना है। नरसिंह राव को सत्ता में रहने के अपने नैतिक अधिकार के सम्पूर्ण क्षरण की चिन्ता न हो, न उनके ऐसे साथी हों जिनकी रुचि और जिनका निहित स्वार्थ उनके सत्ता में बने रहने का हो। लेकिन उनकी अनिच्छा या निकम्मेपन के कारण हालत यह हो गई है कि अगर पाँच हजार करोड़ के घोटाले में फँसे एक शेयर दलाल के आरोप से प्रधानमंत्री को इस्तीफा देना पड़े तो यह हमारे लोकतंत्र पर भयानक टिप्पणी होगी और इससे प्रधानमंत्रियों का भविष्य ही खतरे में पड़ जाएगा। आरोप को झूठा बताकर और विपक्ष के दबाव को नकार कर नरसिंह राव अगर प्रधानमंत्री बने रहे और लोगों का शक भी बना रहा कि उन्होंने प्रधानमंत्री होते हुए प्रधानमंत्री निवास में बम्बई के एक शेयर दलाल से एक करोड़ रुपया लिया तो यह भी प्रधानमंत्री पद को दो कौड़ी का ही बना कर छोड़ेगा। अगर हर्षद मेहता का आरोप नरसिंह राव के गले में ऐसा फँस गया है कि उसे न निगला जा सके, न उगला जा सके तो उसकी जिम्मेदारी नरसिंह राव पर है।

कोई साजिश कर रहा हो उसके कामयाब होने तक हाथ पर हाथ धरे बैठे रहना और जब वह फूट कर सामने आ जाए तो कहना कि मैं निर्दोष हूँ सर्वोच्च पद पर बैठे किसी नेता का रवैया नहीं होना चाहिए, न होने देना चाहिए। अब तक के खुलासे से साफ है कि साजिश को नाकाम किया जा सकता था। नहीं किया गया। एक शेयर दलाल और प्रधानमंत्री के कथन-खंडन के बीच देश को चुनाव करके भरोसा करने की नौबत आने वाली है इससे देश को आगाह किया जाना चाहिए था। नहीं किया गया। हाँ यह राजनीति का खेल है। यह सत्ता संघर्ष है। इसमें साजिश, झूठ-फरेब, धोखाधड़ी सब होता है। इसका सामना या तो सर्वोच्च नैतिक बल से किया जा सकता है या सत्ता को साधने के हथकंडों, काँइयाँपन और चतुराई से। हम देख चुके हैं कि नरसिंह राव में ऐसा नैतिक बल नहीं है। दो साल से हम यह भी देख रहे हैं कि हथकंडों को समझने का काँइयाँपन और चतुराई उनमें है। लेकिन इनका इस्तेमाल करके सत्ता संघर्ष में वे टिके रह सकें और अपना नैतिक अधिकार बनाए रख सकें इसकी क्षमता नहीं है। वे जानते हैं कि हाथ में जो कोड़ा है उसे कैसे फटकारा जाता है। लेकिन जरूरी होते हुए भी फटकारते नहीं। यह निक्रियता और निर्णयहीनता नरसिंह राव का स्वभाव है। सत्ता का दुरुपयोग करने वाला व्यक्ति देश को नुकसान पहुँचाता है लेकिन उसका उपयोग न करने वाले से

देश का और भी ज्यादा नुकसान होता है। और ऐसा व्यक्ति प्रधानमंत्री हो तो देश का क्या होता है यह आपके सामने है।

एक द्रष्टान्त देकर हर्षद मेहता प्रकरण पूरा करूँगा। 1979 में चरण सिंह कामचलाऊ प्रधानमंत्री के रूप में चुनाव लड़ रहे थे। सतहत्तर के चुनाव के बाद उन्होंने कहा था कि कांग्रेस को पटना से अमृतसर तक एक सीट नहीं मिली तो इसका कारण उत्तर-पश्चिम भारत में उनका जनाधार है। वे जाट नेता थे और माने जाते थे। पंजाब में जाट सिख किसानों का समर्थन अकालियों को था। वे मोरारजी-चरण सिंह संघर्ष में तटस्थ रहे थे। चरण सिंह इसी अकाली शासित पंजाब में चुनाव प्रचार के लिए आए थे। जाट सिख किसानों में उनका क्या असर है इसे समझने के लिए मैं एक कस्बे की सभा में गया जहाँ चरण सिंह का भाषण होने वाला था। चरण सिंह आए नहीं थे इसलिए एक सिख जाट किसान से बातें करने लगा। बात-बात में पूछा कि चुनाव में क्या होगा? उसने बेझिझक कहा—बीबी आ रही है!

बीबी यानी इन्दिरा गांधी। मैंने उस किसान से पूछा कि क्यों? उस जाट सिख किसान ने कहा-चरण सिंह को तो लोग वोट देंगे नहीं। इसने मोरारजी की पीठ में छुरा मारा। मोरारजी को देंगे नहीं। उन्हें जब यह भी पता नहीं चला कि उनकी सरकार में बैठा कौन मंत्री क्या कर रहा है और उन्होंने उनका तख्ता उलट दिया तो वे मुल्क के दुश्मनों पर कैसे नजर रखेंगे? उनकी कौन सुनेगा? लेकिन इन्दिरा गांधी ने भी दस साल पहले अपनी ही पार्टी को तोड़ा था। अपने बेटे को मनमानी करने की पूरी छूट दी थी—मैंने कहा। पर बाउजी इन्दिरा प्रधानमंत्री थी। खुलकर लड़ी थी और जो उनके रास्ते में आया उसका सफाया कर दिया था। बीबी राज करना जानती है बाउजी। वो इनके जैसे (चरण सिंह का मंच दिखाते हुए) निकम्मी नहीं है।

बीबी लौट कर आई। एक भारतीय किसान की सत्ता में बैठे व्यक्ति से इस उम्मीद में सत्ता का सत्व निहित है। वह सिख जाट किसान नरसिंह राव को क्या कहेगा? आप बताइए?

[22 जून, 1993]

दीनता में पलायन

हर्षद मेहता को आगे करके जिन लोगों, पार्टियों और निहित स्वार्थों ने नरसिंह राव पर हमला किया है, वे जानते हैं कि प्रधानमंत्री की साख इस समय धूल में है और एक शेयर दलाल का आरोप भी उन्हें धराशायी कर सकता है। बेशक उन्हें इस हाल में लाने के लिए अर्जुन सिंह भी जिम्मेदार हैं। लेकिन अर्जुन सिंह अगर पिछले साल तिरुपति अधिवेशन के बाद से लगातार कोई न कोई सुर्री छोड़ते रहते हैं तो इसीलिए कि नरसिंह राव उन्हें उनकी जगह दिखा नहीं पाते और उस जगह अगर वे बैठते नहीं हैं तो बिठा नहीं पाते। इस निष्क्रियता और निर्णयहीनता के पीछे साहस और निष्ठा की चारित्रिक कमी तो है ही घटनाओं को रामभरोसे छोड़ देने की सक्रिय इच्छा भी है।

लिये गए निर्णय को सख्ती से लागू करने के लिए एक तरह की निर्ममता अनिवार्य है। आप अपनी निर्ममता का औचित्य अपने तंई और दुनिया के सामने तभी बता सकते हैं जब उसे किसी बड़े उद्देश्य और प्रयोजन से जोड़ सकें। नरसिंह राव जब प्रधानमंत्री हुए तो अपने सत्ता में होने का ऐसा कोई प्रयोजन खो चुके थे। अवसर आदमी को बनाता है लेकिन अगर आप उसका कुछ बनाना न जानते हों तो आप अवसर के शिकार हो जाते हैं। अयोध्या कांड ने बताया कि नरसिंह राव अवसर के शिकार हैं। उन पर भारतीय जनता पार्टी या संघ परिवार से मिलीभगत करने का आरोप सही नहीं है। जिस परिस्थिति में वे प्रधानमंत्री बने और संसद में उनकी अल्पमत सरकार संख्या के जिस गणित में पड़ी है उसमें उन्हें अपने बाएँ-दाएँ खड़े लोगों की मदद लेनी ही पड़ती है। अपनी पार्टी का स्पीकर बनवाने में उन्हें भाजपा से सौदा करना पड़ा। वे रामो-वामो से काम चलाने की एक व्यवस्था जमा सकते थे। लेकिन ये दोनों सरकार से दूरी बनाए रखना चाहते थे क्योंकि विपक्ष का पूरा मंच भाजपा के लिए छोड़ देने को तैयार नहीं थे। भाजपा की अगुआई में संसद में एकजुट विपक्ष के रूप में भी काम नहीं करना चाहते थे। जब नरसिंह राव ने भाजपा का डिप्टी स्पीकर मंजूर कर लिया तब उन्हें समझ में पड़ा कि इस रवैये से तो भाजपा ही फायदे में रहेगी। नरसिंह

राव के भाजपा के निकट होने या उससे मिलीभगत रखकर चलने का आरोप तब से चला आ रहा है।

नरसिंह राव वैसे भी अपनी पहल से चलने वाले राजनेता कभी नहीं रहे। इन्दिरा गांधी और राजीव गांधी के नेतृत्व में लगातार रहने के कारण जो कुछ थोड़ी-बहुत पहल रही होगी वह भी नष्ट हो गई। जीवन की बीमार शाम में प्रधानमंत्री वे अपनी पहल से नहीं हुए। राजीव गांधी की अकाल मृत्यु के बाद कांग्रेस वाले किसी और को बना नहीं सकते थे इसलिए जिसका सबसे कम विरोध हो ऐसे नरसिंह राव को बना दिया गया। इसे आप चाहें तो नरसिंह राव की भलमनसाहत कह सकते हैं कि सर्वोच्च पद पर बैठ जाने के बाद भी उन्होंने अपने स्वभाव और अपनी परिस्थिति से अपने को ऊपर उठाने की कोशिश नहीं की। वे परिस्थितियों के बनाए दायरे में ही लगातार घूमते रहे। अब भी घूम रहे हैं। दयनीय लग रहे हैं तो इसलिए कि सत्ता में बैठे आदमी से उम्मीद की जाती है कि वह परिस्थितियों को अपने अनुकूल करेगा और उन्हें उस दिशा में मोड़ेगा जिधर वह खुद जाना चाहता है।

सत्ता का उपयोग करके अपने को और देश को कहाँ ले जाना है इसका कोई निश्चित और शक्तिशाली आग्रह नरसिंह राव में नहीं है। उनका स्वभाव आम सहमति से एक अल्पमत सरकार चलाने के बहुत अनुकूल है। इतने उतार-चढ़ाव और इतनी उठा-पटक के बावजूद दो साल से उनकी सरकार चल रही है तो सिर्फ इसलिए नहीं कि भाजपा को छोड़कर कोई और पार्टी इस समय चुनाव नहीं चाहती। अगर नरसिंह राव तनी हुई रस्सी पर सन्तुलन करके चलने वाले आदमी नहीं होते और अन्तरविरोधों को साधने की ऐसी हट्टी उनमें नहीं होती तो वे ऐसी परिस्थिति खड़ी कर देते कि मध्यावधि के बिना चारा नहीं रहता। यथास्थिति अगर आज किसी को सबसे ज्यादा अपने फायदे की नहीं लग रही है तो भाजपा को जो कि विचारधारा के स्तर पर क्रान्तिकारी नहीं है। क्रान्ति की सुबह-शाम और उठते-बैठते दुहाई देने वाले वामपंथियों और समाजवादियों को अभी यथास्थिति ठीक लग रही है तो इसलिए कि वे भाजपा और उसके संघ परिवार का सामना करने की तैयारी कर रहे हैं।

नरसिंह राव स्वभाव से ही यथास्थितिवादी हैं। उम्र, स्वास्थ्य और जीवन के इस मुकाम पर ऐसा कुछ करने को उनके पास नहीं है जो उनका कायाकल्प कर सके। या उनमें ऐसी आग फूँक सके कि जिसे मुट्ठी में रखकर बैठे रहना सम्भव न हो। जब वे प्रधानमंत्री हुए तो कई महीनों तक उनके मित्र और उनसे मिलने-जुलने वाले कहते रहे कि वे कहते हैं कि किसने सोचा था कि अपन प्रधानमंत्री हो जाएँगे। पर अब हो गए हैं तो कुछ अच्छा कर चलना चाहिए। यह बात सर्वोच्च सत्ता के हत्थे को पहली बार महसूस करने और पाँव से एक्सीलेटर को दबाए रखने और हाथों से स्टीयरिंग को घुमाने के लिए बैठे आदमी के मुँह की नहीं है। यह बात संन्यास

में गए विरागी आदमी की है जिसे अचानक धन दे दिया गया हो और जो उसे पुण्य कार्य में लगाना चाहता हो। ऐसी भावना रखने वाले आदमी का समाज में सम्मान होना चाहिए। लेकिन ऐसे आदमी को सत्ता नहीं सौंपी जानी चाहिए। सत्ता घानी नहीं है जिसमें बैल जोत दिये जाएँ, उनकी आँखों पर तोबड़ा चढ़ा दिया जाए और एक बार हाँककर चला दिया जाए तो वे दिन भर चलते रहेंगे और तेल निकलता रहेगा। सत्ता हमेशा नई और जवान रहने वाली घोड़ी है जिसे लगाम लगानी होती है, जिस पर जीन कसनी होती है और जो उसी को सवारी करने देती है जो उसकी लगाम कसे रखना जानता हो।

सत्ता की घोड़ी पर सवारी करने वाले दुष्ट और निर्मम ही हों यह कतई जरूरी नहीं है। दुष्टता और निर्ममता से ही सवारी नहीं होती। घोड़ी को एक निश्चित दिशा में दौड़ाने और इसलिए उसे लगाम से लगातार नियंत्रित रखने की क्षमता और इच्छा होनी चाहिए। इस इच्छा और क्षमता के बिना सवारी नहीं होती। नरसिंह राव में क्षमता भले ही होगी, इच्छा नहीं है। इसलिए वे परिस्थितियों को अपनी चाल चलने और अपने मुकाम पर पहुँचने के लिए रामभरोसे छोड़ देते हैं। अब तक ज्यादा से ज्यादा उन्होंने परिस्थिति के घात-प्रतिघात से अपना छोटा-मोटा काम साधने की योग्यता दिखाई है। उनकी सरकार इसी तरह की जोड़-तोड़ के कारण बनी हुई है। लेकिन दो साल में जब भी कोई चुनौती आई है या तो नरसिंह राव उसे सिर पर से निकल जाने देने के लिए अगल-बगल हट गए हैं या उसके शिकार हुए हैं।

नरसिंह राव ने कांग्रेस को वंशवादिता और सर्वसत्तावादी ढाँचे से निकालने की कोशिश की थी। ऐसा इसलिए नहीं किया कि कांग्रेस को फिर से एक लोकतांत्रिक संगठन बनाने का उनका निश्चय और निर्णय था। राजीव गांधी के बाद नेहरू-गांधी वंश में सत्ता में बैठने वाला कोई बचा नहीं था और वे कितनी ही कोशिश कर लेते एक तानाशाह की तरह कांग्रेस को अपनी सत्ता का औजार बना नहीं सकते थे। वे न राजघराने के थे, न उनमें वह करिश्मा था जिससे सर्वसत्तावादी नायक निकलते हैं। इसलिए संगठन के चुनाव करवाए लेकिन लोकतांत्रिक प्रक्रिया को तार्किक परिणति तक नहीं जाने दिया क्योंकि ढक्कन हटाने के बाद कांग्रेस में लोकतंत्र की जिम्मेदार शक्तियाँ ही नहीं उभर रही थीं। इस प्रक्रिया को मखौल बनाने वाले लोग भी सक्रिय थे। इसलिए कहीं लोकतंत्र चला और कहीं दादागिरी। दोनों को आपस में निपट लेने के लिए मैदान नहीं छोड़ा गया। दोनों से समझौता किया गया। कांग्रेस में अभी आधा-अधूरा लोकतंत्र भी है और सर्वसत्तावादी जमाने के दादा लोग भी।

लेकिन ठिठक कर कदम पीछे हटाया नरसिंह राव ने तिरुपति में। जब अर्जुन सिंह और शरद पवार ने चुनाव लड़कर महासमिति में अपनी ताकत दिखाई तो नरसिंह राव को लगा या उन्हें बताया गया कि इस तरह तो सत्ता आज नहीं तो कल हाथ से

निकल जाएगी। चुनाव में या तो अपने आदमी चुनवाने का इन्तजाम किया जाना चाहिए या मनोनयन से पकड़ रखनी चाहिए थी। आखिर दोनों का घालमेल हुआ। चुने गए अर्जुन सिंह और शरद पवार को उनकी निर्वाचित हैसियत से निकालकर मनोनीत किया गया। महिलाओं और पिछड़ों को उचित प्रतिनिधित्व देने के नाम पर तिरुपति के जिस संगठनीय चुनाव को कोसा गया था वह प्रतिनिधित्व अब तक पूरा नहीं हुआ है। लोकतांत्रिक प्रक्रिया को सम्मानपूर्वक चलने देकर नरसिंह राव और उनके साथी पार्टी पर पकड़ नहीं बनाए रख सकते और वे चाहें भी तो इन्दिरा गांधी की तरह सर्वोच्च और तानाशाही नेता नहीं हो सकते।

दबाव में उन्हें उनके रास्ते से डिगाया जा सकता है नरसिंह राव की यह कमजोरी पकड़कर ही संघ परिवार ने अपने को नये सिरे से संगठित किया। जून में गए साल योजना बनाई गई और जुलाई में अयोध्या में मोर्चा खोला गया। संघ परिवार के संगठनों ने पहली बार ऐसी आक्रमकता दिखाई जो उनकी शालीन, अनुशासित और संयमशील छवि को तोड़ती थी। अपने को संत, महंत और साधु-साध्वी बताने वाले लोगों ने कहा कि खून की नदियाँ बह जाएँगी अगर हिन्दू भावनाओं से खेल किया गया यानी हमें रोका गया। संघ परिवार से अयोध्या में टकराव मोल न लेने की नरसिंह राव की नीति ठीक थी। टकराव से भाजपा ही मजबूत होने वाली थी जैसी कि 1990 में वीपी सिंह और मुलायम सिंह के कारण हुई। संघ ने सोच समझकर टकराव की नीति बनाई थी। योजना यह थी कि अयोध्या के मामले पर साधु-संतों को आगे करके हिन्दू धार्मिक भावनाएँ इस तरह और ऐसी भड़काई जाएँ कि अयोध्या में कोई भी प्रशासनिक, कानूनी और संवैधानिक कार्रवाई हो उसका ठीकरा केन्द्र पर फूटे और कांग्रेस को हिन्दू विरोधी और राम विरोधी राजनीतिक ताकतों की सिरमौर बताकर बदनाम किया जा सके।

संघ परिवारियों ने दावा भले ही किया हो कि उन्हें राम मन्दिर बनाने का जनादेश मिला है। लेकिन वे जानते और मानते थे कि अगर मुलायम सिंह अयोध्या में कार सेवकों पर गोली नहीं चलवाते और साधु-संत कहे जाने वाले लोग उनके खिलाफ जहर उगलते नहीं घूमते तो उत्तर प्रदेश में भाजपा की सरकार नहीं बनती। वे अयोध्या पर टकराव करके या नरसिंह राव की अल्पमत सरकार को वीपी सिंह सरकार की तरह गिराकर अपनी ताकत नहीं दिखाते तो उनकी सरकारों की गिरावट, भाजपा की उतरती लहर और संगठनों में आते ढीलेपन को रोक नहीं सकते थे। संघ परिवार में सत्ताकांक्षा नरसिंह राव से कहीं अधिक बलवती और संगठनीय निर्ममता और प्रयोजनशीलता कांग्रेस से कहीं ज्यादा है। कांग्रेस सत्ता में रहकर और भ्रष्टाचारी होकर अपनी ऊर्जा काफी गँवा चुकी है। संघ परिवार को अभी सत्ता में आना है। इसलिए वह केन्द्र की अल्पमत सरकार से टकराव की नीति सोच समझकर बना चुका था।

जुलाई 1992 का टकराव तो नरसिंह राव ने किसी तरह टाल दिया और संघ परिवार को अयोध्या पर बातचीत में लगाकर नये सिरे से नीति बनाने के लिए कुछ समय निकाला। लेकिन न तो वे बातचीत से शान्तिपूर्ण हल निकाल सकते थे न अनिवार्य हो जाए तो सख्त प्रशासनिक कार्रवाई कर सकते थे। बाबरी मसजिद कमेटियों और उनकी मददगार राजनीतिक ताकतों को हो या न हो संघ परिवार को निश्चित ही अन्दाज था कि एक सीमा के बाद नरसिंह राव ठिठक कर बैठ जाएँगे। शायद यह उनकी इच्छा पूर्ति ही हो पर नरसिंह राव को जाने क्यों लगता था कि संघ परिवारी पटा-बनेटी चाहे जितनी घुमाते हों वार कर के मारने वाले लोग ये नहीं हैं। इसलिए सारी चेतावनियाँ और प्रशासनिक अनिवार्यताओं के बावजूद नरसिंह राव ने टकराव हो ही जाए तो उससे निपटने की आपात योजनाएँ नहीं बनाईं। इसलिए जब बाबरी मसजिद का ध्वंस शुरू हुआ तो नरसिंह राव के हाथ-पाँव फूल गए और छह घंटे तक वे कुछ नहीं कर सके। चौबीस घंटे तक उनसे अयोध्या पर काबू नहीं हुआ। वे धोखा खाए घायल सेनापति की तरह अपने घोड़े पर बैठे घावों पर जबान फेरते रहे। स्वतंत्र भारत में पहली बार राज्य की संगठित शक्ति ने अपने कर्तव्य की चौकी छोड़कर सुरक्षा की पिछली खंदक में सिर छुपाया। छह दिसम्बर के अयोध्या कांड के कई पहलू हैं। उनमें ढाँचे के ढहने जैसा ही शर्मनाक राज्य का पलायन है।

आपात योजना पर अमल करते हुए नरसिंह राव सख्त कार्रवाई करते तो उसका जो नतीजा होता उसे कई नजरों से देखा जा सकता है। लेकिन शुद्ध राज्य की नजर से देखें तो नरसिंह राव के सामने प्रशासनिक कार्रवाई के सिवाय कोई चारा नहीं था। सत्ता में होते हुए ऐसे कई मौके आते हैं जब इधर जाओ तो खाई और उधर जाओ तो कुआँ होता है। आगे बढ़ने का मतलब दो में से किसी एक में गिरना ही होता है। लेकिन सत्ता में बैठा राज्य चलाता व्यक्ति पलायन नहीं कर सकता। घोड़े से उतरकर नीचे नहीं बैठ सकता। कृष्ण ने अर्जुन को नहीं बैठने दिया क्योंकि दैन्य और पलायन से न राज्य चलते हैं, न जीवन। युद्धाय कृतनिश्चयः कहकर उठना और बढ़ना ही पड़ता है चाहे उसमें आप नष्ट हो जाएँ। दिसम्बर में नरसिंह राव के लिए ऐसा क्षण आया था। वे दीनता में पलायन कर गए।

उसके बाद से नरसिंह राव ने जो भी किया है वह आधे-अधूरे मन और बिना निश्चय के किया है। इसलिए एक का भी कहीं कोई असर नहीं है। वे पलट कर भरपूर वार करने वाले आदमी नहीं हैं इसलिए हर्षद मेहता जैसे घोटालेबाज दलाल भी उन्हें भ्रष्टाचार के मैदान में ललकार देता है। अर्जुन सिंह उन्हें रोज सुई चुभोते रहते हैं और वे उनका कुछ नहीं करते या कर पाते। दो-तीन निर्लज्ज सांसद उन्हें रामस्वामी के भ्रष्टाचार का बचाव करने पर मजबूर कर देते हैं और वे पूरी संसदीय पार्टी को ही तटस्थ बना देते हैं। अगर आपने देश को बताया है कि भ्रष्टाचार के मामले में

पार्टी हित में तटस्थ भी रहा जा सकता है तो उन पर आज जो भ्रष्टाचार का आरोप लगा है उसे देश पवित्र क्षोभ के साथ रद्द क्यों कर दे? यह देश का दुर्भाग्य होगा कि एक दलाल के उँगली उठाने पर वह प्रधानमंत्री गिर जाए जिसकी उँगली पर हम अपने लोकतांत्रिक गणराज्य का गोवर्धन टिका हुआ देखना चाहते हैं। लेकिन इसमें दोष दलाल की उँगली का है या उस उँगली का जिस पर गोवर्धन रखा है?

[23 जून, 1993]

अमेरिकी दादागिरी का सन्देश

अपन ऐसे घनघोर विरोधी कभी नहीं रहे कि सद्दाम हुसैन जैसे सैनिक तानाशाह की मूँछ पर ताव देने लगें। लेकिन अमेरिका की अन्तरराष्ट्रीय दादागिरी भी हद से ज्यादा हो गई है। कुवैत को इराक के चुंगल से छुड़ाने और सद्दाम हुसैन की उसे हड़पने की कोशिश पर अन्तरराष्ट्रीय जनमत और विधि व्यवस्था की ओर से सजा देना एक बात है और अपने पूर्व राष्ट्रपति को मारने की साजिश के शक में अमेरिका का इराक पर तेईस मिसाइलें दाग देना बिलकुल अलग बात है। लेकिन सैनिक ताकत के अखाड़े में अमेरिका का अकेले रह जाना उसे खम ठोंकते रहने को उकसाता है और उसके पश्चिम के मित्र देश ही नहीं राष्ट्र संघ की सुरक्षा परिषद भी उसकी दादागिरी को ठीक बताती है।

इराक पर अमेरिका के मिसाइलें दागने को रूस ने ठीक माना है और जिस सुरक्षा परिषद ने उसकी कार्रवाई को राष्ट्रसंघ के चार्टर के मुताबिक पाया है उसमें चीन भी है। यानी जो देश अपने-अपने कारणों से कुछ साल पहले तक अमेरिका को अपनी हद में रहने पर मजबूर करते थे वे भी अब ब्रिटेन, फ्रांस या जर्मनी की तरह उसके किये को ठीक मान लेते हैं। सोवियत संघ के विखंडन से सैनिक शक्ति का जो सन्तुलन बिगड़ा है उससे अमेरिका और ज्यादा उद्दंड और उच्छृंखल हो गया है। बिल क्लिंटन ने इराकी जासूसी एजेंसी के मुख्यालय पर मिसाइलों से हमले को अमेरिकी शक्ति प्रदर्शन के नाते ही सही बताया है। उन्होंने कहा कि अमेरिकी क्रान्ति के दिन से ही अमेरिकी सुरक्षा इस एक सीधे-सादे सन्देश पर चली है—हम पर चढ़ने की कोशिश मत करो। सुरक्षा परिषद को भले ही अमेरिका ने बताया हो कि उसकी कार्रवाई राष्ट्रसंघ के चार्टर की धारा इक्यावन के अनुसार आत्म रक्षा में की गई है, राष्ट्रपति क्लिंटन ने अमेरिकियों को कहा—कार्रवाई उन देशों को सन्देश देने के लिए की गई जो आतंकवाद फैलाते हैं। कार्रवाई अपने लोगों के खिलाफ हिंसा रोकने और राष्ट्रों के बीच सभ्य व्यवहार चलाने के लिए की गई।

इराक पर मिसाइलें दाग कर राष्ट्रों के बीच सभ्य व्यवहार का कैसा उदाहरण अमेरिका ने दिया है? राष्ट्रपति क्लिंटन कहते हैं कि उनके पास पक्के सबूत थे। किसके सबूत थे? पूर्व राष्ट्रपति बुश को कुवैत में कार बम से या किसी आत्मघाती

बमवर्षक से मारने की साजिश के। साजिश की जाँच अमेरिकी एजेंसियों ने की। उन्हीं ने सबूत राष्ट्रपति को दिखाए। अमेरिका के लिए जरूरी नहीं है कि अपनी जाँच एजेंसियों के जुटाए गए सबूतों को दूसरों को दिखाए। वह अपनी एजेंसियों के सबूतों और निष्कर्षों को सत्य मानता है और उन पर कार्रवाई करने के लिए भी अपने को स्वतंत्र मानता है। उसकी जाँच एजेंसियों ने पाया कि इस अप्रैल के महीने में पूर्व राष्ट्रपति बुश जब कुवैत गए थे तो उन्हें जान से मारने की कोशिश की गई थी। साजिश नाकाम कर दी गई। कुवैत ने सत्रह लोगों को पकड़ा जिनमें ग्यारह इराकी हैं। इन इराकियों ने पूछताछ के दौरान कबूल किया कि उन्हें इराक की खुफिया एजेंसी ने बुश को मारने के लिए भेजा था। दो महीने पहले साजिश के आरोप में पकड़े गए लोगों पर मुकदमा चला नहीं है, न यह साबित हुआ है कि वे बुश को मारने की साजिश में शामिल थे। खाड़ी युद्ध में मित्र देशों का सफल नेतृत्व करने के लिए पूर्व राष्ट्रपति बुश का कुवैत में सम्मान किया गया था।

जॉर्ज बुश खाड़ी युद्ध के जरिये सद्दाम हुसैन को हटाना चाहते थे। उन्हें आखिर तक इस बात से निराशा रही कि कुवैत छुड़ा लिया गया, इराक को हरा दिया गया लेकिन इसके बावजूद सद्दाम हुसैन को नहीं हटाया जा सका। सद्दाम हुसैन निर्दयी सैनिक तानाशाह हैं और इराक को डंडे से हाँक रहे हैं—इसे मानने से शायद ही कोई इनकार करे। वे और उनकी खुफिया एजेंसी पूर्व राष्ट्रपति बुश को मारने की साजिश कर सकते हैं। अमेरिका को ऐसी साजिशों की बेहतर जानकारी और अनुभव होना चाहिए क्योंकि उसकी अपनी खुफिया एजेंसी सीआईए और सैनिक मुख्यालय पेंटागन कई देशों के मुखियाओं को गद्दी से उतारने और मारने की साजिश करते रहे हैं और उनके बारे में अमेरिकी ही दुनिया को बताते रहे हैं। बहरहाल ये हो सकता है कि जो ग्यारह इराकी कुवैत में पकड़े गए हैं उन्हें इराकी खुफिया एजेंसी ने ही बुश की हत्या करने भेजा हो। लेकिन कुवैत जैसे देश में भी अभी साबित होना है कि षड्यंत्र किया गया था और इराक की खुफिया एजेंसी ने करवाया था। सद्दाम हुसैन आतंकवादी हरकतें करते रहते हैं लेकिन जब तक साबित नहीं हो जाता कि बुश को मार डालने की साजिश थी तब तक सिर्फ शक पर तेईस मिसाइलें दाग कर बेकसूर लोगों को मारने और बगदाद के रिहायशी इलाके में तबाही मचाने का क्या औचित्य है? कौन-सा अन्तरराष्ट्रीय कानून और कूटनीतिक सभ्य व्यवहार इसकी इजाजत देता है?

लेकिन अमेरिका इसे जरूरी नहीं मानता कि उसकी एजेंसियों ने जो सबूत इकट्ठे किये हैं उन्हें किसी अदालत में सही साबित किया जाए। वह इसे भी जरूरी नहीं मानता कि दुनिया के देशों से और राष्ट्र संघ की सुरक्षा परिषद से पूछ ले कि उसे क्या कार्रवाई करनी चाहिए। उसके लिए यह पर्याप्त है कि उसकी जाँच एजेंसियाँ कह दें कि उसके पूर्व राष्ट्रपति को जान से मारने की साजिश की गई थी। बदले की

कार्रवाई के लिए यही काफी है कि किसी ने एक पूर्व अमेरिकी राष्ट्रपति को मारने की साजिश की थी। उसका बदला लेने के लिए वह बेहिचक तेईस मिसाइलें दाग देता है। अमेरिकी क्रान्ति का सन्देश है कि कोई हमारे पूर्व राष्ट्रपति की तरफ बुरी नजर से देखेगा भी तो हम उसकी आँख फोड़ देंगे और जो हाथ उठेगा उसे काट देंगे।

इसे राष्ट्रों के बीच सभ्य व्यवहार कहा जाएगा? यह जंगली कबाइली बदले की भावना है। इसके जरिये अमेरिका दूसरे राष्ट्रों को सभ्य व्यवहार का सबक सिखा रहा है। सद्दाम हुसैन अत्याचारी सैनिक तानाशाह हैं। लेकिन अमेरिका तो दुनिया का सबसे शक्तिशाली लोकतंत्र है। सद्दाम हुसैनी आतंकवाद का जवाब अगर वैसा ही प्रति आतंकवाद है और यही सभ्य व्यवहार है तो फिर दुनिया में जंगल का राज है और जिसके पास ताकत है वही सही है। भैंस उसी की है जो लाठी से उसे हाँक ले जाए। अमेरिका यही व्यवहार दुनिया को सिखा रहा है। उसके लिए पूर्व अमेरिकी राष्ट्रपति के खिलाफ साजिश करना भी तेईस मिसाइलें दाग कर कोई दर्जन भर लोगों को मार देने और तबाही करने से बड़ा अपराध है। पूर्व अमेरिकी राष्ट्रपति पर आँख उठाना भी किसी देश की सार्वभौमता के उल्लंघन से बड़ा अपकर्म है। जब अमेरिकी हित-सुरक्षा का मामला हो तो अमेरिका ही जाँच एजेंसी है, वही आरोपी है, वही अदालत है और वही सजा सुनाने वाला है। उसका कानून अमेरिकी क्रान्ति के चार्टर में लिखा हुआ है।

हम अमेरिका को सद्दाम हुसैन के मामले में जैसा को तैसा कहकर आँख मूँद सकते हैं। यह भी कह सकते हैं कि दुनिया का कोई देश जब उसकी दादागिरी को रोकता नहीं तो हमारे पास ऐसी क्या ताकत है कि उसे ठीक करने की बात करें। सद्दाम हुसैन या गद्दाफी के लिए हमें कोई सहानुभूति रखने या उनका बचाव करने की जरूरत नहीं है। लेकिन अमेरिका को दुनिया में वही करने की छूट दी जाए जो छोटे पैमाने पर कर्नल गद्दाफी या राष्ट्रपति सद्दाम हुसैन करते हैं तो हम सभ्य और समझदार संसार की ओर नहीं जा रहे हैं। अगर हम अमेरिकी कार्रवाई को सद्दाम हुसैन को सिखाया गया सही सबक मान लेंगे तो कल हमारी सार्वभौमता पर भी ऐसा ही हस्तक्षेप होगा। इराक को तेईस मिसाइलों से सबक सिखाया गया हमें अमेरिका अपने नये प्रक्षेपास्त्र से सबक सिखाएगा। यह प्रक्षेपास्त्र हैं—मानवाधिकार।

बगदाद पर गिरी मिसाइलों से जो लोग मारे गए उनके मानवाधिकार अमेरिका के विशेषाधिकार से ऊपर नहीं हैं। भारत को कश्मीर और पंजाब में मानवाधिकारों का विशेष ध्यान रखना चाहिए क्योंकि भारत की सम्प्रभुता अमेरिकी सुरक्षा सिद्धान्त की तरह अनुल्लंघनीय नहीं है। अगर अमेरिका को लगता है कि कश्मीर में मुसलमान ज्यादा हैं इसलिए वह पाकिस्तान का और पंजाब में सिख ज्यादा हैं और वे भारत में रहना नहीं चाहते इसलिए पंजाब का खालिस्तान बना दिया जाना चाहिए तो उसके लिए एमनेस्टी इंटरनेशनल की रपट ही काफी होगी। इन दोनों राज्यों में मानवाधिकारों

के उल्लंघन के लिए वह भारत को सबक सिखा सकता है। अमेरिका दुनिया को आतंकवाद से आजाद ही नहीं करना चाहता वह ऐसा संसार भी बनाना चाहता है जहाँ सब राज्य लोगों के मानवाधिकारों का सम्मान करें। कहाँ क्या मानवाधिकार हैं और किसके हैं इसका भी निर्णय अमेरिका करेगा। जैसा पूर्व युगोस्लाविया में सर्ब और क्रोशियन लोगों के मानवाधिकार बोसनिया के मुसलमानों के मानवाधिकारों से बड़े और बेहतर हैं। वहाँ मुसलमानों के साथ कोई भी अत्याचार हो जाए अमेरिकी मिसाइलें नहीं चलतीं। वे चलती हैं जब अमेरिका मान ले कि उसके पूर्व राष्ट्रपति को मारने की साजिश की गई थी। और वह भले ही नाकाम कर दी गई हो दो महीने बाद भी हमला करके इराक को सिर्फ शक पर सजा दी जा सकती है।

अमेरिका के इस दोगलेपन पर अब अरब इसलामी राष्ट्र छाती-माथा कूट रहे हैं। मिस्र के राष्ट्रपति होसनी मुबारक ने कुछ महीने पहले कहा भी कि इसलामी कट्टरपंथी आतंकवादियों को अमेरिका ने ही मदद की है और उनका इस्तेमाल ऐसे इसलामी देशों के खिलाफ ही किया है जिन्हें वह अपने दोस्त नहीं समझता। धार्मिक आतंकवाद का इस्तेमाल करने में इसलामी राष्ट्र भी पीछे नहीं हैं। वे तभी हल्ला मचाते हैं जब अमेरिकी राज्य से प्रेरित और संचालित आतंकवाद के शिकार होते हैं या सीधे अमेरिका उनके खिलाफ आतंकवादी कार्रवाई करता है। अमेरिका इसलामी आतंकवाद का सबसे बड़ा मददगार है और इसलामी राष्ट्रों ने खुशी-खुशी अमेरिकी राज्य-आतंकवाद का औजार बनना मंजूर किया है। उनके इस खेल में इसलाम कभी आड़े नहीं आया। आखिर आज भी और सब अरब-इसलामी देश अमेरिकी कार्रवाई का विरोध कर रहे हों, कुवैत उसके साथ है। खाड़ी के युद्ध में भी इराक की बढ़ती ताकत से खौफ खाने वाले इसलामी देश अमेरिका के साथ थे। बोसनिया के मुसलमानों पर हो रहे अत्याचारों के लिए पश्चिमी देशों को कोसने वाले इसलामी देशों ने खुद अपने लोगों को कितने नागरिक अधिकार दिये हैं और अपने ही देशों के धार्मिक और जातीय अल्पसंख्यकों के साथ कैसी मानवता का व्यवहार किया है?

लेकिन भारत में क्या हम इसलामी देशों की आपसी फूट और उनके अमेरिकी औजार बनने की इच्छा पर सन्तोष और राहत मनाकर बैठ सकते हैं? इस निष्कर्ष से निश्शंक हो सकते हैं कि अमेरिका ने साम्यवाद के बाद अब इसलामी कट्टरवाद को अपना शत्रु माना है और पूरे ईसाई पश्चिमी संसार को उससे लड़ने के लिए संगठित कर रहा है? अमेरिका को भारत के खिलाफ इसलामी कट्टरपंथी आतंकवादियों के इस्तेमाल से कोई हिचक नहीं होगी और पाकिस्तान इसलाम के नाम पर मुसलमान देशों को अपनी तरफ करके अमेरिकी मदद से भारत को तोड़ने की कोशिश करता रहेगा। राज्य प्रेरित और समर्थित आतंकवाद का अगर कोई शिकार है तो सबसे ज्यादा भारत है। पाकिस्तान कोई बीस साल से पंजाब में ऐसे तत्वों को उकसा रहा

है जो अलग धर्म होने के नाते अलग राष्ट्र की माँग करें। बांग्लादेश को पाकिस्तान बांग्लादेशियों की स्वतंत्र राष्ट्र होने की इच्छा का नतीजा नहीं मानता। वह मानता है कि पूर्वी पाकिस्तान को भारत ने बांग्लादेश बनवाया। इसका बदला लेने की कोशिश वह तभी से कर रहा है। पंजाब में और दुनिया में खास कर पश्चिमी देशों में जा बसे सिखों को पाकिस्तान तभी से मदद कर रहा है। लेकिन पंजाब में वह सफल नहीं हुआ। सिखों ने उसकी मदद से चलाए जा रहे आतंकवादी अलगाववाद की असलियत अपने खून और अपनी इज्जत की कीमत पर जान ली है।

कश्मीर में पाकिस्तान साम्प्रदायिक अलगाव पैदा करने में सफल नहीं हुआ था। उसे उम्मीद तब बन्धने लगी जब वह पंजाब में फेल होने लगा। पिछले चार सालों से कश्मीर में पाकिस्तान इसलाम के नाम पर भारत को तोड़ने का खेल कर रहा है। कश्मीर का विवाद कोई आज का नहीं है। अंग्रेज और अमेरिकी तो कोई पैंतालीस साल से मन ही मन मानते और मनाते रहे हैं कि मुसलमान बहुसंख्यक होने के कारण कश्मीर पाकिस्तान को जाना चाहिए था। न भी जाए तो आजाद होना चाहिए और उसकी आजादी की गारंटी दुनिया के देशों को करनी चाहिए। इसीलिए कश्मीर विवाद पर पश्चिम ने हमेशा पाकिस्तान की मदद की है। राष्ट्र संघ से लेकर दुनिया के कई बहुराष्ट्रीय मंचों पर हम पश्चिम के इस पक्षपात को भुगत चुके हैं। काफी कोशिश करने के बाद भी पाकिस्तान कश्मीर को सैनिक या कूटनीतिक ताकत और समर्थन से छीन नहीं पाया। सोवियत संघ के विघटन और अफगानिस्तान में अमेरिकी इरादों के कामयाब होने के बाद अब उसे एक नया शस्त्र मिला है—मानवाधिकार। अब वह कश्मीर के पाकिस्तान में मिलाए जाने की माँग नहीं करता। अब वह कश्मीरियों के मानवाधिकारों की बात करता है और उसे कश्मीरियों के आत्म निर्णय के अधिकार से जोड़ता है। अमेरिका और पश्चिम में यह नया पाकिस्तानी मोर्चा काम करता दिखता है। मुसलमानों को बचाने के नाम पर पाकिस्तान इसलामी राष्ट्रों का समर्थन पाने में भी कामयाब हो रहा है।

पंजाब और कश्मीर में आतंकवाद को पाकिस्तानी मदद के कई सबूत हमने दुनिया भर को दिखाए। वहाँ चल रहे प्रशिक्षण कैंपों की जानकारी दी। पकड़े गए हथियार और आतंकवादियों के बयान दिखाए। लेकिन अमेरिका अब भी विचार कर रहा है कि पाकिस्तान को आतंकवाद का समर्थन करने वाला देश कहा जाए या नहीं। कुवैत में पूर्व राष्ट्रपति बुश को मारने की साजिश के आरोप में सत्रह लोग पकड़े गए। इन लोगों ने जो कबूल किया और इनके पास से जो बम आदि मिले उनकी जाँच पड़ताल अमेरिकी जाँच एजेंसियों ने की। बुश को मारने की साजिश विफल कर दी गई। लेकिन इराक की खुफिया एजेंसी के इस कथित साजिश में शामिल होने के इतने ही सबूत अमेरिका के लिए काफी थे और आतंकवादी करतूतें करने के लिए इराक पर उसने तेईस मिसाइलें दाग दीं। अगर भारत पंजाब और

कश्मीर में आतंकवाद फैलाने और हमें तोड़ने की साजिश के खिलाफ पाकिस्तान पर हमला कर देता तो अमेरिका क्या उसे सही बताकर उसका समर्थन करता? अमेरिका पाकिस्तान को आतंकवाद चलाने वाला राष्ट्र राज्य घोषित नहीं करता। वह भारत से कहता है कि कश्मीर और पंजाब में अपना मानवाधिकार रेकार्ड ठीक करो।

यह अमेरिका का असली चेहरा है। एक चेहरा हम कश्मीर और पंजाब में देख रहे हैं और दूसरा हमने इराक में चार दिन पहले देखा। इराक में वह आतंकवादी साजिश के शक में हमला कर देता है और कश्मीर और पंजाब में पाकिस्तान प्रेरित और समर्थित आतंकवाद को भारत जब विफल करने की कोशिश में लगा है तो उसे मानवाधिकार रेकार्ड ठीक करने का उपदेश देता है। अमेरिकी सम्प्रभुता ही नहीं, पूर्व अमेरिकी राष्ट्रपति की सुरक्षा को देखा गया खतरा भी इराक की सम्प्रभुता से बड़ा नहीं है। अमेरिका के अन्देशे से मानवाधिकार आयोग की स्थापना करते हैं। इराक पर अमेरिकी मिसाइलों का हमला उन सब देशों के लिए चेतावनी है जो राज्य प्रेरित आतंकवाद से अपनी सम्प्रभुता की लड़ाई लड़ रहे हैं।

[30 जून, 1993]

इस तरह जिएँ तो सौ साल

जात न पूछो राष्ट्रपति की—एक साल हमने कहा था। तब आग्रह जात का था लेकिन यह भी ध्यान था कि इस कविता-कहावत में मूल शब्द साधु है। अगर इसका प्रयोग राष्ट्रपति चुनाव को जातिवाद से दूर रखने के लिए किया गया है तो यह भी समझना चाहिए कि जिस साधु की जगह राष्ट्रपति को रखा गया है कहावत उससे साधुत्व की अपेक्षा रखेगी। और जवाब राष्ट्रपति से नहीं माँगा जाएगा। माँगा उसी से जाएगा जिसने कहावत में साधु की जगह राष्ट्रपति को रखा है। मैं तभी से सावधान हूँ। और शंकर दयाल शर्मा को उनके अमृत महोत्सव में देख रहा हूँ।

अपने देश का राष्ट्रपति राजा तो नहीं होता। लेकिन असली कार्यकारी सत्ता भले ही प्रधानमंत्री के पास हो, राज्य-राष्ट्र का प्रतीक तो राष्ट्रपति होता है। लोकतंत्र का मुहावरा है कि जिसके पास सबसे ज्यादा सत्ता हो वह अपने को लोगों का प्रथम सेवक कहे और हो। लेकिन जिसके पास कोई कार्यकारी सत्ता न हो वह राज्य की सत्ता का प्रतीक हो और उसी के जरिये सत्ता अपने को अमल में लाए। अपने लोकतंत्र के इस मुहावरे का मतलब है कि राष्ट्र की सार्वभौम सत्ता लोक में निहित है और लोक का प्रतिनिधि उसे प्रतीक-पुरुष के माध्यम से प्रयोग में लाए। यही मुहावरा तय करता है कि राज्य का प्रतीक-पुरुष यानी राष्ट्रपति सत्ता के प्रयोग किये जाने का माध्यम रहे। न वह सत्ता है, न सत्ता का प्रयोग करने वाला। वह माध्यम है। निमित्त है। निमित्त मात्र भव सव्यसाची-विराट रूप दर्शन करवाने के बाद गीता में कृष्ण ने अर्जुन से कहा था। अपने लोकतंत्र का जो विराट रूप दर्शन कर ले उस राष्ट्रपति को अपने को निमित्त मात्र मानने में कोई हिचक नहीं होगी। लोकतंत्र लोकतंत्र की सत्ता के प्रकटीकरण का जो जितना अच्छा माध्यम होगा वह उतना ही अच्छा राष्ट्रपति होगा।

अपने यहाँ एक साधु और राजा जनक की एक कथा लोक में प्रचलित है। एक साधु ने राजा जनक को भरे दरबार में ललकारा था कि अपने को विदेह कहते हो और यहाँ सिंहासन पर बैठे राजसत्ता भोग रहे हो। सचमुच विदेह हो तो छोड़ो सब राजपाट और चलो मेरे साथ। राजा जनक तत्काल सबका सब वहीं छोड़कर साधु के साथ हो लिये थे। चलते-चलते रात हो गई थी और दोनों एक पेड़ के नीचे

सो गए थे। रात को हल्ले में राजा जनक की नींद टूटी तो उन्होंने देखा कि कोई साधु का दंड-कमंडल-वल्कल आदि लिये भागे चला जा रहा है और साधु उसके पीछे-पीछे भाग रहे हैं। साधु ने आखिर उसे पकड़ लिया और वह साधु का सामान छोड़ भाग गया। साधु अपना दंड-कमंडल-वल्कल आदि सन्तोष से समेटा और लौटने लगे तो जनक ने उसने पूछा कि महाराज मुझे तो आप राजपाट छुड़वाकर ले आए लेकिन अपने दंड-कमंडल से आपको इतना मोह कि उस चोर के पीछे आप नींद खराब करके इस तरह भागे और उसे पकड़कर अपना सामान ले लिया। मैंने तो मुड़कर देखा तक नहीं कि उस राजपाट का क्या हुआ?

कथा में साधु दंड-कमंडल के अपने मोह पर लज्जित होते हैं और राजा होते हुए भी राजपाट से किंचित भी मोह न रखने वाले जनक को ससम्मान वापस सिंहासन पर बैठाते हैं। कथा का सार यह कि जो साधु मोह में पड़ा होगा वह दंड-कमंडल भी नहीं छोड़ेगा और इसलिए साधु नहीं होगा। लेकिन जो राजा साधु के कहने पर देखते-देखते और बेझिझक राजपाट छोड़कर वन के लिए चल निकलेगा वह सचमुच विदेह होगा और उसी को राज मिलेगा। हमारे यहाँ साधु किसे माना जाना चाहिए और सिंहासन पर बैठने का सच्चा अधिकारी कौन है—यह कथा यही बताने के लिए बनी और चली। अपने लोकतंत्र पर इस कथा को बैठाएँ तो सार यह निकलेगा कि राष्ट्रपति को विदेह होना चाहिए। उस भव्य और विशाल राष्ट्रपति भवन में बैठे राष्ट्रपति को उस भवन और सिंहासन को सार्वभौम लोक की राज्य सत्ता का प्रतीक मानना चाहिए और उससे उसका कोई मोह नहीं होना चाहिए।

अपने पहले राष्ट्रपति राजेन्द्र प्रसाद के बारे में यही कहा जाता है कि उस राष्ट्रपति भवन में वे सचमुच विदेह की तरह रहे। सन् पचास से बासठ तक वे राष्ट्रपति रहे लेकिन जब छोड़कर गए तो पटना के सदाकत आश्रम में ही अपने साधारण से घर में रहे। मैंने राजेन्द्र बाबू को राष्ट्रपति भवन में रहते नहीं देखा। लेकिन बाद में उनके न रहने पर सदाकत आश्रम में वह घर या कुटिया जरूर देखी जहाँ वे दो कार्यकाल और गणतंत्र के पहले दो साल दिल्ली में रहकर रहने के लिए आए। लोग कहते थे कि उस कुटिया में सोने के कमरे से जुड़ा बाथरूम भी नहीं था। राजेन्द्र बाबू को सवेरे-सवेरे हाथ में लोटा लिये और कान पर जनेऊ चढ़ा आश्रम के गुसलखाने जाते देखा जा सकता था। पता नहीं यह वर्णन कितना सही है क्योंकि मैंने राजेन्द्र बाबू को सदाकत आश्रम में रहते नहीं देखा। लेकिन अगर यह दन्तकथा भी है और प्रचलित है तो इतना तो बताती ही है कि राजेन्द्र बाबू सबसे ज्यादा बरस राष्ट्रपति भवन में रहे पर राष्ट्रपति भवन के नहीं हुए। रहे उस सदाकत आश्रम के ही जहाँ से और जहाँ के होने के कारण राष्ट्रपति हुए थे।

कबीर ने अपने को दास कहा लेकिन सहज गर्व से कहा कि जो चादर देवता, ऋषि, मुनि आदि ने पहनकर गन्दी की उसे मैंने जतन से ओढ़ कर ज्यों

की त्यों रख दिया है। मैं नहीं जानता कि राजेन्द्र बाबू को राष्ट्रपति भवन ज्यों का त्यों छोड़ आने और अपने सदाकत आश्रम के ज्यों के त्यों बने रहने का गर्व था या नहीं। लेकिन हम गर्व कर सकते हैं कि हमारा राष्ट्रपति ऐसा था और देख सकते हैं कि उनकी तरह विदेह होकर कौन रहता है। यह लिखते वक्त मुझे याद है कि राष्ट्रपति और प्रधानमंत्री के अधिकारों और सत्ता पर राजेन्द्र बाबू और जवाहरलाल की काफी खतो-किताबत हुई थी और ऐसे कुछ मामले थे जिन पर उनके प्रधानमंत्री जवाहलाल नेहरू से मतभेद थे और उनके मंत्रिमंडल के किये गए निर्णयों पर वे राष्ट्रपति के नाते आँख मूँद कर दस्तखत नहीं करना चाहते थे। बाद में ज्ञानी जैलसिंह और राजीव गांधी के बीच भी विवाद चला जिसने राष्ट्रपति और प्रधानमंत्री दोनों ही पदों की प्रतिष्ठा नहीं बढ़ाई। राजेन्द्र बाबू और जवाहरलाल का विवाद उदाहरण है कि राष्ट्रपति और प्रधानमंत्री के बीच मतभेद हों तो वे किस तरह निपटाए जाएँ।

शंकर दयाल शर्मा के आदर्श राजेन्द्र बाबू हैं और वे अक्सर देश के पहले राष्ट्रपति के बारे में बात करते हैं और बड़ी भावना से और श्रद्धा से करते हैं। राजेन्द्र बाबू पढ़ने-लिखने में किसी से कम नहीं थे। वकालत भी अच्छी करते थे। आजादी के आन्दोलन में उनका त्याग-बलिदान अपने समय के किसी नेता से कम नहीं था। लेकिन रहे वे खाँटी बिहारी और देहाती भारतीय ही। जवाहरलाल जैसी पश्चिमी चमक दमक, बरताव और रवैये में एक खास किस्म की शहरी नफासत और जनता के होते हुए भी उससे अलग एक खासियत, शख्सियत और हैसियत का अहसास राजेन्द्र बाबू में नहीं था। उनके बाद हुए राष्ट्रपति डॉ. राधाकृष्णन जैसा पांडित्य दर्शन भी राजेन्द्र बाबू में नहीं था। लेकिन भारतीय किसान के जैसे सच्चे प्रतिनिधि और प्रतीक राजेन्द्र बाबू थे वैसे तो कोई भी राष्ट्रपति और प्रधानमंत्री नहीं रहे। राजेन्द्र बाबू—वह हरिजन भी नहीं थे जिसे महात्मा गांधी राष्ट्रपति भवन में बैठा देखना चाहते थे। लेकिन गांधी की प्रार्थना में जिस दीन-हीन और कुटिया के निवासी का स्मरण है—उसके बहुत नजदीक तक राजेन्द्र बाबू पहुँचते थे। विदेह राजा जनक जैसी कई कथाएँ डॉ. शंकर दयाल शर्मा राजेन्द्र बाबू की सुनाते हैं।

शंकर दयाल शर्मा ने भी राष्ट्रपति भवन पहुँचने के बाद कुछ निर्णय और काम ऐसे किये हैं जो राष्ट्रपति पद के राजकीय और सार्वजनिक गौरव और निजी जीवन की शुद्धता को फिर स्थापित करते हैं। जैसे एक परम्परा राष्ट्रपति भवन में यह स्थापित थी कि राष्ट्रपति के अपने निजी रसोड़े का खर्च वे अपनी निजी आमदनी से दें और राष्ट्रपति के नाते सार्वजनिक और राजकीय मेहमानों पर जो खर्च हो वह राजकीय कोष से हो। कौन-सा खर्च किस मद में जाएगा और किस कोष से उसका भुगतान होगा इसका निर्णय भी राष्ट्रपति को ही करना होता है। राष्ट्रपति भवन के राजसी वैभव में भी निजी और राजकीय का भेद करना होता है। राष्ट्रपति

को आखिर संविधान के अनुसार वेतन मिलता है। अपनी राजकीय हैसियत में ही वे सार्वजनिक कोष से खर्च कर सकते हैं। निजी हैसियत में किये गए खर्च उनके वेतन से होने चाहिए।

शंकर दयाल शर्मा जब राष्ट्रपति भवन पहुँचे तो निजी और राजकीय का यह भेद चलन में नहीं था। राष्ट्रपति की अपनी रसोई का खर्च भी राजकीय कोष में ही पड़ता था। शर्मा जी ने अपनी रसोई और राष्ट्रपति होने के नाते आगन्तुकों को जलपान कराने, राजकीय भोज देने और राष्ट्रपति भवन में आकर रहने वाले राजकीय अतिथि के सत्कार पर होने वाला खर्च अपने वेतन से और राजकीय आतिथ्य पर होने वाला खर्च राजकीय कोष से देना शुरू किया। खुद बिल देखे, जाँचे और उनके भुगतान की व्यवस्था करवाई। निजी रसोई का खर्च—राजकीय खर्च की तुलना में निश्चित ही पासँग के बराबर ही होगा। आखिर एक पचहत्तर बरस का शाकाहारी पुरुष और उसका छोटा-सा परिवार उतना ही तो खाता-पीता होगा जितना स्वास्थ्य इजाजत देता होगा। लेकिन पासंग के बराबर भी हो तो भी निजी खर्च निजी है और भले ही राष्ट्रपति का हो, होना उनके वेतन से ही चाहिए। सार्वजनिक धन का उपयोग हिसाब-किताब की ऐसी कसौटी के बिना नहीं होना चाहिए।

पता नहीं आपको याद है या नहीं, लेकिन महात्मा गांधी ने सार्वजनिक उत्तरदायिता का एक गजब उदाहरण दिया था। आश्रम में आने वाले लोग अक्सर भेंट में कुछ न कुछ दे जाया करते थे। गांधी जी के निर्देश से वह सब आश्रम के कोष में जमा होता था। एक बार कोई कस्तूरबा को कुछ दे गया जो उन्होंने समझा कि उन्हें निजी तौर पर दिया गया है। बा आखिर अपने आज के नेताओं की पत्नियों में से तो नहीं थीं। गांधी जी के साथ दक्षिण अफ्रीका से आश्रम में रहती आईं और सार्वजनिक जीवन जीती आई थीं। निजी जीवन उनका शायद ही कोई रह गया हो। इसलिए जब उन्होंने माना कि कोई उन्हें जो दे गया है वह उनके लिए निजी है तो ऐसा मानने के निश्चित ही कारण रहे होंगे इसलिए उसे उन्होंने आश्रम में जमा नहीं करवाया। बाद में बापू को इसका पता चला तो उन्होंने इसके खिलाफ न सिर्फ *हरिजन* में लिखा बल्कि एक दिन का उपवास कस्तूरबा और अपनी शुद्धि के लिए रखा। कई गांधी भक्तों ने भी माना और कहा कि यह बापू का बा के साथ सरासर अन्याय था। आज के माहौल में तो यह किस्सा लोगों को हद दर्जे का पागलपन लगेगा लेकिन गांधी ऐसा न करते तो क्या अपने को महात्मा कहने देते?

यह उदाहरण इसलिए नहीं दिया कि शंकर दयाल शर्मा राष्ट्रपति भवन में वही करते होंगे जो गांधी जी ने आश्रम में किया होगा। कतई नहीं। राष्ट्रपति भवन आश्रम नहीं है और शंकर दयाल शर्मा निजी और राजकीय का कितना ही भेद करते हों खर्च और हिसाब के मामले में गांधियाई जवाबदेही का कोई जवाब देश में है ही नहीं। फिर भी निजी और राजकीय का भेद राष्ट्रपति भवन में किया जाए और खर्च

भले ही कुछ रुपट्टी का हो तो भी यह जरूरी है। खर्च का ध्यान डॉ. शंकर दयाल शर्मा को भी रहता है।

राष्ट्रपति बनने के बाद पिछले महीने वे पहली विदेश यात्रा पर गए और हालाँकि इस दौरान केम्ब्रिज विश्वविद्यालय में हुआ उनका सम्मान राजकीय समारोह नहीं था लेकिन बाकी यात्रा तो राजकीय ही थी। लेकिन दूसरे राष्ट्रपतियों बल्कि वर्तमान उपराष्ट्रपति की तरह वे एअर बस या बोइंग 747 यानी जंबो जेट ले जाने के लिए तैयार नहीं हुए। एअर बस या जंबो जेट एअर इंडिया या इंडियन एअरलाइंस से लेना पड़ता है और जितने दिन वह राजकीय सेवा में रहता है—उससे होने वाली कमाई या घाटा होता है। एअरलाइंस को अपना कार्यक्रम अलग बदलना पड़ता है जिससे यात्रियों को कष्ट होता है। राष्ट्रपति शंकर दयाल शर्मा अपनी पहली विदेश यात्रा पर भारतीय वायु सेना के उसी बोइंग 737 से गए जो राजकीय सेवा में उनके लिए निर्धारित है। बोइंग 737 तीन-चार घंटे से ज्यादा देर उड़ने का ईंधन नहीं ले सकता क्योंकि दो इंजनों का छोटा विमान है। इंडियन एअरलाइंस का हो तो उसमें चालकदल समेत एक सौ अट्ठाईस लोग बैठते हैं। जो विमान राष्ट्रपति की सेवा में है उसमें तो छियासठ व्यक्तियों के ही बैठने की जगह है। राष्ट्रपति शंकर दयाल शर्मा जगह-जगह ईंधन लेने के लिए उतरते रहे और अपने साथ छोटा-सा ही लवाजमा ले जा सके। आज के विमानों की तुलना में वह विमान छकड़ा है। लेकिन कोई राष्ट्रपति अपनी हवाई सेवाओं का नुकसान न कराए और यात्रियों को कष्ट न होने दे तो भारत नामक दुनिया के सबसे बड़े लोकतांत्रिक गणराज्य की शान नहीं घटती। शंकर दयाल शर्मा ऐसे ही उड़ें और इसी तरह राष्ट्रपति भवन में रहें तो—जिजीविषेत शतम् समाः।

[19 अगस्त, 1993]

सार्क के कंधों पर चढ़ा बेताल

सार्क देशों के सम्पादकों-पत्रकारों के संवाद में चंचल सरकार ने सुझाव दिया कि हम सब लोगों की ओर से अपनी सरकारों को आग्रह किया जाना चाहिए कि हम लोगों के लिए कोई वीसा न हो, एक-दूसरे के यहाँ संवाददाता रखे जा सकें और अखबार और पत्रिकाएँ बिना किसी पाबन्दी के मिल सकें। यह आग्रह न तो संवाद में शामिल पत्रकारों को बाध्य करने वाला था, न उनके देश की सरकारों को। ज्यादा से ज्यादा यह एक अपील हो सकती थी। लेकिन हैदराबाद में हुए सार्क संवाद से ऐसी अपील भी जारी नहीं हो सकी। पाकिस्तान से आए तीन कॉलम लेखकों और एक सम्पादक ने लगभग एक आवाज में कहा कि ऐसा कोई आग्रह या अपील न ही की जाए तो बेहतर रहेगा।

पाकिस्तानी पत्रकारों की हिचक और उदासीनता समझते हुए चंचल सरकार ने अपने सुझाव पर जोर नहीं दिया। प्रेस इंस्टीट्यूट ऑफ इंडिया को चलाते हुए और संचार से सम्बन्धित मामलों पर देश-विदेश में सैकड़ों सेमिनारों, गोष्ठियों और सम्मेलनों में भाग लेकर वयोवृद्ध हुए चंचल सरकार समझते हैं कि ऐसे मौकों पर क्या किया जाए। वे बात करते रहे। दूसरे भी पत्रकार-सम्पादक चलाए रहे और रात को सिर्फ एक कागज तैयार हुआ कि किन-किन मुद्दों पर बातचीत हुई। चूँकि ऐसी सूची से किसी को क्या एतराज हो सकता था इसलिए वह कागज एक विज्ञप्ति बन कर प्रसारित भी हुआ हालाँकि अखबारों ने उसकी कोई सुध नहीं ली। लेकिन इसका मतलब यह नहीं कि संवाद में कुछ हुआ ही नहीं और पाकिस्तानी पत्रकारों का रोल विलन का था।

सच पूछिए तो इस संवाद में सबसे पते की बातें पाकिस्तान के *फ्रंटियर पोस्ट* के सम्पादक खालिद अहमद ने कीं। उन्होंने कहा कि अपनी सरकार को उत्तरदायी बनाने और लोकहित में बेरहमी से उसकी लगातार खिंचाई करने में भारत की प्रेस गजब का काम कर रही है और उसका कोई सानी नहीं है। पाकिस्तान में भी अब प्रेस आजाद हुई है तो हम भी जनता की ओर से चौकीदारी करने की कोशिश कर रहे हैं। लेकिन जैसे ही विदेशी मामले-खासकर भारत-पाकिस्तान का मामला आता है—हम अपनी सरकार के पीछे लाइन लगाकर एक-दूसरे के खिलाफ खड़े हो जाते

हैं। इससे राजनेता एक-दूसरे के खिलाफ तनातनी बल्कि दुश्मनी तक का माहौल बनाने में कामयाब हो जाते हैं। इस तनातनी और एक-दूसरे पर शक के कारण हमारी सरकारें सेनाओं और हथियारों पर जरूरत से ज्यादा पैसा खर्च करती रहती हैं जबकि यह धन लोगों को रोटी, कपड़ा, मकान देने और उनका विकास करने में लगना चाहिए। हम दुनिया भर से हथियार बटोरते रहे, अब हमें अनाज चाहिए। एक-दूसरे के खिलाफ हम दोनों देशों की प्रेस अपनी-अपनी सरकारों से जरा ज्यादा ही सहमत रहती हैं और इस कारण वह माहौल नहीं बन पाता जिसमें एक-दूसरे को समझने और इस तरह तनाव घटाने में मदद मिल सके।

पाकिस्तान के कॉलमकार नकवी और इब्नुल हसन ने भी कहा कि राजनेताओं ने सार्क देशों में अपने लिए वीसा खत्म करवा लिये। अब जजों को भी यह सुविधा हो गई है लेकिन पत्रकारों के लिए पाबन्दी लगी हुई है। जरूरत सबसे ज्यादा पत्रकारों को ही है कि वे एक-दूसरे के देश में घूमें। तटस्थ और समझदारी की रपटें लिखें और भाईचारा बढ़ाएँ। अभी सार्क देशों का सुर कर्कश और झगड़े टंटे का है जो कि समरसता और एक-दूसरे के कल्याण में भागीदारी का होना चाहिए। कॉलमकार नसीम ज़हरा तो दोनों देशों में समझदारी और भाईचारा बढ़ाने के लिए पत्रकारों को कूटनीतिकता की जिम्मेदारी लेने की बात भी कह गईं हालाँकि दूसरे पत्रकारों को यह ठीक नहीं लगा। नसीम जहरा कश्मीर को लेकर काफी सघनता और भावुकता में थीं और उन्हें लगा कि इसे लेकर हम दो देश और लोग कब तक झगड़ते रहेंगे? जरूरी नहीं कि कश्मीर पाकिस्तान का हो या हिन्दुस्तान का ही हो। कश्मीर आजाद भी हो सकता है और हम दोनों देश मिलकर उसकी आजादी की गारंटी कर सकते हैं। इस बात पर भी नसीम से ज्यादातर पत्रकार सहमत नहीं थे। लेकिन वे इतने मन और दुख से बोलीं कि उनकी भावना की ईमानदारी ने सभी को छुआ। पाकिस्तान के चारों ही पत्रकार एक-दूसरे के अखबारों में लोगों और जीवन के स्तर पर ज्यादा से ज्यादा खबरों, विश्लेषणों और लेखों के छपने की बात करते रहे।

लेकिन वे अपील करने को तैयार नहीं हुए कि भारत और पाकिस्तान के पत्रकारों को एक-दूसरे के देश में आने-जाने के लिए वीसा की जरूरत नहीं होनी चाहिए और एक-दूसरे के देश में घूमने पर दूसरी तरह की पाबन्दियाँ भी नहीं होनी चाहिए। बाकी के देशों—यानी श्रीलंका, नेपाल, भूटान, मालदीव और बांग्लादेश के पत्रकार तो फिर भी तैयार हो जाते लेकिन उनकी सहमति तक बात गई ही नहीं। पाकिस्तान के पत्रकारों को लगा कि आखिर कौन सही और सच्चा पत्रकार है इसका सबूत और सर्टीफिकेट तो सम्पादक ही देंगे। और सम्पादकों को ऐसे सर्टीफिकेट जासूसों को देने से कौन रोक सकता है? आखिर सम्पादकों और पत्रकारों का ऐसा इस्तेमाल जासूसी एजेंसियाँ करती रही हैं। सरकार की तरफ से मान्यता प्राप्त पत्रकारों का भी दुरुपयोग हुआ है। सर्टीफिकेट सार्क सचिवालय से जारी हो तो भी उसे दूतावासों और

उच्चायोगों को मामला भेजना ही होगा और वहाँ सरकारें जो भी फच्चर फँसाना चाहें फँसा सकती हैं। पाकिस्तान में सैनिक तानाशाहियों ने न सिर्फ प्रेस के मुँह पर पट्टी बाँध कर रखी है बल्कि इस पेशे का जासूसी के लिए दुरुपयोग भी बहुत किया है। अब हालाँकि पाकिस्तान में कुछ लोकतंत्र है और प्रेस भी काफी आजाद है लेकिन लगता है कि वे दूध के ऐसे जले हैं कि छाछ को भी फूँक-फूँक कर पीना चाहते हैं। वे तो एक-दूसरे के अखबारों के संवाददाताओं को रखे जाने पर भी शंकाओं से भरे हुए थे। खालिद अहमद ने कहा कि आज के माहौल में मान लीजिए कि पाकिस्तानी उर्दू अखबार का संवाददाता भारत में हो और खुलकर लिखे तो कितना जहर और फैलेगा। जब तक रवैये नहीं बदलेंगे तब तक वीसा खत्म करने और संवाददाता रखने से कोई मतलब नहीं बनेगा। बल्कि प्रचार के लिए एक-दूसरे के अखबारों में छपी सामग्री का भी जमकर इस्तेमाल होगा।

पाकिस्तानी पत्रकारों की हिचक समझी जा सकती है। उसकी दलीलें भी वास्तविकता की जमीन में से ही निकली हैं। लेकिन जब तक एक-दूसरे को ठीक से देखभाल कर और एक-दूसरे पर समझदारी से लिखा नहीं जाएगा तब तक लोगों के मन से शंका, डर और अविश्वास दूर कैसे होगा? लोगों से लोगों के स्तर पर समझदारी कैसे बनेगी और ऐसा जनमत कैसे तैयार होगा जो अपनी-अपनी सरकारों को तनाव घटाने और भाईचारा बढ़ाने पर मजबूर कर सके। आखिर यह सब तभी होगा जब अखबार अपने संवाददाताओं को फटाफट भेज सकें या एक-दूसरे के देश में रख सकें और एक-दूसरे के अखबार बिना किसी पाबन्दी के कहीं भी दुकान पर मिल सकें। ऐसा हो सके इसलिए भी सरकारों पर दबाव डालना पड़ेगा। और अगर पत्रकार-सम्पादक इस आशय का कोई आग्रह, कोई अपील, कोई घोषणा पत्र ही जारी करने को तैयार नहीं होंगे तो पाबन्दियों की साँकलें ढीली कैसे होंगी? ऐसा भी नहीं कि पाकिस्तानी पत्रकारों को यह बात समझ में नहीं आती फिर भी वे किसी औपचारिक दस्तावेज पर दस्तखत करने को तैयार नहीं थे। क्या अपने अतीत का असर उन पर अभी तक बना हुआ है? क्या वे अपनी सरकारों से खौफ नहीं भी खाते हुए होशियारी बरतना चाहते हैं? या सार्क की भावना की दुहाई देते हुए भी मानते हैं कि उससे ठोस कुछ निकलना और बनना नहीं है?

पाकिस्तान के उदारमना और समझदार पत्रकारों और नागरिकों की सावधानी और चिन्ता को हमें समझना चाहिए। एक लोकतांत्रिक और मित्र पाकिस्तान भारत के हित में ही है। इससे हम न सिर्फ सुरक्षा पर होने वाले खर्च को विकास की तरफ लगा सकते हैं बल्कि अपने देश में भी सामाजिक समरसता बढ़ा सकते हैं। अभी पाकिस्तान की दिक्कत यह है कि लोकतंत्र और प्रेस की आजादी वहाँ नई-नई और इसलिए ज्यादा भरोसेमन्द नहीं है। वहाँ लोकतंत्र अन्दरूनी कारणों से उतना नहीं आया है जितना बाहरी दबावों और वैश्विक परिस्थितियों में आए परिवर्तन

के कारण। पहले अमेरिका और सोवियत संघ के बीच शीत युद्ध समाप्त हुआ तो पाकिस्तान को सैनिकशाही और हथियारों से लैस देश बनाए रखने में अमेरिका की रुचि घटी। अफगानिस्तान से गोर्बाचेव रूस को निकाल ले गए तो अमेरिका को एक और मौका मिला कि वह पाकिस्तान को अपने सामरिक बगलबच्चे की तरह पकड़े न रखे। फिर सोवियत संघ के विखंडन के साथ एक-दूसरे के खिलाफ मुट्ठी ताने खड़े देशों की दो खेमों में बँटी दुनिया बदली। अमेरिका को पाकिस्तान की सामरिक जरूरत लगभग नहीं रही इसलिए पाकिस्तानी सेना पर अमेरिकी वरदहस्त भी नहीं रहा। अमेरिका के लिए पाक सेना महत्त्वपूर्ण नहीं रही तो उसके अपने देश में भी उसका रुतबा और बोलबाला घटा। सेना को पाकिस्तान के राजनीतिक, सामाजिक और आर्थिक जीवन से अपने जवान हटा कर बैरकों में रख देने पड़े सेना के पीछे हटने ने नागरिक शक्ति यानी लोकतंत्र को आगे आने का मौका दिया। पाकिस्तान में आज जो लोकतंत्र है उसका श्रेय भी सोवियत संघ के विखंडन को दिया जाना चाहिए।

लेकिन कट्टरपंथी इसलामिक ताकतें वहाँ अब भी लोकतंत्र और खुले समाज के लिए खतरे की घंटियाँ बजाय जा रही हैं। हम भारत में ही कट्टरपंथी और धर्मांध ताकतों से चिन्तित हो रहे हैं जबकि हमारा संविधान पंथनिरपेक्ष, लोकतांत्रिक और समाजवादी है। पाकिस्तान का तो संविधान ही इसलामिक है और वह लोकतंत्र और खुले समाज को कुचलने के लिए सेना के कभी भी काम आ सकता है। इस संविधान और कट्टरपंथी धार्मिक ताकतों से पाकिस्तान में भी लोग लड़ रहे हैं। लेकिन हम न तो उनके संघर्ष के बारे में ठीक से जानते हैं, न हम उनकी कोई मदद कर सकते हैं। इस देश में अगर उनके संघर्ष की तारीफ भी होने लगे तो अपने देश में वे गद्दार और इसलाम के दुश्मन करार दे दिये जाएँगे। भारत के एजेंट बना दिये जाने पर वे आम लोगों का वह समर्थन भी नहीं पा सकेंगे जिसके बिना वे कठमुल्लावाद से लड़ नहीं सकते। यों भी किसी देश में लोकतंत्र लोगों के बलबूते और निश्चय से ही आ सकता है। लेकिन भारत और पाकिस्तान में तनाव और तनातनी जितनी कम होगी पाकिस्तान में खुलाव और लोकतंत्र को उतनी ही ताकत मिलेगी। यह खुलाव और लोकतंत्र-जानकारी और परिस्थितियों की समझ के खुले आदान-प्रदान से बढ़ सकता है और इसका एक ही रास्ता है कि दोनों देश अपने अखबारों के जरिये संवाद कर सकें। पहले इसमें अड़चनें आएँगी और गड़बड़ी भी होगी लेकिन धीरे-धीरे आपसी समझ और भाईचारा भी बढ़ेगा। इसीलिए बेहतर होता कि पाकिस्तानी पत्रकार कम से कम सभी सार्क देशों की सरकारों से खुलाव और बेहतर आवाजाही की अपील के लिए तैयार हो जाते।

[23 अक्टूबर, 1993]

भारत-पाक रिश्तों में है सार्क का भविष्य

चंचल सरकार के सुझाव को श्रीलंका या बांग्लादेश या नेपाल के पत्रकारों ने भी नहीं उठाया हालाँकि कह सभी रहे थे कि हमारा एक-दूसरे के बारे में अज्ञान दूर होना चाहिए और मेल-जोल के लिए सभी रास्ते खुले होने चाहिए और हमारी एक सार्क पहचान होनी चाहिए। लेकिन उन्होंने भी जरूरी नहीं समझा कि पाकिस्तानी मित्रों को मनाएँ कि हमें कोई अपील जारी करनी चाहिए। लगा ऐसा कि सार्क के बाकी पाँचों देश सार्क को भारत और पाकिस्तान का मामला मानते हैं। एक-दो ने तो कहा भी कि सार्क अगर सफल नहीं हो पा रहा है तो इसका कारण यह है कि भारत और पाकिस्तान में मेल-जोल नहीं है और जब तक उनमें आपसी सहयोग नहीं बढ़ेगा तब तक इस क्षेत्र में सहयोग नहीं बढ़ सकता। भारत के प्रति इन देशों के मन में दहशत नहीं है तो यह भाव तो है ही कि मुहल्ले के इस चौधरी से सँभल कर रहना चाहिए। हमें नहीं लगता कि भारत, दक्षिण एशिया का दादा बनने की कोशिश करता है और इसलिए छोटे देश उससे बिचकते हैं। लेकिन तमाम कोशिशों के बावजूद ये देश भारत के नेतृत्व को सहजता से स्वीकार करके उसकी छाया में लाभ लेने को तैयार नहीं लगते। ऐसा भी नहीं कि वे भारत के खिलाफ पाकिस्तान से मिल कर सन्तुलन कायम करने को उत्सुक हों। सार्क में भारत के खिलाफ अपने को असर्ट करके वे कोई चिन्ता भी नहीं दिखाते।

लेकिन भारत का कोई न कोई काँटा किसी न किसी से फँसा ही हुआ है। श्रीलंका में मुक्ति चीतों का एक काँटा है। राष्ट्रपति प्रेमदास की सरकार उनसे कोई कम परेशान नहीं है। मुक्ति चीतों को तमिलनाडु में भारत से समर्थन, ट्रेनिंग और हथियार मिलना बन्द हो और उन्हें भारतीय सेना ही ठीक करे इसलिए राष्ट्रपति जयवर्धने ने राजीव गांधी के साथ शान्ति समझौता किया। भारत ने तमिल छापामारों और आतंकवादी-अलगाववादियों को नि:शस्त्र करने के लिए साठ हजार से एक लाख तक की शान्ति सेना भेजी। पराए जंगलों में एक हाथ बाँधकर दूसरे हाथ से मुक्ति चीतों से लड़ाई की। दोनों ओर से भारी नुकसान हुआ। जयवर्धने की जगह प्रेमदास राष्ट्रपति हुए तो भारतीय सेना को वापस भेजने के लिए उन्होंने उन मुक्ति चीतों से ही हाथ मिला लिया जिन्हें काबू करने के लिए वह बुलाई गई थी। भारतीय

सेना तो लौट आई लेकिन राष्ट्रपति प्रेमदास की सेना और मुक्ति चीतों में फिर ठनी हुई है। राजीव गांधी की हत्या के आरोप में भारत को मुक्ति चीतों के नेता प्रभाकरन की जरूरत है लेकिन प्रेमदास न तो उन्हें भारत को सौंपने की हालत में हैं न शायद सौंपना चाहते हैं। वे निश्चित ही मुक्ति चीतों का इस्तेमाल भारत के खिलाफ करना चाहते हैं भले ही वे उनकी सरकार को भी नाकों चने चबवा रहे हों। भारत-श्रीलंका के बीच सहयोग होता तो तमिलों और मुक्ति चीतों की समस्या न हमारे लिए तकलीफदेह होती, न श्रीलंका के लिए। लेकिन श्रीलंका बड़े दादा भारत में भरोसा कहाँ करता है? और हम कभी मुक्ति चीतों को खिला-पिला कर जाफना के जंगल में छोड़ देते हैं या कभी उनके खिलाफ सेना भेजकर बुद्धू बनते हैं।

बांग्लादेश से कांग्रेस ने वोटों के लालच में इतने अधिक लोगों को भारत आने जाने दिया है कि वे आगे-पीछे हमारे लिए न सिर्फ विकट समस्या हो जाने वाले हैं बल्कि बांग्लादेश से हमारी तनातनी के भी स्थायी कारण हो जाएँगे। डेढ़ करोड़ बांग्लादेशी एक हिसाब से हमारे यहाँ आन बसे हैं, इतने लोगों का तो अच्छा-खासा देश हो जाता है। ये लोग भारत के हाशिये पर रहते हैं और उनसे हमारा सन्तुलन गड़बड़ा रहा है। बांग्लादेश की जनसंख्या लगातार बढ़ रही है और इतने लोगों को न खिलाने का अनाज उनके पास है, न रखने की जगह। लेकिन बांग्लादेशियों को यहाँ आने से रोकने का कोई ठीक प्रबन्ध करते हम नहीं दिखते। पानी कहते हैं यों भी गले-गले आ गया है। शायद वह सिर पर से निकलने लगेगा और हम डूबने लगेंगे तभी डुबकी लगाकर ऊपर आएँगे। बांग्लादेश में बाढ़ आए और तबाही हो या सूखा पड़े और भुखमरी फैले तो दोनों के लिए वे भारत को दोष देते हैं क्योंकि हम नदियों के पानी को लेकर ठीक इन्तजाम करने को तैयार नहीं होते। बांग्लादेश से हमारी चिकचिक चलती ही रहती है।

नेपाल से भी हमारे सम्बन्ध गड़बड़ाए हुए थे। इसलिए कि वह कभी चीन तो कभी पाकिस्तान के कंधे पर हाथ रखकर सन्तुलन बनाने की कोशिश करता था। वहाँ लोकतंत्र आने से अब हमारे सम्बन्ध कुछ सुधरे हैं और मेल-जोल भी बढ़ा है। भारत के बाद वह अकेला देश है जहाँ हिन्दू बहुमत है। लेकिन ऐसा नहीं लगता कि नेपाल और भारत में कोई हिन्दू भाईचारा हो। सही है कि और किसी भी देश की तुलना में नेपाल से हमारी सीमाएँ खुली हुई हैं फिर भी जितना व्यापार-व्यवसाय और लेन-देन होना चाहिए उतना नहीं होता। भूटान और मालदीव इतने छोटे हैं कि न वे हमसे चिकचिक कर सकते हैं न गोदी में बैठकर किलकारियाँ मार सकते हैं। सार्क के दो बड़े देश तो सचमुच भारत और पाकिस्तान ही हैं और इन दोनों के सम्बन्धों पर ही सार्क का मजबूत या कमजोर होना निर्भर करता है। सार्क के सातों देशों में बन भी तभी सकती है जब भारत और पाकिस्तान में पहले आपस में बनने लगे।

सोवियत संघ के विखंडन से दुनिया अब दो खेमों में नहीं है। लेकिन वह अमेरिका के एक खेमे में भी नहीं हो जाना चाहती इसलिए यूरोप अपनी एक पहचान बनाकर एक अलग ताकत हो जाना चाहता है। चीन, जापान और भारत मिलकर एक ऐसी एशियाई ताकत हो सकते हैं कि अमेरिका और यूरोप दोनों सावधान रहें और बराबरी का बरताव करें। लेकिन एशिया के ये तीनों बड़े देश किसी एशियाई पहचान में एक नहीं होना चाहते। फिर भी क्षेत्रीय सहयोग और पहचान का जमाना आ रहा है। इसे जानते हुए भी भारत दक्षिण एशिया को एक नहीं कर सकता। कोशिश करें तो दूसरे देश चौकन्ने होकर छिटक जाएँगे।

सार्क के देशों के संवाद के दौरान बार-बार लगता रहा कि ये देश कहते जरूर हैं कि हमें एक-दूसरे को बेहतर जानना चाहिए लेकिन एक-दूसरे में इनकी रुचि कहाँ है? शिकायत है कि हमारे अखबार यूरोप और अमेरिका की खबरें ज्यादा छापते हैं। उन्हीं की ओर हम देखते हैं और उन्हीं के जैसे हो जाना चाहते हैं। आखिर हम उसी की जानकारी लेते हैं जिसकी ओर ललक से देखते हैं और जिसे अपने से बेहतर मानकर जिसकी नकल करना चाहते हैं। सार्क के देश एक-दूसरे के चाहे जितने नजदीक और नस्ल, धर्म और संस्कृति में एक जैसे हों—वे अपने से हजारों योजन दूर के यूरोप और अमेरिका के पिछलग्गू हो जाना चाहते हैं। भारत भी इसमें अपवाद नहीं है बल्कि हमने ही पहले पड़ोस से जोड़ने के बजाय यूरोप, अमेरिका और रूस से अपने को जोड़ा। हमारी विदेश नीति पड़ोसियों से दूर रहने और दूर के सुहाने ढोलों का औपनिवेशिक अतीत है। उसी की लाश ढोते हुए हम एक-दूसरे से दूर होते रहते हैं। इस लाश को बेताल की तरह उतारे बिना सार्क स्वस्थ नहीं हो सकता।

[24 अक्टूबर, 1993]

चुनाव को बचाया गाँवों की दिल्ली ने

दिल्ली वालों ने तो वोट डाल दिये लेकिन उन्होंने किसे जितवाया है, यह उन्हें बीस दिन बाद पता चलेगा। सत्ताईस नवम्बर तक उनके वोट बिना गिने कड़ी सुरक्षा में ग्यारह जगह रखे रहेंगे।

ढाई साल पहले कुछ राज्यों में कोई महीने भर वोट गिने बिना पड़े रहे थे क्योंकि लोकसभा चुनाव में मतदान के पहले दिन बाद राजीव गांधी की हत्या हो गई थी। दूसरे दौर के चुनाव फिर पच्चीस दिन बाद हुए। उस एक दुर्घटना के अलावा देश के निर्वाचन इतिहास में ऐसा नहीं हुआ कि वोट डलने के बीस दिन बाद नतीजे निकले हों।

बीस दिन का इन्तजार इस बार भी एक दुर्घटना के कारण है। इस दुर्घटना का नाम है टी.एन. शेषन जो भारत के मुख्य चुनाव आयुक्त हैं। उन्होंने दिल्ली, हिमाचल, राजस्थान, उत्तर प्रदेश और मध्य प्रदेश में मतदान इक्कीस दिन फैला दिया क्योंकि ये चुनाव करवाने के लिए जितने पुलिस वाले और केन्द्रीय पर्यवेक्षक उन्होंने माँगे थे—सरकार ने नहीं दिये। इसलिए खुंदक में शेषन ने एक या दो दिन में सब जगह चुनाव नहीं करवाए। उनके मुख्य चुनाव आयुक्त रहते हुए अगर लोकसभा और बाकी की विधान सभाओं के चुनाव करवाने पड़ जाएँ तो वे शायद दो महीने लगा देंगे। अब प्रतीक्षा तो करनी होगी।

नई दिल्ली और दक्षिण दिल्ली के बाबू-अफसर और खाते-पीते लोगों को इन्तजार भारी नहीं पड़ेगा। इस चुनाव में उनकी वैसे भी कोई खास रुचि नहीं थी। इन दो दिल्लियों में रहने वाले गरीब-गुरबे अगर कमी पूरी नहीं कर देते तो मतदान पचास प्रतिशत के आसपास नहीं पहुँचता।

खाते-पीते और नौकरीपेशा कहे जाने वाले लोगों की कॉलोनियों में चुनाव का कोई माहौल था ही नहीं। कोई उत्तेजना, कोई तनाव, कोई लगाव—कुछ नहीं था। शायद ही कहीं वोट देने वालों की कतार लगी होंगी। दिन में कभी भी आकर वोट डालने वाले आए जैसे छुट्टी के दिन चिट्ठी डालने चले गए हों। इन सभी कॉलोनियों में छुट्टी का वातावरण था। ये वही लोग हैं जिनसे देश का प्रभुवर्ग बनता है। इनकी चुनाव में रुचि होनी चाहिए थी क्योंकि यही लोग मुद्दों पर बहस

करते हैं और बताते हैं कि लोकतंत्र की दिशा क्या होनी चाहिए। मतदान से इनकी उदासीनता के कारण ही मुद्दे नारे बनकर रह जाते हैं।

लेकिन नई दिल्ली से निकल कर आप पश्चिम दिल्ली और फिर बाहरी दिल्ली से होते हुए पूर्वी दिल्ली जाएँ तो पूरा दृश्य ही बदल जाता है। मोतीनगर, तिलकनगर, कीर्तिनगर आदि में ज्यादातर पंजाबी रहते हैं जो मोटे तौर पर भाजपा के समर्थक माने जाते हैं। इस बार वहाँ के सिख भी तीनों प्रमुख पार्टियों में बँटे दिखे। फिर भी इन उपनगरों में कतारें तो उन लोगों के कारण ही लगीं जो बहुजन समाज पार्टी के लोग कहे जाते हैं। पश्चिम दिल्ली में पंजाबियों और दलितों के होने से ही गहमागहमी हुई। पुरानी दिल्ली में भी चुनाव का माहौल गरीबों ने ही बनाया वे चाहे मुसलमान रहे हों या हिन्दू।

फिर भी दिल्ली के इस चुनाव को सचमुच का चुनाव बनाया बाहरी और पूर्वी दिल्ली ने। यही दो दिल्लियाँ सत्तर में से इकतालीस सीटों का फैसला करने वाली हैं। इन दोनों दिल्लियों में हरियाणा और उत्तर प्रदेश के गाँव हैं जो अब दिल्ली महानगर में आ गए हैं। देश के दूरदराज जैसे दूसरे गाँव तो ये नहीं रह गए हैं लेकिन अब भी गाँव हैं। इनमें रहने वाले लोग वहीं के हैं। ये लोग एक-दूसरे को जानते हैं। इनमें धर्म, जाति और अगड़ों-पिछड़ों की भावना काम करती है। नई और दक्षिण दिल्ली के लोगों की तरह ये कहीं से आए और कहीं और चले जाने वाले लोग नहीं हैं। ये अपनी जमीन में जड़ों वाले लोग हैं। इन्हें विधायक के जरिये सत्ता में भागीदारी करनी है। इसलिए ये चुनाव से कटे-छँटे और ऊपर नहीं रह सकते।

फिर बाहरी और पूर्वी दिल्ली में पार्टी तंत्र काम कर सकता है जो नई और दक्षिण दिल्ली में नहीं कर सकता। वोटरों को घरों से निकाल कर वोट डलवाने में उम्मीदवार और उनके कार्यकर्ता यहीं सफल हुए। बाहरी दिल्ली के महिपालपुर चुनाव क्षेत्र में गाँव वाले केन्द्र पर तो सत्तर से अस्सी प्रतिशत मतदान लेकिन वसंत कुंज के वसंत वैली स्कूल में मतदान चालीस के आसपास। वसंत कुंज डीडीए की बनाई कॉलोनी है। ऐसी सभी कॉलोनियों और सोसाइटियों के लोगों से कहीं ज्यादा उत्साह गाँव वालों और झुग्गी-झोपड़ियों के लोगों में था।

हम पढ़े-लिखे लोग मतदान में इन गाँवों और झुग्गी-झोपड़ियों के लोगों के उत्साह को कोई सम्मान से नहीं देखते। इन लोगों के लिए लोकतंत्र के जो मायने हैं वे नई और दक्षिण दिल्ली के लोगों से भिन्न हैं। इन दिल्लियों के लोगों की पसन्द भी अलग-अलग है। जैसे नई पुरानी, दक्षिण और पश्चिम दिल्ली में जनता दल और बहुजन समाज पार्टी गिनती में नहीं दिखते। लेकिन बाहरी और पूर्वी दिल्ली में इनका असर कांग्रेस और भाजपा दोनों से ज्यादा लगता है।

बाहरी और पूर्वी दिल्ली सिर्फ इसलिए नहीं कि उनमें इकतालीस सीटें हैं बल्कि इसलिए भी दिल्ली का फैसला करेंगी कि इनके वोट भाजपा और कांग्रेस

के बहुमत को बनाने-बिगाड़ने में निर्णायक होंगे। इनमें उन्हीं पार्टियों का जोर नहीं दिखता जो बाकी की दिल्ली में खम ठोक रही हैं। लोकतंत्र के लिए यह अच्छा ही है कि उदासीन वोटर तय नहीं करेंगे कि दिल्ली पर कौन राज करेगा। दिल्ली राज्य बनकर विधानसभा चुन रही है तो उसमें रहने वाले ही तय करें कि यहाँ सरकार कौन बनाएगा। कोई कितने ही दावे करे और भाव खाए सत्ताईस नवम्बर के पहले मानिए मत कि दिल्ली ने क्या फैसला किया है।

[8 नवम्बर, 1993]

इस चुनाव से क्या बदल जाएगा?

दिल्ली और हिमाचल में मतदान हो गया। राजस्थान में आज हो जाएगा। इसके बाद शुरू होगा मिनी आम चुनाव का असली मत युद्ध उत्तर प्रदेश में। उसके बाद चुनाव तो मध्यप्रदेश में भी होने हैं लेकिन उत्तर प्रदेश का निर्णय और महत्त्व इन सभी से ज्यादा है। इसलिए थोड़ा पीछे पलट कर देख लेना चाहिए।

उत्तर प्रदेश, अयोध्या में पिछले साल छह दिसम्बर को जो हुआ उसी के कारण वहाँ की भाजपा सरकार को बरखास्त किया गया। बाबरी मसजिद के ढाँचे को गिरवाने वाले संगठनों पर लगी पाबन्दी के ठीक से लागू न हो पाने के अन्देशे में मध्य प्रदेश, राजस्थान और हिमाचल प्रदेश की सरकारों को भी बरखास्त किया गया। लगभग दो अवधियों के राष्ट्रपति शासन के बाद विधानसभा चुनाव की संवैधानिक अनिवार्यता के कारण ये मिनी आम चुनाव हो रहे हैं।

केन्द्र में सत्तारूढ़ कांग्रेस और दूसरी लगभग सभी पार्टियाँ अगर सम्भव होता तो ये चुनाव आगे बढ़ाने में हिचकती नहीं। इन चुनावों का आग्रह था—भारतीय जनता पार्टी का। सिर्फ इसलिए नहीं कि इन चारों राज्यों में चुनाव जीत कर वह जल्द से जल्द सत्ता में आना चाहती थी बल्कि इसलिए कि बाबरी मसजिद का ढाँचा गिराने और फिर वहाँ राम लला का मन्दिर बनाने पर ही पूरे देश में सत्तारूढ़ होने की उसकी महायोजना टिकी हुई थी।

भाजपा और उसके परिवारी संगठनों का कहना है कि छह दिसम्बर को ढाँचा गिराने की उनकी कोई पूर्व योजना नहीं थी। अगर यह सच है तो इसका मतलब यही कि उस ढाँचे के जरिये भाजपा और संघ परिवार पूरे देश में वैसी ही भावना जगाना चाहता था जैसी वह सन् नब्बे और इकानवे में उत्तर प्रदेश में जगा पाया था। जिसने पहले जनता दल के साथ चुनाव लड़ कर उसे मध्य प्रदेश, राजस्थान और हिमाचल प्रदेश में सत्ता में पहुँचाया था और बाद में अपने अकेले बूते पर उत्तर प्रदेश में। बाबरी मसजिद का ढाँचा और उसकी जगह राम लला का मन्दिर भाजपा के लिए राजनीतिक हिसाब से जितना लाभदायी सिद्ध हुआ उतना जनसंघ से भाजपा तक की उसी यात्रा में कोई भी मुद्दा नहीं हुआ था।

सन् चौरासी के लोकसभा चुनाव में मिली दो सीटों को सन् उन्नासी के चुनाव में छियासी और सन् इक्यानबे के मध्यावधि में एक सौ उन्नीस सीटों तक बढ़ जाना और उत्तर भारत के चार राज्यों, खास कर उत्तर प्रदेश में उसकी सरकारों का बनना-सिर्फ इसलिए सम्भव हुआ कि बाबरी मसजिद के ढाँचे की जगह विशाल और भव्य राम मन्दिर बनाने को भाजपा ने एक राजनीतिक कार्यक्रम के रूप में अपनाया। इस एक मुद्दे से मिली इस चामत्कारिक सफलता ने भाजपा और उसके संघ परिवार को आश्वस्त कर दिया था कि राम मन्दिर उसे केन्द्र में भी सत्ता में पहुँचा सकता है।

इसलिए और सब राजनीतिक मुद्दों को खाना पूरी के लिए उठाते और गिनाते हुए भाजपा और उसके परिवार के सभी संगठनों ने बाबरी मसजिद की जगह राम मन्दिर बनाने को 'हिन्दू पुनर्जागरण' और उसके जरिये 'एक हजार साल के गुलामी के इतिहास' को मिटाने और एक नये 'हिन्दू' भारत की रचना करने के कार्यक्रम में बदल लिया। दूसरी सभी राजनीतिक पार्टियों को जो मुद्दा साम्प्रदायिक या धार्मिक लगता था और जिसे वे मुख्य कार्यक्रम के नाते उठाना भारत जैसे बहुधर्मी और पंथनिरपेक्ष देश में गलत बताती थीं उसी को सारी लोकतांत्रिक और संवैधानिक लोकलाज छोड़ कर भाजपा ने ध्वजा की तरह उठा लिया। अब तक वह सन् सैंतालीस में मिली आजादी और सन् बावन में माने गए संविधान से बने राजनीतिक अखाड़े में दूसरी पार्टियों से लड़ती थी।

राम मन्दिर और उसके कारण मिली राजनीतिक सफलता ने भाजपा को विश्वास दिलाया कि राम मन्दिर के जरिये वह राजनीतिक अखाड़े को ही बदल सकती है। इस अखाड़े में और कोई भी राजनीतिक पार्टी उसके सामने टिक नहीं पाएगी क्योंकि वे हिन्दुओं की होते हुए भी 'हिन्दू' नहीं हो सकतीं और मजबूरी में होने की कोशिश भी करेंगी तो पूरी तरह अविश्वसनीय हो कर अपना सारा आधार खो बैठेंगी। राम मन्दिर के आन्दोलन के जरिये वह केन्द्र में सबसे बड़ी विपक्षी पार्टी तो हो गई लेकिन न अभी अखाड़ा बदल पाई थी, न पूरे देश में अपनी जड़ें जमा पाई थी। अयोध्या में पिछले साल पहले जुलाई और फिर दिसम्बर में केन्द्र सरकार, संविधान और न्यायपालिका से कार सेवा के जरिये टकराव मोल ले-ले कर वह पूरे देश में 'हिन्दू' जागरण कर रही थी। इस टकराव को शायद वह एक-दो साल और चलाना चाहती थी ताकि पूरे देश के हिन्दुओं को अयोध्या में अपने साथ भावात्मक रूप से जोड़ सके।

छह दिसम्बर को बाबरी मसजिद ढहा कर उन्मादी कार सेवकों ने उस योजना को बीच में ही पूरा कर दिया। भाजपा ने ध्वंस की जिम्मेदारी तो नहीं ली लेकिन उसके लिए शर्म करने या मांफी माँगने की भी कोई जरूरत नहीं समझी। अब चुनाव में तो उसे, जो कहते हैं सो करते हैं—जैसे नारे में अपनी उपलब्धि ही बता रही है।

भाजपा के अध्यक्ष कह चुके हैं कि इस महीने के चुनाव में लोग बाबरी मसजिद के ध्वंस पर अपना निर्णय देंगे। यानी जिस बाबरी मसजिद के ढाँचे के टूटने और जिस राम मन्दिर के बनने से भाजपा केन्द्र में सत्तारूढ़ होने के मंसूबे बाँधे हुए थी उस पर उसे उन्हीं राज्यों में सत्ता के लिए वोट माँगने पड़ रहे हैं जहाँ पहले ही उसकी सरकारें थीं। यानी यह मिनी आम चुनाव उसे अपने को नये क्षेत्रों में परखने का मौका देने के बजाय उसी इलाके में फिर अपनी ताकत साबित करने को कह रहा है जहाँ वह अपने को स्थापित मान रही थी। यह चुनाव भाजपा के क्षेत्र संवर्धन का नहीं, क्षेत्र संरक्षण का चुनाव है।

इसलिए भाजपा के लिए जरूरी है कि वह इस मिनी आम चुनाव को केन्द्र में अपने सत्तारूढ़ होने का माध्यम बना कर प्रक्षेपित करे। इसीलिए भाजपा ने कहा कि ये चुनाव देश के राजनीतिक ढाँचे की दिशा तय करेंगे। सच पूछिए तो विधानसभाओं के इस चुनाव से अगर किसी का भविष्य तय होना है तो भारतीय जनता पार्टी का। अगर इसमें वह कहीं भी कमजोर पड़ती दिखी तो निष्कर्ष निकाला जाएगा कि अब वह उतार पर है और दिल्ली के सिंहासन पर नहीं बैठ सकती। चूँकि मध्यप्रदेश, हिमाचल और राजस्थान में वह सन् नब्बे के चुनाव में जनता दल के साथ जीत कर सत्ता में आई थी इसलिए इन राज्यों में उसकी शक्ति की वैसी परीक्षा नहीं है जैसी कि उत्तर प्रदेश में। सन् इक्यानबे में भाजपा वहाँ देश में पहली बार अपने बलबूते पर सत्ता में आई थी। मधु लिमये की यह बात बिल्कुल सही है कि भाजपा अगर कहीं सचमुच कसौटी पर चढ़ी है तो उत्तर प्रदेश में।

ये चुनाव देश की राजनीति का भविष्य तय करें या न करें उत्तर प्रदेश का चुनाव भाजपा का भविष्य जरूर तय करेगा। उत्तर प्रदेश में ही अयोध्या है। वहीं की बाबरी मसजिद का ध्वंस हुआ है और वहीं राम मन्दिर का निर्माण होना है। अयोध्या भाजपा की राजनीति का केन्द्र और शक्ति स्रोत है और वहीं पता चलेगा कि कार सेवकों ने बाबरी मसजिद ढहा कर भाजपा की राजनीति का नया ढाँचा खड़ा किया है या चार सौ चौंसठ साल पुरानी मसजिद के साथ भाजपा की राजनीति को भी ढहा दिया है। अब तक की सभी रपटें कहती हैं कि अयोध्या में राम लहर नहीं है। लेकिन आडवाणी दुहराते जा रहे हैं कि ये चुनाव देश की राजनीति बदल देंगे।

किसी एक चुनाव से कोई पार्टी बनती-बिगड़ती नहीं और एक चुनाव राजनीति को बदल नहीं देते। दूसरे देशों के उदाहरण लेने के बजाय अपने ही देश के दो चुनाव लें-सन् इकहत्तर के मध्यावधि चुनाव और सतहत्तर के आम चुनाव। सन् उनहत्तर में जब इन्दिरा गांधी ने कांग्रेस तोड़ी तो देश की यह सबसे पुरानी और सबसे बड़ी पार्टी अपनी ताकत और पुण्याई लगभग पूरी तरह खो चुकी थी। वह सत्ता और उसके भ्रष्टाचारी असर से इतनी पतित हो चुकी थी कि सत्ता में बने रहने के लिए कुछ नया करने की भी प्रेरणा और शक्ति उसमें नहीं बची थी। ऐसी चुकी

हुई पार्टी को इन्दिरा गांधी ने तोड़ा इसलिए नहीं कि वे उसकी सफाई करके उसका कायाकल्प करना चाहती थीं। इसलिए कि वह कांग्रेस उन्हें सत्ता में बनाए रखने का मजबूत ओटला नहीं बना सकती थी।

इन्दिरा गांधी ने कांग्रेस के साथ-साथ ऐसी कई लोकतांत्रिक संस्थाएँ तोड़ीं जो उनकी सत्ताकांक्षा के रास्ते में वाजिब बाधाएँ खड़ी कर रही थीं। इन्दिरा गांधी ने बैंकों का राष्ट्रीयकरण किया, प्रिवीपर्स समाप्त किये और गरीबी हटाने का नया नारा लगाया। वे देश के गरीबों की मुक्तिदायी देवी माँ बन गई और सिंडीकेटी दादाओं को उन्होंने पूँजीपति-उद्योगपति शोषकों के साथी बता कर बदनाम किया। उन्होंने एक ऐसा लोकप्रिय समाजवाद देश के सामने रखा जो न समाजवादियों का था, न नेहरू का, न कम्युनिस्टों का। देश के लोगों ने उन्हें जबरदस्त जनादेश दिया। फिर उन्होंने बांग्लादेश युद्ध जीता और मार्च बहत्तर में विधानसभा चुनावों में भी उन्हें गजब की सफलता मिली।

लेकिन एक साल नहीं हुआ और गुजरात में चिमन सरकार के भ्रष्टाचार के खिलाफ छात्रों का नवनिर्माण आन्दोलन शुरू हुआ। उसी से प्रेरित जयप्रकाश नारायण ने बिहार में आन्दोलन छेड़ा और साल भर में ऐसी हालत हो गई कि इन्दिरा गांधी के खिलाफ जब इलाहाबाद हाई कोर्ट का फैसला आया तो उनका सत्ता में रहना लगभग असम्भव हो गया। इमरजेंसी लगा कर ही वे सत्ता में रह सकीं। इमरजेंसी और समाजवाद का कोई मेल हो सकता था? लेकिन जो इन्दिरा गांधी गरीबी हटाने और समाजवाद लाने के लिए एक के बाद एक लोकतांत्रिक संस्थाएँ और परम्पराएँ तोड़ रही थीं वे आखिर इमरजेंसी की तानाशाही गली में घिरी पाई गईं। सन् उनहत्तर से सतहत्तर यानी आठ साल उन्होंने जो किया वह क्रान्ति के कैसे-कैसे विशेषणों से वर्णित किया गया था! लेकिन इन्दिरा गांधी की सत्तापरस्त राजनीति ने उन्हीं प्रवृत्तियों को खुल कर खेलने का मौका दिया जो सन् उनहत्तर में टूटी कांग्रेस में पहले से मौजूद थीं। इन्दिरा गांधी की इस समाजवादी राजनीति ने अगर कोई नया तत्त्व देश की राजनीति में स्थापित किया तो यही कि सत्ता के लिए कोई सिद्धान्त, कोई संस्था, कोई परम्परा अनुलंघनीय नहीं है। इन्दिरा गांधी ने पार्टी, संस्थाएँ और परम्पराएँ तोड़ कर नया समाज बनाने की प्रतिज्ञा ली थी। वे कहाँ पहुँचीं और उनकी प्रतिज्ञा का क्या हुआ? हम सब जानते हैं।

सतहत्तर का चुनाव तो इकहत्तर के चुनाव से भी कहीं ज्यादा महत्त्वपूर्ण और अर्थवान माना गया था। उस चुनाव में लोगों ने तानाशाही के खिलाफ लोकतंत्र को वोट दिया। और कम से कम उत्तर भारत में तो इतना जबरदस्त वोट दिया कि कांग्रेस का नामोनिशान नहीं दिखा। उत्तर प्रदेश, बिहार आदि में कांग्रेस को एक सीट नहीं मिली। वह चुनाव जेपी के आन्दोलन का फलित था जिसमें लगभग सभी गैर कांग्रेसी पार्टियों ने भागेदारी की थी। उस चुनाव से न सिर्फ पहली बार केन्द्र में

गैर कांग्रेसी सरकार बनी बल्कि एक नई पार्टी—जनता पार्टी का भी जन्म हुआ। आजादी की लड़ाई के बाद लोकतंत्र की लड़ाई में जनता की जीत हुई और जनता पार्टी ने उसकी अगुआई की। मार्च सतहत्तर में देश में नई राजनीति के लिए जैसा वातावरण और जैसी अपेक्षाएँ थीं वैसी तो सन् सैंतालीस में भी नहीं थीं क्योंकि देश के विभाजन ने आसमान को खून से रँग दिया था। लेकिन न सिर्फ जनता सरकार ढाई साल नहीं चली, जनता पार्टी भी टूटी और उन्हीं इन्दिरा गांधी को जनता ने वापस सत्ता सौंपी जिन्हें तीन साल पहले बुरी तरह हराया था। राजनीति की इस उठापटक में जेपी की सम्पूर्ण क्रान्ति का कहीं पता नहीं चला। लोकतंत्र की तो पुनर्स्थापना हो गई लेकिन राजनीति में कोई बुनियादी परिवर्तन नहीं हुआ। सन् अस्सी में इन्दिरा गांधी को जब जनता ने सत्ता सौंपी तो इसलिए नहीं कि वे कुछ नया कर सकती थीं बल्कि इसलिए कि राज चला सकती थीं।

इन्दिरा गांधी की समाजवादी राजनीति ने आठ साल चल कर ऐसा कोई परिवर्तन नहीं किया कि जिसे देश की हालत में आया बुनियादी बदलाव कहा जा सके। और गैर कांग्रेसवाद जेपी के सम्पूर्ण क्रान्ति आन्दोलन की सान पर चढ़ कर दिल्ली में सत्तारूढ़ हुआ पर देखते-देखते रेत के धोरे की तरह बिखर गया। इनसे न राजनीति बदली, न हमारा समाज किसी रचनात्मक तरीके से बदला। गरीबी-अमीरी की खाई थोड़ी भी भरी नहीं जा सकी और सम्पूर्ण क्रान्ति आन्दोलन सर्वोदय, और समाजवादी आन्दोलनों की शक्ति सोख कर सत्ता के रेगिस्तान में बिला गया। अगर इकहत्तर के चुनाव से कांग्रेस समाजवाद लाने वाली पार्टी नहीं बनी और राजनीति उसी तरह धन और बाहुबल और धोखाधड़ी पर चलती रही तो ये मिनी आम चुनाव भाजपा को कैसी क्रान्तिकारी पार्टी बना देंगे और देश की राजनीति कैसे भिन्न हो जाएगी? सन् इकहत्तर के चुनाव ने तो एक नई सरकार, एक नई पार्टी और एक नई परिस्थिति पैदा की थी लेकिन उसमें से नया कुछ नहीं निकला। पुरानी इन्दिरा गांधी यथास्थिति का शासन चलाने का जनादेश ले कर वापस आ गई। लालकृष्ण आडवाणी इन दोनों ही चुनावों में शामिल रहे हैं और इन दोनों का परिणाण उन्होंने देखा है। फिर वे क्यों कह रहे हैं कि पाँच राज्यों के इन विधानसभा चुनावों के नतीजे से नई राजनीति देश में चल निकलेगी?

[11 नवम्बर, 1993]

जिनसे भारत छुड़वाया था वही आ गए

'इसका अर्थ यह हुआ कि हमें अंग्रेजी राज्य तो चाहिए, पर अंग्रेज शासक नहीं चाहिए। आप बाघ का स्वभाव तो चाहते हैं, लेकिन बाघ नहीं चाहते। मतलब यही हुआ कि आप हिन्दुस्तान को अंग्रेज बनाना चाहते हैं। और हिन्दुस्तान जब अंग्रेज बन जाएगा तब वह हिन्दुस्तान नहीं कहा जाएगा, सच्चा इंग्लिस्तान कहा जाएगा। यह मेरी कल्पना का स्वराज्य नहीं है।' गांधी ने 1909 में *हिन्द स्वराज्य* में लिखा था। और फिर अपने सारे कर्म और लेखन की इस बीज पुस्तिका के आखिर में उन्होंने बताया था कि स्वराज्य क्या है—'1. अपने मन का राज्य स्वराज्य है। 2. उसकी कुंजी सत्याग्रह, आत्मबल या करुणा बल है। 3. उस बल को आजमाने के लिए स्वदेशी को पूरी तरह अपनाने की जरूरत है। 4. हम जो करना चाहते हैं वह अंग्रेजों के लिए हमारे मन गें द्वेष है इसलिए या उन्हें सजा देने के लिए नहीं करें बल्कि इसलिए करें कि ऐसा करना हमारा कर्तव्य है। मतलब यह कि अंग्रेज अगर नमक महसूल रद्द कर दे, लिया हुआ धन वापस कर दें, सब हिन्दुस्तानियों को बड़े-बड़े ओहदे दे दें और अंग्रेजी लश्कर हटा लें तो हम उनकी मिलों का कपड़ा पहनेंगे या अंग्रेजी भाषा काम में लाएँगे या उनकी हुनर कला का उपयोग करेंगे सो बात नहीं है। हम उसे नहीं करेंगे।'

गोखले ने *हिन्द स्वराज* पढ़ने के बाद 1912 में भविष्यवाणी की थी कि गांधीजी भारत में एक साल रहने के बाद खुद ही इसका नाश कर देंगे। लेकिन इसके प्रकाशन के तीस साल, और भारत में कोई चौबीस साल रहने के बाद भी गांधी को इसमें कुछ जगह भाषा बदलने के सिवाय और कुछ फेरबदल करने जैसा नहीं लगा। और मुझे विश्वास है कि अपने जन्म की सवा सौवीं जयन्ती पर आज भी उनसे पूछा जाता है कि क्या वे *हिन्द स्वराज्य* में कुछ बदलना चाहते हैं तो वे निश्चित ही विनम्रतापूर्वक इनकार कर देते। क्योंकि भारत को अंग्रेज यानी यूरोपीय या अमेरिकन बनाने की जितनी बुद्धिहीन कोशिश आज की जा रही है उतनी तो अंग्रेजी राज में भी नहीं की गई थी। गांधी और भारत की आजादी और फिर उसके पुनर्निर्माण के लिए-अंग्रेजों से भारत छुड़वाने के लिए करो या मरो का नारा लगाकर जीने और मरने वाले लोग हिन्दुस्तान को भारतीय अंग्रेजों का इंग्लिस्तान बनाने

के लिए स्वराज्य नहीं चाहते थे क्योंकि जैसा कि *हिन्द स्वराज्य* में गांधी ने कहा था—वह स्वराज्य होगा ही नहीं।

अब नरसिंह राव और उनके आर्थिक संकट मोचक वित्तमंत्री मनमोहनसिंह और उनके रास्ते का समर्थन करने वाले तमाम भारतीय अंग्रेज गांधी और अगस्त क्रान्ति का चाहे जितना जाप करें वे स्वराज्य का रास्ता उसी तरह छोड़ चुके हैं जैसा कोई बयालीस साल पहले जवाहरलाल नेहरू और उनके साम्यवादी समर्थक छोड़ चुके थे। नरसिंह राव और मनमोहनसिंह की नीयत में खोट नहीं भी हो सकता है जैसा कि जवाहरलाल नेहरू की नीयत में भी नहीं था। इनमें से शायद ही कोई जानबूझ कर और जबरदस्ती हिन्दुस्तान को इंग्लिस्तान बनाने में ही उसका मोक्ष या सच्चा स्वराज्य मानता हो। लेकिन इसमें कोई सन्देह नहीं कि चाहे जवाहरलाल हों या मनमोहनसिंह इनमें से किसी में भी वह मौलिक प्रतिभा नहीं है जो आज की दुनिया में सच्चा स्वराज्य देकर भारत को भारत बना सके। न इनमें साहस है (या था) कि भारत को अपना खाँटी रास्ता चुनने में लगा सकें।

गांधी में प्रतिभा और हिम्मत दोनों थीं कि भारत को आजाद करने के लिए दुनिया और मानव इतिहास के सिद्ध तरीके छोड़कर उसका अपना अहिंसा का रास्ता चुन सके और सारे देश को उस पर चला सके। जवाहरलाल नेहरू ने बना बनाया और साम्यवादी देशों में तब सफल लग रहा समाजवादी मॉडल अपना लिया। उस पर भी अमल उस निर्ममता से नहीं किया जैसा कि लेनिन, स्तालिन और माओ ने किया था। क्योंकि जवाहरलाल नेहरू को हम चाहे जितना प्यार करें और उनको सम्मान दें मान लेना चाहिए कि उनमें न मौलिक प्रतिभा थी, न अपना रास्ता चुनने का साहस। वे समाजवादी रास्ते पर इसलिए चल रहे थे कि वह आजमाया हुआ और उस वक्त सफल हुआ रास्ता था। मिश्रित अर्थव्यवस्था उनकी प्रतिभा की नहीं साहस की कमी के कारण इस देश में अपनाई गई थी जैसी कि चीन में वह आजकल मजबूरी में चलाई जा रही है।

नरसिंह राव और मनमोहनसिंह को नेहरू और इन्दिरा गांधी का वह समाजवादी रास्ता भी छोड़ देना पड़ा क्योंकि जिस सोवियत संघ से उसे उन्होंने लिया था वह उसी को एक अँधेरी खाई में उतार कर समाप्त हो गया। आज सोवियत संघ के साम्यवादी दिल या दिमाग के पन्द्रह टुकड़े हो गए हैं और वे भारत से भी ज्यादा दयनीय लग रहे हैं। भारत पुराने सोवियत संघ के मॉडल से चिपका नहीं रह सकता क्योंकि उसकी वह प्रतिमूर्ति होना चाहता था वह असल मूर्ति तो लोप हो गई। सोवियत संघ के विखंडन और साम्यवादी राज्य के नष्ट होने से भारत सबक ले सकता था कि वह अपना रास्ता खुद निकाले। लेकिन कहने की जरूरत नहीं कि नरसिंह राव और मनमोहनसिंह नेहरू से कहीं ज्यादा प्रतिभाविहीन और कायर नकलची लोग हैं। राव साहब किसी तरह राज चलाएँ और मनमोहनसिंह

लंदन स्कूल ऑफ इकनॉमिक्स में अर्थशास्त्र के सिद्धान्त पढ़ाएँ तो वे शायद ज्यादा अच्छा काम कर सकते हैं।

क्योंकि जवाहरलाल नेहरू ने तो फिर भी ऐसा मॉडल चुना था जो भारत को इंग्लिस्तान बनाने की अंग्रेजों की कोशिशों को रद्द करता था। देश को बचाने के नाम पर नरसिंह राव और मनमोहनसिंह उसे जिस रास्ते पर ले जा रहे हैं वह तो ठीक वही है जिसके खिलाफ गांधी ने चेतावनी दी थी क्योंकि स्वराज्य का वह रास्ता है ही नहीं। यह तो हिन्दुस्तान को और भी घटिया इंग्लिस्तान बनाने का रास्ता है। राजनीतिक कारणों से भले ही ये लोग कह नहीं सकते हों कि गांधी का बताया स्वराज्य बेकार का आदर्श या शेखचिल्लीपन है। *आर्यन पाथ* के अंक को 1938 में भेजे सन्देश में गांधी ने लिखा था कि पाठक यह भी जान लें कि मेरे एक स्वर्गीय मित्र की राय में 'यह एक मूर्ख आदमी की रचना है।' नरसिंह राव और मनमोहनसिंह की राय में गांधी की कल्पना का स्वराज्य भले ही एक मूर्ख और अब बिलकुल बेकार हो गए आदमी का सपना हो लेकिन उनमें इतना साहस और ऐसी ईमानदारी नहीं है कि ऐसा कह सकें। उनमें इतनी भी ईमानदारी और हिम्मत नहीं है कि कहें कि अमेरिका या पूँजीवाद का रास्ता ही भारत के लिए सबसे अच्छा रास्ता है और अंग्रेज उसे ठीक रास्ते पर ले जा रहे थे। उनसे राज लेने के बाद हमें उसी रास्ते पर और तेजी और जोर से चलना चाहिए था।

हालाँकि अंग्रेजों भारत छोड़ो का नारा लगाने और अगस्त क्रान्ति में शामिल होने वाले लोगों की पीढ़ी अब नहीं रही फिर भी राव साहब और सरदार जी जानते हैं कि ऐसा कहने पर देश हमें बर्दाश्त नहीं करेगा। अगर भारत में भारत होने की इच्छा नहीं होती तो लाख गांधी भी उसे अंग्रेजों को खदेड़ने पर प्रेरित नहीं कर सकते थे। अंग्रेजों यानी यूरोप का रास्ता भारत का रास्ता नहीं है यह कोई मोहनदास करमचन्द गांधी का आविष्कार नहीं है। यह भारत के मन की इच्छा है इसे गांधी ने सिर्फ पहचाना था। वे यह भी जानते थे कि तब भारत उनकी कल्पना का स्वराज्य लाने में नहीं लगा था। *हिन्द स्वराज्य* की भूमिका में 1921 में उन्होंने लिखा था—'मैं जानता हूँ कि हिन्दुस्तान अभी इसके लिए तैयार नहीं है। इसलिए आज मेरी सामूहिक प्रवृत्ति का (यानी आजादी के आन्दोलन का) ध्येय हिन्दुस्तान के लोगों की इच्छा के मुताबिक पार्लियामेंटरी ढंग का स्वराज्य पाना है।'

यह बात अलग है कि आज जो हम देख और भोग रहे हैं वह तो पार्लियामेंटरी ढंग का स्वराज्य भी नहीं है। इसलिए सच्चा स्वराज्य तो छोड़िए गांधी के आन्दोलन का तात्कालिक ध्येय भी पूरा नहीं हो रहा है। भारत छोड़ा आन्दोलन की बयालीसवीं वर्षगाँठ पर यह महसूस करना कितना दुखदायी है कि अंग्रेज भले ही चले गए हों—अंग्रेजी राज भूत की तरह भारत की देह में और भी ज्यादा ताकत से आ रहा है। स्वदेशी को पूरी तरह अपनाने के बजाय हम पूरी तरह यूरोपीय, अमेरिकन या

अंग्रेज होने को मरे जा रहे हैं और उन्हें भारत में इतनी रुचि भी नहीं है जितनी अंग्रेजों को भारत को उपनिवेश बनाने में थी। हम अमेरिकन या यूरोपीय जीवन पद्धति के उपनिवेश बनने के लिए खुले बाजार में अपनी बोली लगा रहे हैं और यूरोपीय देशों को भारत को उपनिवेश बनाना भी फायदेमन्द नहीं लग रहा है। स्वराज्य का आन्दोलन भारत को आत्म साक्षात्कार करके अपने रास्ते चलने वाला स्वाभिमानी देश बनाने के लिए था। आज हम कुत्ते की पूँछ से बंधी चिंदी बनने को भी तैयार हैं लेकिन यूरोपीय कुत्ता हमें सूंघ कर छोड़ देता है।

पाठक और सम्पादक के संवाद के रूप में लिखी गई *हिन्द स्वराज्य* पुस्तिका में गांधी बार-बार इस बात को उभारने की कोशिश करते हैं कि यूरोपीय जीवन पद्धति को अपनाने वाला हिन्दुस्तान आजादी के बाद भी इंग्लिस्तान ही रहेगा। वही हिन्दुस्तान भारत हो सकता है जो स्वदेशी होगा। अब स्वदेशी उस कांग्रेस के एजेंडे पर नहीं है जिसके नेता गांधी कभी हुआ करते थे और जिनकी पुण्याई और बलिदान से वह अब भी राजसुख भोग रही है। स्वदेशी ऐसी पार्टियों को भी जरूरी लग रहा है जो गांधी की कट्टर विरोधी हुआ करती थीं और आज भी हैं। यह भारत के लोगों में स्वदेशी होने की इच्छा का एक और सबूत और उदाहरण है।

स्वदेशी गांधी जैसे 'मूर्ख' आदमी का नारा नहीं था। स्वदेशी हुए बिना इस देश के करोड़ों गरीब लोगों तक स्वराज्य के फल नहीं पहुँचाए जा सकते। खुले बाजार की अर्थव्यवस्था अपनाकर और उसका संसारीकरण करके हम विकसित देशों को बाजार ही दे सकते हैं अपने गरीब लोगों को रोटी नहीं दे सकते। सोवियत संघ जैसे साम्यवादी देशों ने हमें नियंत्रित और नियोजित अर्थव्यवस्था अपनाने को प्रेरित किया ताकि हम उनके विरोधी पूँजीवादी खेमे के पिछलग्गू नहीं हो जाएँ। अब हमें विश्व बैंक और अन्तरराष्ट्रीय मुद्रा कोष खुले बाजार की अर्थव्यवस्था अपनाने पर मजबूर कर रहे हैं क्योंकि इन वित्तीय संस्थाओं को चलाने वालों को बाजार की जरूरत है। तब हम इसलिए समाजवादी बनाए जा रहे थे कि सोवियत संघ और कम्युनिस्ट देशों के हित में यही था अब हमारा खुले बाजार के रूप में संसारीकरण किया जा रहा है तो इसलिए कि पूँजीवादी विकसित देशों को बाजार की जरूरत है। इसमें गांधी की वह पहली शर्त कहाँ है कि अपने मन का राज्य ही स्वराज्य है। आजादी के बाद हम कम्युनिस्ट मन के राज्य बनाए जा रहे थे अब पूँजीवादी मन के राज्य बनाए जा रहे हैं।

ऐसा कहो तो यूरोपीय आत्मा के चतुर सुजान भारतीय कहते हैं कि स्वदेशी की बात करने वाले या तो अप्रासंगिक हो गए बुद्धिजीवी हैं या वे लोग हैं जो विफल हुए राजनीतिक सिद्धान्तों की काल कोठरी से निकल नहीं सकते। गांधी को भी मूर्ख समझने और कहने वाले आखिर भारतीय ही ज्यादा थे। स्वदेशी का मतलब यह कतई नहीं कि देश आदिम समाज हो जाए और भारतीय 'आदिवासी'। गांधीजी

जानते थे कि चरखा यंत्र है बल्कि वे तो आधुनिक विज्ञान के इस गलत सिद्धान्त को भी नकारते नहीं थे कि मनुष्य का शरीर एक यंत्र है। उनके स्वदेशी का कुल मतलब यह था कि अपने साधनों का उपयोग अपने देश के लिए किया जाए। वे उस टेक्नोलॉजी का भी स्वागत करते थे जो अपने लोगों को अपने साधनों का सबसे ज्यादा और अच्छा उपयोग दे सके। वर्धा की मगनवाड़ी में कुमारप्पा को आखिर उन्होंने इसी काम में लगाया था। उनके स्वदेशी का मतलब यह भी था कि साधनों का इस्तेमाल पतनकारी भोग में न हो और वे किसी के भी अत्याचारी शोषण में न लगें।

आज मनमोहनसिंह जो रास्ता अपना रहे हैं वह देश के पाँच प्रतिशत लोगों को वह भोगवादी जीवन पद्धति दे सकता है जो देश के पिनचानवे प्रतिशत लोगों के शोषण पर टिकी होगी। ग्लोबलाइजेशन यानी संसारीकरण का यही मतलब है कि दुनिया भर के गरीब देश अपने संसाधनों को विकसित देशों का जीवनस्तर बनाए रखने में लगा दें। यानी देश के पिनचानवे प्रतिशत लोगों के शोषण से जो पाँच प्रतिशत लोग भी अमेरिकी जीवन पद्धति में जी सकेंगे वे भी अन्ततः विकसित देशों की ही सेवा में होंगे जिस तरह कि लाल-सुनहरा ब्रीफकेस लिये, टाई लगाए और मारुति में घनाघन घूमते अपनी और बहुराष्ट्रीय कम्पनियों के एजेंट होते हैं। इनमें अगर मनमोहनसिंह और राव साहब का चेहरा आपको नहीं दिखता तो इसीलिए कि आपने उन लोगों के चेहरे नहीं देखे जो भारत छोड़ा आन्दोलन में या तो मारे गए या बाद में तिल-तिल कर मरे। कम्पनियों के एजेंट जब देश के नेता हो जाते हैं तो देश भी एक कम्पनी हो जाता है। हो रहा है। जोर से बोलो—जय हिन्द, करेंगे या मरेंगे। अंग्रेज के लिए।

[9 अगस्त 1994]

शेर का अन्देशा है

भारत की अर्थव्यवस्था पर सोच विचार करने वाले आजकल चिन्तित हैं।

उन्हें डर है कि अगले दो महीनों में हो रहे विधानसभा चुनावों में कांग्रेस अगर उसी तरह हारी जैसी पिछले महीने हारी थी तो उदारीकरण के जरिये जो आर्थिक सुधार पिछले तीन साल से हो रहे हैं उनका काता कूता कपास हो जाएगा। इसके बाद अगर अगले साल लोकसभा के चुनाव में भी कांग्रेस हार गई तो जो भी क्षेत्रीय पार्टियाँ मिली-जुली सरकार बनाएँगी वे गरीबी मिटाने और रोजगार देने के नाम पर ऐसे सस्ते और लोकप्रिय कार्यक्रम चलाएँगी कि देश की अर्थ व्यवस्था को नये सिरे से बनाने की जो कोशिशें हो रही हैं, वे उलट दी जाएँगी।

यह चिन्ता और डर केन्द्रीय सरकार और कांग्रेस के नीति निर्धारकों को ही नहीं है। आर्थिक सुधारों से लाभ पाने वाले उद्योगपति, व्यापारी और उच्च-मध्य वर्ग के लोगों के कपाल पर भी लकीरें पड़ने लगी हैं। विदेशी निवेशकों और भारत को अपने लिए बाजार के रूप में खोलने के इच्छुक देशों और बहुराष्ट्रीय कम्पनियों के लोग भी सावधान हो गए हैं। दो रुपये किलो चावल देने का वादा करके रामराव ने आंध्र प्रदेश का चुनाव क्या जीता चारों तरफ जैसे सन्देश चला गया है कि लोकप्रिय नारों और गरीबों को सीधे मदद पहुँचाने वाले कार्यक्रमों से कांग्रेस को हराया जा सकता है क्योंकि वह गरीबों के बजाय पूँजीपतियों के हितों की रक्षक हो गई है। उसे विदेशी पूँजी, तकनीक और कम्पनियों की ज्यादा जरूरत है। इस देश के गरीब लोगों की फिकर अब उसे नहीं रही।

आंध्र और कर्नाटक की हार ने कांग्रेस को अपने आर्थिक सुधारों पर इतनी चिन्ता के साथ फिर से सोचने पर मजबूर कर दिया है तो इसे लोकतंत्र में वोट के असर का उदाहरण मान कर सन्तोष भी किया जा सकता है। तीन साल से राव सरकार की आर्थिक नीतियों के समालोचक उसे लगातार सावधान कर रहे थे कि भारत जैसे गरीब देश में आर्थिक प्राथमिकताएँ ऐसी असंवेदनशीलता के साथ नहीं बदलनी चाहिए। यह ध्यान रखना भी जरूरी है कि देश के अधिकतर लोग हाशिये पर जी रहे हैं और उनका रोजमर्रा जीवन अगर और मुश्किल होगा तो वे गरीबी

की रेखा के नीचे ढकेल दिये जाएँगे। अगर उनका समर्थन जाता रहा तो कोई भी सरकार कोई बड़े परिवर्तनकारी कदम नहीं उठा सकेगी।

लेकिन राजनीतिक आलोचनाओं पर ही नहीं, दोस्ताना सलाह पर भी नरसिंह राव और मनमोहनसिंह ने ध्यान नहीं दिया। देश की अर्थव्यवस्था को नई नींव पर उठाने के अपने उत्साह पर उन्होंने तभी शंकर की नजर डाली जब आंध्र और कर्नाटक के आम लोग विदेशी पूँजी, उदार अर्थव्यवस्था और खुले बाजार की बातें करनी वाली कांग्रेस का हाथ छोड़कर रामराव के तेलुगुदेशम और देवेगौड़ा के जनता दल के साथ हो लिये। अब नरसिंह राव को भारतीय उद्योग महासंघ के शताब्दी समारोह तक में कहना पड़ा कि गरीबों के हितों के कार्यक्रम वाले मानवीय चेहरे के बिना आर्थिक सुधार आगे नहीं बढ़ सकते।

लेकिन कांग्रेस पार्टी के अन्दर आर्थिक सुधारों की जो आलोचना नये सिरे से शुरू हुई है उसने वित्त मंत्री मनमोहनसिंह को जैसे चिढ़ा दिया है। वे वोट की राजनीति के वैसे भी खिलाफ रहे हैं। एक अर्थशास्त्री-नौकरशाह में सस्ती लोकप्रियता वाली राजनीति के प्रति जो हिकारत होती है वह मनमोहनसिंह में वित्तमंत्री बन जाने के बाद भी मौजूद है। सही है कि सिर्फ वोट कबाड़ने के लिए हमारे नेताओं और पार्टियों ने अर्थ व्यवस्था का जो कबाड़ा किया उससे देश का बहुत नुकसान हुआ है लेकिन एक लोकतंत्र में जनमत का ध्यान रखे बिना कैसे राजनीति की जा सकती है? जिस देश में ज्यादातर लोग गरीब हों और जहाँ कोई पचास-साठ साल से समाजवाद की लोकप्रिय घुट्टी लोगों को पिलाई गई हो वहाँ आप ऐसा पूँजीवाद कैसे ला सकते हैं जिससे आम लोगों की तकलीफें एकदम बढ़ जाएँ?

मनमोहनसिंह में अगर यह राजनीतिक लोकतांत्रिक समझ नहीं है तो इसका कारण यही है कि चुनाव जीत-हार कर वे राजनीति की सीढ़ियाँ नहीं चढ़े हैं। एक संकट ने उन्हें अर्थशास्त्री-नौकरशाह की कुर्सी से उठाकर वित्तमंत्री की कुर्सी पर बैठाया और शुरुआती कामयाबी के बाद उनका विश्वास और बढ़ गया कि देश की गरीब जनता के बजाय विश्व बैंक और अन्तरराष्ट्रीय मुद्रा कोष का ध्यान रखना ज्यादा जरूरी है। प्रधानमंत्री राव से मिली ढाल के पीछे जनमत से सुरक्षित अर्थव्यवस्था को नया रूप देने में वे लगे रहे। लेकिन आंध्र और कर्नाटक के विधानसभा चुनावों की हार ने जैसे मनमोहनसिंह को एकदम खुले बाजार में ला खड़ा किया है। और वहाँ उन पर जो मार पड़ रही है उससे वे बौखला-से गए हैं।

जैसे इकतीसवें भारतीय श्रम सम्मेलन का उद्घाटन करते हुए उन्होंने चेतावनी दी कि अगर देश सस्ती लोकप्रियता के लोकलुभावन नारों और कार्यक्रमों की होड़ में पड़ गया और आर्थिक सुधारों का रास्ता उसने छोड़ दिया तो इसके सर्वनाशी परिणाम होंगे। 'भारत महान अवसरों की दहलीज पर खड़ा हुआ है। अगर हमारे देश में इन अवसरों का लाभ लेने की समझदारी नहीं होगी और हम चूक जाएँगे तो

इसके नतीजे बहुत हानिकारक होंगे'—मनमोहनसिंह ने कहा। लेकिन वे आसपास घूम कर देख नहीं सकते कि इन महान अवसरों की दहलीज पर देश के वंचित और निर्धन लोग नहीं खड़े हैं। ये अवसर सिर्फ उन लोगों को दिखाई दे रहे हैं जो विदेशी पूँजी, विदेशी सहयोग और विदेशी दरवाजों का लाभ ले सकते हैं। ये देश के आम लोग नहीं हैं।

लेकिन मनमोहनसिंह आलोचना से घबराएँ नहीं इसलिए उनका हौसला बढ़ाने के लिए आजकल बाहर से ऐसे कई नेता आते रहते हैं जिन्हें भारत की एक बाजार के नाते जरूरत है। जैसे कलकत्ता में हुए भारतीय उद्योग महासंघ के शताब्दी समारोह में ब्रिटेन के विदेश मंत्री डगलस हर्ड भी आए हुए थे। ब्रिटेन अब पश्चिम यूरोप में भी कोई आर्थिक शक्ति नहीं रह गया है और उससे भारत के आर्थिक हित-स्वार्थ नहीं सधते। लेकिन बदलती दुनिया और सिकुड़ते बाजार में ब्रिटेन भारत से आर्थिक सम्बन्ध बनाए रखना चाहता है क्योंकि इससे उसके कुछ तो हित सधते ही हैं। पिछले साल निजीकरण की झंडाबरदार मार्गरेट थैचर भी आकर भारत के आर्थिक सुधारकों की पीठ थपथपा गई थीं।

डगलस हर्ड ने समझ लिया था कि शताब्दी समारोह में नरसिंह राव को मानवीय चेहरे की बात क्यों करनी पड़ी तथा आंध्र और कर्नाटक में चुनाव के बाद सरकार किस तरह दबाव में आ गई है। इसलिए दिल्ली आने के बाद हर्ड साब ने कहा कि जब आर्थिक सुधार होते हैं और देश नये सिरे से अपनी अर्थ व्यवस्था बनाने में लगता है तो पहले तो तकलीफें बढ़ी ही हैं। जब ढाँचा बन रहा होता है तो उसका लाभ गरीब लोगों तक नहीं पहुँचता। लेकिन जब वह बनकर तैयार हो जाता है और ठीक से काम करने लगता है तो उसके फायदे सभी को मिलने लगते हैं और चारों ओर खुशहाली आती है। जब तक नया ढाँचा बनकर तैयार नहीं होता और ठीक से काम नहीं करता तब तक लोगों को इन्तजार करना पड़ता है।

इसकी सम्भावना तो नहीं है कि हर्ड साब की बात देश के गरीब लोगों तक पहुँचेगी और उन्हें ढाढस बँधाएगी कि वे थोड़ी सबूरी और रखें। लेकिन उससे निश्चित ही मनमोहनसिंह और उनके तमाम अराजनीतिक समर्थकों को थोड़ा बल मिलेगा कि वे देश में आजकल चल रही आलोचना से विचलित न हों। राजनीतिक फेरबदल से घबराए नहीं। और नई आर्थिक व्यवस्था का ढाँचा बनाने में मनोयोग से लगे रहें। हर्ड साब की हौसला आफजाही की जरूरत इन्हीं लोगों को है। इस देश के गरीब लोग तो हजारों साल से सबूरी में जी रहे हैं। जितना धीरज और सहते रहने का सहज बल हमारे लोगों में है उतना तो शायद ही किसी देश के लोगों में होगा। अंग्रेज अगर इस सच्चाई को जानते नहीं होते तो एक सौ नब्बे साल राज नहीं कर सकते थे।

लेकिन कहना-समझाना हर्ड साब को नहीं है। आँखें तो अपने मनमोहनसिंहों और मोंटेकसिंहों की खोलनी हैं जो नहीं जानते कि भारत के आम लोगों की यानी

गरीब लोगों की सबूरी की आजादी के बाद से कितनी परीक्षा हो चुकी है। ये लोग नहीं जानते कि भारत के लोगों में बहुत धीरज है और सहने की शक्ति भी लगभग अटूट है। लोग अपने शासकों को माफ करने और बार-बार मौका देने से भी नहीं चूकते। लेकिन इनके सब्र की और सहन शक्ति की भी सीमा है। पानी अगर सिर से ऊपर बहने लगे तो भी ये लोग थोड़ा उठकर गले-गले पानी में रह लेते हैं। लेकिन कब तक इन्हें डूबते-उतारते ही रहना होगा?

आजादी के बाद जब रूसी मॉडल पर नियंत्रित अर्थव्यवस्था का ढाँचा खड़ा किया जा रहा था तब भी यही दलील दी जा रही थी कि बुनियादी ढाँचा खड़ा करने में बहुत सी पूँजी, मेहनत और सब्र लगती है। ढाँचा बनाने के दौरान लोगों को न सिर्फ मेहनत करनी होती है बल्कि तकलीफें भी उठानी पड़ती हैं क्योंकि शुरू में इसके लाभ नहीं मिलते। तब तक कमर कस कर बाँधे रखनी पड़ती है और कड़ी मेहनत करनी पड़ती है। लेकिन सबर का फल मीठा होता है। एक बार बुनियादी ढाँचा बनकर तैयार हो जाए तो उससे जो लाभ होता है वह सभी को मिलता है। हम कोशिश कर रहे हैं कि समतावादी समाज बनाने के लिए जो आर्थिक ढाँचा खड़ा किया जा रहा है उसका लाभ पहले उसे मिले जो सबसे नीचे और पीछे खड़ा हुआ है और सदियों से शोषण का शिकार रहा है।

लोगों ने नई अर्थव्यवस्था का बुनियादी ढाँचा खड़ा करने वाले उन लोगों की बात पर विश्वास किया। जवाहरलाल नेहरू ने जब कहा कि बाँध और इस्पात के कारखाने भारत के नये तीर्थ हैं तो लोगों ने माना कि जवाहरलाल गरीबों की बेहतरी के लिए काम कर रहे हैं। समाजवाद क्या है और कैसे आएगा इसकी समझ भले ही लोगों को न रही हो लेकिन वे मानते थे कि आजादी के आन्दोलन में सबकुछ होम देने वाले लोग कम से कम इतना तो करेंगे कि सबको रोटी, कपड़ा, मकान और रोजगार मिले। देश को उसके नेताओं ने कहा था कि जो नया बुनियादी ढाँचा खड़ा किया जा रहा है वह बनने के बाद लोगों की बुनियादी जरूरतें पहले पूरी करेगा। रूस में ऐसा हो चुका है। चीन में ऐसा हो रहा है। और भारत में भी ऐसा होकर रहेगा।

सार्वजनिक क्षेत्र के बड़े-बड़े कारखानों, बाँधों और बड़ी-बड़ी परियोजनाओं में अरबों रुपया लगाया गया। बाहर से मदद ली गई। फिर भी कमी रही तो माँग कर धन लाया गया। उधार भी लिया गया। बहुत बड़े पैमाने पर उद्योग और व्यापार का विशाल ढाँचा खड़ा करने में बहुत पूँजी लगाई गई। उस वक्त भी ज्यादातर पूँजी निवेश ढाँचा खड़ा करने में ही हुआ था। कल्याण के क्षेत्र में तो कम ही पूँजी लगी थी लेकिन उसने भी लोगों को अहसास जरूर दिया कि सरकार हमारे लिए कुछ कर रही है। क्योंकि तब सारे नेता बात किया करते थे कि किस तरह आम लोगों की गरीबी दूर की जाएगी और किस तरह नया ढाँचा जब काम करने लगेगा

तो चारों ओर खुशहाली आ जाएगी। लोगों को लगता था कि उनके दुख-दर्द और उन्हें दूर करने के तौर-तरीके और उनकी चिन्ता नेताओं के इरादों में सबसे आगे है।

राज्य आधारित नियंत्रित अर्थव्यवस्था के उस बुनियादी ढाँचे को खड़ा करने में कितना घपला हो रहा है यह आम लोगों को भले ही मालूम न पड़ा हो लेकिन जानने वाले जानते थे कि तालाब में जो कुछ भरा जा रहा है वह रिस-रिस कर भी नीचे नहीं पहुँचेगा। तालाब की तलहटी में साधन-सम्पन्न लोगों ने पाइप बिछा रखे हैं जिनसे खींच कर पानी वे अपनी टंकियों, बावड़ियों और छोटे तालाबों में ले जा रहे हैं। धरती जो कुछ रिसने से नीचे के स्तर पर पहुँचा सकती है उसके लिए भी पानी छोड़ा नहीं जाएगा।

विनोबा जैसे सद्‌भाव रखने वाले द्रष्टाओं ने हाल ही बने योजना आयोग में साफ लेकिन विनम्रता से कह दिया था कि रिसन के सिद्धान्त पर किया जा रहा यह नियोजन नीचे के लोगों को पानी पहुँचा कर उनकी प्यास नहीं बुझाएगा। यह ऊपर के लोगों के ही काम आएगा। विनोबा जैसे लोगों ने देश के पुनर्निर्माण के इस तरीके में सहयोग नहीं दिया। लेकिन सरकार यही करती रही। ढाँचा खड़ा तो किया गया गरीबों के लिए और उन्हें कहा गया कि इसके लाभ तभी मिलेंगे जब यह काम करने लगेगा। पर जब ढाँचा खड़ा किया जा रहा था तब भी उसका लाभ वही साधन-सम्पन्न लोग ले रहे थे जो उसे बना रहे थे। इन्दिरा जी के आते-आते गरीबी हटाओ सिर्फ नारा रह गया था और नियंत्रित अर्थव्यवस्था पूँजीपतियों की सेवा में लगी हुई थी। गरीबों ने फिर भी मान लिया कि इन्दिरा गांधी उनकी खुशहाली के काम करेंगी।

समतावादी समाज या समाजवादी अर्थव्यवस्था खड़ी करने का नाटक भी इन्दिरा जी ने ही सन अस्सी में अपनी वापसी के साथ छोड़ दिया था। वे उस मिश्रित अर्थव्यवस्था में पूँजीवादी व्यवस्था के साथ मिल गई थीं जिस पर मुलम्मा समाजवाद का चढ़ा था। लेकिन वे जानती थीं कि गरीब लोकतांत्रिक देश में राजनीति कैसे की जाती है। वे मनमोहनसिंह से सलाह ले सकती थीं लेकिन अर्थव्यवस्था उनके हाथों में सौंप कर उनके राजनीतिक संरक्षण में नहीं लगा सकती थीं। वे अर्थव्यवस्था को राजनीति से ही चलाना चाहती थीं। नरसिंह राव की तरह अर्थव्यवस्था की राजनीतिक कठपुतली नहीं हो सकती थीं। उनके पुत्र राजीव गांधी न राजनीति के उस्ताद थे न अर्थव्यवस्था के। लेकिन जो राज्य नियंत्रित आर्थिक ढाँचा सन बावन के बाद खड़ा किया गया था उसका काम रोका राजीव गांधी ने ही। मनमोहनसिंह ने सन् इक्यानबे का अपना पहला बजट इसीलिए राजीव गांधी को समर्पित किया था।

आजादी के चालीस साल में जो ढाँचा खड़ा किया गया उसे खोलने और मिटाने की प्रक्रिया भले ही पहले से चल रही हो, नया ढाँचा तो सन बानवे में बनना शुरू हुआ। सोवियत संघ के विखंडन और चीन के बाँस के परकोटे के खुलने के बाद

भारत के पास न कोई अपनी ताकत थी, न आत्मविश्वास कि वह खुले बाजार की पूँजीवादी व्यवस्था का पिछलग्गू नहीं बनता। जो नई अर्थव्यवस्था खड़ी की जा रही है वह बिलकुल वही है जिसे हम अंग्रेजों के जाने के साथ सोच-समझकर निर्णय करने के बाद छोड़ चुके थे। अब जो आर्थिक सुधार किये जा रहे हैं वे उन्हीं को ठीक करने के लिए हैं जिन्हें गलती मान लिया गया है। नया आर्थिक ढाँचा जब बनकर खड़ा हो जाएगा तब तक सबूरी में रहने की सलाह भी आज कोई पहली बार नहीं दी जा रही है।

सबूरी की सलाह का मतलब देश के करोड़ों गरीब लोगों के लिए यही है कि व्यवस्था समाजवादी हो या पूँजीवादी उन्हें तो उसके लाभ मिलने का इन्तजार ही करना है। सदियों से सह रहे और इन्तजार कर रहे लोगों के लिए यह कोई नई सलाह नहीं है। वे जानते हैं कि साधन-सम्पन्न लोग हर व्यवस्था में ढाँचा बनने के दौरान ही उसके लाभ ले लेते हैं। जिनके पास कुछ नहीं है वे कम से कम इन्तजार कर सकते हैं कि जब ढाँचा बन जाएगा तब कुछ लाभ उन्हें भी मिलेगा। आंध्र और कर्नाटक में लोगों ने बताया कि वे अब ज्यादा इन्तजार नहीं करेंगे। शासक लोगों में इसी से भगदड़ मची हुई है। शेर का अन्देशा!

[1994]

खुलती मुट्ठी और टूटता तिलिस्म

अब तक सोनिया गांधी के बारे में आप जो भी पढ़ते और सुनते रहे हैं वह या तो दस जनपथ के सूत्रों का बताया और फैलाया गया होता था या उन राजनेताओं का बताया और फैलाया गया जो अपने-अपने कारणों से उनसे मिलते रहे हैं और जो ऐसी मुलाकातों को अपनी राजनीति या पव्वे के लिए भुनाते हैं।

सोनिया गांधी खुद इस सारे प्रचार और अटकलबाजी से अपने को दूर और ऊपर रखे हुए थीं। वे खुद भी और भारत के लोकतांत्रिक राजवंश के दरबारी भी नेहरू वंश की इस उत्तराधिकारिणी महिला का तिलिस्म बनाए रखना चाहते हैं। सोनिया गांधी और नेहरू राजवंश के दरबारी यह तिलिस्म इसलिए बनाए रखना चाहते हैं कि किसी चीज के लिए जिम्मेदार हुए बिना अधिक से अधिक राजनीतिक फायदा उठाया जा सके।

लेकिन इक्कीस मई की सुबह राजीव गांधी की समाधि वीर भूमि पर उनकी चौथी पुण्य तिथि के दिन उनकी विधवा सोनिया गांधी ने कुछ ऐसा कर दिया कि उनके चेहरे को गम्भीर, पथरीली और सर्वदा निर्लिप्त स्थायी मुद्रा देने वाला मुखौटा उतर गया। वीर भूमि पर कार्यक्रम था और उनकी समर्पित पत्नी होने के नाते सोनिया गांधी का ही वह कार्यक्रम था और उसमें उन्हें गम्भीरता बनाए रखनी चाहिए थी।

भारतीय परम्परा और लोक आचरण में आप भले ही किसी के घर ब्याह-शादी या किसी मांगलिक मौके पर जाएँ या न जाएँ, मृत्यु पर तो दुश्मन के घर भी जाते हैं। उठावने या शान्तिपाठ या श्रद्धांजलि सभा की इसलिए सिर्फ सूचना दी जाती है। ऐसे मौके पर किसी को बुलाया नहीं जाता। राजीव गांधी की पुण्य तिथि पर उनकी समाधि पर श्रद्धा सुमन चढ़ाने राष्ट्रपति, उपराष्ट्रपति और प्रधानमंत्री पिछले चार वर्षों से आते रहे हैं। वे जवाहरलाल नेहरू के नाती, इन्दिरा गांधी के बेटे और भारत के पूर्व प्रधानमंत्री को राष्ट्र की ओर से श्रद्धांजलि देने आते हैं जो आतंकवादियों के हाथों असमय ही मारे गए। सोनिया गांधी की मेहरबानी पाने या उनकी आँखों में आने के लिए नहीं आते।

इस बार प्रधानमंत्री वीर भूमि आए और वहाँ बैठी हुई सोनिया गांधी को उन्होंने हाथ जोड़ कर नमस्कार किया। सोनिया गांधी ने इस अभिवादन का उत्तर नहीं दिया।

नरसिंह राव के बैठने के बाद वे उठ गईं। परम्परा है कि राजीव गांधी की समाधि के बाद सामने ही इन्दिरा गांधी की समाधि पर जाते हैं। सोनिया गांधी वहाँ चल पड़ीं लेकिन जाने का जो रास्ता खुला रखा गया था उससे नहीं। सुरक्षा में लगे जवानों ने उन्हें रोकने की कोशिश की लेकिन वे उन्हें हटाती हुई निकल गईं।

सोनिया गांधी के उठ कर चलते ही वहाँ अर्जुन सिंह और नारायण दत्त तिवारी के साथ आए कार्यकर्ताओं ने नारेबाजी शुरू कर दी। 'राजीव हम शर्मिन्दा हैं आपके कातिल जिंदा हैं', 'राजीव गांधी के हत्यारों को गिरफ्तार करो', 'सोनिया गांधी जिंदाबाद' आदि। इसके बाद नरसिंह राव भी उठ कर चल दिये। सोनिया गांधी ने जो किया और अर्जुन-तिवारी के समर्थकों ने जो नारेबाजी शुरू की उसके बाद प्रधानमंत्री वहाँ बैठे रह भी नहीं सकते थे।

नाराज कांग्रेसियों की ओर से खुसरपुसर में अखबारवालों को बताया गया कि देखिए सोनिया गांधी नरसिंह राव से इतनी नाराज हैं। इससे बड़ा सबूत क्या चाहिए कि उन्होंने नमस्कार का जवाब भी नहीं दिया और उनके आते और बैठते ही उठ कर चल दीं। इससे नाराज कांग्रेसी भले ही प्रधानमंत्री से सोनिया गांधी की नाराजी का सबूत देने में सफल हुए हों। लेकिन एक तो राजीव गांधी की समाधि पर श्रद्धांजलि सभा में उनकी पत्नी सोनिया गांधी का यह व्यवहार अशोभनीय ही नहीं, अवसर की गरिमा और प्रतिष्ठा को भी तोड़ने वाला था। दूसरे इससे पहली बार सार्वजनिक रूप से प्रकट हुआ कि सोनिया गांधी नरसिंह राव से नाराज हैं और इसे बताने में वे प्रधानमंत्री और कांग्रेस अध्यक्ष पद की प्रतिष्ठा का भी दो कौड़ी फिकर नहीं करतीं।

ये दोनों ही बातें कांग्रेसियों और देश की ओर से सोनिया गांधी को दिये गए सम्मान और उनके तिलिस्म को तोड़ने वाली हैं। जब तक सोनिया गांधी नाम की मुट्ठी बँधी हुई है लाख की है, खुल गई तो खाक की हो जाएगी। सोनिया गांधी नरसिंह राव से नाराज हैं ऐसा तो अर्जुन सिंह और उनके पहले माखनलाल फोतेदार और उनके नाराज साथी कहते रहे हैं। और राव साहब के साथी और वफादार लोग बताते रहे हैं कि यह सब उन नाराज कांग्रेसियों का प्रचार है जिन्हें राव साहब से सत्ता की रेवड़ी नहीं मिली और जो सोनिया गांधी की नाराजगी की धौंस बता कर अपना उल्लू सीधा करना चाहते हैं।

लेकिन अब सोनिया गांधी ने ही बता दिया है कि वे नरसिंह राव से नाराज हैं। किन-किन कारणों से नाराज हैं इसकी तो अटकलें ही लगाई जा सकती हैं। लेकिन सबसे नई और सार्वजनिक जानकारी में आई बात यह है कि जब उन्नीस मई को तालकटोरा स्टेडियम में नाराज कांग्रेसियों का सम्मेलन चल रहा था तब अर्जुन सिंह और माखनलाल फोतेदार सोनिया गांधी से मिलने गए। सम्मेलन से तो वे कोई दो घंटे गायब रहे लेकिन कहते हैं फोतेदार से उनकी बातचीत कोई नब्बे मिनट हुई और अर्जुन सिंह से तो पाँच-दस मिनट ही उन्होंने बात की।

सच क्या है मालूम नहीं क्योंकि अर्जुन सिंह और फोतेदार ने सोनिया गांधी से अपनी बातचीत का प्रामाणिक ब्यौरा नहीं दिया है। कहते हैं इसी दौरान सोनिया गांधी ने करुणाकरन और नरसिंह राव को फोन करके कहा कि वे जल्दी ही कुछ करें ताकि कांग्रेस में फूट न हो। रात को दस जनपथ से कुछ अखबारों को भेजे गए फैक्स सन्देश और कुछ अखबारवालों को फोन पर बताया गया कि नरसिंह राव ने ठंडा और टालू रवैया अपनाया। करुणाकरन ने कहा कि नहीं फूट टालने के लिए हम तैयार थे लेकिन जो भी हो सकता था वह दो जून को लोकसभा उठने के बाद ही हो सकता था। करुणाकरन ने कहा कि यही उन्होंने सोनिया गांधी को कहा और यही रवैया नरसिंह राव का भी था।

प्रधानमंत्री कार्यालय में मंत्री भुवनेश चतुर्वेदी ने बीबीसी को कहा कि फोन पर सोनिया गांधी की प्रधानमंत्री से कोई बात नहीं हुई। दूसरे दिन जब कार्यसमिति की बैठक के बाद कांग्रेस के चारों महासचिव अखबारवालों से बात करने आए और उसमें एक-पुजारी-से फोन पर बातचीत के बारे में पूछा गया तो उन्होंने न खंडन किया न पुष्टि। उन्होंने सिर्फ यही कहा कि सभी कांग्रेसजन नेहरू परिवार का सम्मान करते हैं और उसे किसी विवाद में नहीं डालना चाहते। प्रधानमंत्री के दफ्तर या उनके खेमे से इसकी पुष्टि और खंडन नहीं हुआ कि सोनिया गांधी का फोन आया था या नहीं या प्रधानमंत्री ने ऐसा कहा था या नहीं।

बहरहाल जो उन्नीस मई के तालकटोरा सम्मेलन में मौजूद थे उनका कहना है कि फोतेदार और अर्जुन सिंह लौट कर आए तो कोई बड़े उत्साह में नहीं थे। अर्जुन सिंह ने समापन भाषण में आने वाले सभी कार्यकर्ताओं को धन्यवाद दिया लेकिन नरसिंह राव की जगह नारायण दत्त तिवारी को अध्यक्ष बनाने की घोषणा नहीं की जिसकी कि माँग सुबह से की जा रही थी। इससे कार्यकर्ता इतने उखड़ गए कि तिवारी के समझाने पर भी चुप नहीं हुए। अर्जुन सिंह अगर उनका नाम अध्यक्ष पद के लिए नहीं रखते तो वहाँ आए कार्यकर्ताओं को नियंत्रित करना नेताओं के लिए असम्भव होता। सम्मेलन में बैठे कई अखबारवालों का कहना है कि नारायण दत्त तिवारी को अध्यक्ष बनाने पर मजबूर करके कार्यकर्ताओं ने नाराज नेताओं पर फूट थोपी। अर्जुन सिंह ने तीन बार कहा कि यह फूट नहीं है।

सम्मेलन बुलाने वाले नेताओं में से जो सोनिया गांधी से मिलने गए थे वे लौट कर आए तब पार्टी का विभाजन नहीं चाहते थे। कहा जाता है कि जब नरसिंह राव की तरफ से कोई आश्वासन नहीं मिला तो सोनिया गांधी ने इन लोगों से कहा कि अब मैं क्या कर सकती हूँ। आपको जो करना है कीजिए। लेकिन मैं फूट नहीं चाहती। कहते हैं अर्जुन सिंह और फोतेदार उनकी भावना की इज्जत करना चाहते थे लेकिन मामला उनके हाथ में नहीं था। इस तरह सोनिया गांधी ने अपनी तरफ से पूरी कोशिश की लेकिन नरसिंह राव के अड़ियल रवैये के कारण फूट हो गई।

नाराज नेताओं और उनके कार्यकर्ताओं ने इस तरह फूट रोकने की कोशिश का सारा श्रेय सोनिया गांधी को दिया और उसका ठीकरा नरसिंह राव के सिर फोड़ा।

लेकिन अगर अर्जुन सिंह, नारायण दत्त तिवारी और तमाम नाराज नेता अपने कार्यकर्ताओं को नहीं रोक सकते थे तो ऐन मौके पर सोनिया गांधी की सलाह मान कर नरसिंह राव क्या कर देते? कहते हैं सोनिया गांधी ने उनसे दो बातें करने को कहा था। एक, वे कार्यसमिति का सम्मेलन बुलाने की तारीख घोषित करें। दूसरे कहें कि इस सम्मेलन में नया कांग्रेस अध्यक्ष चुना जाएगा फिर सम्मेलन भले ही नरसिंह राव को ही चुन ले।

जब नाराज नेताओं का कार्यकर्ता सम्मेलन चल रहा हो और उसमें नरसिंह राव को अध्यक्ष पद से निकाल दिया गया हो और दिन भर खूब कोसा गया हो तब कोई कांग्रेस अध्यक्ष (जो प्रधानमंत्री भी हो) ऐसी घोषणाएँ कर सकता था? आखिर नाराज नेता ये दोनों काम करवाने की कोशिश पहले कर चुके थे और इसमें विफल रहे थे। अब वे यही सोनिया गांधी से करवा रहे थे और ऐसे मौके पर करवा रहे थे जब उनका शक्ति प्रदर्शन चल रहा था। राजनीति का कोई नौसिखिया ही नहीं मामूली आदमी भी ऐसे वक्त तो ये बातें नहीं मानता।

लेकिन अगर प्रधानमंत्री ने दो जून तक का समय माँगा था और नाराज नेताओं के बस में नहीं था कि अपने कार्यकर्ताओं को रोक सकें तो सोनिया गांधी तालकटोरा स्टेडियम जा सकती थीं या सम्मेलन के लिए सन्देश भिजवा सकती थीं कि मैं एकता की कोशिश में लगी हूँ और आप लोग दो जून तक ठहरिए। उनके ऐसा करने से शायद फूट रुक सकती थी और अपने समर्थकों के सामने अर्जुन सिंह और नारायण दत्त तिवारी की कोई फजीहत भी नहीं होती।

लेकिन सोनिया गांधी ने ऐसा नहीं किया। अर्जुन सिंह और फोतेदार कहते हैं कि उन्होंने हरी झंडी दिखाई लेकिन इसकी कोई पुष्टि दस जनपथ से नहीं हुई है। वहाँ से सिर्फ यही कहा गया कि सोनिया गांधी से बातचीत में नरसिंह राव ने टालू रवैया अपनाया। इससे नाराज नेताओं के प्रचार को बल ही मिला कि राव ने सोनिया गांधी की भी नहीं सुनी इसलिए फूट के अलावा रास्ता क्या था। यानी उन्नीस की रात भी दस जनपथ ने सोनिया गांधी के तिलिस्म को बनाए रखने की कोशिश की।

लेकिन सच्चाई यह है कि न तो नाराज नेताओं-कार्यकर्ताओं ने सोनिया गांधी की सुनी, न नरिसंह राव ने उनका कहा किया। पहली बार उन्होंने कांग्रेस के अन्दरूनी मामलों में दखल दी और विफल रहीं। कांग्रेस की फूट वे नहीं रोक पाईं। पहले उनके अमेठी के लोगों ने फूट रोकने को कहा। फिर राजस्थान के चौदह विधायकों ने कहा। सोनिया गांधी ने कुछ नहीं कहा। फिर सोलह मई को सत्तर से ज्यादा और फिर कोई पचास सांसदों ने भी आकर कहा। तब उन्होंने कहा कि कोशिश करेंगी और आखिर में कार्यसमिति के पाँच सदस्यों ने मिलकर कहा और बताया कि

प्रधानमंत्री दो जून के बाद एकता वार्ता के लिए तैयार हैं। लेकिन सोनिया गांधी ने हस्तक्षेप किया और तभी जब न नाराज लोग सुनने की स्थिति में थे, न प्रधानमंत्री तत्काल कुछ कर सकते थे।

लेकिन सोनिया गांधी नरसिंह राव से नाराज हैं। क्या वे चाहती थीं कि प्रधानमंत्री और कांग्रेस अध्यक्ष से वे जब भी कुछ करने को कहें उन्हें यस मैडम कह कर तत्काल कर देना चाहिए था। कांग्रेस अध्यक्ष और प्रधानमंत्री को क्या एक ऐसी महिला की बात पूरी करनी चाहिए जो न पार्टी में हैं, न सरकार में, न राजनीति में। ऐसा करने के बाद वे क्या किसी भी पद की प्रतिष्ठा रख पाते या किसी भी संवैधानिक पद के योग्य रहते? सोनिया गांधी ने तो कांग्रेस वालों के लाख कहने पर भी पार्टी में और राजनीति में आना मंजूर नहीं किया। अब वे किस हैसियत और अधिकार से चाहे जो करवा सकती हैं? भला और तटस्थ व्यक्ति हुक्म तो नहीं दे सकता।

जो हो, सोच-समझ कर किया हो या मजबूरी में लेकिन नरसिंह राव ने अगर सोनिया गांधी को 'ना' कहा तो अपने भले की न की ही कांग्रेस और सरकार की बड़ी सेवा की है। वे अगर सोनिया गांधी के तिलिस्म को तोड़ने के माध्यम बनें तो देश का जागरूक जनमत उनके साथ होगा।

[24 मई, 1995]

कबीलाई जंगल में भटका लोकतंत्र

दिल्ली। 26 जून, 1975। सुबह। दिल्ली की सड़ी गर्मियों की किसी भी मामूली सुबह जैसी सुबह। लोग जागते, घूमते, दुकान खोलते और अपने रोजमर्रा के काम शुरू करते हुए। कहीं कोई उत्तेजना कहीं कोई दहशत नहीं। कोई अहसास तक नहीं कि रात में लोकतांत्रिक भारत की दुनिया बदल चुकी है। कहीं कोई उल्लास नहीं कि 'अनुशासन पर्व' की उषा आ गई है और राष्ट्र राज्य पर घिरे काले बादल छाँट दिये गए हैं। कोई मातम नहीं कि आजाद भारत का सबसे काला दिन उग आया है। आक्रोश और विद्रोह का तो धुआँ तक नहीं। उस सुबह जैसे सारे चौकीदार सो रहे थे।

कहाँ थे वे डेढ़ लाख लोग जिन्होंने कल रात रामलीला मैदान में हाथ उठाकर हुँकारा था कि संघर्ष को दबाने की कोशिश होगी तो वे गिरफ्तारी देंगे और देते चले जाएँगे जब तक कि दमन खत्म नहीं होता। जेपी ने फिर चेताया था—कुर्बानी देनी होगी। बस भाषण हो गया, तालियाँ बजाईं और चले गए। ऐसा नहीं होगा। इन्हीं लोगों ने फिर दुहराया था—नहीं होगा, नहीं होगा। ये डेढ़ लाख लोग इसी दिल्ली में थे। रात को जेपी और दूसरे विरोधी नेता पकड़ लिये गए थे। इमरजेंसी लगा दी गई थी जिसका एलान सबेरे प्रधानमंत्री ने किया था। जिस दिल्ली में खबर कानों कान और अफवाहें सारे समय हवा की तरह चलती रहती हैं, वहाँ क्या किसी को मालूम नहीं था कि देश को कोड़े मार कर लाइन में लगाने और चुप खड़े रहने का अन्देशा सही हो गया है।

कहाँ थे वे डेढ़ लाख लोग? क्यों उनमें से कोई डेढ़ सौ भी मुट्ठियाँ ताने इमरजेंसी का विरोध करते हुए जुलूस में निकल कर गिरफ्तार नहीं हुए? क्यों वे लोग जैसा कि जेपी ने चेताया था—भाषण सुनकर और तालियाँ पीटकर घर चले गए थे? आजादी की लड़ाई के दौरान मिली ट्रेनिंग और आजादी के बाद खुलकर किये गए विरोध के बखिए एक झटके में क्यों उधड़ गए? गुजरात और बिहार से उठकर लगभग पूरे उत्तर भारत में डेढ़ साल से चलते जन आन्दोलन की हवा क्यों गुब्बारे की तरह निकल गई। क्या लोग सचमुच विरोध के तमाशे के लिए जेपी और दूसरे नेताओं के साथ थे? जब आजादी थी और जेपी एक भ्रष्ट और झूठी सरकार को कोड़े मार रहे थे तो लोग उनकी तरफ से तमाशा देख रहे थे। इन्दिरा गांधी ने

झपट कर वह कोड़ा छीना और जेपी समेत दूसरे नेताओं पर फटकारा तो क्यों यही लोग उनकी तरफ से तालियाँ बजाते हुए लाइन में अटेंशन खड़े हो गए?

इन्दिरा गांधी ने अपनी मशहूर व्यंगभरी मुस्कान से कहा—हमने इमरजेंसी लगाई तो कोई कुत्ता तक नहीं भौंका। बड़ा शोर सुनते थे पहलू में दिल का। जो चीरा तो एक कतराए खूं न निकला। जेपी से बम्बई में 1976 में पूछा कि आप कहते थे कि जिस दिन मुझे पकड़ा गया, गंगा में आग लग जाएगी। इमरजेंसी के खिलाफ देश भर में कहीं कोई विद्रोह या लगातार विरोध न होने से आप निराश नहीं हैं? डाइलेसिस पर जीते उस वृद्ध योद्धा के लिए यह क्रूर सवाल था। पर उन्होंने कहा—देश का तो नहीं कहता। लेकिन बिहार के लोगों ने जरूर साथ नहीं दिया। जेपी की निराशा उन हजारों लोगों की भी थी जो मानते थे कि इस देश के लोग तानाशाही बर्दाश्त नहीं करेंगे और अपनी आजादी और नागरिक अधिकारों के लिए अहिंसक लड़ाई शुरू कर देंगे। कुछ नहीं हुआ। उन्नीस महीनों की इमरजेंसी में जो हुआ इसे हम सब जानते हैं—कुछ शर्म के साथ, कुछ उदासीनता के साथ और ज्यादातर इस भ्रम के साथ कि वह काली रात का एक दुखद सपना था। अब नहीं आएगा। शायद सबके सन्तोष की सबसे बड़ी बात यही है कि इमरजेंसी में भले ही जिंदा कौम की तरह लोगों ने कुछ नहीं किया हो। पर 1977 में चुनाव हुआ तो लोगों ने चुन-चुन कर उन लोगों को हराया जो इमरजेंसी लगाने और उसके बाद के अत्याचारों के लिए जिम्मेदार थे।

लेकिन अब अगर फिर इमरजेंसी लगे तो लोग क्या—उसी तरह लाइन में अनुशासित अटेंशन में खड़े हो जाएँगे? शायद नहीं। क्योंकि अब इमरजेंसी लगे तो लोग उसका स्वागत करेंगे। हमारे लोकतांत्रिक इतिहास का शायद सबसे राक्षसी कानून आतंकवाद और तोड़-फोड़ गतिविधि निरोधक विधेयक गए महीने मुश्किल से तीन दिन के नोटिस और एक दिन की बहस के बाद लोकसभा में पास हो गया। विपक्ष ने सिर्फ कुछ छोटे-मोटे संशोधन सुझाए। एक पीयूसीएल के तारकुंडे ने उसका विरोध किया। लेकिन उनके विरोध से वे छोटी-मोटी लहरें भी नहीं उठीं जो नागरिक अधिकारों के उत्साहियों में अक्सर उठती थीं। काले कानून से ज्यादा खतरा लोग आतंकवाद में देखते हैं। और नागरिक आजादियों और अधिकारों की चैंपियन संस्थाएँ लोकतांत्रिक व्यवस्था को खतरा सिर्फ सरकार से देखती हैं। आतंकवाद भी नागरिक आजादियों और अधिकारों का उसी तरह दमन करता है जैसे निरंकुश राज्य—यह सच्चाई अभी तारकुंडों और मुखौटियों को समझ नहीं आई है। अगर आतंकवादी बन्दूक का इलाज सरकारी तोप ही है तो लोकतांत्रिक और अहिंसक संघर्ष का मतलब क्या है? क्यों महात्मा गांधी ने आजादी के लिए अहिंसक लड़ाई लड़ी? इसलिए कि तब इस देश के लोग हथियारों से लड़कर अंग्रेजों को खदेड़ नहीं सकते थे और अहिंसा मजबूरी थी! अगर नहीं तो क्यों आतंकवाद के खिलाफ कोई अहिंसक कार्रवाई इस देश में नहीं हुई?

कुछ समझदारों ने सही कहा है कि देश में वे सारे हालात मौजूद हैं जिनके कारण 26 जून, 1975 को इमरजेंसी लगाई गई थी। यह भी ठीक है कि इमरजेंसी सिर्फ इसलिए नहीं लगाई गई थी कि जस्टिस सिन्हा ने इन्दिरा गांधी का चुनाव अवैध करार दिया था। सुप्रीम कोर्ट ने उन्हें वोट का अधिकार न देकर स्टे दे दिया था और जेपी ने उनके इस्तीफे की माँग के लिए आन्दोलन छेड़ने और सेना और पुलिस को विद्रोह करने का आह्वान किया था। लेकिन ये सब इमरजेंसी के तथ्य हैं। इमरजेंसी का सत्य यह है कि बावजूद प्रचंड बहुमत के सरकार लोगों के असन्तोष और उनकी समस्याएँ दूर नहीं कर पा रही थी। और इन्दिरा गांधी लोकतांत्रिक ढंग से लोगों की शिकायतें दूर करने के बजाय जन आन्दोलनों को बदनाम करके कुचलना चाहती थीं। अपने सत्ता में होने की अनिवार्यता और सत्ता के निरंकुश इस्तेमाल में उनका अटूट विश्वास था। वे चली गईं। लेकिन सत्ता और आन्दोलन के प्रति अपने इस रवैए को असम और पंजाब की समस्याओं को विरासत में छोड़ गई हैं। गुजरात में यही विरासत उनके जाने के बाद रंग दिखा रही है।

सच पूछिए तो आज हालात जून 1975 से ज्यादा गम्भीर और विस्फोटक हैं। तब इमरजेंसी लगी और सिर्फ पुलिस ने सारे देश को काबू में कर लिया। सेना की कोई जरूरत तक नहीं पड़ी। क्योंकि कानून व्यवस्था की जिस हालत के बहाने इमरजेंसी लगाई गई थी वह बिलकुल खराब नहीं थी। शाह आयोग ने अपनी रपट में साथ कहा है कि कानून-व्यवस्था पर राज्यपालों की जो पखवारी रपटें केन्द्र को मिलती हैं उनमें तब कहीं भी कानून और व्यवस्था को खतरा नहीं बताया गया था। सचमुच खतरा था नहीं और इसलिए इमरजेंसी के एलान और पुलिस की दस्तक से ही देश भर में 'अनुशासन' आ गया। लेकिन आज पंजाब में साल भर से ज्यादा समय से सेना मौजूद है और बीएसएफ और सीआरपी की बटालियनों पर बटालियनें तैनात हैं फिर भी आतंकवादी सक्रिय हैं। सख्त से सख्त कानून वहाँ लागू हैं फिर भी जब चाहें आतंकवादी कानून के राज को तोड़ सकते हैं। राज्य के खिलाफ सशस्त्र संघर्ष करने वाले संत भिंडरांवाला महाशहीद हैं और विश्वासघात से इन्दिरा गांधी की हत्या करने वाले बेअन्त शहीद और सतवन्त हीरो हैं। इमरजेंसी से भी सख्त कानून और सेना और अर्ध सैनिक संगठनों की बन्दूकें वहाँ शान्ति स्थापित नहीं कर पा रही हैं।

गुजरात में तो हाल और भी खराब है। पंजाब में तो फिर भी संगठित आतंकवादी गुट कार्रवाई करते हैं और उन्हें पाकिस्तान और पश्चिम से मदद मिलती है। गुजरात में ऐसे कोई आतंकवादी गुट नहीं हैं। फिर भी सेना और पुलिस वहाँ शान्ति नहीं कायम कर पातीं। रोज छुरेबाजी, आगजनी, लूटपाट की घटनाएँ होती हैं। पुलिस और सेना गोलियाँ चलती हैं। पुलिस से तो खैर कोई दबता ही नहीं सेना तक का कोई दबदबा नहीं है। यह देश के लिए कम घातक नहीं है कि बार-बार सेना का

इस्तेमाल किया जाए और हर बार उसका असर और दबदबा कम होता जाए। लेकिन पंजाब और गुजरात में यही हो रहा है।

असम में फिलहाल ऐसी हिंसा नहीं है। लेकिन कोई दो साल पहले वहाँ हुए झूठे चुनावों के समय जो भयानक साम्प्रदायिक हिंसा हुई थी उसने जैसे वहाँ के लोगों को अपने ही जुनून और खून से आतंकित कर दिया था। उस पागलपन के खत्म होने पर अब वे सुस्ता रहे हैं। आन्दोलनकारियों को सरकार ने फूट डाल कर थका दिया है। लेकिन असम की समस्या वैसी की वैसी खड़ी है। लेकिन समाधान पंजाब की तरह दिखाई नहीं देता।

असम, पंजाब और अब गुजरात में लोगों की तरफ से होने वाली यह अनियंत्रित हिंसा, इमरजेंसी के पहले होने वाले जन आन्दोलनों से कहीं ज्यादा खतरनाक है। वे आन्दोलन फिर भी लोकतांत्रिक आशा आकांक्षाओं की अभिव्यक्ति थे और उन्हें बातचीत के जरिये लोकतांत्रिक ढंग से निपटाया भी जा सकता था। लेकिन असम में हुई और पंजाब गुजरात में चल रही साम्प्रदायिक और जातीय हिंसा हमें कबीलाई स्तर पर ले आई है। समाज और राज्य बनने की इस आदिम अवस्था में हम इस तरह पीछे चले गए हैं कि लोकतंत्र की महान परम्पराओं और नागरिक आजादियों और अधिकारों की बात करना ही अप्रासंगिक हो गया है। असम में आदिवासियों, हिन्दुओं और बांग्लादेश के आए मुसलमानों के बीच संघर्ष है जो बहिरागतों के नाम पर चलता है। पंजाब में हिन्दू-सिख रोटी-बेटी के अटूट रिश्तों और कोई पाँच सौ साल की सांझा सामाजिक, सांस्कृतिक और राजनीतिक धरोहर को भूल कर आपस के अविश्वास और नफरत में बँट गए हैं। गुजरात में ऊँची जातियों, मझौली और नीची जातियों और मुसलमानों के बीच दंगे हो रहे हैं।

दूसरे प्रान्तों में हालत हिंसक न हो पर बम्बई में आमची मुम्बई आंध्र में तेलुगुदेशम और दूसरे प्रान्तों की क्षेत्रीय ताकतें अखिल भारतीयता से मेल नहीं खाती दिखतीं और सह अस्तित्व की वे जितनी कोशिशें करती हैं उन्हें निहित स्वार्थ उतनी ही संकुचित बनाते जाते हैं। यानी आजादी की लड़ाई और उसके बाद जिस लोकतांत्रिक, अखंड और समरस भारत को हम आधुनिक बनाने का सपना लेकर चले थे वह 21वीं सदी की पोस्टरबाजी के बीच सत्रहवीं सदी में पहुँच रहा है। साम्प्रदायिक और जातीय हिंसा आधुनिक लोकतांत्रिक समाज में नहीं ऐसे देश में होती है जहाँ तलवार और बन्दूक के सहारे लोग जीते हैं। नंगी और बर्बर ताकत भैंस को हाँक ले जाती है। आजाद लोकतांत्रिक भारतीय समाज का कबीलों में होता यह विघटन न संयोग है, न किसी स्वाभाविक प्रक्रिया का नतीजा। यह इन्दिरा गांधी के पन्द्रह सालों और जनता के तीन साल के राज में चलाई गई नीतियों का नतीजा है।

इन्दिरा गांधी के लिए यह सम्भव नहीं था कि विरोधी दलों या समाज के गैर राजनीतिक तबकों द्वारा किये गए आन्दोलनों को लोकतांत्रिक प्रक्रिया की स्वस्थ

अभिव्यक्ति मान कर उन्हें बातचीत के लेन-देन तरीके से निपटा कर देश में आम सहमति कायम रखतीं। इस माने में वे निहायत अलोकतांत्रिक थीं और आन्दोलनों को फूट डाल कर तोड़ने और उनके खिलाफ प्रति-आन्दोलनकारियों की मदद करवाने में माहिर थीं। लोगों को आपस में लड़वा कर वे सुरक्षित तो महसूस करती थीं लेकिन इससे समाज में विघटन लोकतंत्र का क्षय और राज्य की मशीनरी का लोगों के खिलाफ इस्तेमाल बढ़ता गया। बिहार आन्दोलन में ऐसा कुछ नहीं था जो बातचीत के लोकतांत्रिक ढंग से माना न जा सकता हो। लेकिन यह इन्दिरा गांधी को झुकना लगता था। वे लोकतांत्रिक ढंग से मिली सत्ता को पुश्तैनी या दैविक अधिकार से मिली व्यक्तिगत सत्ता मानती थीं और उसके उपयोग के उनके अपने मानदंड थे। इससे लोकतांत्रिक सत्ता में अनिवार्य अंकुशों के जरिये जो सन्तुलन आता है वह उनके लिए कोई मानी नहीं रखता था। वे अंकुशों को अपनी सत्ता के औजार बनाकर उन सबके खिलाफ इस्तेमाल करती थीं जो उन्हें अपना दुश्मन लगता था। इससे लोकतांत्रिक परम्पराएँ नहीं, सभी किस्म की विचारधाराएँ नष्ट हुईं। और जब विचारधाराएँ नहीं होतीं और राज्य निरंकुश होने लगता है तो लोग धर्मों, जातियों और कबीलों में बँट जाते हैं।

1980 में वापसी के बाद इन्दिरा गांधी ने लोगों को धर्मों, जातियों और कबीलों में बँटने दिया। और जब उन्हें कबीलाकरण शुरू हुआ। संत भिंडरवाला आते क्यों राजनीति में उग्रवाद और आतंकवाद का इस्तेमाल करके अकालियों की धार्मिक जड़ें हिलानी थीं। पंजाब में सिख आतंकवाद और अलगाववाद को हवा देना आसान था। आजादी के पहले की साम्प्रदायिक राजनीति और हिंसा ने इसकी जमीन तैयार कर रखी थीं। जो कांग्रेस ने किया वही अकालियों ने चलाया। नतीजा सामने है। असम में बांग्लादेश से आए मुसलमानों को वोट बैंक के नाते बसाया गया। असमियों और बंगालियों की पहले ही खटती थी। अब बांग्लादेशी मुसलमानों और आदिवासियों के दो तबके और जुड़ गए। बहिरागतों के खिलाफ छह साल से चलता आन्दोलन और चुनाव के दौरान हुई हिंसा ने असम का कबीलाकरण कर दिया।

गुजरात में आरक्षण विरोधी आन्दोलन को माधव सिंह सोलंकी ने असल इन्दिरा गांधी शैली में पहले ऊँची जातियों के संघर्ष में बदलने दिया और फिर साम्प्रदायिक हो जाने दिया। लोगों में जब ऐसा जहर फैलता है तो जो हिंसा फूटती है उसे कोई पुलिस या सेना काबू में नहीं कर सकती। यह हम 1947 के विभाजन में देख चुके हैं और छोटे पैमान पर हर साल देखने के बाद 1982 से पंजाब में और 1985 में गुजरात में देख रहे हैं। सवाल यह है कि जब आप लोकतांत्रिक तरीकों से प्रकट किये गए असन्तोष को दूर न कर सकें और फिर भी आन्दोलन चलें तो उन्हें धर्मों जातियों के जहर से बाँट दें तो लोग हिंसा नहीं करेंगे तो क्या करेंगे। असम में हुए दंगे, पंजाब का आतंकवाद और गुजरात का जातीय संघर्ष लोकतांत्रिक व्यवस्था

की विफलता से आगे राष्ट्र राज्य के विघटन के खतरे की घंटियाँ हैं। इन्दिरा गांधी की उन्हीं के सिख अंगरक्षकों द्वारा की गई हत्या और आतंकवाद और जातीय संघर्ष की घटनाओं ने देश के लोगों को लगभग भयभीत कर दिया है कि यह देश टूट जाएगा। देश न टूटे इसलिए लोगों ने राजीव गांधी को ऐसा प्रचंड बहुमत और केन्द्र को इतनी ताकत दी। इस राष्ट्र राज्य को बचाने के नाम पर इमरजेंसी अगर लगाई जाए तो लोग उसका स्वागत करेंगे। राज्य से लोकतंत्र और नागरिक आजादियों को उतना खतरा नहीं है जितना विघटन के हमारे डर से हमें है। 1975 की इमरजेंसी लोगों को अपने तार्किक नतीजे पर ले आई है।

[26 जून, 1995]

अहिंसक क्रान्ति का विनोबा प्रयोग

पिछली सदी में जन्मे और इस सदी में विचार और कर्म का जिनका कुछ मौलिक योगदान है, उन गिनती के भारतीयों में विनोबा भावे (1895 से 1982) का नाम लेना ही पड़ेगा। आप उनके किये-धरे से असहमत हो सकते हैं, उनके तौर-तरीकों से आपका मतभेद हो सकता है। लेकिन आजादी के आने और गांधी के जाने के बाद सार्वजनिक जीवन में नैतिक शक्ति जाग्रत करने और अहिंसक तरीके से समाज में बुनियादी परिवर्तन करने का गांधीय प्रयोग किसी ने किया तो विनोबा ने किया।

गांधी बलिदान के बाद विनोबा ने कहा कि 'राजनीतिक आजादी हमने प्राप्त कर ली। लेकिन अब उससे भी कठिन काम—सामाजिक और आर्थिक क्रान्ति का काम—हाथ में लेना है। इसके लिए पुराने तरीके नहीं चल सकते।' राजनीतिक आजादी भारत ने अंग्रेजों से अहिंसक लड़ाई लड़ कर ली थी। असहयोग और सत्याग्रह इस अहिंसक संग्राम के शस्त्र थे और गांधी ने लाखों-करोड़ों लोगों को ये नैतिक शस्त्र चलाने में लगाया था। अब देश में अपनी सत्ता और लोकतांत्रिक तरीके से स्थापित जनता की सरकार थी। सामाजिक और आर्थिक क्रान्ति हमें किसी के खिलाफ नहीं करनी थी। यह क्रान्ति हमें अपने अन्दर करनी थी। यह क्रान्ति क्या होगी और इसका तरीका क्या होगा?

गांधी के रहते सन् सत्रह में लेनिन ने बोल्शेविक क्रान्ति की थी और साम्यवादी राज्य सत्ता की स्थापना की थी। गांधी के जाने के बाद चीन में माओ ने किसानों को आगे करके क्रान्ति की थी और उनका जरिया भी राज्य सत्ता का ही था। दूसरे महायुद्ध के बाद रूस की सैनिक और राज्य सत्ता की सहायता से कुछ पूर्वी यूरोपीय देशों में भी क्रान्ति हो चुकी थी।

लेकिन हिंसा और राज्य शक्ति के जरिये सत्ता परिवर्तन हो सकता है, व्यवस्था में मौलिक परिवर्तन कर सकने वाली क्रान्ति नहीं हो सकती। ऐसा गांधी का विश्वास तो था ही, विनोबा ने भी कहा—'मैंने *वेदों* से लेकर गांधी तक भारतीय संस्कृति के सारे विचारों को घोल कर पिया है। इसीलिए मैं कहता हूँ कि भारत का अपना एक अलग दर्शन है, एक अलग मिशन है, क्रान्ति का एक भारतीय ढंग है।'

हिंसा और सत्ता परिवर्तन से होने वाली क्रान्ति भी सब जगह एक जैसी और एक तरीके से नहीं हुई। मार्क्स की भविष्यवाणी थी कि समाजवादी क्रान्ति मजदूर करेंगे और पश्चिम यूरोप में होगी। क्रान्ति रूस में हुई, पूर्वी यूरोप में हुई और उसमें मजदूर नहीं, किसान आगे थे। चीन में क्रान्ति रूस के ढंग से भी अलग ढंग से हुई और माओ ने वे तरीके नहीं अपनाए जो लेनिन ने अपनाए थे। पूर्वी यूरोप के देशों में तो क्रान्ति सत्ता परिवर्तन से हुई।

भारत ने तो अपनी आजादी भी एक अहिंसक संग्राम के जरिये प्राप्त की। राजनीतिक क्रान्ति भी सैन्य शक्ति से नहीं नैतिक शक्ति से हुई। इसलिए सामाजिक-आर्थिक क्रान्ति भी अहिंसक और रचनात्मक तरीके से ही हो सकती थी। क्रान्ति का यही भारतीय ढंग हो सकता था। विनोबा ने बताया—'राज्यसत्ता के जरिये अगर क्रान्ति होती तो बुद्ध देव राज्यसत्ता छोड़ कर संन्यासी क्यों बने? भूमि का वितरण हमारा साध्य नहीं है, यह तो साधन है। साध्य तो है सामाजिक क्रान्ति। सरकार नौकर है। मालिक तो जनता है, मैं मालिकों को विचार समझा रहा हूँ। उनकी समझ में बात आ गई तो अपने नौकरों के जरिये काम वे स्वयं करवा लेंगे। सरकार शून्य है जबकि जनता एक है। एक के बाद शून्य हो, तभी उस शून्य की कोई कीमत होती है।'

विनोबा अप्रैल 1951 में सर्वोदय सम्मेलन के लिए आंध्र प्रदेश के शिवरामपल्ली पैदल जा रहे थे। तेलंगाना में कम्युनिस्ट सशस्त्र क्रान्ति की कोशिश में लगे थे। उसके बारे में विनोबा लगातार सोचते जा रहे थे—'वहाँ की खून आदि की घटनाओं के बारे में मुझे जानकारी मिलती रहती थी। फिर भी मेरे मन में कभी घबराहट नहीं हुई, क्योंकि मानव जीवन के विकास का कुछ दर्शन मुझे हुआ है। जब-जब मानव-जीवन में नई संस्कृति का निर्माण हुआ तब वहाँ कुछ संघर्ष भी हुआ है। रक्त की धारा भी बही है।'

'तेलंगाना में कम्युनिस्टों के हृदय तक पहुँचने की जितनी कोशिश हो सकती थी, उतनी मैंने की।... मैंने कम्युनिस्टों को यही बताया कि तुम्हारे जो दावे हैं, वे कोई भी कौम अभी तक सफल नहीं कर सकी है। कब करेगी इसका भी कोई भरोसा नहीं है, यह एक बात तो कम से कम कबूल कर लो। दूसरी यह बात भी समझ लो कि हर हालत में चाहे हिंसा को अमान्य न किया जाए, कुछ हालतों में उसे मान्य भी कर लें, फिर भी स्वराज्य प्राप्ति के बाद और जबकि देश में बालिग मताधिकार दे दिया गया है, शस्त्रों का परित्याग करना चाहिए।'

कम्युनिस्टों ने हिंसा नहीं छोड़ी लेकिन विनोबा शान्ति कायम करने के लिए पैदल घूमने लगे। पोचमपल्ली में हरिजनों ने उनसे अस्सी एकड़ जमीन की माँग की और कहा कि वे उस पर मिल कर खेती करेंगे। वे हरिजनों से अर्जी लेकर सरकार को देते इसके पहले ही सभा में रामचन्द्र रेड्डी नाम के किसान ने सौ एकड़ जमीन हरिजनों को देने के लिए विनोबा को देने की घोषणा की। उसी दिन,

18 अप्रैल, 1951 को भूदान का आविष्कार हुआ। विनोबा ने कहा—'यह साधारण घटना नहीं। जिस जमीन के लिए खून-कत्ल, कोर्ट-कचहरी होती रहती है, वह जमीन दान में मिली। इसके पीछे कोई संकेत होना चाहिए। रात भर मेरा चिन्तन चला और मुझे अनुभव हुआ कि यह एक इलहाम हो गया है। लोग प्रेम से जमीन दे सकते हैं।'

विनोबा घूमते रहे और भूदान लेते रहे। तेलंगाना से पवनार (वर्धा जिला) आए और फिर जवाहरलाल नेहरू के बुलावे पर योजना आयोग से बात करने दिल्ली रवाना हुए। 'पवनार से दिल्ली तक की यात्रा में तब तक करीब पैंतीस हजार एकड़ जमीन मिल चुकी थी। तेलंगाना में इसका दैनिक औसत दो सौ एकड़ था अब तीन सौ एकड़ रहा। गांधीजी की शिक्षा और भारत की सांस्कृतिक परम्परा के कारण इस शान्ति योजना को जनता से सहकार मिला। देश में करीब तीस करोड़ एकड़ जमीन है। मैंने उसका छठा हिस्सा माँगा क्योंकि एक भारतीय परिवार में साधारणतः पाँच सदस्य रहते हैं। उस परिवार का छठा सदस्य जनता ही है।' यानी विनोबा भूमिहीनों में वितरण के लिए भूदान में पाँच करोड़ एकड़ जमीन चाहते थे।

लेकिन उन्होंने समझाया—'यह सब मैं क्या कर रहा था? मेरा उद्देश्य क्या था? मैं परिवर्तन चाहता हूँ। प्रथम हृदय परिवर्तन, फिर जीवन परिवर्तन और बाद में समाज परिवर्तन।' और यह परिवर्तन काहे के लिए?

'शासनमुक्त समाज की स्थापना हमारा लक्ष्य है। इसके लिए जरूरी है कि हिंसा शक्ति की विरोधी दंडशक्ति से भिन्न लोकशक्ति का निर्माण हो। हमारी कार्यप्रणाली के दो हिस्से हैं—विचार शासन और कर्तव्य विभाजन। साम्यवाद और सर्वोदय के कुछ मौलिक भेद हैं। कुछ प्रवाह ऐसे होते हैं जिनमें नदी-नालों जैसे अन्य प्रवाह आकर मिलें, चाहे न मिलें, वे कभी क्षीण नहीं होते। उनका अपना ही एक स्रोत होता है। पर कुछ प्रवाह ऐसे होते हैं जो कुछ समय तक विशाल रूप धारण करने के बाद फिर सूख जाते हैं। विचार प्रवाहों और आन्दोलनों पर भी यही नियम लागू होता है। साम्राज्यवाद की प्रतिक्रिया के रूप में मार्क्सवाद पैदा हुआ। पिछले सौ साल में मार्क्सवाद ने सारी दुनिया को प्रभावित किया। परन्तु वह भी एक प्रतिक्रियात्मक विचार है इसलिए वह धीरे-धीरे क्षीण होता जाएगा। (तब कम्युनिस्ट राज्य का पराभव नहीं हुआ था) सर्वोदय विचार एक स्वतंत्र और स्वयंभू विचार है। वह किसी विचार का उत्तर या प्रतिक्रिया नहीं है। उसकी जड़ें भारतीय संस्कृति की गहराई में मजबूत हैं।'

और भी—'दुनिया में अगर किन्हीं दो शक्तियों का मुकाबला होने वाला है तो वह साम्यवाद और सर्वोदय विचारों में होने वाला है। दूसरी जो शक्तियाँ दुनिया में काम करती दिखाई दे रही हैं वे ज्यादा दिन टिकने वाली नहीं हैं। साम्यवाद और सर्वोदय में साम्य भी बहुत है और विरोध भी उतना ही है। जमाने की माँग वहीं है। हमें इस विचार को सिद्ध करना होगा कि कांचनमुक्त समाज रचना हो सकती

है, सत्तारहित समाज बन सकता है। ...पूँजीवादी व्यवस्था में उत्पादन और वितरण दोनों में केन्द्रीकरण होता है। समाजवाद में उत्पादन में केन्द्रीकरण और वितरण में विकेन्द्रीकरण होता है। सर्वोदय में दोनों में ही विकेन्द्रीकरण होता है। चाहे छोटे पैमान पर ही क्यों न हो, हमें ऐसा नमूना दिखाना होगा। तभी साम्यवाद के मुकाबले में टिक सकेंगे।'

कांचनयुक्त और सत्तारहित समाज का विचार स्थापित करने के लिए विनोबा सन् इक्यावन से गांधी शताब्दी वर्ष सन् उनहत्तर तक घूमते रहे यानी कोई अठारह साल। इस दौरान वे अस्सी हजार किलोमीटर पैदल चले यानी पृथ्वी की दो परिक्रमाएँ कीं। मोटर, वाहन आदि से की गई दूसरी यात्राएँ भी मिला लें तो छप्पन बरस की उमर में अहिंसक क्रान्ति से ग्राम स्वराज्य लाने निकले वामन विनोबा ने पृथ्वी के कुल तीन चक्कर लगाए। उन्हें देश भर में कोई पचास लाख एकड़ जमीन मिली और एक लाख गाँव ग्रामदान में। वे पाँच करोड़ एकड़ जमीन चाहते थे और पाँच लाख गाँवों का ग्रामदान। बिहार का राज्य दान होने के बाद सन् सत्तर में वे उसी परमधाम पवनार के आश्रम में लौट आए जहाँ बत्तीस साल पहले स्वास्थ्य लाभ के लिए आए थे और जहाँ से उठारह साल पहले पदयात्रा पर निकले थे। विनोबा ने क्षेत्र संन्यास ले लिया।

इतनी जमीन के भूमिहीनों में बँटवारे और उस पर खेती के लिए और एक लाख ग्रामदानी गाँवों में ग्रामस्वराज्य स्थापित करने के लिए विनोबा ने कोई संगठन नहीं बनाया। 'क्योंकि यह एक शास्त्र है कि क्रान्तियाँ कभी संस्थाओं के जरिये नहीं होतीं। संस्था का एक ढाँचा होता है, एक अनुशासन की पद्धति होती है, उसके अन्दर रह कर ही काम किया और लिया जा सकता है। ऐसा करने से बुद्धि स्वातंत्र्य नहीं रहता। मैं रचना नहीं चाहता ऐसा जो लोग समझते हैं वे मुझे नहीं समझते। मैं कृत्रिम रचना नहीं चाहता। ऊपर से लादी हुई नहीं चाहता। स्थान-स्थान पर सहज अकृत्रिम विकेन्द्रित जो रचना होगी उसका मैं स्वागत करता हूँ। यही रचना कौशल है।'

क्रान्ति का संगठन नहीं होता इसे विनोबा ने और भी स्पष्ट किया—'ग्रामदान शुरू होने के बाद मुझे लगा कि अब और एक क्रान्तिकारी कदम उठाना चाहिए। इसलिए भूदान के लिए गांधी निधि से जो सहायता ली जाती थी, वह हमने बन्द कर दी। सारी भूदान समितियाँ तोड़ डालीं। कोई भी पार्टी व्यापक बनती है तो अपना संगठन मजबूत करना चाहती है परन्तु हमने उससे बिलकुल उलटी प्रक्रिया चलाई। मैंने यह सारा तंत्र क्यों तोड़ा? इसलिए कि संस्था से साधारण सेवा का काम हो सकता है, सत्ता बन सकती है, परन्तु जन समाज में क्रान्ति नहीं लाई जा सकती। क्रान्तियाँ मांत्रिक होती हैं, तांत्रिक नहीं।'

गांधी के जाने के बाद अहिंसा के ढंग से सामाजिक-आर्थिक क्रान्ति टिकेगी नहीं। नहीं टिकी। पहले रूस में उस राज्य का पराभव हुआ जो राज्य सत्ता से क्रान्ति

करके कई आर्थिक-सामाजिक रचना करना चाहता था। पूर्वी यूरोप में भी साम्यवादी देशों ने साम्यवाद छोड़ा। चीन अभी कायम है लेकिन उसने भी खुले बाजार की पूँजीवादी अर्थव्यवस्था को जग़ह दे दी है।

भारत में तो सर्वोदय वाले आर्थिक-सामाजिक विकेन्द्रीकरण और लोकशक्ति के बजाय राज्य सत्ता का भी विखंडीकरण हो रहा है। साम्यवाद नहीं टिका लेकिन भारत में भी सर्वोदय नहीं आया। चालीस साल समाजवाद लाने में लगाने के बाद अब भारत खुले बाजार की अर्थव्यवस्था मंजूर करके दुनिया के अमीर औद्योगिक देशों का बाजार बनने के लिए प्रस्तुत हो रहा है।

ऐसे में आज उनकी जन्म शताब्दी के दिन विनोबा को हम कैसे याद करें। उनके सारे पराक्रम को विफल मान लें या कहें कि उनका और उनके काम का वही हुआ जो वे जानते थे कि होगा। विनोबा के अमृत महोत्सव पर उनके साथियों ने ग्रामस्वराज्य निधि का संग्रह किया ताकि ग्रामस्वराज्य का काम आगे चल सके। तब बाबा ने कहा—'यह काम बहुत सफल हुआ ऐसा मैं मानता हूँ। लोकमान्य तिलक के लिए स्वराज्य फंड इकट्ठा किया गया था, तब वे कीर्ति के शिखर पर थे। मेरा ऐसा नहीं है। देश में बहुत से लोग होंगे जिनके मन में मेरे लिए आदर होगा, लेकिन ग्रामदान का काम ऐसा नहीं है। ग्रामदान के सिलसिले में मैंने कहा था कि इसमें से या तो अनन्त निकलेगा या शून्य। बीच की चीज मिलेगी नहीं। आज वह शून्यवत दिख रहा है।'

विनोबा ने खुद ही यह कह दिया था और सन् सत्तर से बयासी तक परमधाम पवनार में बैठ कर देखते रहे कि ग्राम स्वराज्य के काम का क्या हुआ। 'अब मुझे करने को कुछ नहीं रहा। इसलिए मैंने अपनी किताब पर लिख रखा है—'त्याचे कर्तव्य सम्पले' उसका कर्तव्य समाप्त हुआ।' ऐसे विनोबा को आज सफल-विफल क्या कहेंगे! वे विचार की सार्थकता के लिए जिए।

[11 सितम्बर, 1995]

अहिंसा की तलाश में सत्याग्रह खो गया

विनोबा का विश्वास अगर भौतिक उपलब्धियों और संगठन में होता तो भूदान में मिली पचास लाख एकड़ जमीन के भूमिहीनों में न्यायपूर्ण वितरण का ठीक से इन्तजाम करते। जमीन पाने वालों का संगठन बनाते और इतने साधन जुटाते कि उस पर वे ठीक से खेती कर सकें। भूदान करने वालों का भी संगठन बनाते और उससे कहते कि जमीन पाने वालों के संगठन से मिल कर उस करुणा को आर्थिक बराबरी लाने के ठोस स्वरूप में बदल दे जिसने जमीन देने की प्रेरणा दी।

ग्रामदान में मिले एक लाख गाँवों के लोगों को संगठित कर के सभी गाँवों का एक विशाल संगठन खड़ा करते जो उन गाँवों में नीचे से ग्राम स्वराज्य की स्थापना में लग जाता। विनोबा के पास कार्यकर्ताओं की कोई कमी नहीं थी। एक लाख ग्रामदानी गाँवों के लिए एक लाख कार्यकर्ता उन्हें बड़ी आसानी से मिलते। विनोबा का सारा काम 'सर्वेषां अविरोधेन' की धारणा से हुआ था। न उनका किसी से विरोध था, न कोई उनके काम का विरोध करता था।

भूदान-ग्रामदान यात्रा करते हुए जब वे सन् सत्तावन में केरल पहुँचे तो कम्युनिस्ट मुख्यमंत्री नम्बूदिरीपाद उनका स्वागत करने के लिए खुद अपने राज्य की सीमा पर आए। दुनिया में पहली बार लोकतांत्रिक तरीके से कम्युनिस्ट सरकार केरल में बनी थी। वहीं शंकराचार्य के जन्म स्थान कालड़ी में सर्वोदय सम्मेलन हुआ और केरल में ही शान्ति सेना बनी जिसके सुप्रीम कमांडर खुद विनोबा बने। सन् सत्तावन से भूक्रान्ति की शुरुआत होगी ऐसी घोषणा विनोबा ने कम्युनिस्ट सरकार वाले केरल में ही की थी।

कर्नाटक के येलवाल में सभी राजनीतिक पार्टियों के नेताओं का सम्मेलन हुआ। जवाहरलाल नेहरू, गोबिंद वल्लभ पंत, ढेबर भाई, मोरारजी देसाई, समाजवादी गंगाशरण सिंह, कम्युनिस्ट नम्बूदिरीपाद और जेड.ए. अहमद जैसे राजनेता ही नहीं राष्ट्रपति राजेन्द्र प्रसाद भी दो दिन इस सम्मेलन में चर्चा के लिए आए। इन नेताओं ने सर्वसम्मति से यह प्रस्ताव पास किया और खुद इस पर दस्तखत किये—

'हम ग्रामदान आन्दोलन का स्वागत करते हैं। जिन बुनियादी सिद्धान्तों पर यह आन्दोलन चलाया जा रहा है उनके द्वारा जनता का, सर्वतोन्मुखी विकास होगा। इस

आन्दोलन से गाँवों का आर्थिक विकास भी होगा। सहकारिता की भावना बढ़ेगी। भूमि समस्या को हल करने के लिए अनुकूल वातावरण भी बनेगा। अहिंसक तरीके और स्वेच्छा से किया गया काम इसकी खासियत है। एक साथ भौतिक तथा नैतिक विकास करने वाले इस कार्य में सब लोग सहयोग करें। सरकार की पंचवर्षीय योजना में भी इस कार्य से सहायता मिलती है। सरकार की विकास खंड योजना और ग्रामदान आन्दोलन दोनों में निकट का सहयोग होना आवश्यक है।'

ऐसी सर्वमान्यता और सहयोग ग्रामदान आन्दोलन को मिला था। ऐसा नहीं कि विनोबा ग्रामस्वराज्य के सपने को साकार नहीं करना चाहते थे। लेकिन उनका विश्वास था कि संगठन में हिंसा अनिवार्य रूप से आ ही जाती है। न सिर्फ बुद्धि स्वातंत्र्य नहीं रहता वह क्रान्ति को प्रतिष्ठान बनाने की कोशिश करता है इसलिए संगठन के जरिये जो भी काम होता है उसकी क्रान्तिकारिता तो समाप्त हो जाती है प्रतिष्ठान रह जाता है जो प्रवाह पतित हो कर धीरे-धीरे कालबाह्य हो जाता है।

विनोबा ने कहा—'चाहे मैंने आश्रमों में रह कर काम किया हो या बाहर, मेरे सामने मुख्य कल्पना यही रही कि हमारी सामाजिक या व्यक्तिगत सब प्रकार की कठिनाइयों का परिहार अहिंसा से कैसे होगा, इसकी खोज करूँ। यही मेरा मुख्य कार्य है। इसी के लिए मैं तेलंगाना गया था। यदि मैं वह काम टालता तो इसका मतलब होता कि मैंने अहिंसा और शान्ति सेना का काम करने की अपनी प्रतिज्ञा ही तोड़ दी। स्वराज्य प्राप्ति के बाद तुरन्त जो घटनाएँ इस देश में घटीं उन्होंने अहिंसा की आशा को क्षीण किया था। बहुत ज्यादा हिंसा की ताकतें हिन्दुस्तान में प्रकट हुई थीं इसलिए गांधीजी के जाने के बाद मैं इस तलाश में था कि अहिंसा की प्रतिष्ठा कैसे हो।' 'मैंने जमीन के मसले का आलम्बन जरूर लिया परन्तु साम्ययोग का, करुणा का विचार समझाना ही मेरी मूलभूत दृष्टि है। आलम्बन लेने में मैंने बुद्धि का परिपालन किया लेकिन मेरा मन सतत आलम्बन से परे सोचता है और मेरी बार-बार इच्छा होती है कि अपने मूल स्वरूप में रहूँ। फिर भी आलम्बन नहीं छोड़ता। इस तरह मेरे तरीकों में दो तरीकों (बुद्ध और महावीर) का समन्वय है। प्रकाश के प्रचार के समान ही विचार का प्रचार भी आसमान से होता है। बल्कि प्रकाश के प्रचार को आसमान रोक सके लेकिन विचार के प्रचार को वह भी नहीं रोक सकता। इसलिए विचार पर मेरी श्रद्धा है और मैं निर्भय होकर काम करता हूँ।'

विनोबा का मूल स्वरूप क्या था?—'मेरा एक गुण है जो दोष भी माना जा सकता है कि किसी व्यक्ति को आग्रह से कोई आदेश नहीं देता। इससे काम कभी देरी से बनता है पर बनता है तो बनता ही है, बिगड़ता नहीं। इतना ही नहीं मैं जो कुछ कहता हूँ उसका दबाव भी किसी पर डालना नहीं चाहता। मेरे पास अनेक श्रेष्ठ विचार हैं लेकिन उनमें सबसे श्रेष्ठ विचार यही है कि मेरे विचार का किसी पर आक्रमण न हो। यानी विचार पसन्द हुए बिना कोई मान लेता है तो मुझे दुख

ही होगा। लेकिन विचार पसन्द पड़ने के बाद कोई उसे अमल में नहीं लाता तो मैं आशा रखता हूँ कि आज नहीं तो कल अवश्य लाएगा।'

घर छोड़कर और लौटने की सारी रस्सियाँ काट कर विनोबा सन् सोलह में बनारस गए तो ब्रह्म साधना के लिए थे। लेकिन तीन महीने में ही महात्मा गांधी के पास अहमदाबाद के कोचरब आश्रम पहुँच गए। वहाँ से भी अगले साल एक वर्ष छुट्टी लेकर स्वास्थ्य सुधारने और अध्ययन करने निकल गए। महाराष्ट्र में कोई चार सौ मील पैदल चले। फिर सत्याग्रह आश्रम की शाखा वर्धा में खोली गई तो उसे चलाने के लिए अपने चार विद्यार्थियों और एक साथी को ले कर वर्धा पहुँच गए। वहाँ वे सन् इक्कीस से इक्यावन तक रहे। इन तीस वर्षों में 'अपरिहार्य जेल यात्रा छोड़ कर मेरा सारा समय और जीवन ही विधायक और रचनात्मक कार्य में बीता। उस समय भी मेरा ध्यान रचनात्मक कार्य के मूलभूत विचारों की तरफ अधिक था। शिक्षण, अध्ययन, अध्यापन, ध्यान, चिन्तन, निरीक्षण इत्यादि कार्य मैं कर रहा था। फिर भी जिसे राजनीतिक आन्दोलन कहते हैं, उसमें मैंने ज्यादा भाग नहीं लिया। कर्तव्य बुद्धि से झंडा सत्याग्रह, व्यक्तिगत सत्याग्रह, बयालीस का आन्दोलन आदि जो अपरिहार्य था वही किया। बाकी तीस वर्ष तक एक ही स्थान पर बैठ कर समूचे विश्व के साथ अनुसन्धान (सम्पर्क) रखने का और जिसे *गीता* अकर्म कहती है उस अवस्था में रह कर कर्म किस प्रकार हो सकता है, इसका प्रयोग मेरा वहाँ हो रहा था।' सन् इक्यावन में भी अपना परमधाम पवनार आश्रम छोड़ कर निकले तो इसलिए कि वे गांधी का ऋण चुकाना चाहते थे। बार-बार विनोबा ने कहा कि 'अगर गांधीजी होते तो मैं बाहर कभी नहीं आता।' कभी कहते कि दुनिया मुझे किसी मजदूरी में मग्न पाती। कर्म से मैं मजदूर हूँ। कभी कहते कि मैं सुरगाँव में भंगी काम ही करता होता। कभी कताई तो कभी गोसेवा में लगे रहने की बात करते। और हालाँकि भूदान-ग्रामदान यानी ग्राम स्वराज्य आन्दोलन को भी वे गांधी के रचनात्मक कार्य का विस्तार ही मानते थे और उसी रूप में उन्होंने वह किया भी लेकिन उनकी तलाश अहिंसा की ही थी और वे सामाजिक-आर्थिक क्रान्ति का अहिंसक तरीका ढूँढ़ने निकले थे, प्रत्यक्ष जमीन बाँटने और ग्राम स्वराज्य स्थापित करने नहीं।

विनोबा ने कहा—'हम रचनात्मक कार्य जरूर करना चाहते हैं लेकिन रचनात्मक काम तो सरकार भी करना चाहती है और करेगी। उससे लोग सुखी होंगे और अवश्य होने चाहिए लेकिन मूल्य परिवर्तन और समाज को सुखी बनाना दोनों में फर्क है। जब हम शाश्वत सुख की बात करेंगे तो दोनों में फर्क नहीं रहेगा। लेकिन तात्कालिक सुख के बारे में सोचेंगे तो सुखी बनाना एक बात है और मूल्य परिवर्तन दूसरी बात है। इसी मूल्य परिवर्तन को शान्तिमय क्रान्ति कहते हैं। क्रान्ति शान्तिमय

ही हो सकती है। किसी भी प्रकार के बदल को क्रान्ति नहीं कहा जा सकता। क्रान्ति में बुनियादी या मूलभूत परिवर्तन होना चाहिए, मूल्य बदलना चाहिए। मूल्य में जो बदल होता है, वह शान्तिमय ही होता है विचार से ही होता है।'

विचार का बीज बोने और मूल्य परिवर्तन के लिए निकले विनोबा अपने काम को कितनी जमीन भूदान में मिली, कितनी बँटी, कितनी पर खेती होती है, ग्रामदान में कितने गाँव मिले, ग्रामदान के बाद उनमें क्या हुआ-जैसी कसौटियों पर नहीं कस सकते थे। इसलिए किसी ने कहा कि बिहार दान बोगस हुआ है तो बाबा ने कहा बाबा ही बोगस है। गांधी से अपनी भेंट के पचासवें साल के दिन वे स्थूल कार्य से मुक्त हो गए और सूक्ष्म में प्रवेश कर लिया। मोटर से बिहार में ग्रामदान तूफान के लिये गए लेकिन सन् सत्तर में पवनार लौट कर क्षेत्र संन्यास ले लिया। उसके बाद बारह साल जिए पर परमधाम आश्रम से सिर्फ दो बार बाहर निकले। विनोबा का मूल स्वरूप स्थूल कार्य करने का नहीं, आत्मलाभ करने का था।

लेकिन अहिंसा की इस तलाश में विनोबा ने सबसे असरदार अहिंसक अस्त्र सत्याग्रह को ही बदल दिया। गांधी ने सत्याग्रह का आविष्कार नैतिक शक्ति से हृदय परिवर्तन के लिए ही किया था और उसी में इसका उपयोग किया। वे भी इसे दमनकारी नैतिक शस्त्र नहीं बनने देना चाहते थे। शुद्ध नैतिक शक्ति साधने वाले योगी होने के नाते ही गांधी ने व्यक्तिगत सत्याग्रह करने के लिए पहला सत्याग्रही विनोबा को चुना। लेकिन विनोबा ने माना कि आजादी के बाद लोकतांत्रिक सरकार देश में है तब सत्याग्रह वैसा ही नहीं हो सकता जैसा आजादी के आन्दोलन में था। वे कहते कि हिंसा में अस्त्र को ज्यादा से ज्यादा मारक बनाने के प्रयोग होते हैं। अहिंसा का शस्त्र सत्याग्रह तो सौम्य, सौम्यतर और सौम्यतम होता जाना चाहिए।

सत्याग्रह का वे क्या करेंगे इसका संकेत विनोबा ने सन् अड़तालीस में शरणार्थियों में काम करते हुए ही दे दिया था। पाकिस्तान से आए शरणार्थियों में हरिजन बहुत थे और उन्हें बसाने और काम में लगाने के लिए जमीन चाहिए थी। पंजाब सरकार ने कुछ लाख एकड़ जमीन देने का वचन दिया। दो महीने बाद मुकर गई। हरिजन सत्याग्रह करना चाहते थे लेकिन उन्हें विनोबा ने कहा—'देश की आज की हालत में मैं आपको सत्याग्रह करने की सलाह नहीं दे सकता। आपको इस मसले पर मैं अभी मदद नहीं पहुँचा सकता इसका मुझे दुख है।'

लेकिन इसके बाद ऐसी वादाखिलाफी ही नहीं इमरजेंसी जैसी दमनकारी कार्रवाई के खिलाफ भी सविनय अवज्ञा आन्दोलन करने या सौम्य सत्याग्रह करने को न विनोबा खुद तैयार हुए, न अपने कार्यकर्ताओं को इसके लिए प्रेरित किया। अन्याय के अहिंसक प्रतिकार के लिए भी वे सत्याग्रह को सही नहीं मानते थे। सन् चौहत्तर में जयप्रकाश नारायण से उनके मतभेद इसलिए नहीं हुए कि जेपी राजनीति करना चाहते थे या सत्ता में उनका निहित स्वार्थ पैदा हो गया था। वे

सार्वजनिक जीवन के हर क्षेत्र में बढ़ते भ्रष्टाचार और अन्याय को अहिंसक संघर्ष से समाप्त करना चाहते थे।

दलगत राजनीति के तो जेपी खुद भी विरोधी थे लेकिन इन्दिरा गांधी की बढ़ती तानाशाही और भ्रष्टाचारी राजनीति का प्रतिकार किये बिना रह नहीं सकते थे। वे यह भी मानते थे कि इतना भूदान और ग्रामदान हो जाने के बाद भी उसमें से क्रान्ति की चिनगारी नहीं निकली क्योंकि विनोबा अन्याय से अहिंसक लड़ाई लड़ने के बजाय कृष्ण की तरह 'रणछोड़' होने की सलाह देते थे। जिसमें सामान्य नागरिक अधिकार तक कुचल दिये गए उस इमरजेंसी को विनोबा ने अनुशासन पर्व कहा और इन्दिरा गांधी की सरकार ने इसका उपयोग इमरजेंसी को मान्य करवाने में किया।

विनोबा ने स्वतंत्र लोकतांत्रिक देश में रचनात्मक कार्य करने का अहिंसक तरीका तो निकाला लेकिन अन्याय और दमन का प्रतिकार कैसे किया जाए इसके प्रयोग नहीं किये। गोवंश हत्या बन्दी के लिए उपवास तो इमरजेंसी में भी किया लेकिन लोकतंत्र को बचाने के लिए नहीं। सतहत्तर के चुनाव में इन्दिरा गांधी को लोगों ने हरा दिया। जनता सरकार बनी और सवा दो साल बाद गिरी, उसी के साथ सर्वोदय आन्दोलन भी बिखर गया। जेपी के जाने के तीन साल बाद बाबा विनोबा गए लेकिन सर्वोदय जमात फिर एक नहीं हो सकी। अहिंसा की तलाश में खड़ा हुआ आन्दोलन विखंडन में बिला गया।

[12 सितम्बर, 1995]

षड्यंत्र के संकेत

पश्चिम बंगाल-बिहार के सीमावर्ती इलाके में अचानक आधुनिक और घातक हथियार गिराए जाने की घटना एक गम्भीर राष्ट्रविरोधी षड्यंत्र का संकेत देती है। भले ही अभी यह मालूम न हो सका हो कि इस के पीछे किसका हाथ है, लेकिन संकेत इतने साफ हैं कि इसे साधारण घटना नहीं माना जा सकता। पुरुलिया पाकिस्तान-ढाका के हवाई मार्ग पर है। व्यापारिक माल ले जाने वाले विमान कराची से उड़ कर इसी जिले के ऊपर से बांग्लादेश जाते हैं। यह क्षेत्र छोटी-छोटी पहाड़ियों और जंगलों से घिरा है, इसलिए आतंकवादियों और तस्करों के लिए छुपना या हथियार छुपाना आसान है। जो हथियार गिराए गए हैं उन में एके-56 समेत वे सभी हथियार हैं जिनका इस्तेमाल भारत के विभिन्न क्षेत्रों में सक्रिय आतंकवादी करते हैं। इन हथियारों को बक्सों से सुरक्षित रूप से पैराशूट से उतारा गया है। इस के लिए विमान काफी नीचे तक उतर आया था। यानी चालक चाहता था कि हथियार पूरी सुरक्षा के साथ भूमि पर गिरें। सरसरी तौर पर कहा जा सकता है कि हथियार बांग्लादेश की राजेन्द्रपुरा छावनी को जाने थे, क्योंकि इस तरह का पता बक्सों पर लिखा मिला। लेकिन बांग्लादेश पाकिस्तान से हथियार किस उद्देश्य से मँगा रहा था? हथियार मँगाने के लिए बांग्लादेश और पाकिस्तान के बीच समुद्र का रास्ता है या वह चीन के रास्ते जा सकते थे। भारत के लम्बे आकाश पथ का इस्तेमाल सामान्य सौदे के लिए क्यों किया जाता, जबकि इस रास्ते हथियार ले जाने की मनाही है। फिर भी यह आवश्यक नहीं कि लिखा हुआ पता सही ही हो, यह भ्रम पैदा करने के लिए भी हो सकता है।

ऐसे सवालों के बीच देश के लिए अहम सवाल उठता है कि कहीं ये हथियार सीमावर्ती इलाकों में भारत के खिलाफ आतंकवाद की लहर पैदा करने के षड्यंत्र का हिस्सा तो नहीं हैं। पश्चिम बंगाल, असम और बिहार में भी पाकिस्तानी खुफिया एजेंसी आईएसआई की गतिविधियों का पता पहले ही लग चुका है। संवेदनशील बांग्लादेश-भारत सीमा पर आतंकवादी अड्डे स्थापित करने की कोशिशों को नजरअन्दाज नहीं किया जा सकता। बिहार में भी कुछ इलाकों में इसकी आशंका हो सकती है। इस सिलसिले में कुछ दलीलें ऐसी भी दी जाती हैं जो घटना की

गम्भीरता को कम करती हैं। मसलन हो सकता है कि विमान चालक गलतफहमी में यहाँ हथियार गिरा गया हो। लेकिन अगर हथियार कहीं और के लिए थे तो भी इस तथ्य को स्वीकार करना ही होगा कि वह स्थान भारत की सीमा के भीतर भी हो सकता है। बांग्लादेश के खुलना या राजशाही से सैकड़ों मील पहले हथियार गिराने का यही अर्थ निकल सकता है। इन सवालों का जवाब देर-सबेर तो मिल जाएगा, लेकिन इस घटना से मिली चेतावनी निर्विवाद है कि भारत की मुख्य भूमि के ऊपर हमारा आकाश उतना सुरक्षित नहीं जितना हम समझते थे। हमारी राडार प्रणाली की कुशलता पर सवाल उठाया जा सकता है। साथ ही, यह भी साफ है कि हम देश के संवेदनशील इलाकों की उस कुशलता से निगरानी नहीं करते जितनी उम्मीद की जानी चाहिए। ऐसे में आतंकवादी या माफिया गिरोहों का अगला वार कहाँ होगा, कहना मुश्किल है।

[22 दिसम्बर, 1995]

कैसे हो जाएगा भ्रष्टाचार चुनावी मुद्दा?

हवाला के बाद साप्ताहिक वीक ने सर्वे कराया तो इक्यासी प्रतिशत लोगों ने कहा कि भ्रष्टाचार अब के लोकसभा चुनाव का सबसे बड़ा मुद्दा होगा। *एक्सप्रेस* के सर्वे में प्रतिशत इतना ऊँचा नहीं है। फिर भी कोई तिरसठ प्रतिशत लोगों ने तो कहा ही है कि भ्रष्टाचार ही लोगों के वोट को सबसे ज्यादा प्रभावित करेगा।

हालाँकि भारतीय जनता पार्टी के चुनाव प्रचार गुब्बारे की *हवाला* ने काफी हवा निकाल दी है फिर भी दिल्ली में अपनी परिवर्तन रैली में उसके नेताओं ने कहा कि दो में से एक मुद्दा भ्रष्टाचार होगा। एक कांग्रेस ही है जो नहीं कहती कि भ्रष्टाचार सबसे बड़ा मुद्दा है। वह दिखावे के लिए भी नहीं कहती कि भ्रष्टाचार के खिलाफ वोट माँगेगी क्योंकि कोई पार्टी कितनी ही आत्मघाती हो चुनाव में अपने खिलाफ वोट नहीं माँगती। लेकिन कांग्रेस वाले मानते तो हैं ही कि भ्रष्टाचार सबसे बड़ा मुद्दा होगा।

हवाला अगर इतना भी नहीं करता तो हमारे सार्वजनिक जीवन की चेतना—शून्यता भयावह होती। लेकिन मान लिया कि भ्रष्टाचार अगले दो महीने में होने वाले चुनाव का सबसे बड़ा मुद्दा होगा तो क्या होगा और कैसे होगा? सिवाय वामपंथी पार्टियों के ऐसी कौन सी पार्टी है जो हवाला के खिलाफ वोट माँग कर लोगों को कहेगी कि हम भ्रष्टाचार मिटाएँगे और लोग उसकी बात पर भरोसा कर लेंगे?

उत्तर भारत की सबसे बड़ी पार्टी होने का दावा भाजपा करती है और देश में हर कहीं होने का दावा कांग्रेस का है। जनता दल भी दमदार है तो उत्तर में ही हालाँकि पिचानबे की शुरुआत तक उसकी सरकार ओडीशा में थी और अब दक्षिणी प्रान्त कर्नाटक में है। अपने दम पर या लोकल पार्टियों से मिल कर यही तीन पार्टियाँ अगली सरकार बनाने की बात कर सकती हैं।

इनमें से कौन भ्रष्टाचार को मुद्दा बना सकती है जो इतने बड़े प्रतिशत में उस पर वोट देने की बात करने वाले लोगों का विश्वास जीत सके? भाजपा की बड़ी तैयारी थी और चुनाव-तैयारी की रैलियों में उसके नेता बहुत पटा-बनेटी घुमा रहे थे और हवा में लाठियाँ भाँज रहे थे। अब वे चुप हो जाएँ तो मुँह दिखाने लायक नहीं

बचेंगे। इसलिए सिंह गर्जनाएँ तो कर रहे हैं लेकिन उनके अध्यक्ष लालकृष्ण आडवाणी के खिलाफ चार्जशीट दाखिल होने, लोकसभा से उनके इस्तीफा देने और घोषणा करने के बाद कि जब तक वे बरी नहीं हो जाएँगे चुनाव नहीं लड़ेंगे, भाजपा की तैयारी टाँय-टाँय फिस्स हो गई है।

कई तरीकों से आडवाणी और उनकी पार्टी के लोग बताने में लगे हैं कि ऐसा हो नहीं सकता कि वे हवाला का पैसा ले लें। उन्होंने अपनी सम्पत्ति का ब्यौरा भी दे दिया है। लेकिन जैसा कि वे जानते हैं और जनता भी कि आम तौर पर यह असर बना हुआ है कि जैसे दूसरी पार्टियाँ और दूसरे नेता चुनाव लड़ने या काम करवाने के पैसे लेते हैं वैसे ही भाजपा, आडवाणी और उनकी पार्टी के दूसरे लोगों ने भी हवाला का पैसा लिया है।

प्रचार में भले ही भाजपा और संघ परिवारियों का अटूट विश्वास हो और अब भी वे लोगों के गले उतारने में लगे हों वे जानते हैं कि भ्रष्टाचार के खिलाफ उनके प्रचार में लोग विश्वास नहीं करेंगे। दूसरे किसी भी मुद्दे पर वोट दे दें इस पर तो नहीं देंगे कि हम भ्रष्टाचारी नहीं हैं और भ्रष्टाचार मिटा देंगे। इसलिए भाजपा का कहना कि वह भ्रष्टाचार को चुनाव का मुद्दा बनाएगी लोकतांत्रिक औपचारिकता है और मुँह दिखाने की खानापूर्ती है। भाजपा ने बताए न भ्रष्टाचार इस चुनाव का मुख्य मुद्दा बनेगा, न इसका उसे छप्पर फाड़ लाभ मिलेगा।

जनता दल राष्ट्रीय मोर्चा बना कर सात साल पहले सर्वोच्च स्थानों पर भ्रष्टाचार के खिलाफ वोट माँग कर ही सत्ता में आया था। इसके भी बारह साल पहले उसका मूल संस्करण-जनता पार्टी भी भ्रष्टाचार और सत्ता के दुरुपयोग के मुद्दों पर चुनाव जीती थी। इसलिए हवाले का सबसे ज्यादा लाभ उठाने की हालत में उसी को होना चाहिए था। लेकिन आप पाते हैं कि हवाला ने जनता दल की गत भाजपा से भी ज्यादा खराब कर दी है। शरद यादव का मामला तो है ही, बोम्मई तक को जनता दल नेताओं ने पार्टी की अध्यक्षता छोड़ने पर मजबूर किया क्योंकि उनका नाम हवाला का पैसा पाने वालों में है।

जनता दल वाले प्रचार और तुम से मेरी कमीज उजली दिखाने के लिए भले ही कहें कि देखिए हमारे तो अध्यक्ष ने पार्टी पद से इस्तीफा दिया, कोई नहीं मानता कि यह ऐसा नैतिक दम है जो दल पर लगे कीचड़ को धो सकता है। कहने को जरूर आडवाणी ने भाजपा की अध्यक्षता न छोड़ी हो और बोम्मई पर भले ही कार्यवाही न हुई हो। आडवाणी पर चार्जशीट दाखिल हुई हो—कौन कहेगा कि बोम्माई आडवाणी से ज्यादा नैतिक हैं? सब जानते हैं कि बोम्मई को जनता दल के अन्दरूनी सत्ता समीकरण के कारण इस्तीफा देना पड़ा और आडवाणी के लिए भी कोई चारा नहीं था कि अपनी पार्टी की साख बचाने के लिए कम से कम लोकसभा से इस्तीफा दें और चुनाव न लड़ने की घोषणा करें।

इस मजबूरी का नाम महात्मा गांधी में आडवाणी और बोम्मई ही नहीं—बलराम जाखड़, विद्याचरण शुक्ल और माधवराव सिंधिया जैसे मंत्रियों के इस्तीफे भी शामिल हैं जिनकी जय-जयकार दिग दिगन्त में गूँज रही है। सुप्रीम कोर्ट के कहने और सीबीआई के चार्जशीट दाखिल करने के बाद किसी भी नेता और पार्टी की छवि किसी भी तथाकथित नैतिक कदम से उजली नहीं हुई है। इन सब नेताओं की अपने को पाक साफ दिखाने की सारी कोशिशें सिर्फ यही बताती हैं कि हवाला ने किस कदर उनके और उनकी पार्टियों के मुँह पर कालिख पोत दी है।

चूँकि कांग्रेस भ्रष्टाचार की मातृ संस्था है और उससे कोई उम्मीद नहीं करता कि इसे वह मुद्दा बनाएगी और न वह बना रही है इसलिए इस बहस में उसका पुण्य स्मरण करने की कोई जरूरत नहीं। बल्कि सच पूछिए तो हवाला कांड का भंडाफोड़ ही इस इरादे से हुआ कि जनता के सामने दूसरी सभी पार्टियों को उसी की तरह भ्रष्टाचारी दिखाया जा सके। सर्वे भले ही कहते हों कि भ्रष्टाचार चुनाव का सबसे बड़ा मुद्दा होगा हम सब जानते हैं कि उसे ना कुछ बनाने और पार्टियों के बस्ते से निकाल फेंकने के लिए ही कांग्रेस ने सीबीआई और सुप्रीम कोर्ट के जरिये यह भंडाफोड़ होने दिया है।

तो लाख टके का सवाल है कि भ्रष्टाचार को मुद्दा बनाएगा कौन? भाजपा चाहे भी तो बना नहीं सकती और जनता दल बनाएगा भी तो कोई उस पर एतबार नहीं कर सकता। कांग्रेस बहुत ईमानदार पार्टी है इसलिए वह भ्रष्टाचार को मुद्दा बनाएगी ही नहीं। जब ये तीनों पार्टियाँ भ्रष्टाचार के मामले में समान रूप से नहीं तो कमोबेश एक सी बचावी मुद्रा में हैं तो सर्वे के अनुसार जो सबसे बड़ा मुद्दा है उस पर वोट पड़ेंगे कैसे?

वामपंथी पार्टियाँ बड़े उत्साह और पवित्र स्वांग में हैं कि हवाला से वे और उनके नेता बेदाग हो कर निकले हैं क्योंकि वे हैं ही बेदाग। लेकिन ये पार्टियाँ पश्चिम बंगाल और कुछ हद तक केरल के अलावा कहीं कोई लोक समर्थन का दावा नहीं कर सकतीं। जहाँ इनका बोलबाला है वहाँ ऐसे लोकल मामलों की कमी नहीं है जो इन्हें भी लोगों की नजर में उतना ही भ्रष्टाचारी दिखाते हैं जितना कि कांग्रेस और दूसरी पार्टियों की शोहरत है। वामपंथी पार्टियाँ कोशिश करें तो वे ऐसे मोर्चे की अगुआई भी नहीं कर सकतीं जिसकी जनता में भ्रष्टाचार के मामले में विश्वसनीयता हो। अगर पार्टियाँ भ्रष्टाचार को मुद्दा बनाएँ भी तो वे साख और विश्वास के साथ चुनावी मैदान में उत्तर नहीं सकतीं। कोई भी पार्टी। और वोटर अगर भ्रष्टाचार को मुद्दा बनाए (जैसा कि सर्वे कहते हैं वह बनाएगा) तो वह वोट किसे देगा? उसे साँपनाथ नहीं तो नागनाथ को वोट देना होगा। अगर वह मान ले कि पार्टियों के नाथ उसका वोट पाने के योग्य नहीं हैं तो उसे निर्दलीय उम्मीदवार को मत देना होगा। निर्दलीय उम्मीदवार क्या कर

सकते हैं और क्या करते हैं यह सचाई पैंतालीस साल के संसदीय लोकतंत्र में सब के सामने उजागर हो चुकी है।

इसलिए वास्तविकता की कसौटी पर उतार कर कसें तो आप पाएँगे कि भ्रष्टाचार को मुद्दा बनाने वाले वोटर के सामने कोई चारा नहीं है। वह चाहे तो वोट न दे या वोट पर लिख कर उसे बिगाड़ दे कि कोई भी उम्मीदवार मेरे वोट का अधिकारी नहीं है। इससे वोट अवैध जरूर हो जाएगा लेकिन बात तो कोई बनेगी नहीं। जो भी लोकतंत्र और नागरिक के वोट देने के पवित्र अधिकार में विश्वास करता हो वह नहीं कहेगा कि वोट मत दो या उसे अवैध कर दो। वोट देना है तो यही विकल्प है कि साँपनाथ से कम भ्रष्टाचारी नागनाथ को वोट दे दिया जाए, यह मान कर कि नागनाथ अगर सापनाथ से कम भ्रष्टाचारी है तो इसलिए कि उसे मौका नहीं मिला और यह भी उम्मीद कर के कि शायद वह उतना भ्रष्टाचार नहीं करे।

सर्वे यह भी बताते हैं कि ज्यादातर लोगों की राय में उन राजनेताओं को चुनाव नहीं लड़ने देना चाहिए जिनका नाम सीबीआई ने लिया है या जिनके नाम जैन भाइयों की डायरी में शोभा पा रहे हैं। लोग यह भी जानते हैं कि जैन भाई तो छोटे-मोटे कारभारी हैं और उनकी डायरियाँ समुद्र में चुल्लू भर पानी है। बड़े कारभारियों और सभी पैसा पाने वालों की सूचियाँ अगर निकल आएँ तो आज के लगभग सभी नेता चुनाव मैदान से बाहर कर दिये जाएँगे। कोई कहाँ तो कोई कहाँ।

लेकिन क्या ऐसी सूचियाँ आ जाएँ और सब बेईमान और भ्रष्टाचारी चुनाव लड़ने के अयोग्य मान लिए जाएँ तो क्या इससे हमारी राजनीति स्वच्छ हो जाएगी? क्या उसमें ईमानदार और सेवाभावी लोगों के लिए लाल जाजम बिछ जाएगी जिसके नीचे भीनी सुगंध वाली पक्की मिट्टी होगी? आप हम सभी जानते हैं कि हमारे राजनेताओं, नौकरशाहों और पूँजीपतियों ने मिल कर चुनाव के नाम पर व्यवस्था ही ऐसी खड़ी की कि जिसमें सरकार चलाना पैसा बनाने का धंधा ही रहे। और यह भी सच है कि तमाम राजनेताओं, नौकरशाहों और पैसेवालों का निहित स्वार्थ और निश्चय है कि यह व्यवस्था चलती रहे।

एक सर्वे यह भी बताता है कि हवाला ने ज्यादातर लोगों का विश्वास लोकतंत्र से डिगा दिया है लेकिन ज्यादातर लोग नहीं मानते कि सभी राजनेता भ्रष्ट हैं। लेकिन व्यवस्था ही अगर खराब हो गई है और हम जानते हैं कि उसे बिगाड़ने वाले बिगाड़े रखने के लिए कमर कसे हुए हैं तो ये जो कम भ्रष्टाचारी हैं वे चुने जाने के बाद भ्रष्टाचार से मुक्त हो जाएँगे इसकी क्या गारंटी है? और ज्यादा भ्रष्टाचारी नहीं हो सकें इसका क्या तरीका है?

आप कहेंगे कि इन सब दलीलों का मतलब क्या हुआ? यही ना कि लोग भले ही भ्रष्टाचार को मुद्दा बनाना चाहते हों पर वह बन नहीं सकता क्योंकि सभी

भ्रष्ट हैं। ऐसे ईमानदार और सेवाभावी लोग राजनीति में नहीं हैं जिन्हें आप डंके की चोट वोट दे सकें। राजनेता भ्रष्ट और बेईमान हैं। व्यवस्था खराब है। तो भाई अगले चुनाव में लोग करेंगे क्या?

निवेदन है कि सर्वे के नतीजों पर मत जाइए। न पूछने वालों को चवन्नी छाप मशीनी जवाब दीजिए। यह आप का लोकतंत्र है। जरा इसके लिए सोचिए। इसके बिना आपका लोकतंत्र बचेगा नहीं!

[1996]

मजबूरी को अवसर में बदलें

संयुक्त मोर्चे ने नया नेता चुन लिया, कांग्रेस ने उसे समर्थन दे दिया और नई सरकार बन भी गई तो इसका क्या भरोसा कि यह सरकार भी चल जाएगी? लो पूछते हैं।

बाहर से समर्थन देने का जरा कांग्रेस का इतिहास देखिए। जुलाई उन्यासी में चरण सिंह ने जनता पार्टी सरकार गिराई और कांग्रेस के समर्थन से सरकार बनाई। वे संसद में अपना बहुमत भी साबित नहीं कर सके। कांग्रेस ने ऐसी लँगड़ी मारी कि उन्हें इस्तीफा देना पड़ा। पाँच महीने बाद फिर चुनाव करवाने पड़े। वीपी सिंह की राष्ट्रीय मोर्चा सरकार को बाहर से समर्थन देती भाजपा ने जमीन खिसका कर नवम्बर नब्बे में गिराया। फिर कांग्रेस के बाहरी समर्थन से चन्द्रशेखर ने बावन पत्तों की सरकार बनाई। चार महीने में वह भी गई। मई-जून इक्यानबे में चुनाव करवाने पड़े। अब संयुक्त मोर्चे की सरकार को कांग्रेस कुल जमा दस महीने चलने दिया। गनीमत है कि पिछली दो बार से छह महीने और कांग्रेस ने सबर किया।

लेकिन इसका कारण यह नहीं कि कांग्रेस के नेता सीताराम केसरी में इन्दिरा गांधी और राजीव गांधी की तुलना में ज्यादा धैर्य, संयम और राष्ट्र की हालत की समझ आ गई है। अपने पुराने औसत से देवेगौड़ा सरकार को कांग्रेस ने छह महीने ज्यादा इसलिए चलने दिया कि उसके नेता नरसिंह राव कोर्ट-कचहरी के इतने मामलों में फँसे हुए थे और उनसे बदला चुकाने के लिए उनके सहयोगी इतने उत्सुक थे कि उनके पास सरकार गिराने का टाइम नहीं था।

राव साब जब किनारे लग गए और उन्हीं के आदमी के नाते सीताराम केसरी बनवासी राम के लिए सिंहासन तैयार रखने के लिए खड़ाऊँ लिये आए तो उन्हें भी पार्टी पर पूरी पकड़ पाने में कुछ महीने लग गए। उन्होंने देवेगौड़ा को हटाने और कांग्रेस की सरकार बनाने के लिए अभियान के जरिये पार्टी पर कब्जा जमाया और पहले व्यवस्था की कि राम बनवास से दिवाली मनाने लौट नहीं सकें। जब इसका इन्तजाम हो गया तो इन्दिरा और राजीव की गौरवशाली वंश परम्परा का निर्वाह करते हुए सिर्फ सोनिया गांधी के इशारे पर समर्थन वापस ले लिया। यह सवाल आज भी बिना जवाब के खड़ा है कि केसरीजी ने तीस मार्च को ही और क्यों समर्थन वापस लिया।

इन्दिरा और राजीव गांधी को तो कम से कम अगला चुनाव जीतने की उम्मीद थी, सब मानते हैं कि केसरीजी को वह भी नहीं है। जो आदमी जीवन में एक भी चुनाव न जीता हो वह कांग्रेस को आज जिता लाएगा ऐसा शेखचिल्लीपन तो कांग्रेस ही नहीं खुद केसरीजी में भी नहीं है। वे तो बेचारे सांसदों के इतनी जल्दी चुनाव न लड़ने के निश्चय और संयुक्त मोर्चे के बिखरने की उम्मीद का फायदा लेकर किसी तरह प्रधानमंत्री होना चाहते थे, इसलिए कहा कि अब इसकी उम्मीद नहीं दिखती कि संयुक्त मोर्चा टूट कर केसरीजी के कदमों में गिरने को तैयार है। इसलिए कांग्रेस को घोषणा करनी पड़ी कि पराजित प्रधानमंत्री देवेगौड़ा की जगह संयुक्त मोर्चा किसी और कांग्रेस-मित्र उम्मीदवार को चुन ले तो वह समर्थन दे देगी। लेकिन ऐसे समर्थन से सरकार कितने दिन चलेगी?

बहुत ज्यादा उम्मीद नहीं है। जरूरी नहीं कि देश पर चुनाव थोपने में केसरी जी कांग्रेसी सांसदों का ख्याल रखें। देवेगौड़ा सरकार से समर्थन वापस लेने में ही उन्होंने किस कांग्रेसी का ध्यान रखा? सोनिया गांधी तो कांग्रेस में नहीं हैं, न सांसद हैं। तो इसका कोई भरोसा नहीं कि कांग्रेस अभी चुनाव टालने के लिए सरकार चलने देगी। कुछ लोगों का मानना है कि कांग्रेस अगर सरकार में शामिल हो जाए तो सरकार पूरे पाँच साल चल जाएगी।

लेकिन जिस संयुक्त मोर्चे की कांग्रेस ने सरकार गिराई उसे तोड़ने की कोशिश की वह कांग्रेस के साथ सत्ता में भागीदारी क्यों करेगा? और उसके नेता को अपना प्रधानमंत्री बनाकर उसे सरकार में रहना हो तो जो क्षेत्रीय पार्टियाँ अपने कांग्रेस विरोधी क्षेत्रीय सत्ता आधार के कारण ही आज गिनती में हैं वे अपने पाँव पर कुल्हाड़ी क्यों मारेंगी? इसलिए न तो कांग्रेसी प्रधानमंत्री की नेताई में कांग्रेस-संयुक्त मोर्चे की सरकार बनती है, न उसके जूनियर भागीदार के नाते शामिल होने की सम्भावना है। जो सरकार बाहर से कांग्रेस के समर्थन से बनेगी वह ज्यादा चल नहीं सकती।

इसलिए उठापटक और कुर्सी पर बैठने-उठने का खेल चलाने के बजाय फिर चुनाव ही क्यों न करवा लिया जाए। क्या पता उसी से स्पष्ट जनादेश की कोई सरकार निकल आए। लेकिन अगर कांग्रेस के बाहर से समर्थन पर सरकार चलने की उम्मीद नहीं है तो मध्यावधि में से स्पष्ट बहुमत वाली सरकार भी निकलने की किसे उम्मीद है? भाजपा को उम्मीद है और उसका हौसला बढ़ाने के लिए एकाध सर्वे निकल आया है कि वह और उसके सहयोगी ढाई सौ तक पहुँच सकते हैं। लेकिन कांग्रेस के समर्थन से ज्यादा विश्वसनीय सर्वेक्षण नहीं होते यह हम पिछले कुछ सालों में देख ही चुके हैं। फिर हम सब जानते हैं कि मुँह दिखाने को भाजपा के नेता चाहे जो कहें वे जानते हैं कि उनकी पार्टी के सांसद भी अभी चुनाव नहीं चाहते।

फिर आज हालत यह है कि सबसे बड़ी पार्टी होते हुए भी संकट में निर्णायक भूमिका उसके पास नहीं है। संकट कांग्रेस ने पैदा किया और संयुक्त मोर्चे को उससे सुलटना है। वह अगर मूक दर्शक न रहना चाहे तो ज्यादा से ज्यादा कांग्रेस और मोर्चे के झगड़े में घी डालने का काम कर सकती है। लेकिन उसकी दिक्कत है कि जितनी सक्रिय होती वह दिखे-संयुक्त मोर्चा उतना ही संयुक्त और कांग्रेस-मोर्चा टकराव घटता दिखने लगता है। भाजपा को सत्ता में कब्जा जमाने से रोकने के लिए तो मोर्चा एक हुआ और कांग्रेस के साथ हुआ। अब अगर कोई सर्वे भी कह दे कि चुनाव में भाजपा का फायदा होगा तो कांग्रेस और मोर्चा फिर साथ आ जाते हैं।

भाजपा की छटपटाहट देखिए कि अटल बिहारी वाजपेयी जैसे राजनेता सुझाव दे रहे हैं कि राष्ट्रपति को ऐसे संकट में बड़ी भूमिका मिलनी चाहिए और जैसे राज्यपाल प्रशासन सँभाल लेते हैं वैसे केन्द्र में भी राष्ट्रपति को प्रशासन चलाना चाहिए। वे राष्ट्रपति प्रणाली के अटार्नी जनरल हैं लेकिन जो लोग उत्तर प्रदेश में जोड़-तोड़ की सरकार न बनने देने वाले राज्यपाल को हटाने की माँग करते हैं वे केन्द्र में जोड़-तोड़ रोकने के लिए राष्ट्रपति शासन की माँग किस मुँह से करते हैं?

संविधान में जिस राष्ट्रपति शासन की व्यवस्था है उसके तो दुरुपयोग पर रोज छाती-माथा कूटा जाता है और संविधान केन्द्र में जिस सीधे राष्ट्रपति शासन की इजाजत नहीं देता उसके लिए संविधान में संशोधन की बात कर रहे हैं। जिस पार्टी ने उत्तर प्रदेश में बसपा के साथ सरकार बना ली और राज्यपाल को हटाने की माँग छोड़ दी वह संविधान के साथ खेल क्यों करना चाहती है? क्योंकि तेरह दिन की सरकार के बाद अभी वह सरकार बनाने का दावा भी नहीं कर सकती। साफ-साफ न कहे लेकिन भाजपा का मतलब यह है कि जिस संयुक्त मोर्चे की एक सरकार गिर गई अगर उसे फिर मौका दिया जा सकता है तो पहले यह मौका भाजपा को मिलना चाहिए।

मध्यावधि ही एक मात्र सही रास्ता इस संकट से निकलने का बचा है, इसका हल्ला मचाते हुए भी भाजपा मध्यावधि होने का वातावरण नहीं बना पा रही क्योंकि न सांसद चाहते हैं, न लोग कि साल भर में ही फिर चुनाव हो जाए। इसलिए बावजूद भाजपा के और कांग्रेस-मोर्चा टकराव के फिर एक सरकार बनेगी और उसके माथे पर अस्थिरता और अनिश्चितता की तलवार झूलती रहेगी। प्रधानमंत्री कौन होगा? सरकार में कौन-कौन होंगे? ये सवाल बड़े नहीं हैं। अब न सिर्फ सरकार का तिलिस्म खत्म हो गया है, प्रधानमंत्री पद का तिलिस्म भी जाता रहा है। जल्द ही हम मिलेंगे और भूल जाएँगे कि हमारे बीच कितने पूर्व प्रधानमंत्री हैं।

ऐसा हो गया है तो कोई आसमान नहीं टूट गया है। लोगों को पार्टियों और नेताओं में जरूर विश्वास नहीं रहा है लेकिन वे लोकतांत्रिक पद्धति से निराश नहीं हुए हैं। पिछले कुछ चुनावों में मतदान का प्रतिशत बढ़ा है जबकि बाहुबल, धनबल और सत्ताबल से फर्जी वोटिंग करवाने पर शेषन का हंटर ज्यादा काम आया है। हमारा लोकतंत्र इसी जनता के भरोसे चल रहा है। और यह जनता अभी चाहती है कि पार्टियाँ और नेता मिल-जुलकर सरकार बनाएँ और चलाएँ।

कोई बीस साल पहले केन्द्र में पहली बार गैर कांग्रेसी सरकार बनी थी। तब एक पार्टी सरकार का ऐसा बोलबाबा था कि जो पार्टियाँ इमरजेंसी और इन्दिरा गांधी के अधिनायकवाद से संघर्ष करने के लिए साथ हुई थीं उन्हें एक पार्टी-जनता पार्टी—बनानी पड़ी। तब साफ था कि जो पार्टियाँ इसमें शामिल हुई हैं उनमें वैचारिक और कार्यप्रणाली के इतने अन्तर और मतभेद हैं कि वे एक हो कर चल नहीं सकतीं। तीन साल में वह जनता पार्टी टूट कर बिखर गई। अगर बाहर से दबाव नहीं होता तो तब भी वे पार्टियाँ एक पार्टी में शामिल नहीं होतीं। तब माना ही नहीं जाता था कि एक पार्टी बने बिना कुछ पार्टियाँ सरकार चला सकती हैं।

अब न सिर्फ तेरह पार्टियों का मोर्चा बन कर कांग्रेस से बाहर से समर्थन लेकर सरकार चला सकता है बल्कि कांग्रेस भी ऐसी मिली-जुली सरकार में शामिल होने की बात कह सकती है। उन्यासी, इक्यानबे और छियानबे के चुनावों में अपनी ताकत दो से एक सौ बासठ तक बढ़ाने वाली महापार्टी बताती रही है और उन लोगों की आलोचना ही नहीं भर्त्सना करती रही है जो कहते रहे हैं कि अब अकेली पार्टियों के राज का जमाना गया और गठबन्धन की सरकारों का समय आ गया है। भाजपा भारत में दो पार्टी प्रणाली का लगातार सपना देखती रही है। लेकिन अब वह भी राष्ट्रीय मोर्चा बनाने की बात कह रही है जिसमें सहयोगी क्षेत्रीय पार्टियों के साथ वह भी शामिल होगी।

यानी हमारी दोनों महापार्टियाँ अब एक पार्टी शासन का विचार और लक्ष्य छोड़कर गठबन्धन/मोर्चे की बात करने लगी हैं। बीस साल में यह जो बदलाव आया है सिर्फ यही बताता है कि लोग अपने स्तर पर जो कर लेते हैं पार्टियाँ उसे आगे-पीछे मान लेती हैं। कांग्रेस को भी अब यह मान लेना होगा कि उठापटक करके अगला चुनाव जीतने की उम्मीद उसे छोड़नी होगी। देश के लोगों को कांग्रेस का देवेगौड़ा सरकार से समर्थन वापस लेना गलत लगा है और केसरीजी तब से खलनायक और ग्यारह अप्रैल की रात से देवेगौड़ा नायक हो गए हैं। और इसीलिए कांग्रेस को फिर संयुक्त मोर्चे की नई सरकार को समर्थन की घोषणा करनी पड़ी है।

जिंदा और समझदार कौमें अपनी मजबूरियों को अपने अवसरों में बदल लेती हैं। क्या अस्थिर होते हुए भी इसी संसद से सरकार बनाने और चलाने की मजबूरी

हमें गठबन्धन सरकारें चलाने के तौर-तरीके निकालने और सारे कामकाज सरकार के भरोसे न छोड़ने का नया आत्मविश्वास नहीं दे सकती? हम आज के संकट में से ऐसी कोई व्यवस्था क्यों नहीं निकाल सकते जो दो पार्टी प्रणाली के संसदीय लोकतंत्र या राष्ट्रपति प्रणाली के सीनेटीय लोकतंत्र या बहुपार्टी गठबन्धनों की मिली-जुली सरकारों से भी भिन्न हो लेकिन ऐसी प्रणाली खाँटी अपनी हो कि हमारी समस्याओं का निदान अपने ढंग से कर सके। बने-बनाए मॉडलों के पीछे भटकने के बजाय हम अपने रचनात्मक प्रयोग क्यों न करें?

[19 अप्रैल, 1996]